JN428668

직접 만들고 사용하는

스마트 팩토리와 공장 자동화

송문재 지음

도서출판 홍릉

저자소개

송문재 제조업 경영자

단국대학교 전자공학 석사를 마치고 엔지니어와 연구원으로 경력을 쌓았고, KAIST에서 MBA를 마치고 기획과 전략업무를 경험한 후 현재 커패시터 제조회사를 경영하며 생산 효율화와 데이터를 기반으로 한 제조 방식을 현장에 직접 적용하고 있다.

스마트 팩토리와 공장 자동화가 대한민국 중소기업 발전에 필수 요소라고 생각하고 작은 힘이나마 보태고자 한다.

직접 만들고 사용하는

스마트 팩토리와 공장 자동화

인 쇄: 2023년 5월 23일 초판 1쇄
발 행: 2023년 5월 30일 초판 1쇄

저 자: 송문재
발행인: 송 준
발행처: 도서출판 홍릉
주 소: 01093 서울시 강북구 인수봉로 50길 10
등 록: 1976년 10월 21일 제5-66호

전 화: 02-999-2274~5, 903-7037
팩 스: 02-905-6729
e-mail: hongpub@hongpub.co.kr
http://www.hongpub.co.kr
ISBN: 979-11-5600-105-8(93000)

정 가: 28,000원

낙장 및 파본은 구입처나 본사에서 교환하여 드립니다.
판권 소유에 위배되는 사항(인쇄, 복제, 제본)은 법에 저촉됩니다.

저자와의 협의하에 인지는 생략합니다.

서문

약 20년간 국내 제조업에는 큰 변화가 있었다. 저부가가치 제품을 대량생산 하는 제조기업은 중국이나 동남아에 진출하였고, 신규 취업자는 제조업 공장 근무를 꺼리는 사회적 분위기가 된 지 오래되었다. 2010년대부터 온라인 쇼핑의 급격한 발달로 물류센터 및 배달 산업이 노동력을 흡수하는 산업 분야가 되었다. 외국인 근로자로 필요 인력을 충당하던 기업도 2019년 말 발생한 코로나바이러스로 전 세계적인 해외 이동이 막히면서 인력을 구하기가 더욱 힘들게 되었다.

저자는 이렇게 변화하는 제조업 환경 속에서 적은 근로자로 최대의 수익을 내기 위해 여러 가지 시도하였다. 같은 업종의 대형 회사에서 배우기도 하고, 책과 강의를 수강하면서 개선방안을 찾아서 업무에 적용하는 노력을 하였는데 이 과정에서 많은 영향을 받은 분야가 바로 스마트 팩토리와 공장 자동화 기술이었다. 특히 기성 제품을 구매해서 적용하는 경우 기성 스마트 팩토리 솔루션에 적응하기 위해서 시간과 노력을 투자하여야 하는 문제를 해결하고자 회사에 가장 잘 어울리는 소프트웨어와 하드웨어를 직접 구현하여 효과를 얻을 수 있었다.

최근 제조산업 현장에서는 빅데이터, 인공지능(AI), 로봇 등의 기술에 대한 사회적 관심이 높아지고 스마트 팩토리나 4차 산업 혁명 등의 이름으로 제조업에 생산 자동화, 공정 고도화, 데이터화 등을 적용하여 생산성과 인력 부족 문제를 해결하려는 움직임이 활발해지고 있다. 정부에서도 스마트 팩토리 관련 기술 개발을 지원하고 제조업에 적용할 수 있도록 제조기업에 지원 제도를 시행하여 스마트 팩토리가 제조업에 도입되도록 유도하고 있다.

하지만, 중소제조업이 스마트 팩토리 적용하려고 자료를 찾아 보거나 스마트 팩토리 솔루션 영업사원을 만나보면 MES니 BOM이니, ERP니 하는 등의 소프트웨어 시스템이나 IOT, 빅데이터 등의 이야기를 하면서 도입만 하면 모든 문제가 해결 되는 듯 이야기하지만, 도입을 위해서 계획을 세워보면 제공되는 자료는 명확하지 않고, 스마트 팩토리 솔루션에 회사 업무를 맞추어야 하거나 기능을 배우고 익혀서 현장에 적용하는 노력에 비해 예상되는 결과가 미미한 경우도 많이 접하게 된다. 아무리 대단한 기술이고, 대기업에 적용된 스마트 팩토리 기술이라고 해도 경영자 자신의 공장에 쉽게 적용하지 못하면 그저 좋은 이야기로만 취급되어 관심이 멀어진다.

저자는 2015년 제조업으로 창업한 후 경영상의 어려운 문제를 겪으면서 스마트 팩토리 도입도 검토하였으나 위에서 이야기 한 것과 같이 회사 업무에 스마트 팩토리 솔루션을 융합하기 어렵다는 판단으로 포기하였다. 그 대신 저자 공장에 적합한 공정 관리, 재고 관리, 품질 관리 등을 직접 구현하고, 설비를 자동화하여서 생산성과 작업자의 근무 만족도를 높이도록 하였고, 이 과정에서 얻은 지식과 경험을 이 책으로 정리하였다. 저자가 구현한 내용은 시중에 판매되는 기성 소프트웨어 솔루션에 비해서는 단순하고, 첨단 기술이 적용된 설비도 아니지만, 스마트 팩토리 솔루션 개발자나 판매자 시각이 아닌 제조업 회사의 경영자 시각에서 많이 고민하여 최소한의 업무 변화와 작업자가 쉽게 사용하는 소프트웨어와 하드웨어를 구현하고 적용하여 만족할만한 결과를 얻은 실제 사례이다.

이 책의 내용은 1장에서는 스마트 팩토리를 구성하는 소프트웨어 솔루션 설명 및 선택 방법을 설명하고, 2장에서는 중소기업이 스마트 팩토리를 적용하여 얻을 수 있는 장점을 설명하여 스마트 팩토리에 대한 이해를 돕도록 하였다. 3장에서는 스마트 팩토리에 필요한 소프트웨어와 실제 구현, 4장과 5장에서는 하드웨어와 실제 구현을 설명하였다. 6장에서는 스마트 팩토리와 하드웨어 구현에 도움이 되는 정보를 정리하였고, 7장에서는 캡스톤 프로젝트로 도전해 볼 수 있는 예시와 8장에서는 프로그래밍 언어를 비교하였다. 내용 중에는 저자가 겪은 실제 사례를 포함하여 스마트 팩토리와 공장 자동화에 대한 기본적인 지식을 얻거나 이해를 높이고자 하는 분들과 제조업 회사에 스마트 팩토리를 적용하기 위한 준비가 필요한 분들, 혹은 실제로 스마트 팩토리와 공장 자동화를 직접 구현해 보고자 하는 분들이 첫 걸음을 떼는데 도움이 되도록 구성하였다.

저자가 직접 스마트 팩토리와 자동화 설비를 구현하면서 파악한 문제점, 문제점을 해결하는 방법, 최소 기능 요구사항, 이를 구현하는 방법을 결정하는 단계를 설명하였다. 특히, 제조업 기업을 경영하면서 겪었던 문제를 해결하기 위해 많은 시간을 소모하였던 저자의 경험을 이 책의 독자가 겪지 않기를 바라는 마음을 담아서 정리하였다.

부족했던 원고임에도 출판을 결정해주신 도서출판 홍릉에 감사하고, 대량생산 기술과 선진적 기술, 그리고 시장의 변화를 보는 시각을 열어주셨던 성호전자(주) 박현남 회장님, 박성재 대표이사와 임직원들에게도 감사의 마음을 전한다.

생산공정에 자꾸 새로운 방법론과 절차를 추가하는데도 묵묵히 따라와 준 회사 직원들이 고맙고, 더 많은 기회와 경험을 할 수 있도록 아낌없는 지원과 적용 기회를 열어주신 동성전자(주)의 박원규 대표님과 이도영 대표님께 감사드린다.

퇴근 후나 휴일에도 개발하거나, 원고를 쓴다고 컴퓨터 앞에만 앉아있던 상황을 이해해 준 아내와 아이들, 그리고 양가 부모님께 감사드린다.

송문재

차례

제 5 장 하드웨어 실제 구현

제 6 장 참고 자료

제 7 장 캡스톤 프로젝트

제 8 장 프로그래밍 언어 비교

1 스마트 팩토리의 개념

1.1 이해하기 힘들고 비싼 스마트 팩토리

최근 수년간 스마트 팩토리에 대한 많은 이야기가 나오고 있다. 지금까지 제조업은 제품을 대량생산하여 높은 품질과 낮은 단가의 표준화된 제품을 생산하는 형태를 산업혁명 이후로 유지하고 있었다. 반면, 스마트 팩토리를 활용하는 제조업의 특징은 다품종 소량생산으로 고객의 요구대로 커스터마이즈(Customize: 맞춤생산)한 제품을 생산하는 것이라고 알려졌다. 이러한 스마트 팩토리를 적용하여 성공하였다고 자랑하는 곳도 있는 반면, 당찬 포부를 가지고 설립한 스마트 팩토리를 몇 년 후에는 폐쇄하는 등의 실패 사례가 언론을 통해 알려지면서 스마트 팩토리를 도입하려고 하지만 충분한 전문지식을 갖추지 못한 경우에는 혼돈에 빠지게 되었다. 회사에 스마트 팩토리를 도입하면 생산성이 확실히 개선되는지, 어떤 기술을 도입해야 하는지, 어떤 회사 제품을 써야 하는지, 도입에 투자한 시간과 노력을 회수하는데 얼마나 걸릴지 등 고민만 많아지게 되었다.

특히 스마트 팩토리 대표사례로 알려졌던 아디다스 사례를 살펴보면, 2016년에 독일 안스바흐에 자동화된 운동화 공장을 만든 후, 2017년에는 미국 아틀랜타에 두 번째 공장을 세우면서 세계적인 주목을 받았고, 미래 제조업의 모습이라는 평가를 받았다. 자동화된 생산설비를 갖추고 소비자 각각의 요구에 맞춘 운동화를 현지에서 소량 다품종 생산하여 판매한다는 포부를 보였고, 선진국으로 제조업이 복귀하는 사례로 주목을 받았다. 수십년간 인건비가 싼 개발도상국으로 이전되었던 제조업을 선진국인 독일과 미국으로 복귀 시켜서 제조업 경제를 부흥하고 고용을 늘릴 수 있다는 기대가 있었기 때문이다. 하지만, 아디다스가 이 스마트 공장을 가동 3년(2019년) 만에 폐쇄하고 다시 아시아 공장으로 이전한다는 발표가 나오면서 독일의 최첨단 기술을 적용해도 원하는 수준의 스마트 공장은 달성하기 힘든 것이 아닌가 하는 의심이 퍼지게 되었다.

아디다스의 스마트 팩토리를 제조업의 밝은 미래이자 달성해야 하는 목표로 소개하던 언론은 폐쇄 결정 이후에는 태도를 바꾸어 스마트 팩토리는 아디다스가 추구했던 방향을 포함하는 더 넓고, 추상적인 개념이라고 스마트 팩토리 개념을 확장하였다. 아디다스가 추진하였던 방식은 로봇과 인공지능으로 인건비를 절감하고, 인터넷으로 받은 주문에 따라 소비자 개개인의 요구에 부합하는 제품을 생산하는 소량 다품종 생산 이

표 1.1 일반적인 스마트 팩토리 솔루션

기초정보 관리	품목 정보
	거래처 정보
	회사 정보
	소프트웨어 정보
	기준 정보
	BOM(Bill of Material)
	생산 기준
	설비 관리 이력
계약 관리	자재 구매 계약
	제품 판매 계약
	유통 계약
	운송 계약
	창고 계약
자재/구매 관리	자재 소요 현황
	구매 발주 현황
	자재 입고 현황
	자재 출고 현황
	사무용품 관리
	복지용품 관리
영업 관리	수주관리
	출하계획
	출하 내역
	거래 명세서
품질 관리	IQC(수입검사)
	LQC(공정검사)
	PQC(공정품질 관리)
	OQC(출고검사)
	불량관리
생산 관리	생산계획관리
	작업지시 관리
	공정관리
	작업 관리
	제품 입고
	제품 출고
회계 관리	자산관리
	매입관리
	계정원장
	매출관리
	경영현황
	수익성 관리
인사 관리	인사정보 관리
	근태 관리
	급여 관리
모니터링	수주 현황
	재고 현황
	생산 현황
	품질 분석
	인력 현황

라는 구체성이 있었으나, 아디다스의 실패 이후에는 개념이 너무 넓게 확장되어서 언론으로 스마트 팩토리를 이해할 수 밖에 없는 보통 사람들은 명확한 답을 얻기 힘들게 되었다.

표 1.1은 정부의 스마트 팩토리 자금을 이용해서 구매할 수 있는 소프트웨어 패키지 중 한 제품의 기능을 정리한 표이다. 중견 제조업이면 몰라도 중소제조업에서는 이렇게 많은 구성요소를 활용하기 어렵다. 이 기능을 다 활용하려면 회사의 업무체계를 이 소프트웨어에 맞추어서 변경해야 할 정도이며, 회사 업무체계를 변경하는 과정에 필요한 시간과 비용은 중소제조업체가 감당하기 어려운 수준이 될 것이다. 중소기업이 실제 업무 수행에 꼭 필요한 기능은 일부 기능이지만, 판매자는 구매하려는 중소기업에게 소프트웨어 솔루션 전체를 먼저 구매한 후에, 적용할 수 있는 것부터 적용하면 효율성이 개선될 것이라고 한다. 하지만 전체 소프트웨어 구매 비용 부담이 너무 커서 중소 제조기업에서는 쉽사리 도입 결정을 내리기 어렵게 된다.

이 책에서는 스마트 팩토리가 중소제조업에 어떤 이점을 줄 것이고, 스마트 팩토리용 솔루션의 어떤 기능으로 어떤 일을 할 수 있는지 살펴보고 중소제조기업에게 필요한 핵심 기능을 설명하고자 한다.

1.2 스마트 팩토리와 공장 자동화 개념

스마트 팩토리에 대한 개념은 아직 완벽하게 정의되지 못하고 있으며, 현장마다 약간씩 다른 개념으로 접근하고 있다. 그 중 공통으로 이야기하는 스마트 팩토리의 개념은 제품의 설계, 개발, 제조, 유통 과정을 데이터로 수집 및 관리하여 효율성을 높이고, 공장 자동화 기술을 적용하여 생산 라인에서 인적 자원의 투입을 최소화하는 기술이라고 이야기한다.

스마트 팩토리가 가진 강점으로는 다품종 소량 생산, 인건비 절감, 재고비용 절감, 품질 관리의 용이성 등을 강점으로 꼽고 있다. 각각의 강점에 관해서 설명해보면 스마트 팩토리가 다품종 소량 생산에 적합한 방식이라고 하는 이유는 생산공정이 데이터화 되어 있어서 정확한 생산 계획을 수립하고 실행할 수 있고, 제품 품목이나 스펙 변경에 걸리는 시간을 최소화하고, 공정 간의 연계를 강화하여 생산성을 유지하면서 다품종 소량 생산이 가능하기 때문이다. 재고비용 절감의 경우 고객사의 발주에 대한 예측 및 생산에 필요한 시간과 제품 출고 시기 등 생산 계획을 수립하는 데 데이터를 이용하여 신뢰성이 높은 판단을 내릴 수 있고, 생산 계획을 수립할 때 원부자재와 제품의 재고를 최소화할 수 있도록 데이터를 활용하기 때문에 효율적인 재고관리를 통해 비용절감이 가능하다. 인건비 절감의 경우에는 공장 자동화(팩토리 오토메이션: Factory Automation)의 기술을 적극적으로 도입하고 로봇, 머신 러닝(Machine Learning), 인공지능(AI: Artificial Intelligence) 등 신기술을 적극적으로 적용하여 인적 자원의 투입을 최소화하고 24시간 쉼 없이 생산하는 방식으로 인건비를 절감할 수 있다. 마지막으로 품질 관리 능력도 개선되는데, 기존 대량생산 방식에서는 샘플링 검사로 품질 관리를 해왔다면 스마트 팩토리에서는 전수검사 혹은 과거 방식보다 상세한 샘플 검사를 수행하는 것을 포함한다. 과거에는 데이터 수집, 저장 및 처리 비용이 많이 들었기 때문에 통계와 확률 기법으로 전체 품질을 추정하는 품질 관리였다면, 컴퓨터 성능이 강력해진 현재에는 모든 데이터를 수집, 저장 처리할 수 있어서 더 상세한 품질 상황을 파악할 수 있게 되어 품질 관리 능력이 높아지게 된다.

일부에서는 공장 자동화를 스마트 팩토리의 전단계로 취급하는 경우도 있지만, 현실적으로는 스마트 팩토리 범주 안에 공장 자동화가 포함된 개념으로 생각하는 것이 옳다. 스마트 팩토리는 공장 자동화를 기반으로 구현하는 것이며, 과거에는 데이터 수집을 잘 하지 못했던 공장 자동화 기술이 현재는 데이터 수집을 할 수 있도록 발전되어 현재의 스마트 팩토리 기술이 된 것이라고 볼 수 있다.

1.3 스마트 팩토리를 위한 소프트웨어 기술

스마트 팩토리의 기술과 내용이 계속 발전하고 있어서 단정지어 정의를 내리기는 어렵다. 다만 2020년대 초 시점에는 아래와 같이 단순화하여 정의하는 것이 가능하다.

스마트 팩토리를 최신 기술의 적용 관점에서 정의하면 제품의 개발, 원자재 조달, 제조, 재고관리 등의 공급사슬(Supply Chain)을 디지털화(Digital Transformation)하고 정보통신기술(ICT)을 통해 실시간에 가깝게 생산 상황을 자동 관리하고 이를 시각화하며, 데이터를 바탕으로 품질을 향상하고, 각종 리스크 요소를 관리하는 방식을 말한다. 이 중 제조과정에는 공장 내 설비 등에 사물인터넷(IOT: Intenet On Things)과 빅 데이터 기술을 적용하며, 5G 무선 통신, 로봇 기술 및 인공지능(AI : Artificial Intelligence)을 적극적으로 활용하는 공장 관리 방식을 말한다.

위의 정의에 의하면 스마트 팩토리 구현에는 소프트웨어를 이용해서 데이터를 관리하는 것이 반드시 필요하다. 이 장에서는 스마트 팩토리에 적용되는 소프트웨어 기능을 알아보고, 이 기능을 현장에 적용할 때 예상되는 일반적인 효과를 설명한다.

먼저 이야기하고 싶은 것은 스마트 팩토리를 구현하기 위해서 아래에 나올 모든 소프트웨어나 솔루션이 필수 요소는 아니다. 기업이 처한 환경, 업무 처리 관례 등에 따라서 1~2개의 소프트웨어로도 충분히 생산성을 높이고 효율적인 운영이 가능한 경우도 많다. 예를 들면 ERP도 SAP나 Oracle의 고가 제품을 사용해야 안정적이고 효율적인 ERP로 활용할 수 있는 대기업이나 중견 제조업체도 있지만, 중소기업에서는 한 달에 몇만 원으로 쓸 수 있는 ERP로도 충분하거나, 더 간소하게는 몇 개의 엑셀 파일로 관리할 수 있는 기업도 많다. 아래에 나올 내용은 여러 종류의 소프트웨어와 솔루션의 기능을 이해하고, 각각의 회사 업무 관례와 기성 제품을 비교해서 각각의 기업에 가장 필요한 기능이 무엇인지를 확인하는 데 도움이 될 수 있도록 정리하였다.

1.3.1 창고 관리 시스템: WMS(Warehouse Management System)

WMS(창고 관리 시스템)는 창고 또는 물류센터의 재고 관리 뿐만 아니라 가두 매장의 제품 수량까지도 최적화하고 관리하는 소프트웨어를 말한다. 생산에 필요한 원자재 재고의 과부족이나 판매용 제품의 과부족 발생을 방지하는 것이 WMS의 목적이며 이를 달성하기 위해 담당자가 수행해야 하는 업무를 최소화하고 현재 재고상황을 일목요연하게 정리해주는 것이 WMS의 핵심 기능이다.

WMS는 매일 반복되는 재고관리 업무를 최신 통신 기술(인터넷, 5G), 추적 기술(RF ID, 바코드) 등을 이용하여 실시간, 자동화, 간략화하는 것을 특징으로 삼는다. 최근 회계 관리 소프트웨어가 클라우드 및 구독 기준으로 변화되는 것처럼 WMS도 역시 클라우드 기반으로 변화하고 있어서 창고 데이터를 저장한 하드웨어의 파손으로 인해 업무가 정지 되는 등의 위험이 없어지고, 담당자가 하드웨어나 서버 관리를 위한 전문적인 기술이 없어도 사용할 수 있도록 발전하고 있다.

창고관리 및 재고관리는 각각의 회사마다 특유의 업무 처리 방법을 가지고 있고, 각각의 방법이 가지는 장단점도 천차만별이기 때문에 회사의 사정과 가장 잘 어울리는 시스템을 찾는 것이 성공적인 WMS 도입에 가장 중요한 요소이다. 현행 업무수행 방식과 차이가 큰 WMS를 도입하면 WMS에 업무 방식을 맞추려고 노력하는데 시간을 허비하고 비효율성과 불합리성이 많이 누적되고 나면 과거 방식으로 돌아가기도 어렵고, 그렇다고 WMS에 맞춘 업무를 유지하기도 어려운 상황이 발생하기도 한다. 생산성을 높이기 위해 도입한 WMS가 오히려 생산성을 저하시키는 원인이 될 수 있으므로 선택을 신중히 해야 하고 현업 담당자의 의견을 주의 깊게 청취하는 과정이 필요하다.

WMS은 그림 1.1과 같이 구성되며, 기본적인 기능을 설명하면 아래와 같다.

- **원부자재 입출고 관리**: 구매해서 입고되는 원부자재와 제품생산을 위해서 출고되는 원부자재를 관리하여, 원부자재 재고를 관리한다.
- **제품 입출고 관리**: 제조가 완료된 제품이 제품 창고에 입고되고 납품을 위해 출고되는 상황을 관리하여 재고 파악을 쉽게 하고, 생산 계획 수립을 돕는다.

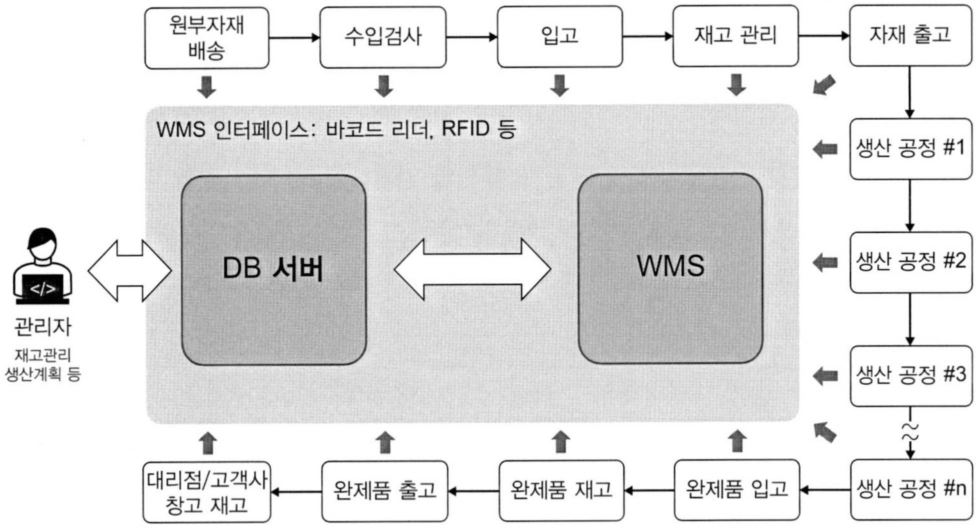

그림 1.1 WMS(Warehouse Management System) 구조

- **공정이동**: 제조공정 간의 이동을 추적하여, 현재 생산 라인에 흐르고 있는 제품의 수량 파악을 쉽게 한다. 공정 내 제조 흐름을 쉽게 파악할 수 있어서 제품의 출고 계획과 생산 계획을 정확하게 수립하는 데 도움이 된다.
- **재고관리**: 재고관리는 원자재나 완제품 재고관리 외에도, 물류센터, 대리점과 때에 따라서는 고객사의 원부자재 창고 등의 재고관리까지 관리하는 것까지도 고려하여야만 한다.

1.3.2 전사적 자원 관리 시스템(ERP: Enterprise Resources Planning)

회사 운영 전반을 대상으로 재무, 제조, 인사 관리, 기타 운영, 유통 등의 운영 활동을 자동화하고 관리하는 시스템을 ERP라고 한다. Oracle, SAP과 같은 글로벌 회사에서부터 라디오 광고로 유명한 이카운트 ERP, 여러 은행과 협력관계를 맺고 있는 sERP, 회계 소프트웨어로 명성을 얻은 더존 ERP 등 국내에서 개발한 제품도 시장에서 사용되고 있다. 그 외에도 자체 ERP를 개발하거나 Oracle, SAP의 제품을 회사 상황에 적합하게 변형하여 사용하고 있는 기업도 있다.

대기업에서 ERP를 한참 도입하던 2000년대~2010년대에는 ERP 도입을 성공시킨 임원은 차기 사장 내정이라고 할 정도로 중요한 프로젝트였다. 거대한 그룹사의 부서별 업무 뿐아니라 부서내 담당자가 가지고 있는 업무 처리 프로세스와 지식 및 노하우를 전산시스템으로 결집하는 작업은 그룹사 전체의 인력, 자금, 시간 등을 막대하게 투입하여야 하는 큰 프로젝트로 ERP 프로젝트의 성공은 전 그룹사의 업무를 총괄하는 능력을 보유했다는 증거가 되기 때문에 ERP 프로젝트 수행 책임자부터 중간관리자까지 소중한 인적자원으로 평가 받았던 것이다. 2010년대 초반 테헤란로의 빌딩을 업계 1위 전자 회사가 임차하여 차세대 ERP 시스템 개발 프로젝트를 진행하였는데 수많은 그룹내 자회사에서 파견 나온 인원이 독서실같이 빽빽하게 모여서 차세대 ERP를 개발에 집중하는 모습을 보면서 ERP 개발이 회사에게 얼마나 중요한 업무인지를 간접적으로 실감했던 경험이 있다.

ERP의 시초는 1970년대 MRP(Manufacturing Resource Planning: 제조 자원 계획) 시스템을 시초로 볼 수 있다. 제조 산업에서 제품 생산에 필요한 자원(원부자재, 인력, 설비, 시간 등)을 효율적으로 관리하기 위해 개발된 소프트웨어이다. MRP가 계속 발전하여 제품생산 이외의 업무인 재고관리, 주문관리, 비용, 인사, 영업, 고객관리, 자금흐름까지 포함하게 되어 ERP가 되었다. 현대적인 ERP 시스템은 1990년 가트너 그룹에서 처음으로 도입하였다고 알려져 있다.

ERP의 핵심은 전사적으로 일어나는 모든 경제 활동 데이터를 수집, 보관, 관리, 시각화하여 경영적 판단을 내리는데 필요한 정보를 제공하는 것이다. 이를 위해서 ERP가 수집하고 관리하는 데이터는 현금, 원부자재 재고, 제품 재고와 같이 생산에 필요한 데이터뿐만 아니라 수주, 구매, 지출 상황 등도 관리한다. 각종 데이터를 DB 서버에 저장하였다가 필요한 경우 목적에 맞추어서 정확한 데이터를 활용하기 편리한 형태로 제공하여 경영에 필요한 판단을 빠르고 정확하게 내릴 수 있도록 한다.

그림 1.2는 대표적인 ERP 시스템의 구성요소를 나타낸 그림이다. 각 산업 분야나 ERP 솔루션에 따라서 요구하는 ERP의 기능이 다르고, 활용하는 방식도 다르지만, 제조업에 필요한 대표적인 요소를 추려서 나타내었다.

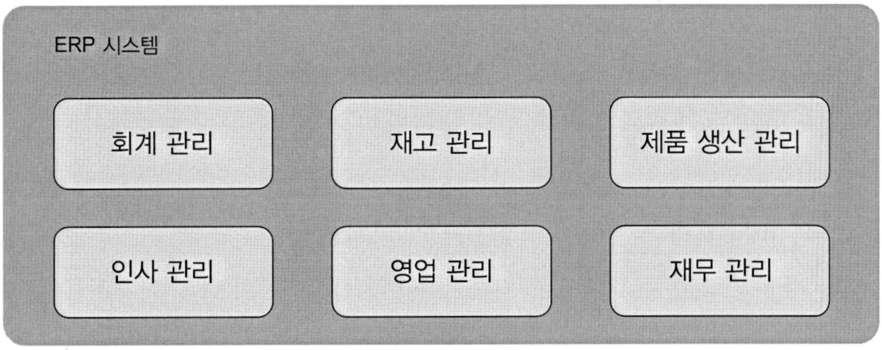

그림 1.2 ERP(Enterprise Resources Planning) 구조

1.3.3 제품수명주기 관리(PLM: Product Lifecycle Management)

제품수명주기(PLM) 관리라는 이름으로 2개의 개념이 존재하기 때문에 혼동을 일으키기 쉬워서 먼저 제조 관점에서 PLM을 정의한다. 제조 관점에서 PLM은 제품 제조공정 전체를 관리하는 시스템을 말하며, 이는 제품 기획에서 시작하여 기능, 내구성, 사후 서비스에 대한 설계, 생산공정의 설계와 배치, 생산설비와 생산인력의 배치 및 관리, 원부자재의 조달 및 관리, 생산 계획 및 실행까지를 포함하는 시스템이다. 이러한 내용을 디지털 데이터화 하여 저상, 관리, 시각화를 통하여 제조에 관련된 경영 판단을 쉽게 해주는 소프트웨어/하드웨어 솔루션을 PLM 솔루션이라고 한다.

PLM은 상당히 긴 역사를 지니고 있다. PLM의 전신은 주로 제품을 설계하는 도면 관리 목적으로 개발 된 PDM(Product Document Management: 제품 문서 관리 시스템)이었다. 컴퓨터 기술이 발달하면서 제품 기획 단계에서부터 컴퓨터를 이용한 설계(CAD: Computer-Aided Design 컴퓨터 이용 설계)가 나타나고, 설계도를 이용해서 공학적으로 시뮬레이션(CAE: Computer-Aided Engineering 컴퓨터 이용 공학 분석)하여 설계의 문제점을 확인할 수 있게 되었다. 초기 PDM은 도면 승인 후에 관련 부서 간에 도면을 공유하고, 의견을 교환하는 정도의 목적으로 사용되었으나, 정보통신 기술의 발달로 적용 분야가 생산설비의 확보/배치/사용계획 관리, 생산인력의 확보/배치/근무계획 관리 등 생산공정 전반으로 확장되었으나 추가적인 기능으로 제품 판매 후 유지/보수와 같은 사후 서비스까지 전반적으로 관리하는 시스템이 필요하게 되었다. 이러한 요구에 맞추어 탄생한 PLM은 디지털 도면관리뿐만 아니라 점차 워크플로 관리와 같이 설계-검토-적용-피드백으로 제품을 개발하고 생산하는 전과정을 포함하도록 발전하여 제품 개발과 생산에 관련된 모든 데이터를 관리하는 시스템으로 자리 잡게 되었다. 설계 도면에서부터 생산공정 및 도면에 포함된 원부자재 리스트(BOM: Bill of Material)는 구매부서와 생산부서가 활용하고, 외형도면이나 스펙 시트는 영업부서가 활용하고, 제품의 유지 보수나 사후 관리(A/S) 부서 등도 PLM을 이용하는 등 그 영역이 널리 확장 되었다. PLM은 제품생산에 필요한 데이터를 관리하고 재고 파악은 WMS, 회계 등의 업무는 ERP를 사용하는 등 전문적 기능을 가진 시스템과 결합하여 더욱 효과적으로 사용하게 된다.

PLM의 두 번째 의미는 마케팅 분야에서 사용하는 제품수명주기 관리라고 하여서 시장진입 단계 → 성장 단계 → 완숙 단계 → 시장 포화 및 시장축소 단계를 관리하는 개념으로 사용되어 혼동을 일으키기 쉬워서 주의를 기울여야 한다.

1.3.4 자재 명세서(BOM: Bill Of Materials)

제품을 구성하는 모든 원부자재의 목록을 말한다. 부품표(Parts List) 개념보다는 BOM이 좀 더 확장된 형태의 목록이다.

제품을 생산하는 데 필요한 부품 수가 적으면 이러한 BOM의 필요성이 적지만, 완제품이 많은 부품으로 구성될 때는 체계적인 부품관리가 필요하다. 예를 들면 현대 자동차에 필요한 부품의 수는 3만 5천 개 수준이라고 하는데, 이렇게 많은 수량의 부품이 있어야 차가 만들어지고, 1개의 부품이라도 모자라면 생산을 할 수 없으므로 각각의 부품을 체계적으로 관리하는 것이 매우 중요하다. 2020년~2022년 기간 동안 일본 반도체회사인 르네사스의 공장 화재와 코비드의 영향으로 반도체 공급 부족이 발생하자 전세계의 대형 자동차 회사들이 생산량을 줄여야만 했던 사례를 보면 부품의 선정, 조달, 관리가 제조업에서는 핵심 능력이라는 것을 알 수 있다.

BOM은 제품을 구성하는 부품과의 관계를 설정하고 관리할 수 있다는 것이 특징이다. 예를 들면 그림 1.3은 국내 전자 대기업이 중국 기업에서 ODM(제조자 개발 생산: Original Development Manufacturing)으로 생산하는 이동형 인덕션 레인지의 내부 사진이고, 그림 1.4는 이 인덕션 레인지의 구조와 부품 구성을 간략하게 나타냈다. 그림 1.3의 인덕션 레인지 제품은 PCB 기판 3장과 히팅 코어, 냉각팬과 외관 케이스 등으로 이루어져 있고 각각의 PCB에는 특정한 부품이 필요하다. 제품의 구성을 이처럼 계층적으로 관리하면 부품 적용 위치와 용도, 수량 등을 일목요연하게 확인할 수 있으며, 관리도 더 효율적으로 할 수 있게 되는데 이러한 방식이 BOM의 기초적인 개념이다.

BOM이 정확하고 자세하게 작성이 되어 있으면 부품을 구매할 때 정해진 기간 내에 누락 없이 입고되도록 하는 데 도움이 된다. 제품을 생산할 때 PCB별, 공정별로 필요한 부품을 정확한 수량으로 확보하고, 생산라인에 공급하여 생산성을 높일 수 있다. BOM의 핵심 목적은 부품을 필요한 때에 필요한 수량을 생산라인에 공급하는 것이고, 적합한 부품을 선정하고 제품생산에 차질이 없도록 하는 것이 BOM을 적용할 때 기대하는 효과이다.

그림 1.3 이동형 인덕션레인지 내부

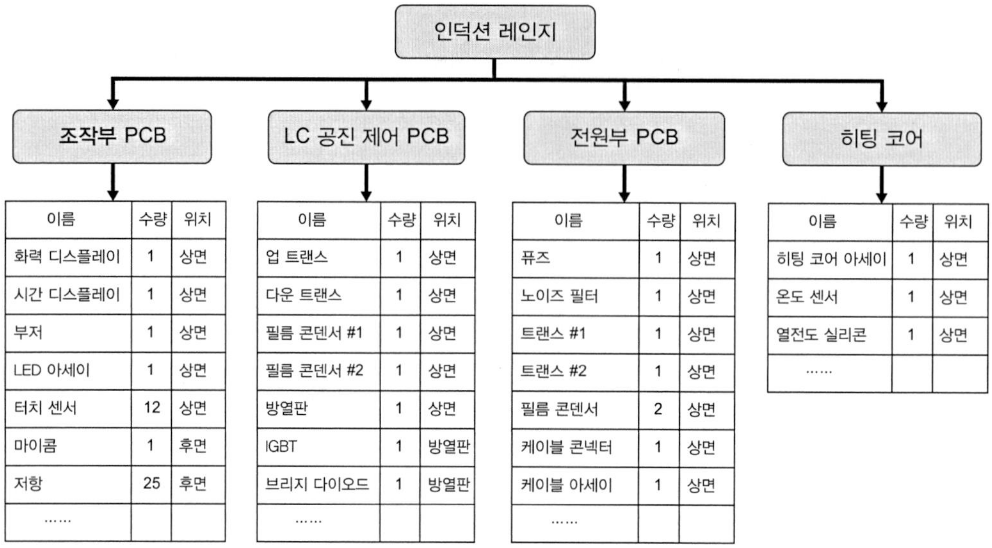

그림 1.4 포터블 인덕션 레인지의 BOM 예시

또한 BOM도 목적에 따라서 다시 세분되는데, 제품 설계 및 개발을 위해서 사용하는 것이 EBOM(Engineering BOM: 기술적 BOM)으로 제품의 도면, 부품의 구성, 개별 부품의 도면 등의 정보를 포함하는 BOM이다. MBOM(Manufacturing BOM: 제조 BOM)은 생산에 필요한 생산 관리 및 운영을 위한 BOM으로 PLM(Product Lifecycle Management), MRP(Material Requirement Planning System), MES(Manufacturing Execution System), ERP(Enterprise Resources Planning) 등과 함께 사용하며, 제품개발 시에 사용했던 EBOM을 기본으로 만들어 사용한다. 그 외에도 영업용 BOM, 사후 서비스(A/S)용 BOM 등이 있을 수 있다.

1.3.5 자재 소요량 관리 시스템(MRP: Material Requirement Planning System)

MRP 시스템은 제품 생산 계획을 수립할 때 생산공정과 원자재 재고 상황을 고려하도록 정보를 제공하는 시스템을 말한다. 즉, 공장에서 생산하는 제품에 대한 3개월 후의 고객 수요를 예측하면 그 수요 예측에 맞추어 판매하기 위한 제품 재고를 확보하여야 한다. 3개월 후 시점에 판매할 제품 재고를 확보하려면 생산 기간을 역산하여 생산 개시 시점을 정하고, 생산 개시 시점에 맞추어 원부자재를 확보하여 생산이 원활하게 될 수 있도록 하여야 한다. 생산라인에 배치될 인력과 설비도 생산 계획에 맞추어 배치하여 계획대로 생산될 수 있도록 하여야 하는데, 이러한 계획을 수립하고 실행하는데 필요한 정보를 수집, 분석하여 활용할 수 있도록 하는 시스템이 MRP 시스템이다.

MRP가 정확한 정보를 제공할 수 있도록 하기 위해서는 앞에서 설명한 WMS(창고관리시스템), PLM(제품수명주기관리)시스템, BOM(자재명세서), ERP(전사적자원관리) 등에 등록된 최신 정보를 정확하게 보유하고, 필요할 때 정보를 취합하여 사용하여야 한다. 특정 날짜에 출고해야 하는 제품 수량이 정해지면 MRP는 PLM에서 평균적인 생산 기간 정보를 바탕으로 생산에 필요한 기간만큼 날짜를 역산하고, MBOM(Manufacturing Bill Of Material: 생산 자재 목록)에서 필요한 부품 목록을 얻어 와서 생산 시작 날짜의 원부자재 재고를 WMS에서 확인하고, 조달에 필요한 리드타임(준비기간)의 정보를 취합하여 종합적으로 계획한 생산량을 생산할 수 있도록 원부자재 조달 계획을 세운다.

MRP는 정해진 시점에 원하는 수량의 제품을 생산하는 데 필요한 원부자재, 설비, 인력을 최적의 조건으로 운용하도록 정보를 자동으로 취합하여 제공해주는 것이 장점이다. 특히 원부자재의 경우 생산을 시작전에 반드시 준비되어야 하고, 과다한 원부자재는 악성 재고로 변하여 경영에 부담을 주는 경우가 많다. 악성 재고가 아닐지라도 재고를 필요 이상 보유하고 있으면 기회비용을 놓치게 되기 때문에 이를 방지할 수 있는 시스템인 MRP의 역할이 중요하다.

1.3.6 생산 관리 시스템(MES: Manufacturing Execution System)

생산 관리 시스템은 제품의 생산 시작 시점부터 생산 완료 시점까지 필요한 작업 일정, 작업지시, 품질 관리, 생산 진척 상황 등의 정보를 수집, 관리, 가공 및 제공하는 시스템을 말한다.

제조업에서 제품 생산 진척 상황을 관리하는 기능은 매우 중요한 기능이고, 생산 관리의 핵심이다. 작업 일정을 수립하고, 작업지시서를 발행하여 생산 작업이 시작된 이후에는 생산 진척 상황을 확인하고 계획대로 생산되고 있는지를 지속해서 추적 해야 한다. 생산 상황에 변동이 있거나, 계획한 일정과 제품생산 상황 간에 차이가 있을 때는 해결 대책을 세우거나 일정을 조정하여 고객사에 납품하는 일정에 문제가 발생하지 않도록 해야 한다. 현실에서는 고객이 긴급 발주를 내거나, 입고 스케줄을 변경하는 일이 생각보다 많이 있으며, 이러한 긴급 상황에서 정확하게 대응하려면 생산공정별 진척 상황을 한눈에 확인할 수 있는 기능이 필요하다. 원격지 공장의 생산 관리도 중요한 요소이다. 최근 들어 환경규제 강화, 주변 민원 및 인력 수급의 어려움 등으로 제조업 환경이 가혹해짐에 따라 본사는 수도권에 있고, 공장은 남부지방에 있는 등 물리적으로 멀리 떨어져서 운영하는 경우가 많아지는 반면, 핵심 관리 인력은 수도권 본사 근무만을 선호하는 경우가 많아서 본사와 생산 현장 사이의 정보격차가 커지면 생산 관리를 적절하게 수행하지 못하여 여러 가지 문제가 발생하는 경우가 많다. MES는 이와 같은 원격 생산 관리 상황에서도 실시간으로 생산 상황을 확인하고 적절한 지시를 내릴 수 있도록 도움을 줄 수 있어서 많은 문제를 해결할 수 있다.

MES를 사용하여 생산계획 수립과 공정관리를 할 때 얻어지는 장점은 아래 표 1.2와 같이 정리할 수 있다.

표 1.2 MES(Manufacturing Execution System)의 장점

장점	설명
자원 활용 효율성 증가	재작업, 스크랩, 폐기물 등을 최소화할 수 있다
정확한 비용추정	공정 진행을 추적하므로 정확하게 생산 비용을 추정할 수 있다(인건비, 스크랩, 휴지 시간 등)
가동시간 최대화	공정별 상황을 실간 확인하여 연계 공정의 가동시간을 최대화할 수 있다
고장 대응력 향상	생산설비의 운전 자료를 수집하여 설비가 정지하는 다운 타임을 감소시키고 문제 원인을 쉽게 찾을 수 있다
생산공정 추적	생산공정을 상세하게 추적할 수 있어서 현장 문제점을 선제적으로 발견하고 대처할 수 있다
재고 감소	생산공정을 실시간 관리함으로 최적 재고 상태로 운영할 수 있다

MES와 ERP는 다른 시스템이지만, 유사한 기능이 있어서 혼동이 생길 수 있는데, 두 시스템의 차이를 큰 틀로 구분하면 ERP의 경우에는 회계적 관점으로 관리하고, MES는 생산라인에서 생산 되는 제품의 수량으로 관리한다고 구분할 수 있다. ERP는 회사의 모든 자원이 금전적으로 환산되어 현재 어디에 얼마나 분배되어 있는지를 확인하고 이 자원의 분배를 관리 및 조정하여서 효율적 경영을 하는 것을 목표로 한다. 반면 MES는 회계적으로 분석하는 것보다는 시간이나 수량의 관점에서 관리한다. 고객사에서 발주받거나, 혹은 자체적으로 제품 재고를 확보하려고 할 때 제품의 최종 수량을 기반으로 원자재 주문, 공정별로 흐르고 있는 수량, 공정별 소요 시간, 공정별 소요 인력 등의 정보를 종합적으로 확인하고 판단할 수 있는 MES가 필요한 정보를 얻기에 편리하다. ERP는 생산공정을 수량과 시간관점으로 관리했을 때 발생할 수 있는 자원의 낭비, 자금의 흐름 등을 관리할 수 있어서 MES와 ERP를 같이 활용하는 것이 회사 경영 측면에서 최상의 효과를 얻을 수 있다.

MES를 효율적으로 사용하기 위해 데이터 수집이 가장 중요한 요소이다. 데이터 수집은 정확성, 완전성, 실시간성의 3가지 특성을 확보할 수 있어야 한다. 정확성은 잘못 측정되거나, 저장되지 않아야 하고, 완전성은 필요한 데이터가 빠짐없이 수집과 저장되어야 한다. 실시간성은 데이터를 이용하는 시점에서 최신 데이터를 이용할 수 있어야 한다. 이 3가지 특성을 가진 데이터가 있어야 각 생산라인의 상황을 정확하게 평가할 수 있고, 목표로 하는 생산량을 달성하기 위한 계획을 정확하게 수립할 수 있다. 수집된 데이터를 바탕으로 현재 상황에 대한 평가를 빠르고 정확하게 할 수 있도록 데이터를 정제하고 종합적으로 이해할 수 있도록 시각화하고, 계획한 생산계획과 현재 생산 상황의 격차를 쉽게 판단할 수 있도록 하여 생산 계획의 변경이나, 추가 생산 자원의 투입 등에 관한 판단을 할 때 MES를 적극 활용할 수 있다.

MES와 ERP를 동시에 활용하는 것이 필요한 이유는 생산라인을 관리하는 목적과 회사의 회계적 성과를 관리하는 것은 목적이 다르기 때문이다.

먼저 MES를 활용하는 생산공정 관리의 방법의 예를 들면 생산설비 및 검사 설비 교체 시간, 원자재 이송 등을 고려하여 스펙 별로 하루에 5만 개씩 생산할 때 생산성이 가장 좋게 나타날 수 있는 공정이 있다면, 하루 5만개씩 생산하는 방식으로 한달에 20종의 스펙을 생산하여 월 100만개 생산 계획을 수립할 수 있다.

반면, ERP 사용하여 회계적인 관점에서 보았을 때는 한 스펙당 5만 개씩만 생산할 때 원자재 구매를 1회 하는데 비용이 증가하고, 생산 비용을 고려 할 때 5만개 생산은 오히려 비용이 증가하는 특성이 있어서 스펙별로 7만개~15만개 범위에서 생산하는 것이 비용과 수익 측면에서 효율적일 수 있다.

이렇게 생산 효율과 회계적 비용 효율이 차이가 있으므로 회사의 특성에 따라 생산성을 중심으로 보는 MES를 기준으로 판단하거나, ERP를 이용한 회계적 효율성을 우선한 계획을 적용하게 된다. 보통은 이 두 가지 판단을 종합적으로 판단하여서 적절한 중간점을 찾는 방향으로 판단을 내리게 된다.

MES와 ERP는 모두 회사의 경영을 효율적으로 하기 위한 도구로 최고의 효율성을 확보하는 방식으로 경영에 적용하는 것이 좋다.

1.3.7 품질 관리 시스템: QMS(Quality Management System)

품질 관리 시스템 QMS는 고객의 품질요구에 맞는 상품을 생산하도록 지원하는 시스템을 말한다. 고객의 요구에 맞는 제품 품질을 유지하기 위해서는 많은 문서, 시험, 판정, 피드백, 개선 활동 등의 조치가 필요하다. 나날이 기술이 발전하고 고객의 품질요구가 높아짐에 따라 생산 제품의 품질을 유지하기 위한 시간과 노력도 점점 많이 필요하게 되며, 처리해야 하는 문서와 프로세스도 늘어나게 된다. 이러한 품질 관리 업무를 IT 기술을 통해서 수집, 관리, 분석하여 품질의 문제점 파악 및 개선 요소의 발견과 시행을 쉽게 해주는 시스템을 QMS라고 한다.

QMS를 사용하는 목적은 아래 표 1.3과 같다.

QMS의 목적 중 품질 관리 체제 구축은 생산하는 제품의 품질 정보를 수집, 보관, 분석하는 시스템 만드는 것을 말한다. 품질 유지를 위해서 품질 검사하고 자료를 보관

표 1.3 QMS(Quality Management System) 사용 목적

목적	효과
품질 관리 체제 구축	품질 정보를 수집, 보관, 분석하여 통합 품질 관리 능력과 예방적 품질 관리 활동을 정의하고 실행 할 수 있는 기준과 규칙 등을 정한다.
품질정보 관리 시스템 구축	품질기준 정보, 품질 관련 문서(인증서, 성적서 등) 및 설계정보 등을 취합하여 보관하는 품질정보 소프트웨어 및 하드웨어 시스템으로 품질관리 효율성을 향상한다.
품질 성적 관리 추적 시스템	검사 및 시험 정보의 수집, 보관, 관리를 통하여 불량이 발생하였을 때 요인 분석 등을 쉽게 하여 빠른 대응이 가능하게 한다.

하는 것은 모든 제조기업이 하는 일이다. 하지만, 이 품질 정보는 DB 서버에 보관되어 필요할 때 쉽게 찾아보고 분석할 수 있어야 품질관리 활용을 제대로 할 수 있다. 예를 들면 품질 측정 데이터를 수기로 적어서 종이 문서로만 보관하고 있다거나, 데이터를 기록한 엑셀 파일이 일자별이나 분기별 같은 형식으로 나누어져 있으면 필요할 때 데이터를 쉽게 사용하기 어려워 품질 관리 효율성이 매우 떨어진다. 계측기 등의 검교정 내용도 품질 관리에 영향을 미치는데 이 검교정 관련 자료도 DB 서버를 이용하여서 수집, 보관하고, 사용이나 분석이 필요한 때 언제라도 데이터를 활용할 수 있어야 한다.

품질 정보 관리 시스템은 각종 품질 문서 및 설계정보를 관리하는 시스템인데 이 시스템 역시 DB 서버를 이용하여서 관리하는 것이 효율적이다. 예를 들어 매년 갱신하는 KS, CQC, TÜV, UL 등 인증 준비나, 제품의 문제가 생겼을 때 설계 자료나 시험 방식 등 확인할 때도 빠르고 쉽게 확인할 수 있도록 DB 서버에 보관하고 관리해야 효율적인 관리가 가능하다.

품질 성적 관리 추적 시스템은 제품의 품질 파악을 위해 시행하는 검사 결과를 생산일자, 로트 번호 등으로 분류하여 관리하는 시스템을 말한다. 불량이 발생하였을 때 품질 성적 자료를 이용하여 불량 발생의 원인을 빠르게 규명할 수 있도록 관리가 되어야 하며 역시 DB 서버가 자료를 체계적으로 관리하여 효율적으로 대응할 수 있는 시스템을 말한다.

품질 관리 시스템은 MES, ERP, WMS 등의 시스템과 비교할 때 회사의 수익과 직접적인 관련이 적은 편이라 우선순위가 낮게 평가될 수 있지만, 제품의 품질 문제가 발생할 때 대책을 세우는 가장 유용한 도구가 품질 관리 시스템이다. 저자의 회사에서도 품질로 인한 문제가 발생할 때 원인을 파악하고 추적하는 데에 매우 유용하였으며, 특히 DB 서버에 장기간 축적된 데이터를 근거로 하여 고객사에게 설명할 수 있어서 고객사가 상황을 이해하고, 수립한 품질개선 대책에 대한 신뢰감을 주는데 유용하게 활용되었다. 물론 평소에도 제품의 품질 상태 변동을 추적하면서 그때마다 적절한 대응이 가능하여서 품질 관리 시스템을 이용한 품질 관리는 매우 효율적인 품질 관리 방법이 된다.

1.4 스마트 팩토리 시스템 선택

앞에서 스마트 팩토리 시스템을 구성하는 주요 요소를 살펴보았다. 이를 바탕으로 제조업 회사에서 발생하는 문제를 해결하는데 적합한 시스템을 선택하는 방법을 정리해

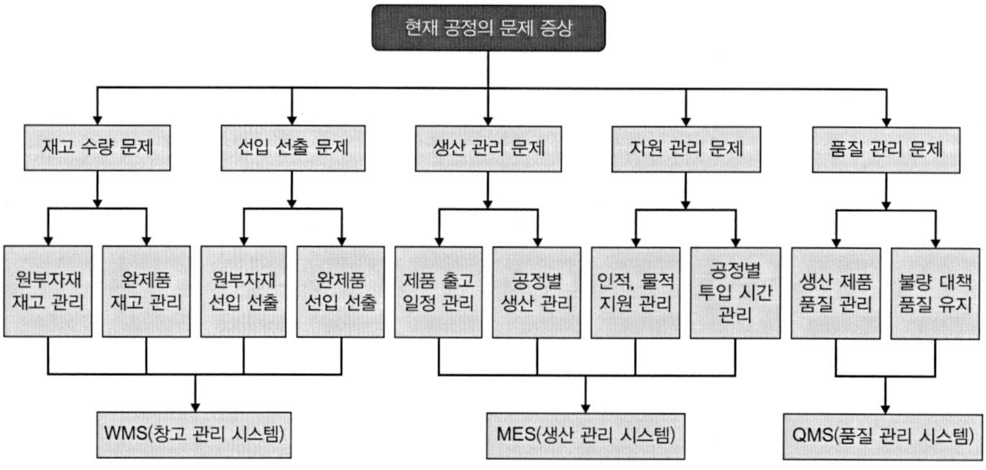

그림 1.5

보면 그림 1.5와 같다. 예를 들면 재고 수량 문제에 대해서는 WMS가 적합하고, 생산 관리나 자원관리에서는 MES가 적합하며, 품질 관리 문제에 대해서는 QMS를 적용할 수 있다.

스마트 팩토리를 구성하는 소프트웨어 시스템에는 여러 종류가 있지만, 저자는 제조업에 필요한 핵심 시스템은 4가지라고 본다. ERP 시스템은 S-ERP나 더존 등으로 회계 관리등을 하면서 많이 사용하고 있는 소프트웨어이다. 그 외에도 WMS(창고 관리 시스템), MES(생산 관리 시스템), QMS(품질 관리 시스템)의 3가지가 스마트 팩토리에서 중요한 요소이다. 그림 1.5에서 분류한 방식을 기초로하여 중소 제조업 기업을 운영하면서 만나게 되는 문제점과 이를 해결하는 방법을 설명한다.

1.4.1 재고 관리 문제

재고이 수량이나, 원부자재 및 제품의 선입선출과 관련된 문제를 해결하는 방법으로 WMS(창고관리 시스템)의 적용을 고려할 수 있다. 실제 수량과 장부 수량이 다른 문제나, 선입선출을 제대로 하지 못하여 오래된 재고가 창고에서 악성 재고로 변화하는 문제는 흔하게 발견되는 비용 낭비 사례이다. 해결방안으로 WMS를 추천하는데 단순 소프트웨어 시스템 도입만이 아니라 WMS를 활용하도록 업무 프로세스를 개선하고 추가 하드웨어를 도입하여서 편리하게 재고 관리를 하면 큰 효과를 얻을 수 있다.

1.4.2 생산 관리 문제

생산 관리 업무는 크게 나누어 생산 일정 관리와 생산에 필요한 자원을 관리하는 업무로 나눌 수 있다. 이 두 가지 업무를 해결하려면 MES(생산 관리 시스템)을 도입하는 것을 추천한다. 생산 일정 관리 문제는 제조업에서는 항상 최적의 일정을 수립하기 위해 노력하는 업무이다. 재고가 많아도 꾸준히 출고되어서 재고비용 부담이 없는 제품을 생산한다면 생산 일정 수립 부담이 적겠지만, 보통은 발주 수량과 생산 수량을 맞추기 위해서 많은 노력을 기울이는 것이 일반적이라서 발주량에 따른 최적화된 생산 일정 수립이 매우 중요하다. 특히 고객 각각의 요구에 맞추어서 다품종 소량 생산을 주로 하는 기업은 많은 재고를 보유하는 것이 위험성이 높은 것을 알고 있음에도 불구하고, 고객사의 무리한 일정에 대응하기 위해서 재고를 많이 확보하여 경영 효율성이 낮아지는데, 이런 경우는 MES를 적극적으로 활용할 필요가 있다.

단순히 MES를 도입만 한다고 효율성이 높아지는 것이 아니므로 회사 업무에 MES 활용이 잘 녹아들 수 있도록 업무 프로세스를 개선하거나 변경할 필요가 있다. 또한, 생산공정에서 걸리는 시간과 인력, 설비, 원부자재 등 자원을 정확하게 측정하는 것이 중요하다. MES의 기능을 최대로 사용하기 위해서는 작업자에 대한 교육이나 작업표준 변경뿐만 아니라 하드웨어를 적극적으로 도입하여서 현장에서 데이터 입력을 편리하게 하고, 데이터 입력이 공정 이송 중에 누락되지 않도록 업무를 설계하여야 MES가 제 몫을 할 수 있으므로 도입을 계획할 때는 반드시 현장 환경을 고려하여 생산공정과 잘 결합할 수 있도록 계획한 후에 도입하여야 한다.

1.4.3 품질 관리 문제

제조업의 기본은 좋은 품질의 제품을 생산하는 것이지만, 이러한 품질 관리 활동하려면 매우 많은 업무를 처리해야 한다. 해야 할 일이 너무 많고, 관리해야 하는 자료도 많아서 업무처리 효율성이 떨어지거나, 불량품이 발생하였을 때 대응을 제대로 하지 못하여 문제가 발생하는 경우가 많은데, 이런 품질 문제를 해결하기 위한 시스템이 QMS(품질관리 시스템)이다.

제조업 분야는 품질 인증이나 경영인증, 환경 인증 등을 보유하는 것이 기본이 되었으므로 인증 취득, 유지에 필요한 각종 문서 자료 등을 정리하고 보관하는 시스템이 있어야 효율적인 업무가 가능하다. KS, KC, CE, CQC, TÜV, UL 등의 품질 인증도 중요하지만, 최근에는 ISO 14001이나, ISO 9001, HACCP과 같은 공정에 관한 인증을 고객사가 요구하는 상황이기 때문에 인증 담당자의 업무는 더욱 과중하게 되었고, 일 년의 절반은 각종 인증 취득 심사와 인증 연장 심사 준비에 하는 경우도 흔해서 인증 관련 업무를 지원하는 시스템이 필요하다.

또한 제품의 품질 관리를 위해 정보를 취득, 정리 및 보관하여 업무를 효율적으로 처리하는 기능도 필요하다. 표본 검사 또는 전수 검사를 수행하면서 얻어진 측정 데이터, 품질 상태를 평가한 자료, 제품 설계자료 등도 효율적으로 관리하여 필요할 때 즉시 사용할 수 있게 준비되어야 하며, 불량품이 발생하였을 때 이 불량이 발생한 원인과 불량수량을 확정하는 업무도 중요한 품질 관리 업무이다. 이런 품질관리업무를 위한 QMS는 업무 프로세스의 최적화와 하드웨어 도입과 함께 실행되어야 최상의 결과를 얻을 수 있다.

연습 문제

1. 다음 중 스마트 팩토리의 필요성이 아닌 것을 고르시오.

① 데이터에 기반한 생산성 개선
② 무인화 자동화로 인력 의존성 감소
③ 제품 표준화로 대량생산 원가 절감
④ 다운 타임 감소로 생산 시간 증가
⑤ 높아지는 품질 수준에 대응

2. 스마트 팩토리에 포함되지 않는 것을 고르시오.

① WMS
② ERP
③ MES
④ QMS
⑤ INT

3. WMS에 포함되지 않는 기능을 고르시오.

① 창고내 재고 수량 관리
② 원부자재 입출고 수량 관리
③ 공정간 이동하는 생산 중 제품 수량
④ 제품 입출고 수량 관리
⑤ 공정에 투입되는 설비 수량

4. 다음 중 옳은 것을 고르시오

① ERP는 제품 수량의 관점에서 관리하고, MES는 회사의 자원을 회계적으로 관리한다
② WMS를 사용하면 각 공정에 걸리는 시간을 관리할 수 있다.
③ MES를 이용해서 각 공정에서 발생할 수 있는 불량을 관리할 수 있다.
④ QMS는 품질과 관련된 문서부터 검사 결과 등을 통합적으로 관리한다.
⑤ BOM은 기획과 설계 단계에서 생산한 도면을 주로 관리한다.

연습문제 해설

1. 답 ③

스마트 팩토리를 이용한 데이터에 기반한 생산성 개선, 무인화 자동화로 인력 의존성 감소, 설비가 멈추는 다운 타임을 감소하게 관리할 수 있으며, 품질 향상도 데이터를 기반으로 가능하다. 제품 표준화에 의한 대량생산과 원가 절감 특성은 산업화 시기에 얻을 수 있는 특징이었다.

2. 답 ⑤

WMS(창고관리 시스템), ERP(전사적 자원관리), MES(생산관리 시스템), QMS(품질 관리 시스템)은 스마트 팩토리에 포함된다. INT는 Internal Signal(내부 신호), Integer(정수-수학) 등의 의미로 사용되어 스마트 팩토리와 관련이 없다.

3. 답 ⑤

WMS는 창고 관리 시스템으로 원부자재, 제품, 상품 수량 등을 관리하는 시스템으로 창고내 재고 수량 관리, 원부자재 입출고 수량 관리, 공정간 이동하는 생산 중 제품 수량, 제품 입출고 수량 관리 등에는 사용할 수 있지만, 생산 설비 투입 관련은 MES의 기능으로 볼 수 있다.

4. 답 ④

QMS는 품질과 관련된 문서부터 검사 결과 등을 통합적으로 관리한다. ERP는 회사의 자원을 회계적으로 관리하고, MES는 제품 수량의 관점에서 관리한다. WMS는 원부자재 수량과 제품 수량 관리에 최적화 되어 있다. MES를 이용하면 지정된 출고 날짜를 기준으로 생산 일정 수립이 가능하지만 불량 관련은 QMS와 관련이 더 깊다. BOM은 제품을 생산하기 위해 필요한 부품을 관리한다.

중소기업이 스마트 팩토리로 얻을 수 있는 장점

2.1 중소기업이 스마트 팩토리를 도입해서 얻을 수 있는 강점

마이크로소프트의 엑셀을 생각해 보자. 엑셀을 신용카드 전표 정리하는 데 쓰거나 수신 문서를 정리할 때 간단히 사용하기도 한다. 하지만 증권회사 펀드 매니저는 엑셀로 시뮬레이션 모델을 만들어서 수백억 원에 달하는 펀드 자금을 운용하는 데 사용하기도 한다. 일반 사무용으로 널리 사용되는 소프트웨어인 엑셀도 이렇게 사용하는 방식이 천차만별인데 스마트 팩토리 기능을 사용하는 방법은 회사에 따라, 사용자에 따라 각각 다른 방식과 중요도로 사용하게 된다. 어떤 회사에서는 스마트 팩토리의 소프트웨어를 온전히 사용하기 위해서 회사의 업무 프로세스를 변경하고, 직원을 교육하여 앞장에 나왔던 표 1.1과 같이 많은 기능을 보유한 솔루션을 충분하게 활용하는 회사가 있는가 하면, 회사가 이전부터 활용하던 업무 프로세스를 바꿀 여력이 없거나, 직원이 새로운 소프트웨어를 배울 여력이 없는 회사는 수많은 스마트 팩토리 솔루션의 기능 중에서 극히 일부만 사용하는 경우도 있을 것이다. 스마트 팩토리의 실패 예를 들어보면 회계 처리는 더존 관련 소프트웨어를 사용하여 전자계산서 발행에 사용하고, 재고 관리, 원자재 발주 등에는 기존 ERP 소프트웨어를 이용하고 있어서, 새롭게 도입한 스마트 팩토리 솔루션을 기존 업무 프로세스와 결합하기 위해 많은 노력을 들여야 하는 경우가 있다. 더 안좋은 경우는 스마트 팩토리를 도입한 기업이 정작 현업에는 적용하지 못하여 투자한 결과가 거의 나타나지 않아서 경영자가 속을 끓일 수도 있다. 이 장에서는 스마트 팩토리 기능을 도입하였을 때 얻을 수 있는 장점을 설명하여 우선 순위를 정해서 스마트 팩토리를 도입하는 데 도움이 되도록 하였다. 기능에 대한 이해를 높이면 향후 스마트 팩토리를 도입하거나, 도입 계획을 세울 때 효과적인 활용이 가능할 것이다.

스마트 팩토리를 중소 제조기업에 적용할 때 좋은 효과를 얻을 수 있는 분야를 크게 나누어 보면 비용 효율화, 인적 자원 활용성 강화, 품질 관리의 3가지 분야이다. 이 3가지 분야는 제조기업을 운영할 때 반드시 고려하는 필수 요소이기 때문에 스마트 팩토리를 도입하면 반드시 효율 향상이 일어나야만 하고, 이 부분에서 효율 향상이 일어나지 못한다면 스마트 팩토리 도입의 이유가 없다고 볼 수 있다. 이장에서는 필수적인 3가지 분야와 스마트 팩토리의 관계를 설명하고자 한다.

2.2 비용 낭비를 막는 스마트 팩토리

기업을 운영하는 것은 비용 절감 활동을 지속해서 수행하는 것과 같다. 비용 절감은 제품생산과 판매에 연관된 직접 비용 절감과 회사 운영을 위한 사무 비용 등의 간접 비용 절감으로 나눌 수 있다. 직접 비용과 간접 비용을 비교하여 아래 표에 나타냈다.

표 2.1 직접 비용과 간접 비용

분류	직접 비용	간접 비용
정의	제품 생산과 판매에 필요한 비용	제품 생산과 판매에 직접 관련은 없지만, 기업의 운영에 필요한 비용
용도	목적과 공정이 분명하게 확인할 수 있는 비용	사용 목적과 사용 업무의 정확한 분류가 어려움
사용 예	원부자재, 생산설비 구매/유지/관리, 제조 인력 등	인사관리 인건비, 회계업무 인건비, 관리용 사무실 유지 비용, 경비 업무 비용, 탕비실 비용 등
특징	제품생산량에 따라 늘어남	제품생산량과 큰 연관이 없음

제조업에서 직접비를 절감하는 방법은 여러 가지가 존재한다. 전기료를 절감하기 위해서 고효율 모터나 고효율 인버터를 설치하기도 하고, 원부자재를 최대한 사용해서 버려지는 양을 최소로 하는 것도 방법이다. 또한 생산계획과 원부자재 조달 계획을 철저하게 수립하여 인건비와 근무 시간을 알뜰하게 사용하는 것도 매우 중요한 비용 절

감 방식이다.

원부자재 관리를 철저하게 하여 직접비용 효율성을 최대한으로 끌어 올리는 대표적인 방식이 바로 일본 토요타 자동차에서 사용하는 JIT(지트: Just In Time) 방식이다. Lean(린: 야윈, 마른) 시스템이라고도 불리는 이 방식은 재고를 최소한으로 유지하면서 원부자재 재고는 꼭 필요한 만큼만 구매하여 재고 보유 기간을 최소한으로 유지하며 생산하는 방식을 말한다. 이 방식은 토요타 자동차의 강력한 구매력을 이용하여 원부자재 공급업체가 토요타의 발주에 맞추어 정확한 수량을 정확한 시간에 납품하도록 강제하여 원청인 토요타의 원부자재 재고를 최소로 유지하는 방식이다. 토요타의 생산계획에 따라서 원부자재 업체는 하루에 2번 이상 납품 입고하고 토요타 내부에서는 입고된 원부자재를 각 공정으로 즉시 이동시켜서 생산 지연 없이 정확한 수량의 원부자재만을 사용하는 방식이다.

JIT방식은 재고비용을 관리하는 최고의 방법으로 알려져 왔고, 특히 원부자재 재고를 최소로 유지하여 비용 효율성을 높게 끌어 올린 방법으로 경영계에서 높게 인정받고 있었으나, 2020년 코로나 상황과 2021년 자동차용 반도체 업체인 르네사스의 화재로 반도체 조달 문제가 발생하여 원부자재 공급 부족이 발생하자 토요타는 자동차 생산을 할 수 없게 되어 매출이 큰 타격을 입게 되었다. 원부자재 재고를 최소로 하기 위해 재고비용을 납품업체가 부담하는 JIT 방식을 활용한 토요타는 원부자재 공급부족 위기 상황에서는 대처할 방법이 없어 원부자재가 공급되기를 기다려야 하는 신세에 처하게 되었다.

비록, 토요타 자동차가 아주 높은 수준의 JIT 시스템을 구현하였지만, 2020년 이후 발생한 코로나 상황, 르네사스와 같은 반도체 업체의 생산량 저하, 미국 텍사스 대정전으로 비롯된 석유 화학 공장의 가동 중지 등 불가항력적인 외부 요인에 의해서 원부자재 조달의 문제가 생겨 제품생산이 어려운 상황을 겪었다. JIT방식을 도입하여 적극적으로 활용하던 기업 중에는 원부자재 공급 부족 상황의 경험을 바탕으로 JIT 방식을 일부 포기하고 원부자재 재고를 여유 있게 유지하면서 외부 공급망 충격에 대비하는 방향으로 전환하는 분위기가 생겼다. 현대기아차 그룹의 경우 다른 글로벌 자동차 기업과는 다르게 고도로 발전한 수직계열화를 통해 원부자재 충격에 강한 내성을 보였으며, 실제로 제품생산 감소 폭도 타사에 비해서 낮게 낮게 나타났다. 결국 현대기아차 그룹은 2022년 세계 빅3 자동차 판매 기업으로 등극할 수 있었다.

다른 사례도 있는데, 국내 가전제품 기업에서 2020년부터 중국 부품을 채용하는 연구를 진행하여서 2021년 하반기 출시하는 신제품에 중국 부품을 사용하는 생산계획을 세웠으나 중국산 부품 품질 문제가 생기면서 신모델 출시를 6개월 이상 연기했고, 최초 계획과는 다르게 2023년 봄이 되어서야 중국부품을 사용한 제품을 주력으로 판매할 수 있게 되어서 부품 공급 문제가 신모델 판매를 2년 가까이 지연시켰다.

이 현상의 원인을 따라가 보면 2018년부터 변화된 중국 부품 및 소재 시장의 변화가 있다. 중국 부품 제조산업의 경우 2018년부터 강화된 환경 기준을 맞추지 못하는 소규모 부품 및 소재 업체가 영업정지 및 폐업하여 공급 부족 상황이 되었다. 하지만 중국 시장은 장기간 공급과잉 상태로 부품 재고가 많아서 공급 부족 상황이 바로 시장에 문제로 나타나지는 않았다. 2019년 말 발생한 코로나로 침체하였던 경기가 2020년 중반부터 살아나면서 시장의 부품 재고가 급속하게 줄어들게 되었다. 여기에 2021년 초 미국 텍사스 대정전 및 동유럽 화학회사가 비용 문제로 감산하면서 화학제품의 공급 부족과 품질 문제가 전세계적으로 심각해졌고 이 여파로 전자부품에 사용된 화학제품 품질 저하로 인해 전자부품 불량이 대량발생하였다. 이 피해를 입은 국내 가전 대기업은 불량품을 납품한 중국 회사에 대책을 요구하였으나, 심각한 원자재 부족 상태인 중국 회사는 대치 부품제공 또는 품질 문제 해결을 해 줄 수 없었기 때문에 가전제품 신모델 출시가 계속 연기되는 최악의 상황을 겪게 된 것이다.

세계의 공장인 중국 시장에서 대한민국 시장은 상대적으로 작은 시장이기 때문에 우선순위가 높은 중국 내 문제를 먼저 해결하느라고 대한민국 기업에 대해서는 대응이 늦어지게 되었고, 해당 가전 대기업은 부품을 중국산으로 수익성을 높이려고 했었으나, 단 1개 부품에서 발생한 불량 때문에 수백 종의 다른 부품들이 재고로 쌓이고, 신모델 출시 시기가 늦어져서 이미 판매 단가를 낮춘 구 모델만 판매할 수 밖에 없게 되어서 매출과 영업이익에서 피해를 보게 되었다.

사례 예시에서 보듯 예상치 못한 문제로 공급망의 문제가 생기면 글로벌 제조 기업도 원부자재 확보에 문제를 겪게 되고 쉽게 해결하지 못하는 경우가 생긴다. 중소 제조기업은 구매력이 대기업에 비해 부족하고, 위기 감지 능력도 부족하여 선제적 대응 능력도 떨어지므로 최대한 비용효율성을 높여서 수익성을 확보하는 방법을 선택하는 것이 최선이다. 기업에서 비용을 줄이는 방법은 4가지로 나누어 생각할 수 있다.

2.2.1 재고비용 절감

첫 번째는 재고관리의 효율성을 높여 비용을 절감할 수 있다. 제품을 생산하기 위해서는 여러 가지 원부자재가 투입되고, 생산 라인이 멈추지 않도록 원부자재 재고를 충분히 확보하는 것이 제조업에서는 매우 중요한 활동이다. 하지만, 생산라인이 멈추면 안된다는 목표로 재고를 관리하다 보면 어느 순간 재고가 필요 이상으로 창고에 쌓이게 된다. 원부자재 구매양과 제품 생산으로 소비되는 원부자재의 양이 균형을 이루어야 하지만, 원부자재의 공급이 어려울 때도 있고, 발주량이 많아 재고 소비량이 많아질 때도 있어서 주먹구구식으로 대응하다 보면 어느 순간 과도한 재고가 쌓이는 경우가 많고, 선입선출 관리까지 소홀하게 하면 창고 구석에 오래된 원부자재가 쌓이기도 한다.

2019년도에 업력 40년인 전자부품 기업이 여러 가지 사정으로 다른 회사에 합병되어 기업실사(듀 딜리전스: Due Diligence)를 받는 과정을 견학할 기회가 있었다. 인수하는 기업에서 직원들이 나와서 창고에 있는 재고를 확인하는데 1993년 생산 원자재가 발견되어 생산된 지 25년이 넘은 원자재가 재고자산으로 장부에 남아 있는 것에 대해서 인수 기업 측에서 항의하는 장면을 본 적 있다. 이런 상황은 흔하게 볼 수 있는 일로 재고관리를 잠시 소홀히 한 결과로 악성 재고가 쌓이는 문제는 어느 기업에서나 발생할 수 있어서 관리 대책이 수립되어 있어야 한다.

이러한 원부자재 관리의 어려움을 해결하는 방법으로는 전산시스템을 적극적으로 도입하여 입고되는 원부자재와 출고되는 원부자재를 실시간 관리하는 것이 가장 좋다. 예를 들면 원부자재가 입고될 때 창고 입구에서 바코드를 읽어서 입고 등록하고, 출고할 때 역시 바코드를 읽어서 출고하면 실시간으로 자재를 관리하는 것이 가능해지고,

매일매일 입고 내역과 출고 내역이 전산으로 정리되어 적정 재고량을 추정하기도 편리하고, 원부자재가 가지는 계절성(시즌성: Seasonality)에 따라 선제적으로 대응하는 것이 가능하여 불필요한 비용의 낭비를 줄일 수 있다. 입출고 전산 관리를 위해 원부자재 공급업체에 바코드나 QR코드 부착을 요구할 수도 있고, 더욱 정교하게 관리하려면 직접 바코드를 발행하여 부착하는 방식을 사용할 수도 있다. 같은 방식으로 완제품의 입출고를 전산 관리하여 효율성을 높일 수 있고, 전산화 된 데이터를 이용하면 정확한 생산계획 수립이 가능하여 원부자재 효율성을 높일 수 있다.

마지막으로 전산화 방식 도입의 강점은 선입선출 관리 용이성이다. 창고에서 원부자재가 출고될 때 바코드를 스캔하면 전산시스템이 자동으로 현재 재고 전체의 생산일자를 확인하여 앞선 생산 일자의 재고가 있으면 알람 동작을 통해 선입선출을 지키게 할 수 있다. 선입선출을 잘 유지함으로써 원부자재의 품질 노화를 방지하고, 사용기한을 초과한 원부자재가 발생하는 것을 방지하여 효율적으로 재고비용을 관리할 수 있다.

실제로 운영하다 보면 운영상의 빈틈으로 장부 재고와 실제 재고가 차이나기 때문에 일정 기간마다 전체실사를 통해 재고를 다시 확인하여 실제 재고와 장부상 재고의 차이를 수정한다. 전산시스템을 활용하면 전체 실사 주기를 더 길게 하면서도 장부와 실제 재고의 차를 최소한으로 할 수 있어서 재고관리에 드는 비용을 절감하는 방안이 된다.

2.2.2 인건비 절감

제품을 생산해야 하는데 필요한 원자재가 부족하여서 생산 라인이 정지되는 상황이나 원자재 재고가 많은데 고객사의 발주가 줄어든 후에 늘어날 기약이 없는 상황은 제조기업에서는 악몽과 같은 일이다. 이러한 이유로 생산라인이 정지 되면 인건비 문제도 심각해지는 데, 생산 라인이 가동하지 않아도 인건비는 지급해야만 하기 때문이다. 단기 일당제로 인력을 활용할 수 있는 기업이라면 근무 인력을 줄여 인건비 부담이라도 덜 수 있겠지만, 숙련된 생산 인력이 반드시 필요한 기업은 생산 라인이 멈춰 있거나 생산량이 줄어들면 즉시 인건비 손실이 되기 때문에 최소한 원부자재 부족으로 인해 생산이 멈추는 일이 일어나지 않도록 방지하여야 한다. 반대로 인력 변동이 크게 있어도 생산의 문제 발생하지 않도록 생산 공정과 설비를 개선하는 것도 필요하다.

자재구매, 제품 납품 등의 업무에 종사하는 인력의 인건비도 중요한 요소이다. 예를 들어 재고관리를 위해 매일매일 재고 현황을 파악하고 문서로 만드는 데 1시간씩 필요했지만, 스마트 팩토리 기능을 도입하여 실재고를 파악하는 시간과 문서 작성 시간을 20분으로 줄였다고 하면 인건비가 크게 절감된 것이다. 또한 월 마감을 위해서 재고와 입출고 내역, 세금계산서 발행 및 결제 금액을 확인하는데 4일 걸리던 작업을 스마트 팩토리 기능으로 2일 이내에 끝낼 수 있다고 하면 역시 절감되는 인건비는 큰 비용이 된다. 생산 현장에서는 원부자재 재고상황과 완제품 재고상황을 파악하기 위해서 퇴근 시간 40분 전에 생산을 마감했던 현장이 스마트 팩토리 기능으로 생산 마감을 퇴근 시간 20분 전에 마감할 수 있게 되었다면 절약한 시간만큼 생산할 수 있으니 생산성 개선에 도움이 된다.

> 저자는 회사에 DB 서버와 웹서버를 설치하여 생산 현황을 입력할 수 있는 시스템을 구현하였다. 작업지시서의 바코드를 스캔하고 생산 중 불량, 폐기, 완제품 수량 등을 작업자가 컴퓨터로 입력할 수 있게 하였는데, 입력하는 순간 데이터가 취합되어서 당일 생산 현황으로 확인할 수 있게 하였다.
>
> 시스템 도입 이전에는 현장에서 취합된 수량을 수기로 적어서 관리자에게 전달하면 관리자가 엑셀 파일에 입력하는 방식으로 최종 결과를 만들던 것과 비교하면 해당 업무 시간이 50% 이상 절감되었다. 생산 결과를 PC나, 스마트폰을 통해서 언제라도 검색 및 확인을 할 수 있어서 과거 생산내역 정보를 취합하는데 사용하던 시간과 인력을 생산업무에 더 투입할 수 있었다.

생산 제품과 원부자재 재고를 관리하는 업무는 어느 회사를 막론하고 어렵고 시간이 많이 소용되는 일이다. DB 서버와 전산시스템을 도입하여 매일매일 반복되는 재고관리 업무에 투입되는 시간과 인력을 절감하면 회사 인건비 절감에 큰 도움이 된다.

2.2.3 품질 관리 비용 절감

제조업체는 품질을 일정 수준 이상으로 유지하는 것이 핵심 역량이어서 기업은 품질 수준을 유지하기 위해서 많은 시간과 노력을 집중하고 있다. 많은 노력과 관리 시스템을 투입한다고 해도 불량은 발생할 수 있고 불량이 많이 발생한 로트의 완제품은 폐기해야 해서 경제적 손실을 입는 경우가 발생하기도 한다. 회사 내에서 로트 폐기로 문제가 끝나면 다행이지만 때에 따라서 불량품이 고객사로 출고되고, 고객사도 불량품을 확인하지 못하여 시장에 판매된 후에 문제가 발생할 수도 있다. 시장에 판매된 제품을 사용자가 사용하다가 문제가 된 경우에는 불량에 대해서 원인과 재발 방지 대책을 고객사에 설명하고 설득하는데 짧게는 수일에서 길게는 수개월 걸리기 때문에, 중소기업 입장에서는 불량 발생의 대응과 뒷처리에 투입되는 비용과 노력은 큰 부담이 된다.

이러한 품질 관련 문제를 사전에 방지하기 위해 실시간으로 생산 상황과 검사내용을 감시하면서 생산공정 중에 불량을 발견하고 실시간으로 대응하는 방안도 고려해보아야 한다. 품질 관리와 관련한 정보를 실시간으로 확인하고 평소와 다른 이상징후를 미리 발견할 수 있다면 대량 불량 발생 사태를 미리 방지할 수 있어 완제품 단계에서 폐기하거나 고객에게 불량품이 납품되어 발생하는 문제를 사전에 방지할 수 있다.

시장에 유통된 제품에서 불량이 발생하더라도 이 불량이 단품 불량인지 로트 불량에 해당하는지를 빨리 확인하고 원인 파악과 대책을 수립할 수 있는 능력도 품질관리 업무에는 중요한 요소이다. 과거 종이로만 관리되던 생산지시, 공정 관리 활동, 제품 검사 데이터를 전산화하여 DB 형태로 보관 및 관리하면 생산정보가 필요할 때 빠르게 확인을 할 수 있다. DB화와 전산화가 되지 않은 경우에는 몇 년 전 서류자료를 찾기 위해서 문서보관 창고를 뒤져서 자료를 찾아야 하므로 비효율적이고 시간이 많이 걸린다. 스마트 팩토리가 가지는 DB화와 전산화의 강점은 불량이 발생하였을 때 상황을 파악하고 자료를 찾는 데 소비되는 시간을 줄이고, 불량 원인을 규명할 때 정확도와 신뢰성을 얻을 수 있다.

이런 DB화의 강점이 주목받아 최근에는 IOT 기술, 빅데이터 기술 등을 포함한 스마트 팩토리 솔루션이 시장에 나오고 있다. 생산 설비의 세팅 값이 DB 서버에 저장되어 작업자의 실수를 방지하거나, 설비 이상을 빨리 감지하여 고장과 불량에 대처하고, 품질 검사 자동화와 DB화를 통하여 현재 검사 진행 중인 제품의 품질 상태를 실시간으로 확인하여 불량품 발생 확률이 높아졌을 때 적절한 대응을 할 수 있도록 하는 등의 기능을 가진 솔루션을 현장에 적용할 수 있다. 이렇게 예측까지 가능한 솔루션의 적용은 초기 투자비용이 많이 필요하지만 결국 품질관리에 필요한 시간, 인력 및 문제 해결에 필요한 비용을 절감할 수 있는 좋은 방법이다.

2.2.4 납기 관련 비용 절감

납기 준수는 제조업의 핵심 요소이고 스마트 팩토리를 적용하면 생산 라인에 흐르고 있는 제품의 수량을 빠르고 정확하게 파악할 수 있어서 생산 완료 시기를 정확하게 예상하여 납기 일정 관리를 할 수 있다.

많은 종류의 제품을 끊임없이 생산하는 상황에서 생산공정 진행 상황과 수량을 정확하게 파악하는 것은 어려운 일이다. 어찌어찌 수량 파악하여도 곧 실제 수량과 차이가 발생하고, 갑작스러운 문제로 인해 라인이 정지되거나, 생산 제품을 변경하는 상황이 발생할 수 있다. 이런 문제에 대한 대응으로 가장 좋은 방법이 바로 스마트 팩토리의 기능을 이용하는 것이다. 공정별로 들어오고 나가는 원자재, 중간제품, 완제품의 수량을 수집 및 관리하여 수량을 파악하고 필요한 때 시각화하여 현황을 확인하는 스마트 팩토리 기능을 이용하면 납기를 예측하여 계획을 세우고 실행하는데 유용하게 사용할 수 있다.

비용의 절감은 우선 생산 능력을 정확하게 파악하는 것에서 발생한다. 스마트 팩토리 기능이 없었던 과거에도 연간 단위, 월간 단위의 생산 능력 파악은 가능했다. 일간 단위 생산 능력이나 품종(스펙)별 생산 능력을 수기로 기록하고 관리하는 것도 가능하지만 담당자의 노력과 시간을 투자하여야 한다. 스마트 팩토리 기능이 없으면 담당자가 시간을 들여 데이터를 집계하여 분석해야만 생산 능력을 파악할 수 있다. 기업의 생산 능력을 정확하게 파악하면 원부자재 재고의 양을 적절하게 조정하는 데 큰 도움이 되고 이는 비용 절감 요소이다. 인력 비용 절감 측면의 예를 들면 저자의 회사는 당일 생산 내역을 파악하기 위해서 매일 1시간씩 잔업으로 처리했었지만, 스마트 팩토리 기능 추가로 5분 이내로 확인하게 되어 인건비 절감 효과를 얻을 수 있었고, 담당 직원의 근로환경이 개선되어 만족도가 높아지면서 투자비용 이상의 장점을 얻을 수 있었다. 마지막으로 운송비의 절감이다. 예를 들어서 2개 팔레트로 납품할 수 있는 수량을 생산 공정에서 문제가 발생하면 2 파레트 양을 3 파레트 나누어 보내거나, 심지어 4번에 나누어 보내야 하는 경우가 생기면 1회 지불할 운송비용을 2~3번 지불하여 추가적인 운송료 지불로 인한 비용 효율성이 낮아진다. 생산량이 부족하여 납품 일정이 변경될 때는 납품 담당자가 고객사에 일정이 바뀐 것에 대해서 사과해야 하고 양해를 얻어야 한다. 이렇게 고객사에게 설명하고 사과하는 상황이 반복되면 담당 직원에게 스트레스가 되어 쾌적한 근무환경을 유지하기 어려운 상황이 된다. 고객사의 입장에서도 납품 일정이 변경되면 생산 일정, 판매 일정 조정에 따른 비용을 부담하게 되기 때문에 이런 납품 일정 변경이 자주 일어나면 기업 간 신뢰 관계에 상처를 입게 된다.

재고비용 절감, 인건비 절감, 품질관리 비용, 납기 관련 비용 등 4개의 핵심 비용 절감 항목을 정리하여 보았다. 단순하게 스마트 팩토리 기능을 보유하는 것만으로 위의 비용 문제가 무조건 사라진다고 할 수는 없지만 적어도 스마트 팩토리 기능을 도입하지 않고 처리하는 것보다는 비용 절감과 효율성이 증가한다.

2.3 인적 자원 관리

이미 국내 제조 산업이 처한 환경은 일할 사람을 구하기 힘든 상황이 된지 오래 되었다. 수년 전에는 3D 업종만 사람을 구하기 힘들다고 하는 상황이었지만, 이제는 3D 업종이 아닌 서비스 업종에서도 인력을 구하기 힘든 상황이 되었다. 인력을 구하기 힘들어진 이유는 힘들고 어려운 일을 해서 얻는 수입과 상대적으로 힘들지 않고 깨끗한 단순 업무를 해서 얻을 수 있는 수입을 비교할 때 힘들고 어려운 일을 하지 않아도 충분한 수입을 얻을 수 있는 사회가 되었기 때문이다. 예를 들면 코로나 상황 이후로 배달 업종이 수입이 좋아지고, 음식 배달 외에도 택배, 새벽 배송 등 배달업종 일자리가 많아지면서 많은 인력이 유통산업, 배달산업이나 서비스 산업으로 이동하였다. 물류센터는 인력을 많이 필요로 하는데 코로나 이후 일자리가 많이 늘었고, 최저임금 인상에 따라서 수입이 늘어난 반면, 숙련자가 아니어도 근무할 수 있어서 업무 숙련도를 높이는데 시간과 노력이 많이 필요한 제조업보다는 물류센터와 같은 업종에서 근무하는 것을 선호하게 되었다.

저자의 회사는 경기도의 물류센터가 많은 지역에 위치하는데 확실히 물류센터에 비해서 인력을 구하기가 쉽지 않다. 회사에 근무하는 직원과 구직조건에 관한 대화를 해보면 제조업에서 싫은 소리 들어가며 어렵게 일하고 월급을 더 많이 받는 것보다 물류센터에서 숙련이 필요없는 업무를 하면서 원하는 만큼 일하고, 쉬고 싶으면 몇 달이건 원하는 만큼 쉬었다가 다시 일하러 나와도 문제없이 일할 수 있는 물류센터 일을 선호하는 사람들이 늘어나는 것이다. 최근에는 물류센터 근무환경도 많이 좋아졌고, 경기 상황의 영향을 쉽게 받는 중소 제조업에서 일하다가 급여를 떼이는 것보다는 급여 지급 문제가 없는 대형 물류센터가 장점이 있다고 한다. 제조업 구인은 생산직만 힘든 것이 아니고 일반 사무직도 인력을 구하기가 쉽지 않은 상황이 되었다. 수년간 스타트 업이 주목을 받으면서 제조업에서는 일반 사무직 인력도 구하기 쉽지 않게 되었다. 굳이 제조업체 사무직으로 취업 자리를 알아보지 않아도 스타트업의 일자리가 충분하고, 제조업 사무직 경력자가 스타트업 업계로 이직하면 좋은 대우를 받는 경우도 있어서 제조업은 점점 필수 인원 조차도 유지하는 것이 쉽지 않게 되었다.

최근 구인 시장은 스타트 업과 벤처기업이 주목을 받으면서 높은 급여와 스톡옵션을 제시하여 회사의 발전이 개인의 발전과 연동 되게 하기도 한다. 또는 회사의 멋진 인테리어를 강조하거나, 자유로운 근무 분위기, 좋은 커피와 무제한 공급되는 간식, 젊은 층이 선호하는 입지 등을 회사의 강점으로 제시하기도 한다. 하지만, 제조업 기업에서는 이런 조건을 제시하면서 구인 하기는 어려워서 구직자에게 매력적인 제안이 되지 못하는 것이 현실이다. 구직자가 제조업을 선택하게 할 방법은 확연히 높은 급여를 제시하는 것이지만, 현재 제조업 환경은 중국산 제품과 치열한 시장경쟁을 하고 있어 수익성이 낮아지는 상황이라서 직원 급여, 복지 등 근로자의 경제적 처우 개선 등을 시행하기 어려워 근로자를 제조업으로 유치하는 것이 더욱 어려워지고 있다. 근무환경 관점에서 살펴보면 제조업 기업은 소음, 냄새, 대기 배출 및 주변 민원 등의 이유로 인해 점차 외지고 교통이 불편한 지역으로 공장이 옮겨가게 되면서 젊고 활동적인 인재에게는 제조기업 입사가 귀양 가는 것으로 인식되어서 역시 제조업 취업을 꺼리는 원인이 된다.

제조업의 특성상 근무시간은 곧장 생산량과 직결되고, 효율적인 생산을 위해서는 근무에만 집중하게 하고 생산설비를 다루는 작업자의 안전을 위해서 규율과 규제가 많으며, 숙련자가 될 때까지 엄격한 관리와 감독을 받아야 하는 특징도 젊은 인재들이 제조업 취업을 기피하는 이유이다. 과거처럼 직업에 대한 소명을 말하기에는 사회의 발전이 많이 이루어져서 직업을 바꾸는 일이 흔해지고, 대한민국의 경제 발전에 따라 비숙련 근로자도 적절한 수입을 유지할 수 있는 일자리가 많아진 것도 제조업 기업 취업이 선호되지 못하는 이유이다.

스마트 팩토리 기술을 도입하면 근로자를 채용하여 오랜 기간 근무할 수 있도록 하는데 도움이 될 수 있다. 스마트 팩토리를 적용하여 얻을 수 있는 인적 자원 관리의 이점을 아래에서 3가지로 나누어 설명하려고 한다.

2.3.1 비숙련 업무의 확장

면접을 하러 온 지원자 중에서 꼼꼼하고, 성실하면서 일도 잘 배우는 직원을 골라서 채용하는 것은 제조업 기업에서 더 이상 가지기 힘든 희망이 되었다. 물론, 제조업에도 현대 자동차와 같이 많은 사람이 입사하고 싶은 회사도 있지만, 우리나라 제조업 근로자 대부분이 소속된 중소기업에서는 생산을 유지할 수 있는 인력만이라도 확보하는 것이 목표가 되었다. 이런 현실에 대응하는 방법은 인력에 의존하는 부분을 최소한으로 하고, 인력에 의존 해야만 하는 공정도 단순화와 표준화로 비숙련자가 수행하여도 일정한 결과를 낼 수 있게 하는 것이 현재로는 최선의 대처방안이다. 숙련 근로자와 비숙련 근로자의 업무 결과 차이가 거의 없도록 스마트 팩토리 기술과 공장 자동화 기술을 이용하여 누구나 일정한 수준 이상의 작업결과를 얻을 수 있도록 생산 공정을 개선해야 한다.

생산 공정 개선은 스마트 팩토리 기술을 바탕으로 데이터 수집과 분석 작업을 통해 표준화 하는 것이 우선이다. 제조에 필요한 각종 작업은 최대한 수치로 계량하여 저장하고 분석되어야 한다. 예를 들면 생산설비의 설정값, 동작 시간 등은 모두 수치로 수집되고 분석하여 일목요연하게 정리되어야 한다. 작업자의 경험과 감으로 작업을 하는 것은 숙련된 작업자만 효율적으로 작업 할 수 있는 비표준 상태이다. 비 표준화된 작업 데이터를 수집 및 분석하여 높은 효율을 얻을 수 있는 표준화된 작업 방식을 개발하고 이를 생산 라인에 적용하여야 비숙련 근로자도 효율적인 생산을 할 수 있다.

작업의 자동화도 중요한 요소이다. 생산공정에 사람이 수행하는 내용이 많으면 많을수록 결과물의 편차는 커지며, 신입 직원이 업무에 익숙해지는 데 많은 시간이 걸리고, 숙련되기 전까지 생산 효율성은 저하된다. 인력이 필요한 작업은 최대한 자동화하고, 자동화가 어려운 부분에 국한하여 사람이 작업하도록 범위를 좁히는 것이 인력에 대한 의존도를 낮추는 방법이다. 예를 들어 전자제품을 조립하는 라인이라면 나사를 체결하는 업무까지도 자동화하는 것이 좋다. 사람이 하는 일은 나사 체결을 하는 업무보다는 비닐포장을 찢어서 나사를 자동 나사 체결 설비에 투입하는 업무를 하는 것이 훨씬 효율적이다. 한 사람이 많은 자동 설비를 관리하며 나사를 투입하여 체결 작업이 계속되도록 생산공정을 변경하면 비숙련자와 숙련자 사이에 큰 차이 없이 업무를 수행할 수 있어서 인적 자원 효율성이 좋아진다. 나사를 체결하는 작업은 작업자의 숙련도에 따라 작업량이 달라질 수 있지만, 나사 봉지를 뜯어서 설비에 투입하는 작업은 생산효율성과 작업 품질에 큰 영향을 주지 않는 작업이라서 비숙련자와 숙련자의 차이가 없는 작업이 된다. 이렇게 작업 내용을 분석해서 작업표준을 만들고 생산 효율성과 관계있는 작업은 최대한 자동화하여 비숙련자의 활용도를 높이고, 숙련자는 최소한으로 유지하는 방향으로 개선하면 생산공정이 인력에 의존하는 정도를 낮출 수 있어서 인적 자원 관리에 여유가 생긴다.

2.3.2 반복 업무 자동화

제조업 생산 현장에서는 집중력을 유지하면서 반복된 업무를 수행하는 것이 일반적인 근무 조건이지만, 사무직에서는 반복된 업무가 근로자의 사기 저하에 영향을 많이 미치게 된다.

예를 들어 원부자재를 구매하고 재고관리 업무를 하는 직원은 매일매일 원부자재 발주를 내고, 입고 원부자재를 입고 처리하고, 창고에 정리하고, 생산을 위해 불출하고, 퇴근 전에는 장부 수량과 실제 수량을 맞추어야 한다. 신제품을 생산할 때는 추가되는 신규 원부자재를 챙겨야 하고, 생산 계획에 따라 발주 계획이나 재고 물량 조정도 시행하여야 한다. 매일매일 반복되는 업무로 집중력과 효율성이 떨어지다 보면 자신의 업무에 대한 애정이 약해지고 결국은 근무태만, 이직을 생각하게 되거나 최악의 경우 업무 스트레스로 건강을 해치게 되는 일도 발생하게 된다.

반복된 작업을 최소화하여서 직원의 업무 부담을 줄여 주는 것은 쾌적한 근무환경을 만드는 데 중요한 요소가 되고, 직원들의 근무 만족도를 높이는 필수 요소이다. 스마트 팩토리와 공장 자동화를 이용해서 반복된 업무를 얼마나 줄일 수 있는지가 회사의 인적 자원을 유지하는 데 중요한 요소가 된다.

예로든 자재 업무를 살펴보면 일반적으로 현장에서는 작업지시에 따라서 원부자재를 창고에서 불출 받아서 사용하고, 작업이 끝나면 남은 원부자재를 반납하고 사용량을 기록한다. 자재를 관리할 때는 불출되는 원부자재의 양을 기록하고, 하루 업무가 끝나면 반납된 양을 파악해서 재고와 비교하고 부족한 것은 없는지, 추가로 발주를 내야 하는 원부자재는 없는지 확인하고, 필요에 따라서 발주를 내는 업무를 매일 반복하고 있다. 반복되는 업무를 효율적으로 처리하려면 사내에 설치 된 전산망으로 현장에서 사용량을 시스템에 등록하면 자동으로 집계되고 자재 담당이 사용하는 창고 관리 시스템으로 자료가 업데이트 되도록 시스템을 마련하는 것이 좋다. 하드웨어적으로는 입출고 관리 등을 할 때 바코드나 QR 코드를 활용하여 관리하면 작업자의 업무는 더 간소화되고 선입선출이나 잘못된 원부자재를 불출하여 발생하는 문제를 사전에 막을 수 있다. 이렇게 스마트 팩토리 기술을 적용하여 실시간으로 데이터를 관리하면 담당자가 데이터를 취합하는 시간마저도 절약할 수 있어서 업무 효율성이 증대될 수 있게 된다.

담당자가 반복된 단순 작업의 부담에서 해방되고, 일과를 더 빨리 마감할 수 있도록 하여 근무환경을 개선하는 것도 역시 회사의 인적 자원을 유지하는 데 큰 도움이 된다.

2.3.3 육체적 부하 저감

육체적 부하 저감은 노동 강도를 경감시켜 근무 만족도를 높일 수 있다. 제조업의 특성상 무거운 물건을 들기도 하고, 한가지 자세를 장시간 유지하거나, 같은 동작을 반복적으로 계속해야 하는 경우가 많다. 이런 노동을 하는 근로자는 일시적, 만성적인 통증에 노출되기 마련이고, 이는 근로환경 만족도를 낮추기 때문에 결국 근로자가 이직을 생각하거나, 입사 초기부터 퇴사를 생각하게 되는 원인이 된다. 육체적 부하를 줄이는 것은 스마트 팩토리 보다는 생산 자동화 영역이라고 할 수 있다. 사실 스마트 팩토리의 개념이 공장 자동화/생산 자동화의 상위 개념으로 받아들여지므로 스마트 팩토리를 이용한 해결이라고 할 수 있다.

물리적 부하를 최소한으로 하는 데에는 여러 가지 방법이 있다. 로봇팔을 사용해서 무겁고 반복적인 작업을 대신하는 방식을 먼저 고려하는 경우가 많지만, 실제로 로봇팔을 현장에 적용하려고 하면 생각보다 적용이 쉽지 않은 경우가 많다. 산업용 로봇팔의 경우에는 공간을 많이 차지하기도 하고 법적으로 보호용 펜스를 설치해야 해서 작업공간이 충분하고 로봇에 적합한 업무가 있는 경우에만 적용할 수 있다. 협동 로봇의 경우 보호용 펜스가 없어도 설치 및 운영할 수 있지만 보호용 펜스 설치가 면제되는 만큼 작업할 수 있는 무게가 충분하지 못하고 가격이 비싼 단점이 있어서 현장 적용에 많은 고려가 필요하다.

실제로 현장에 적합한 것은 초소형 리프트라던가, 3축으로 직선 이동하는 직교 로봇 같이 전통적이고 단순한 설비가 적용하기 적합한 경우가 많은 편이다. 단순하지만 필요한 작업에 적용하기 쉽고, 작업자도 사용하기 편리한 설비를 추가하여 작업자의 육체적 부하를 줄이고, 근골격계 부상을 막을 수 있다.

그림 2.1은 작업장에 적용된 미니 전동 리프트이다. 무거운 작업물을 직접 들지 않도록 전동 리프트를 적용하였고, 슬라이딩 구조를 이용해 작업물을 대차에서 쉽게 넣거나 꺼낼 수 있게 하였다. 작업자의 키에 맞추어 작업 높이를 조절할 수 있고, 추가 LED 조명도 부착되어 있어 작업자가 피로를 덜 느끼도록 개선하여 사용하는 사례이다.

공간과 예산이 허락한다면, 작업용 설비를 추가로 확보하는 것도 근무 환경 개선에 도움을 준다. 특히 다품종소량생산을 위주로 하는 작업장에서는 스펙 교체를 위해 설비 설정을 바꾸는 데 시간이 많이 소모되고 교체 작업에 필요한 노력과 작업자 셋팅 실수로 허비되는 시간과 노동력을 고려한다면 설비를 추가 설치하여 유사한 스펙별로 구분된 설비를 사용하여 스펙 교체 시간과 노력을 줄이는 것으로도 작업자의 만족도가

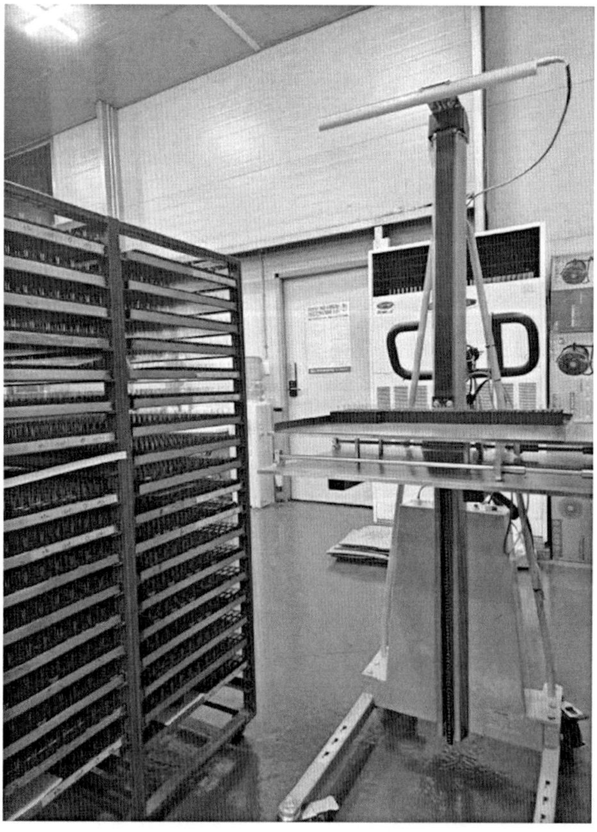

그림 2.1 현장에 적용된 미니 전동리프트

상당히 개선될 수 있다.

그 외에 근로자의 작업 환경 개선 항목으로는 고용노동부 등에서 지속적으로 홍보하는 사안으로 현장 조명의 밝기, 작업대의 높이 등도 육체적 부하에 큰 영향을 준다. 눈의 피로가 적은 상태를 만들기 위해서는 일반적인 상황보다 밝은 조명이 필요하다. 최근에는 LED 등기구가 많이 출시되면서 형광등보다 적은 전력 소모하면서도 밝기는 훨씬 밝게 사용할 수 있어서 LED 등기구로 변경하는 것만으로 작업 환경 개선이 되기도 한다. 작업대의 높이도 현재 20~30대 근로자는 과거에 비해 키와 체격이 커졌기 때문에 과거보다 작업대의 높이가 높아져야 하고, 작업자의 평균 나이가 많아지면서 작업시에 허리나 목을 구부리고 장시간 일하는 자세를 힘들어 하는 경우가 많다. 이럴 때 작업대의 높이를 10~20 cm 높여주는 것만으로도 근로자의 육체적 부담을 훨씬 덜 수 있게 된다. 작업대 높이 80 cm는 2020년대 근로자에게는 앉아서 작업하기에도 서서 작업하기에도 적합하지 않은 높이가 되었다. 근로자의 체형 변화와 가동 범위에 맞추어서 작업대의 높이를 변경하는 것도 쾌적한 근로환경 제공을 위해서는 꼭 필요한 요소 중 하나이다.

저자의 회사에서 생산하는 제품 중에 검은색 케이스에 검은색 충전물이 들어가는 제품이 있는데, 케이스와 충전제가 모두 검은색으로 충전제 주입양을 가늠하기 어려워서 작업자가 집중하여 확인을 하게 되어 눈에 피로가 쌓여 오후에는 작업성이 떨어지는 경우가 발생하였다.

아무리 조명을 밝게 하여도 검은색 제품에서는 효과를 얻지 못하고 있었는데, 현장 조명 중 일부를 파란색 조명을 사용해 보자는 의견이 나왔다.

실제로 적용해보니 효과는 매우 좋았다. 백색 조명에서는 잘 보이지 않던 작업물이 파란색 조명을 설치한 것만으로 분명하게 구별되어 작업자 눈의 피로가 훨씬 적어지고, 이 때문에 생산성이 약 20% 향상되었다.

쾌적한 근무 환경과 생산성 향상은 손쉬운 방법으로도 달성할 수 있으므로, 현장의 목소리를 잘 듣고, 작업내용을 세밀하게 관찰하여 해결책을 찾는 것이 중요하다.

2.4 품질 관리

제조업 기업이 지켜야 할 필수 요소가 품질관리이다. 특히 중소기업은 대기업처럼 제조 환경을 정밀하게 관리하기도 어렵고, 생산 인력 교육만으로는 품질 향상하기에도 쉽지 않다. 발생한 불량에 대한 대책서를 작성하여 고객사에 보내고, 고객사의 요구에 대응하다 보면 일상적인 업무조차 하기 힘들 정도로 진을 빼기도 한다. 만약에 고객사에서 공장 실사라도 요구하면 고객사의 지적 사항을 기록하고 조치하고 개선 내역을 보고하는 과정에서 회사 전체의 노력이 투입되어야 하기도 한다.

스마트 팩토리기능을 도입하여 데이터 기반으로 품질관리를 더 체계적으로 수행할 수 있고, 현재 생산하는 제품의 품질이 이상이 있는지 쉽게 확인할 수 있다면 더 많은 시간과 노력을 신제품 개발이나 신규 거래처 발굴에 투자하여 더 좋은 경영 성과를 얻을 수 있을 것이다. 또한, 불량이 발생하였더라도 해당 로트의 생산과정을 빠르고 정확하게 파악하여 대책서를 작성하고 고객사에 설명하기 쉬울 것이며, 고객사의 신뢰도 더 얻을 수 있을 것이다. 무엇보다 가장 소중한 스마트 팩토리의 장점은 기업 구성원의 피로감을 줄여 준다. 제품 품질의 문제가 생길 때마다 오래전 생산자료를 찾아야 하고 잘못이 무엇인지 찾기 위해 확인하는 과정에서 품질관리 담당자와 생산 작업자 사이에 감정적인 피로가 쌓이고 서로 반목하는 상황이 발생하고 이를 해결하는 데 추가적인 시간과 노력이 필요하므로 불량이 발생하지 않도록 선제적으로 관리하는 것이 중요하며, 불량이 발생하더라도 생산 작업자와 품질관리 담당자가 데이터에 기반하여 문제점을 규명하여 감정적인 스트레스가 없도록 하는 것이 중요하다.

이후에는 스마트 팩토리 기술 중 품질 관리에 관련된 기능을 살펴보려고 한다.

2.4.1 실시간 자동 품질관리

품질관리를 위해 공정별로 샘플 검사를 수행하여 공정상의 문제가 있는지 확인하고,

출고를 위한 최종 검사는 전수검사를 하거나 강화된 샘플 검사를 수행하는 방법이 제조기업에서 수행하는 일반적인 품질관리 방법이다.

공정마다 샘플 검사를 하지만, 작업자가 품질관리 기준을 숙지하지 못하여 폐기해야 하는 로트를 다음 공정으로 보내거나, 바쁘다는 이유로 생산 관리자가 품질 관리자와 협의없이 품질이 안정적이지 않은 상태로 생산 공정을 계속 진행하는 경우도 있고, 품질 관리자가 판단을 적절한 시간에 내리지 못해서 부적합 로트의 생산이 계속 진행되기도 한다. 이러한 품질 관리상의 문제점은 부적합한 제품이 생산되고 출고되어 고객사에 납품되는 결과를 불러오기도 한다.

생산공정 상에서 품질 문제를 확실하게 관리하는 방법은 실시간으로 검사 결과를 수집하고 전산시스템이 생산 라인을 정지나 생산 계속을 판단하게 하는 방법이 있다. 즉, 공정상 샘플 검사 결과를 전산시스템에 입력하면 자동으로 검사내용을 판단하여 부적합 상황일 경우에 즉시 경보를 울리고 관리자에게 통보하여 생산 라인을 정지시켜서 부적합 공정에서 생산이 계속되는 것을 방지하는 방법이다.

만약 전수검사를 수행하며 전수검사 데이터를 실시간으로 수집하고 있다면 순수하게 데이터에 기반해서 생산 중지 판단을 할 수 있다. 전수검사를 수행하면 명확하게 불량 제품을 검출할 수 있고 전산 시스템이 제품의 품질과 관련된 데이터를 확인하여 평균, 분산, CPK 등 통계와 확률적인 방법을 이용하면 생산 중인 로트의 품질이 생산을 정지 해야 하는 수준인지를 빠르게 파악할 수 있다. 자동으로 판단하여 품질 관리자에게 통보하고 품질 관리자는 이 정보를 바탕으로 현재 로트의 검사 기준을 조정, 재검사, 혹은 계속 진행 등의 판단을 내릴 수 있다.

2.4.2 생산공정 추적

실시간으로 품질 관리하고, 즉각적인 대응을 하여 모든 문제를 해결할 수 있으면 가장 좋겠지만 실제는 제품이 출고되고 일정 기간이 지난 후에나 품질 문제가 확인되는 경우도 많다. 출고 된지 오래 된 제품에서 불량이 발생하면 문제를 확인하기 위해서 해당 제품이 생산된 상황을 다시 확인해야 한다. 생산 당시에 데이터가 수집 되었고, 전산으로 처리해서 보관하고 있으면 빠르게 생산 당시의 상황을 확인하여 문제점을 규명하는 것이 편리하지만, 수기로 작성한 문서가 공정별로 여기저기 나누어져 있다면, 생산공정에서 어떤 일이 있었는지 확인하는 데도 많은 시간이 필요하다. 예를 들면 5년 전에 생산한 제품에 관한 작업지시서, 공정관리표, 원부자재 검사 결과, 생산 중 샘플 검사 결과, 출고검사 결과 등이 수기로 작성되어 업무 부서별로 따로 보관되어 있다면 각각의 자료를 찾기 위해서 시간을 소요하게 되고, 자료를 찾아서 확인할 때도 수기로 작성되었기 때문에 정확한 기록인지를 확신하기 어렵다. 필요한 자료를 찾는 데 시간과 노력이 필요하고, 그에 더해서 찾아낸 자료의 신뢰성을 의심해야 하는 상황이라면 품질관리 측면에서는 반드시 개선해야 하는 상황이다.

생산공정에서 생산되는 데이터를 모두 전산화하여 언제라도 쉽게 검색을 할 수 있도록 전산시스템을 만들면 품질관리 측면에서는 빠르고 정확하게 생산 데이터를 확인할 수 있어서 품질관리 효율성을 높게 유지할 수 있다.

2.4.3 데이터 증빙

앞에서도 이야기하였지만, 불량 제품이 출고되어 시장에서 고객 사용 중 불량이 발생하였을 때는 대응하기가 상당히 어렵다. 고객사에서 출고 전에 불량이 발견되면 다행이지만, 최종 사용자에게 출고된 후에 발생하는 불량은 대응하는데 훨씬 많은 시간과 노력이 필요하다. 고객사가 대기업인 경우에는 품질에 문제가 있는지를 집요하게 파고들기 때문에 불량 대책서를 작성하는 것만으로도 품질 담당자의 진을 다 빼는 경우도 많다. 기본적으로 불량이 발생하였을 때 고객사의 품질 담당자는 대부분 [진행성 불량으로 시간이 지날수록 계속 발생하는 문제 아니냐?]와 [로트 불량으로 불량품이 대량 유입된 것은 아니냐?]라는 2가지를 중요하게 생각한다. 고객사에서 이렇게 의심할 때 고객사의 의심을 해소하고 제품이 안전한 것을 증명하려면 큰 노력을 해야 한다. 일반적으로 고객사의 품질관리 팀에서 가장 좋아하는 것은 숫자로 딱 떨어지는 자료이다. 즉, 해당 로트가 몇 개 생산되었고, 그 중 불량이 몇 개이고 이 불량이 빠지면 양품이 몇 개 출고되어야 했는데, 수량이 안 맞으니 이 수량만큼 불량이 혼입될 수 있다는 식의 간단한 수식으로 나오는 결과를 가장 좋아한다.

불량수량 = 출고수량 − 생산수량

이렇게 정확하게 숫자가 맞아서 누가 보아도 확실한 결과가 나오면 좋겠지만, 실제로 자료를 바탕으로 하나하나 맞추어 보면 숫자가 안 맞는 경우도 많다. 이런 경우에 생산 수량, 단계별로 제거된 불량수량이나 출고 수량 등이 정확한지 확신하기가 어렵다. 최종 납품 수량은 판매 대금과 관련 있으니 고객사 납품 수량은 정확하겠지만 로트별 수량은 오차가 생기는 경우가 발생하고, 공정 중 폐기나 유실되는 수량이나 작업 수량 추적이 잘 안되어 정확한 수량을 파악하는데 어려움이 생기는 경우도 있다. 특히, 수기로 수량을 기록하는 방식의 경우에 이러한 수량 차이가 자주 발생하게 되는데 생산 설비의 생산량 카운트를 전산으로 저장하면 수기로 기록하면서 발생하는 오차 보정이 가능하고, 특히 전수검사 기록을 보유하고 있을 때는 더 높은 신뢰도를 확보할 수 있다.

저자의 회사는 전기를 사용하는 부품을 제조하기 때문에 고객사는 전기 사용으로 인한 화재나 파손에 대한 우려가 매우 많은 편이다. 불량이 발생하였을 때 품질에 관련한 확인 작업을 위해 전수검사 자료를 수집하고, 분석하고 있으며, 샘플 검사 결과, 원자재 정보 및 작업자와 생산설비 등의 정보를 수집하여 분석하고 있다.

제품을 사용하는 고객사는 국내에서는 유례가 없는 고출력 제품을 만들어서 일반 고객(B2C)에게 판매하는 제품을 생산하는데 고객사 품질 쪽의 대응 정도는 매우 철저해서 작은 불량이라도 발생할 때는 고객사 QC 담당자에게 추가적인 불량이 나오지 않을 것을 증명하기 위해서 많은 시간을 소모해야 하는 경우가 많다. 이럴 때 큰 도움이 된 것은 전수검사 데이터와 기타 데이터를 보관하고 있다는 것이다. 해당 로트 제품을 검사한 데이터를 보유하고 있고 이 데이터에서 문제가 발생한 로트의 불량 제품의 수량을 특정할 수 있었기 때문에 검사를 정확하게 수행하였음을 증명할 수 있고, 최악의 경우를 고려한 추가 불량 발생 가능성을 수치상으로 제시하여 고객사의 의구심을 해소할 수 있었다.

고객사는 특히 데이터를 체계적으로 수집 보관하고 있고 이를 제시하는 품질관리 시스템을 보유한 것에 대한 만족도가 높았고 저자 회사의 품질관리 능력에 대한 신뢰를 높일 수 있었다.

연습 문제

1. 다음 중 재고비용 절감에 효과적이지 않은 것을 고르시오

① 고객사 발주량 예측 ② 선입선출로 품질 유효기간 관리

③ 납품업체 복수화 ④ 원자재 입고 주기를 최대한 길게 하기

⑤ WMS 적용

2. 다음 중 인력 관리 또는 인건비 절감에 효과적이지 않은 것을 고르시오.

① 공정 전문화를 통해 숙련공 양성 ② 작업자 부상 방지 활동

③ 로봇 및 설비로 육체적 부담 감소 ④ 반복적 사무작업 자동화 처리

⑤ 생산 공정 데이터화를 통한 표준화

3. 다음 중 납기 관리에 효과적이지 않은 것을 고르시오.

① 생산 공정내 생산 수량 실시간 파악

② 원부자재 소요량 예측 정밀도 향상

③ MES 도입 및 활용

④ 생산 스펙별 생산 능력 파악

⑤ 생산 공정내 생산 수량 파악을 장기간으로 하여 담당자 부담 감소

4. 다음 중 품질 관리 비용 절감 방법으로 옳지 않은 것을 고르시오.

① 품질 검사 데이터를 실시간으로 관리한다.

② 공정별 생산 내역을 전산화 한다.

③ 품질 검사 데이터를 증빙 자료로 활용한다.

④ 불량 대책은 수치를 활용한다.

⑤ 품질 검사 및 결과 관리가 생산활동에 영향 주지 않도록 검사 간격을 늘린다.

연습문제 풀이

1. 답 ④

원자재 입고 주기를 무조건 길게 하는 것은 재고관리에 불리하다. 고객사 발주량 예측, 선입선출로 품질 유효기간 관리는 재고관리에 필요하다. 납품업체를 복수화하는 것이 구매자 측면에서는 유리하다. WMS는 재고관리에 특화된 솔루션이다.

2. 답 ①

공정 전문화를 통해 숙련공 양성은 시간과 비용이 많이 들고, 공정 품질이 작업자에게 의존하게 되어 인력관리 측면에서 불리하다. 스마트 팩토리 기능으로 데이터화 하여 공정 단순화 및 표준화가 필요하다. 작업자 부상 방지 활동, 로봇 및 자동화 설비로 육체적 부담 감소, 반복적 사무작업 자동화 처리, 생산공정 데이터화를 통한 표준화 등은 인력 관리와 인건비 절감에 효과적이다.

3. 답 ⑤

생산 공정 내 생산 수량 파악을 장기간으로 하면 계획과 실제 수량 차가 커져 납기 관리가 어려워진다. 생산 공정내 생산 수량 실시간 파악, 원부자재 소요량 예측 정밀도 향상, MES 도입 및 활용, 생산 스펙별 생산 능력 파악 등은 납기 관리에 도움이 된다.

4. 답 ⑤

품질 검사 및 데이터 취합은 자주 시행하며, 실시간에 가까울수록 품질 유지에 도움이 된다. 품질 검사 데이터를 실시간으로 관리, 공정별 생산 내역을 전산화, 품질 검사 데이터를 증빙 자료로 활용, 불량 대책은 수치를 활용하는 것은 품질관리 비용 절감에 도움이 된다.

3

스마트 팩토리 소프트웨어 분야

3.1 스마트 팩토리 소프트웨어의 이해

이번 장에서는 저자가 실제로 구현한 스마트 팩토리 소프트웨어 애플리케이션의 개념과 접근 방법, 그리고 애플리케이션 도입으로 인한 효과를 살펴본다. 설명하는 구조는 먼저 기본적으로 알아야 하는 기반 지식을 설명하고, 실제 기능 부분에서는 구현하려는 목적, 구현을 위한 개념 설계, 및 구현 결과를 설명하는 방식으로 진행한다.

저자는 중소 제조기업을 운영하면서 처음에는 엑셀을 이용하여 생산 데이터를 정리하였으나 곧 엑셀로 생산 데이터를 정리하는 것이 불편하고 많은 시간을 소비하는 한계를 느끼게 되었다. 주거래 은행에서 소개해준 ERP 프로그램도 있었지만, 실제로 현장에서 사용하기에는 너무 불편하고, 많은 기능을 지원함에도 불구하고 정작 필요한 기능은 충분히 정밀하지 못하여 사용하기 어려운 상황이었다. 그렇다면 회사에 꼭 필요한 기능을 직접 만들어 보자는 생각을 가지고 시작하게 되었다.

필요한 기능을 결정할 때는 스마트 팩토리 관련 자료와 각종 생산 자동화, 생산 관리 자료 등에서 정보를 얻어서 소프트웨어 구현 우선순위를 설정하였다. 소프트웨어를 사용할 목적, 구현해야 하는 기능 및 제작 순서를 어느 정도 정리하고 난 후에 실제 제작까지 진행하였다. 최근에는 오픈소스로 공개된 기술도 많고, 인터넷을 찾아보면 비슷한 기능을 구현한 사람들이 자신이 작업한 내용을 많이 공개해 놓아서 이런 정보들을 바탕으로 차근차근 소프트웨어를 개발할 수 있었다. 소프트웨어를 직접 개발할 때 도움이 될 수 있도록 기본적인 설명도 기술하였다.

이 장에서는 단순하게 이런저런 소프트웨어가 있다고 소개하거나, 저자가 개발한 소프트웨어에 대한 자세한 설명을 하는 방식보다 저자 회사에 부족한 부분을 찾고, 부족한 부분을 보완하는 기능 결정, 그리고 그 기능을 구현하는 데 필요한 기술을 정리하는 방식으로 기술하려고 한다. 이미 스마트 팩토리 기술의 종류와 중요성을 설명하는 서적이 많아서 스마트 팩토리 기술이 무엇인지는 많이 알려졌지만, 회사의 문제가 무엇이고, 이 문제를 해결하는 방법은 무엇인지를 찾아내기는 쉽지 않은 경우가 많아서 저자의 회사의 문제점과 해결 방법을 설명한다. 문제점을 파악해 놓으면 기성 제품을 구매하거나, 기능 개발을 외주로 제작할 때 회사 사정에 맞는 결과를 얻을 수 있어서 투자 비용에 부합하는 결과를 얻을 가능성이 더 커진다.

3.1.1 소프트웨어 기술의 이해

저자가 스마트 팩토리의 기능과 생산 자동화의 기능을 구현하는 데 사용한 중요 소프트웨어 요소를 정리하고 설명하고자 한다. 스마트 팩토리에서 가장 중요한 요소는 생산 과정 중에서 발생하는 데이터를 수집, 보관, 이용하는 것이다. 공정에서 발생하는 데이터를 수집하고 보관하여 업무에 이용해야 비로소 스마트 팩토리를 구현하는 첫 번째 단계에 들어선 것이다. 저자의 공장에서는 각종 데이터를 보관하는 데이터베이스 서버를 중심으로 재고, 생산, 품질 등의 데이터를 입출력할 수 있도록 웹서버를 연결하고, PHP 프로그래밍으로 원하는 데이터를 DB 서버에서 얻어오고 웹페이지로 표출하게 하여 개별 업무에 필요한 데이터를 원활하게 입출력하도록 구현하였다. 아래에서는 스마트 팩토리 소프트웨어 분야를 구현하는데 기본이 되는 기초 소프트웨어 기술을 설명한다.

3.1.2 데이터베이스(DB: Database)

데이터베이스는 데이터를 저장하는 소프트웨어이다. 단순하게 데이터를 저장하는 것 외에도, 저장된 데이터를 검색하거나, 원하는 방식으로 데이터를 추출하는 등의 기능을 가진 소프트웨어를 말한다. 스마트 팩토리와 공장 자동화에서 가장 중요한 기능은 제조 공정 전체에서 발생하는 각종 데이터를 수집하고, 관리하여 필요한 용도로 적절하게 사용하는 것인데, 이를 위해서는 데이터베이스(이하 DB)서버를 사용하는 것이 가장 효율적이다.

보통 DB 서버라고 부르지만, 엄밀히 구분하면 데이터를 저장하는 DB 엔진과 이 DB를 효율적으로 관리하고 각종 기능을 지원하는 데이터베이스 관리 시스템(DBMS: Data

Base Management System)으로 나눌 수 있다. DBMS에는 대용량 데이터 처리를 위한 데이터베이스로 많이 사용되는 오라클(Oracle)이나 금융권에서 사용하는 DB2 같은 고가의 DBMS가 있는 반면에 상대적으로 저렴한 마이크로소프트 SQL 서버와 같은 제품도 있고, 오픈소스로 공개되어 구매 비용 부담이 없는 MySQL이 있으며, MySQL이 오라클에 인수되자 오픈소스 정신이 훼손될 것을 우려한 MySQL 개발자 중 일부가 새로 만들어낸 MariaDB가 있다. 소규모 데이터를 관리할 때는 마이크로소프트 사의 액세스(Access) 등도 널리 사용되는 관계형 DBMS이다. 최근에는 일반적인 관계형 DBMS가 아닌 몽고 DB(Mongo DB)와 같은 새로운 형태의 DBMS도 많이 사용되는 등 여러 종류의 DBMS가 있어서 각 DBMS의 장단점에 따라 적정한 용도와 산업 분야에 적용되고 있다.

우리나라 대기업이나 금융권에서는 오라클이나 IBM사의 DB2 등을 사용하고 있지만 도입하는 비용과 유지보수 비용이 많이 들어서 MySQL/MariaDB(두 DBMS는 뿌리가 같아서 사용법을 비롯하여 많은 부분이 비슷하다)와 같은 오픈소스 DB를 이용하는 경우가 늘어나고 있고, 관련 서직이나 징보도 쉽게 읻을 수 있어시 오픈소스 DB의 시장점유율이 계속 높아지는 추세이다. 마이크로소프트의 SQL 서버 제품은 오라클과 MySQL 계열에 비해서 사용자가 적은 편이다.

오픈소스(Open Source): 프로그램의 소스 코드가 공개되어 누구나 무료로 사용할 수 있는 소프트웨어 저작권 정책을 말한다. 오픈소스 초기에는 프로그램의 완성도에 대한 책임을 지는 주체가 명확하지 않아서 버그나 보안 문제가 발생하였을 때 해결이 늦어지는 문제가 있었으나, 차츰 사용하기 편리하도록 최적화를 하거나, 유지보수 비용을 받아 수익을 창출하는 형태로 발전되어서 이제는 오픈소스 제품도 완성도 및 보안성이 좋아지고 버전 관리도 잘 되는 제품이 많아 상업용으로도 이용하기에 충분한 상황이 되었다.

SQL(Structured Query Language): 데이터베이스(DB)를 관리하고 DB 내부의 데이터를 이용하기 위한 일종의 프로그래밍 언어이다. DB안의 데이터는 원하는 목적에 따라서 데이터를 추출하여야 가치가 있으므로 데이터를 추출하고 이용하기 위해 프로그래밍 언어인 SQL을 사용하는 DBMS들이 많으며, 최근에는 데이터가 많아지고 데이터의 특성이 다채로워지면서 SQL 외의 다른 방법도 사용하는 DBMS가 늘어나고 있다.

관계형 DBMS(RDBMS): DB에 저장되는 데이터를 레코드나 튜플이라고 하고, 특정 목적을 위해서 레코드를 모아 놓은 것을 테이블이라고 한다. 이런 특정 목적을 가진 테이블과 테이블간의 관계를 지어서 상호간에 참조하여 작업을 수행하는 DB를 관계형 DBMS라고 말한다. 테이블 간의 관계에 대해 간단한 예를 들면, 주민등록 번호, 이름, 주소가 담긴 테이블이 있고, 주민번호를 기준으로 하여 개인별 의료 기록이 담긴 건강보험 테이블이 있고, 역시 주민등록 번호를 기준으로 세금 납부 내역이 담긴 테이블이 있다고 가정하면, 한 사람의 주민번호를 기준으로 3개 테이블의 데이터가 관련되어 있고, 이렇게 관계를 바탕으로 테이블 내부 데이터를 관리하고 이용하는 DBMS를 관계형 DBMS라고 한다.

엑셀과 DB 서버 비교

데이터를 보관, 정리, 추출하는 기능을 가진 소프트웨어 중에 일반적으로 널리 사용되는 소프트웨어는 마이크로소프트사의 엑셀이다. 정확하게 말하면 엑셀은 스프레드시트라고 하며, 숫자가 표시된 표에서 각각의 숫자를 계산하는 기능을 가지고 있는 소프트웨어이다. 하지만, 엑셀은 단순한 숫자 계산 이외에도 소트(sort: 내림차순 정렬, 올림차순 정렬 등), 필터(filer: 필요한 내용만 표시), 룩 업 테이블(문자나 숫자를 바탕으로 표에서 결과를 찾는 기능) 등을 지원하므로 데이터를 보관, 관리, 추출하는 업무수행이 가능하여 데이터베이스와 유사하게 사용하는 것이 가능하다. 업무용으로 많이 사용되기 때문에 일반 사람들이 익숙하고 편리하게 사용할 수 있어서 데이터베이스 대용으로 사용하는 기업도 많다. 하지만, 엑셀은 근본적인 한계를 가지고 있는데, 최대 가로 열은 16,384개이고, 세로 행은 최대 1,048,576개로 보관할 수 있는 데이터가 많지 않다는 것이다. 1백만 개가 넘는 행이면 충분하다고 생각 할 수도 있겠지만, 저자 회사에서 생산하는 제품 중에는 한 달에 10만 개 이상 생산하는 제품도 많아서 1백만 행으로는 제품 스펙 1개의 1년 치 데이터를 저장하기에도 부족하다. 또한 엑셀은 데이터가 들어 있는 행수가 1만 개 정도만 되어도 검색하거나 계산하는 데 시간이 굉장히 오래 걸리기 때문에 데이터가 많은 경우에 사용하기에는 효율성이 떨어진다.

반면에 DB 서버를 사용하면 검색, 추출, 계산에 특화되어 만들어진 소프트웨어라서 데이터가 천만 건이 넘는 상황에서도 빠르게 작업을 수행하는 것이 가능하여서 데이터가 많다면 DB 서버 소프트웨어를 사용하는 것이 적합하다.

3.1.3 웹서버

웹서버는 웹페이지를 볼 수 있도록 접속자에게 웹페이지 정보를 보내주는 역할을 한다. 단순히 웹페이지 내용을 전송할 뿐 아니라, 데이터를 DB에 입력하거나, DB에서 데이터를 추출하여 결과를 보고 싶을 때 사용자가 쉽게 DB 서버에서 검색한 내용을 확인하도록 하는 기능도 가지고 있다. 예를 들면 네이버에 로그인할 때도 사용자의 ID와 암호를 DB 서버 안에 있는 데이터와 비교하여 로그인 처리를 하고, 검색할 때도 사용자의 입력을 바탕으로 네이버 DB 서버의 데이터를 검색하여 검색결과를 표시해 주는 역할을 하는 것이 웹서버이다. 이메일을 확인 할 때도 이메일 DB 서버 안에 저장된 내용을 웹페이지로 변환하여 이용하게 된다.

과거 DB 서버를 사용할 때는 전용 소프트웨어를 만들어서 하였으나, 웹 기술 발전과 인터넷 속도가 빨라지면서 웹 브라우저를 통해서 DB 서버를 활용하는 방향으로 발전되었다. 특히 최근에는 스마트폰으로 웹 브라우저를 자유롭게 사용할 수 있어서 웹페이지를 기반으로 입출력하는 것이 사용자도 익숙하고, 스마트폰용 앱을 제작할 때도 웹페이지를 보여주는 방식의 앱(Web View: 웹 뷰)을 만들면 개발 시간과 노력을 줄일 수 있어서 선호된다.

대표적인 웹서버는 마이크로소프트의 인터넷 인포메이션 서버(IIS: Internet Information Server)와 오픈소스인 아파치 서버(Apache HTTP Server)가 있다. 이처럼 웹서버 제품은 마이크로소프트와 오픈소스 진영으로 나누어지는데 IIS는 마이크로소프트 윈도와 같이 사용되는 반면, 오픈소스 계열인 아파치 웹 서버는 리눅스 OS와 조합하여 사용한다. 국내에는 아파치 웹 서버 사용 비율이 높고, 아파치 서버 설치법 및 사용법을 설명한 책, IT 교육과정 및 인터넷상의 자료가 많이 있어서 직접 구현하는 데 어려움이 없다. 그림 3.1은 저자의 회사에서 아파치 웹서버로 구현한 생산 데이터 확인 페이지와 검사결과 입력 페이지를 나타낸다.

그림 3.1 데이터 입력 웹페이지

3.1.4 데이터 수집 전용 소프트웨어

스마트 팩토리 구현을 하려면 생산 공정에서 사용하는 생산 설비 및 검사 설비에서 나오는 자료를 자동으로 수집하고 저장하는 목적으로 전용 소프트웨어를 개발해야 한다. 전용 소프트웨어 개발이 필요한 경우는 2가지 경우가 있는데, 첫 번째 이유는 데이터 입력 편이성이 필요한 경우이다. 앞에서 살펴본 바와 같이 웹을 통해서 데이터를 입력하는 것이 가능하지만, 키보드를 사용해서 입력하는 것보다는 바코드 리더를 이용해서 데이터를 입력하는 것이 편리하거나, 바코드 입력후 후속 작업을 빠르게 처리해야 하는 경우에는 웹 페이지 대신 전용 소프트웨어를 개발하여 제공하는 것이 작업자의 편이성을 높일 수 있다. 예를 들어 현장 작업자는 항상 장갑을 낀 상태로 작업을 하는데 이때에는 키보드, 마우스, 정전식 터치 스크린 등을 사용하는 것보다 바코드 리더 사용이 편리하므로 바코드 리더만 사용해서 업무를 끝낼 수 있도록 소프트웨어를 제작하는 것이 유리하다. 두 번째 경우는 설비에서 생산되는 데이터를 직접 DB에 입력할 때 필요하다. 설비의 동작을 조정하는 PLC에는 DB 서버에 저장하는 기능이 포함된 기종이 있지만, 추가 옵션 구매하거나, 고급형 PLC를 사용해야 하는 문제가 있다. 하지만, 설비를 제작한 시기가 오래되었거나, 최근 제작한 설비라도 DB에 데이터를 입력하는 것을 고려하지 않고 만들어진 설비의 경우에는 데이터 수집을 위한 전용 소프트웨어를 이용해서 DB 서버에 저장하게 하는 것이 방법이다. PLC나 검사 장비에 포함된 통신 기능(주로 RS-232, RS-482 등)으로 데이터를 전송받은 PC가 이를 DB 서버에 입력하는 방식을 전용 소프트웨어로 처리하는 것이 일반적이다.

전용 소프트웨어를 제작하는 여러 가지 방법이 있는데 국내 제조 설비 분야에서는 오래전부터 마이크로소프트의 비주얼 베이식으로 제작하는 경우가 많았다. 비주얼 베이식은 현재 제작사의 지원이 중단된 지 오래되었지만, 국내에서는 여전히 키오스크 등에서 비주얼 베이식을 사용하고 있고, 학습과 개발이 쉽다는 장점이 있어 많이 사용되고 있다. 이외에도 델파이나 C/C++ 등으로 개발하는 곳도 있고 최근에는 C#을 사용하기도 한다. 윈도우 환경에서 사용하는 데에는 비주얼 베이식도 충분하고 윈도 11 환경에서도 잘 동작하고 있지만, 설비용으로 한번 제작하면 10년~15년 계속 사용하는 일이 흔하므로 이제는 개발할 때 C#이나 C/C++ 등과 같이 제작사의 지원과 업데이트가 유지되고 있는 언어를 선택하여 개발하는 것이 장기적인 유지보수 관점에서 유리하다. 최근에는 라즈베리 파이 같은 저가의 소형 컴퓨터도 발전하고 있으므로 리눅스에서 동작할 수 있는 파이썬(Python)이나 C/C++ 같은 언어로 개발하여 사용하는 것도 방법이다.

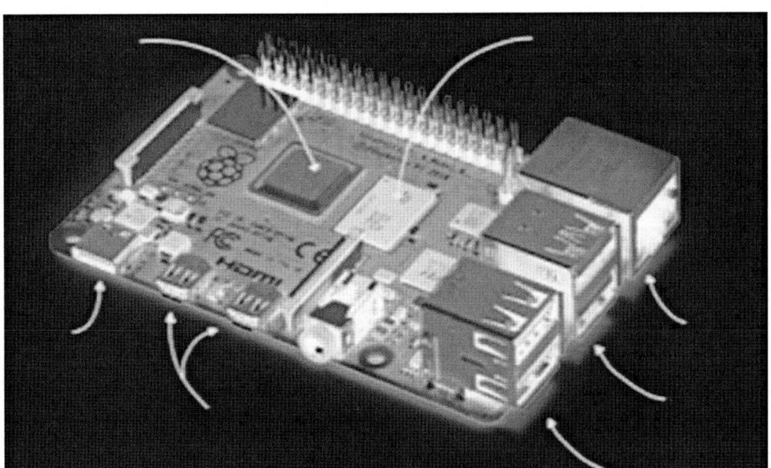

그림 3.2 라즈베리 파이 컴퓨터

3.2 데이터베이스

데이터베이스는(이하 DB) 스마트 팩토리와 공장 자동화의 가장 핵심적인 부분이다. 데이터를 저장하고, 그 데이터를 원하는 내용으로 추출하여서 자유롭게 사용할 수 있어야 현재 생산 라인에서 어떤 일이 일어나고 있는지와, 창고의 재고 상황을 실시간으로 확인할 수 있으므로 DB를 모든 작업의 중심에 두고 나머지 기능을 구현하는 것이 효율적이다.

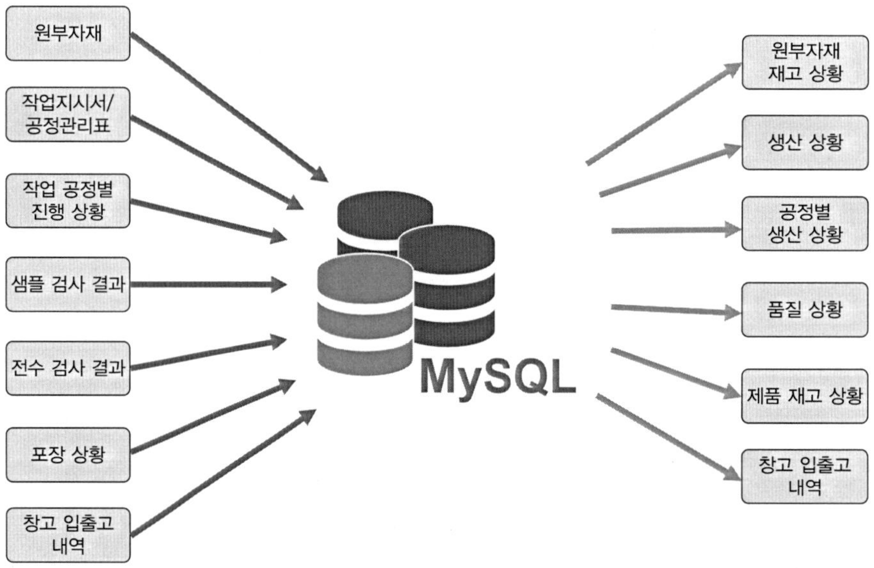

그림 3.3 스마트 팩토리와 DB 서버

컴퓨터 공학이나 전산학 전공자라도 DB를 자세히 이해하기는 어려워서 일반적으로 친숙한 소프트웨어인 엑셀로 설명하는 것이 용이하다. 그림 3.4는 DB를 엑셀과 비교하여 나타내었고, 그림에서 표현되는 세부사항에 대해서 설명을 하고자 한다.

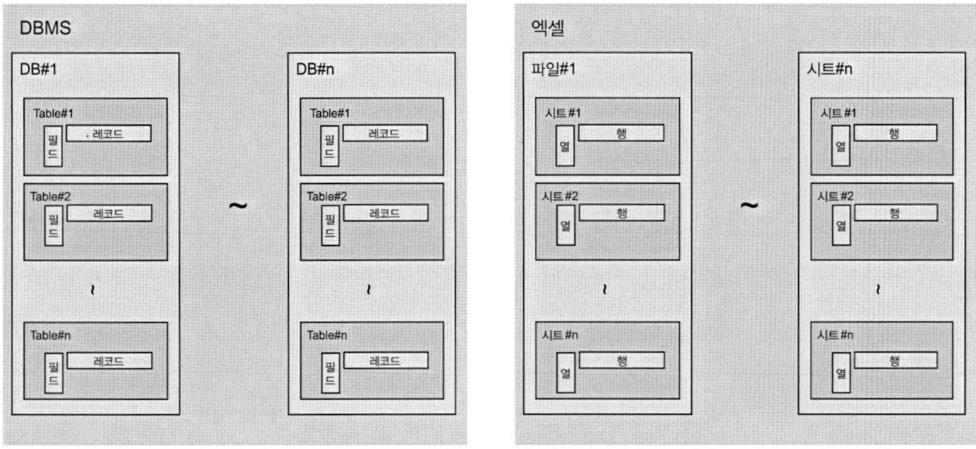

그림 3.4 DB 서버와 엑셀의 차이

3.2.1 데이터베이스

데이터베이스는 데이터를 저장하는 단일 단위 중 가장 큰 단위로 DBMS(데이터 베이스 관리 시스템)이나 DB(데이터 베이스 서버의 일반 호칭)과는 다른 개념이다. 엑셀에 대입하면 엑셀 파일이라고 볼 수 있다. 엑셀 파일 하나에는 시트가 여러 개 들어갈 수 있고 시트마다 데이터가 들어가 있어서 사용할 수 있다. 하나의 엑셀 파일이 너무 커서 복잡해지고 시트가 너무 많아지면 사용하기가 어려워지기 때문에 파일을 나누어서 사용하는 것처럼 데이터베이스가 너무 커져서 테이블이 많아지면 효율적으로 관리하기가 어려워지므로 데이터베이스를 목적에 따라 적절히 나누어서 사용하는 것이 효율적이다.

3.2.2 테이블

DB에서 사용하는 테이블은 엑셀에서는 시트와 같은 개념으로 보면 된다. 엑셀의 시트 각각은 특정한 목적을 가진 데이터 묶음을 저장하여 시트별로 개별적인 특성을 가지게 하는 것이 일반적이다. DB에서도 특정한 목적을 가지고 수집한 데이터는 테이블에 저장하여 테이블마다 그 목적과 범위를 특정하여 사용하고 있다. 또한 필요에 따라서는 여러 개의 테이블을 연계해서 사용하기도 하는데, 이는 역시 엑셀에서 여러 시트를 이용하는 것과 같은 개념이라고 보면 된다.

3.2.3 필드/레코드

필드 또는 레코드는 데이터를 저장하는 가장 작은 단위라고 보면 된다. 엑셀을 사용할 때 셀 하나에 하나의 데이터만 저장하는 것과 같이 DB에서도 데이터를 저장하는 가장 작은 단위를 필드와 레코드라고 말한다. 필드와 레코드에 저장되는 데이터에 관해서 설명하면, 한 가족 4명의 특징을 데이터베이스에 기록할 때 이름, 나이, 키, 신발 사이즈, 허리둘레, 혈액형이 필요하다고 생각해보자. 이름, 나이, 키, 신발 크기, 허리둘레, 혈액형과 같이 특정한 데이터를 분류하는 기준을 필드라고 한다. 반면에 레코드는 각각의 데이터가 속한 하나의 개체에 대한 정보이다. 즉 레코드는 가족 중 1인인 홍길동이라는 개체의 이름, 나이, 키, 신발 크기, 허리둘레, 혈액형 등 한사람에 대한 여러 가지 정보를 포함하고 있는 것으로 생각할 수 있다. 이렇게 특정 데이터에 대한 기준은 필드로 구별하고, 특정 객체에 대한 데이터는 레코드로 구별하여 저장하기 때문에 데이터를 저장하는 가장 작은 분류법이라고 할 수 있다.

3.2.4 속성

속성 혹은 특성은 각 데이터에 대한 특징을 이야기 한다. 엑셀에서는 숫자를 표시하는 일반 숫자를 쓸 수도 있고, 통화나 회계를 선택하면 1천 단위로 콤마가 찍히고, 공학용 숫자 속성은 10의 승수로 나타낸다. 그런가 하면 날짜와 시간을 나타내는 속성이 있는 것처럼 데이터베이스에도 저장되는 데이터의 속성을 지정하여 저장할 수 있다.

앞에서 예로 들었던 4인 가족의 데이터를 보면 이름은 문자열, 나이는 소수점 없는 정수, 키와 몸무게는 소수점 1자리까지 저장, 신발 크기는 소수점 없는 정수로 발길이를 나타내고, 영문 글자(발볼 크기 E, EE 등)로 저장하는 등으로 속성을 정의해 주고 사용한다. 이렇게 속성을 지정하는 이유는 데이터를 정규화하여 다른 필드에 들어갈 데이터가 잘못 입력되는 것을 방지하고, 데이터가 저장되는 크기를 설정하여 저장공간을 최적으로 사용하기 위해서 사용한다.

3.2.5 검색 및 데이터 가공

데이터베이스에 데이터를 저장하는 것도 중요하지만, 필요한 데이터를 얻어내는 것도 매우 중요하다. 데이터베이스(DBMS) 중 오라클(Oracle), SQL서버, MySQL, MariaDB, PostgreSQL 등은 SQL(Structured Query Language: 구조화된 질의 언어)을 사용해서 원하는 데이터를 추출하고, 계산하고, 조합해서 데이터를 활용한다. 엑셀을 예를 들면 데이터를 오름차순/내림차순 정리하거나, 필터를 사용하거나, 수식으로 데이터값을 색으로 표시하는 등으로 원하는 데이터를 추출하는 것과 같은 방식인데, DBMS에서는 SQL이라는 데이터 처리 언어를 사용하여 데이터를 활용한다.

엑셀은 주요 기능이 기본으로 제공되어서 사용하기 쉬운 반면, SQL은 프로그램 언어라서 익숙하게 다루기 위해서는 학습과 연습이 필요하며, 시간과 노력을 들여야 한다. 하지만, SQL에 익숙해지면, 엑셀보다 빠른 처리 속도와 데이터를 활용 자율성이 높고 훨씬 많은 데이터를 처리할 수 있어서 데이터양이 많은 상황에서는 DB 서버에 데이터를 저장하고 SQL을 이용하는 것이 효율적이다.

3.2.6 데이터베이스의 설치 및 설정

스마트 팩토리에서 데이터를 편리하게 사용하려면 데이터베이스 서버, 웹서버, 데이터베이스를 웹에서 활용할 수 있는 웹프로그램 언어까지 3개 요소가 갖추어져야 활용을 할 수 있다. 이 3가지 요소를 간단하게 설치할 수 있도록 제작된 소프트웨어 패키지가 XAMPP(Cross Platform, Apache server, MariaDB server, PHP, Pearl)이다. XAMPP는 웹서버로는 Apache HTTP Server, 데이터베이스(DBMS)로는 MariaDB, 웹프로그래밍 언어로는 PHP와 Perl을 한 번에 설치해주고 기타 필요한 소프트웨어도 함께 설치해주어 많이 선호되는 소프트웨어 패키지이다.

또한, 기본 기능으로 phpMyAdmin이라는 DB서버 관리 프로그램을 웹 브라우저를 이용해서 사용할 수 있는데, SQL 쿼리문을 웹브라우저에서 편리하게 실행할 수 있어서 초보자에게도 적합하다.

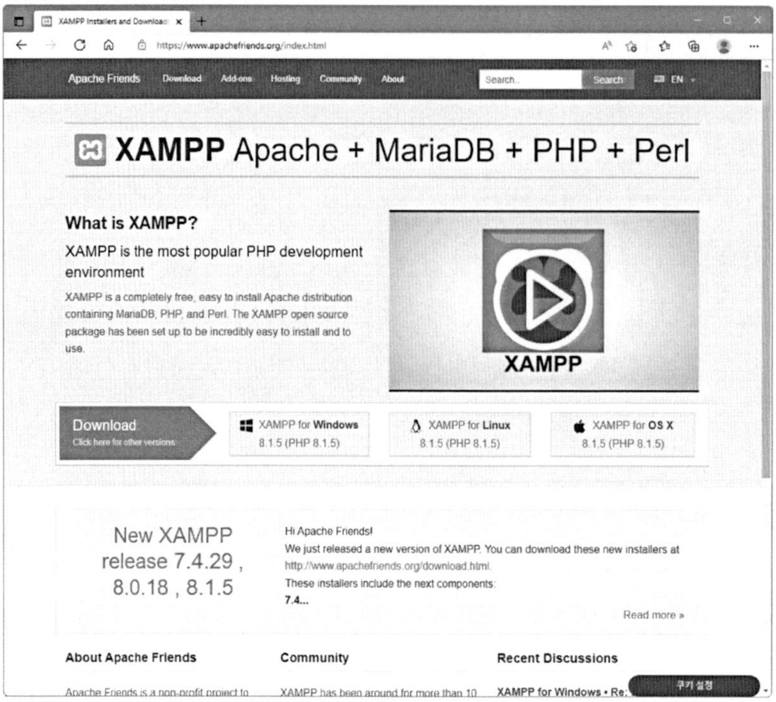

그림 3.5 XAMPP 다운로드 페이지

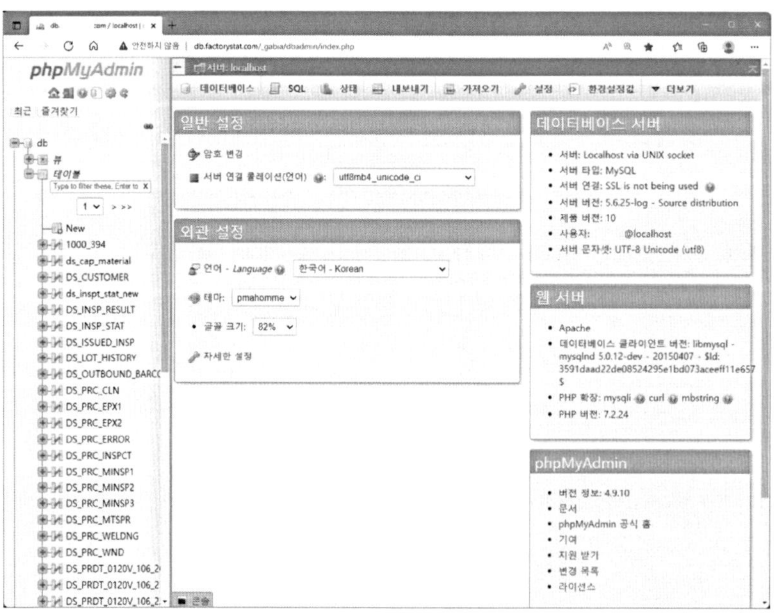

그림 3.6 phpMyAdmin 페이지

3.3 웹 입출력용 아파치, HTML, PHP 사용

인터넷을 사용할 때 웹 브라우저(크롬, 엣지, 파이어 폭스 등)를 통해서 보는 웹페이지는 웹 서버라는 소프트웨어(혹은 하드웨어)가 보내주는 웹페이지 데이터를 웹 브라우저가 화면에 표시해 주는 것이다. 웹서버는 웹페이지 정보를 빠르고 안정적으로 보내주는 기능이 가장 중요하기 때문에 안정성과 성능이 확인된 소프트웨어를 이용하는 것이 좋다. 웹서버로 유명한 것은 오픈소스인 아파치 서버, 마이크로소프트의 유료 소프트웨어인 인터넷 인포메이션 서비스(IIS), 엔진 엑스, 구글 웹서버 등이 있다. 그중에서 아파치 웹서버는 시장점유율 1위로 50%의 시장점유율을 확보하고 있다. 시장점유율이 높고 사용자가 많아 아파치 웹서버 활용에 대한 한글 자료가 많이 있어서 진입이 쉬우므로 점점 더 많이 선택되고 있으며, 저자도 아파치 웹서버를 이용해서 구현하였다.

HTML(Hyper Text Markup Language)은 WWW(World Wide Web) 상에서 웹페이지를 화면에 표시하기 위해 사용하는 언어이다. 일반적인 프로그래밍 언어와 다른 점은 HTML은 겉으로 보이는 모습을 표현하는 기능만 있고 연산 기능이나 데이터베이스를 이용하는 등의 기능은 없는 프로그래밍 언어이다. 이렇게 일부 기능만을 가진 언어를 마크업 언어(Markup Language)라고 하는데 문서의 구조나 서식 등의 표현 정보와 화면에 표시되는 내용 정보를 함께 가지고 있는 것이 특징이다. HTML 언어를 최초로 제안한 것은 영국 출신 물리학자인 티머시 존 버너스-리 경(Sir Timothy John Verners-Lee)으로 CERN(유럽 합동 원자핵 연구소: Conseil Européen pour la Recherche Nucléaire, 스위스 제네바 부근에서 대형 입자 가속기 등을 통해 물리학 연구하는 기관)에서 근무하면서 연구소 내의 문의와 응답을 위한 시스템을 만드는 업무에 참여하였는데 이때 만든 시스템의 개념이 HTML의 기초가 되었다. 1989년 그가 구축하였던 CERN의 정보 시스템의 개념을 발전시켜 인터넷/WWW을 제안하였고, 이 과정에서 HTTP(Hyper Text Transfer Protocol: 하이퍼텍스트 전송 규약), URL(Uniform Resource

Locator: 단일 자원 위치표시) 등을 고안하여 현재 사용하는 인터넷 환경의 기초를 만들어 놓았다. 최초 HTML은 간단한 문서를 표시하고 문서와 문서 간 이동을 손쉽게 하기 위한 기능만을 포함하고 있었으나 계속 발전하여 최근에는 HTML 5.1 표준이 정해지면서 기능이 점차로 복잡해지고 다양해지고 있다.

HTML이 기능이 많이 발전하였다고 해도 HTML 단독으로 동적인 작업을 할 수 없으므로 PHP, JavaScript 등의 웹 언어와 HTML을 함께 사용하여 DB 데이터를 활용하는 등 동적으로 사용하는 것이 일반적이다.

그림 3.7 HTML 로고의 변화

PHP(PHP: Hypertext Preprocessor)는 서버에서 동작하는 스크립트언어이다. 서버에서 동작하여 결과만 보여주기 때문에 사용자는 PHP가 적용된 웹페이지에 접속하더라도 PHP 소스 코드를 볼 수 없고 서버에서 PHP를 처리한 후 나오는 결과물인 HTML만 볼 수 있다. 서버 측에서 PHP를 실행하고 그 결과를 HTML로 바꾸어서 사용자의 웹 브라우저에 전달하기 때문에 사용자는 서버의 설정된 정보를 알아낼 수 없어서 보안성이 있다. PHP는 1995년 캐나다의 프로그래머 라스무스 러도프(Rasmus Lerdorf)가 만들었다. PHP 개발 이전에는 데이터베이스에 접근하거나, 동적으로 내용이 변화하는 웹페이지를 만들기 위해서는 C나 Perl 언어로 CGI라는 방식을 통해서 구현하여야 했는데, 이 언어들은 배우고 사용하기가 어려울 뿐 아니라 웹서버와 연동하는 것이 어려운 등의 문제로 초급 프로그래머의 진입이 쉽지 않았다. 반면에 PHP는 이러한 어려움을 상당히 제거하여 웹페이지에서 데이터베이스에 접근하거나 동적으로 내용이 변하는 기능을 구현하는데 널리 사용되게 되었다.

PHP 언어 개발 초기에는 Personal Home Page Tools라고 하여 HTML로는 구현하기 어

려운 사용자의 요구에 동적으로 대응하는 웹페이지를 만들어 내기 위해서 개발되었다. 페이스북이나 워드프레스, 그누보드와 같은 유명 사이트나 서비스에 PHP가 사용되었고, 특히 국내에서는 사용 빈도가 매우 높아서 한글로 된 서적이나 인터넷 정보 등이 많아서 진입장벽이 낮은 편이며, 동작 속도와 보안성도 계속 발전하고 있어서 앞으로도 사용될 것으로 보인다.

비슷한 언어로는 ASP(Active Server Page), JSP(Java Server Page) 등이 있는데 PHP와 같이 서버 측 언어이고 PHP보다 성능이 우수하여 점점 시장점유율이 높아지고 있으며, PHP, ASP, JSP 모두 성능을 지속해서 개선하며 시장에서 경쟁하고 있다.

아래 그림에서는 웹을 이용하는 전체적인 흐름을 나타내고 있다. 사용자가 아파치 웹서버에 웹브라우저로 접속하여 데이터를 입력하거나 데이터 출력을 요구하면 아파치 웹서버가 PHP를 처리하여 MariaDB에서 정보를 얻어오거나 입력할 수 있다.

그림 3.8 웹과 DB의 연동

3.4 C#(씨샵)

마이크로소프트에서 개발한 프로그래밍 언어로 1999년 아네르스 하일스베르(Anders Hejlsberg)가 팀을 구성하여 C언어와 비슷한 객체지향형 언어로 개발하였고, 2000년 Professional Developers Conference에서 발표한 언어이다. C#언어는 C언어와 Java의 영향을 많이 받은 언어로 인터넷 환경에서 사용할 때는 Java와 비교를 많이 한다. 마이크로소프트는 과거 썬 마이크로시스템즈사의 Java 언어의 라이센스를 받아서 J++라는

Java의 개선판 언어를 개발하였으나 특허권 문제로 인하여 정상적으로 사용할 수 없게 되자, C#을 개발하게 된 것이라고 한다.

오랫동안 널리 사용되던 C/C++ 언어는 성능이 매우 좋은 언어이지만, 배우기가 어렵고 개발 기간이 오래 걸리는 단점을 가지고 있어서 이를 대체할 수 있는 언어를 개발하려는 움직임이 많았는데, C#은 C/C++보다 배우기 쉽고 컴파일이 빠르고, 가비지 컬렉션(Garbage Collection: 자동 메모리 관리)기능으로 메모리를 자동으로 관리 해주고, 실행 속도 면에서도 JAVA보다 빠르지만, C/C++보다는 약간 느린 특성으로 장점이 많은 언어가 되었다.

특히 마이크로소프트 윈도상에서 사용자가 GUI(Graphic User Interface) 환경을 이용하는 애플리케이션을 만드는 언어 중에는 가장 최신 언어로 보안성 및 안정성이 높고,

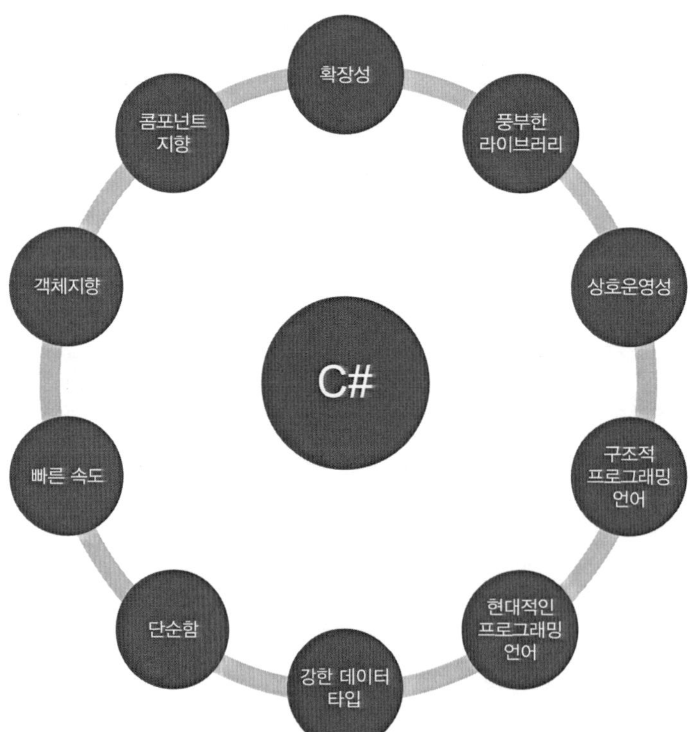

그림 3.9 C#언어 특징

컴파일과 디버깅이 편리한 장점이 있어 배우고 사용하기 쉬운 언어로 시장 점유율을 넓혀가고 있다. 최근에는 Linux, 안드로이드, iOS 등 윈도가 아닌 OS에서도 동작할 수 있게 영역이 넓어지고 있어서 지속적으로 발전할 언어로 자리잡고 있다.

국내 상황은 앞에서 언급한 바와 같이 아직 윈도 GUI 환경용 애플리케이션을 만들 때 주로 VB 6.0(Visual Basic: 비주얼 베이식)이나 Visual C++(비주얼 씨플러스플러스, 비주얼 씨뿔뿔)를 사용하여 개발을 주로 하고 있는데 VB 6.0의 경우에는 마이크로소프트가 지원을 중단한 지 매우 오래되었고, 후속 언어인 VB.net은 VB 6.0 사용자도 추가 학습을 해야 사용이 가능한 상황이어서 VB 6.0 개발자들은 그대로 VB 6.0을 사용하거나 C#으로 새롭게 프로젝트 시작하는 경우가 생기게 되었다. Visual C++의 경우에는 C++ 언어의 단점인 배우기가 어렵고 개발 시간이 오래 걸리는 단점이 있어서 저자 역시 마이크로소프트 윈도 환경 애플리케이션 개발은 C#을 사용하여 개발하였고 매우 만족하였다.

3.5 파이썬(Python)

1991년 발표된 프로그래밍 언어로 꾸준히 발전해 왔으며, 국내에서는 최근 코딩 열풍, 인공지능 열풍에 힘입어서 주목받는 프로그래밍 언어가 되었다. 학습 난이도가 낮으며 패키지라는 형태로 여러 가지 추가 기능이 지원되기 때문에 빠르고 쉽게 원하는 기능을 구현하는 것이 가능하여 점유율이 점점 높아지고 있는 언어이다. 문법이 영어 어순과 비슷하여 서구권 사용자들이 배우기 쉽고 들여쓰기(indent) 방식과 콜론(:)을 활용하여 일반적인 문서작성법과 유사한 특징을 가지고 있어 사용자에게 C/C++/C#/JAVA 등의 언어보다 친근하게 느껴진다. 파이썬 언어를 예찬하는 사람들이 주로 하는 말이 [Life is short, You need Python: 인생은 짧고 당신은 파이썬이 필요하다]인 것처럼 파이썬은 생산성이 매우 뛰어나서 짧은 시간 내에 원하는 목적을 달성할 수 있는 특징이 있다. 반면 실행 속도는 컴파일 언어인 C/C++이나 C#, Go 등 언어보다 느린 편이어서 속도가 중요한 용도에는 적용하기 어렵다.

파이썬의 창시자는 귀도 반 로섬(Guido van Rossum)이라는 네덜란드 출신의 컴퓨터 프로그래머로 1989년 크리스마스 연휴 기간에 근무하던 연구실 건물이 닫혀있게 되어서 집에서 심심풀이로 만들었다고 한다. 파이썬이라는 이름은 영국의 코미디 그룹인 몬티 파이썬(Monty Python)의 이름에서 따왔다고 한다.

2005년까지 널리 사용된 로고	python
개별적인 주체들이 각자 만들어 사용하던 로고	Python Python PYTHON python : powered PYTHON Powered
2005년 정식 로고	python™

그림 3.10 파이썬 로고 변천(출처: Lisp Needs a Logo(xahlee.info))

파이썬은 인터프리터 언어(Interpreter Language: 인간이 읽을 수 있는 언어로 보관하다가 실행될 때 기계언어로 변환되는 방식으로 미리 컴퓨터가 실행할 수 있는 기계어 실행 파일을 만들어 놓는 컴파일 방식 언어와는 다른 특징을 지님)로 실행 파일을 만들지 않으며, 실행 파일이 없이 소스 코드 상태로 이용하기 때문에 사용하는 OS가 변경 될 때 컴파일을 다시 하는 작업이 필요 없는 장점이 있지만 반대로 생각하면 인터프리터가 매번 소스코드를 기계언어로 번역하는 컴파일 과정을 매번하는 것이라서 실행속도가 느린 단점이 있다. 또한, 파이썬 파일을 열면 소스 코드 내용을 쉽게 파악할 수 있어서 보안상 약점이 있다는 단점이 있다. 예를 들면 DB에 데이터를 읽고 쓰는 기능을 하는 파이썬 애플리케이션은 소스 코드를 메모장과 같은 간단한 소프트웨어로도 열어 볼 수 있어서 DB에 사용하는 ID와 비밀번호가 노출되는 등 소스 코드가 쉽게 노출되는 약점이 있어서 보안이 중요한 용도에는 사용하기 어려운 단점이 있다.

이 책에서는 Linux 시스템(라즈베리 파이, 젯슨 나노 등)에서 사용하는 애플리케이션을 파이썬으로 작성하였는데, 애플리케이션을 회사 내부에서 한정적으로 사용하는 것이라서 보안성에 대해서 큰 우려를 할 필요가 적었고, 저자처럼 제조 공정의 효율성을 높이기 위해서 애플리케이션을 만들어야 할 때는 파이썬의 생산성을 따를 언어가 없기 때문이다. 파이썬의 또 다른 특징은 기능을 직접 만드는 방식보다 누군가 만들어 놓은 패키지라는 것을 잘 활용하면 원하는 기능 대부분을 구현할 수 있다. 파이썬이 인터프리터 언어이므로 패키지의 소스 코드는 쉽게 확인할 수 있어서 여러 사람이 패키지 성능 개선에 참여하여 프로그램을 개선하는 과정이 반복되어 현재는 매우 안정적이면서도 편리하게 사용할 수 있는 패키지가 많아져서 점점 많은 분야에서 많은 사람이 사용하고 있다. 특히 짧은 시간 내에 애플리케이션을 제작하고 싶을 때는 파이썬이 최적의 선택지가 되었다.

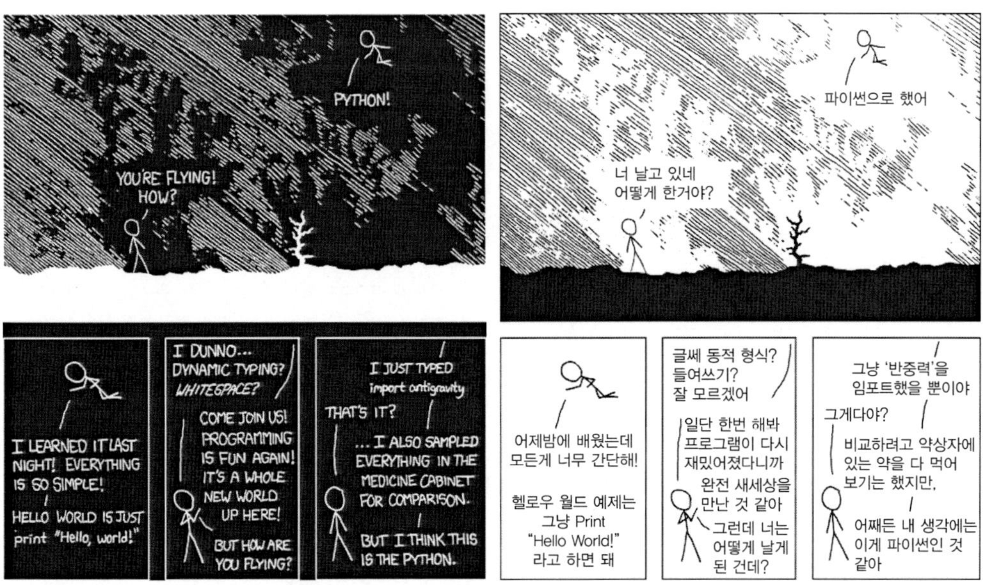

그림 3.11 파이썬의 편리성에 대한 만화

3.6
Go 언어

구글의 프로그래머 로버트 그리즈머(Robert Griesemer), 롭 파이크(Robert "Rob" C. Pike), 켄 톰프슨(Kenneth Lane Thompson)이 개발하여 2009년에 발표한 프로그래밍 언어로 프로그래밍 언어의 이름은 Go이지만, 너무 흔한 단어이기 때문에 보통은 Go Lang(고랭)이라고 부른다. 정적 변수형 언어(변수의 형태를 지정하여 사용)이자 컴파일 언어인 Go는 C언어와 매우 흡사한 특성이 있지만 가비지 컬렉션(Garbage Collection: 자동 메모리 관리) 기능으로 메모리를 자동 관리하며 구조적인 데이터 형식과 병렬처리에 강점이 있어서 주로 서버에서 사용자의 요구를 처리하는 데 적합한 언어이다.

C/C++ 언어는 빠른 실행 속도에 비해 배우기도 어렵고, 사용하기도 어렵기 때문에 Go 언어는 단순한 명령으로 구성하여 배우기 쉽고, 애플리케이션을 빠르게 만들 수 있도록 개선한 언어이다. 앞에서 설명한 C#과 다른점은 Go 언어는 단순한 명령어를 유지하여서 언어를 배우고 사용하는 어려움을 낮추었다는 것이다. 반면에 사용자 인터페이스(GUI: Graphic User Interface)를 지원하는 애플리케이션을 만들기 위해서는 Qt, Fyne 등과 같은 추가 라이브러리를 설치하여 사용하여야 해서 GUI를 지원하는 애플리케이션 제작을 고려하여 개발된 언어인 C#과는 차이가 있다.

Go 언어는 컴파일 언어로 프로그램 실행 속도가 파이썬에 비하여 매우 빠르고, 윈도 환경뿐만 아니라 Mac, Linux 등에서도 같은 소스 코드로 컴파일하여 실행 파일을 만들 수 있게 설계된 것은 장점이지만, OS나 하드웨어에 따라서 각각 컴파일을 반드시 새로 하여야 하는 것은 파이썬에 비해서 단점이라고 할 수 있다.

기본 제공되는 라이브러리들이 많아서 사용하는 데 큰 무리가 없으며, Go 언어를 위한 GUI 라이브러리인 Fyne을 사용하면 OS에 영향을 받지 않고 동일한 외형을 가지는 애플리케이션 제작이 가능하다. 하지만, 국내에서는 사용자가 적어서인지 충분한 정보를 얻기 어렵고 서적도 많지 않아서 영어 자료를 많이 참고해야 하는 것이 아직 아쉬운 점이다. 영어 외에는 중국어로 된 자료도 상당수 검색되어 중국에서는 많이 사용하고 있는 것으로 보인다. Go 언어 사용자를 고퍼(Gopher)라고 부르는데 북미 대륙에 서식하는 두더쥐와 비슷한 동물 이름인 Gopher을 이용해서 Go 언어 사용자의 애칭으로 부르고 있다.

저자는 Linux 환경에서는 주로 파이썬을 이용하여 애플리케이션을 제작하였으나, 일부 애플리케이션은 보안성을 위해서 Go 언어로 다시 개발하여 사용한 사례가 있다.

그림 3.12 Go 언어 로고와 Go 개발자를 나타내는 고퍼(Gopher) 마스코트

3.7 실제 소프트웨어 구현

앞에서 살펴본 바와 같이 스마트 팩토리의 핵심은 데이터를 수집/보관/활용하는 것이 핵심이다. 제조업에서 발생하는 데이터는 기본적으로 제조에 관련된 데이터이며, 기성 제품과 비교를 한다면 생산 관리 시스템(MES: Manufacturing Execution System)의 기능이 가장 유용하게 사용되고 있으므로, 이 책에서도 MES 기능 중에서 현장에 필요한

기능을 구현하였다. 기성 MES 시스템과 이 책에서 구현하는 방식의 차이점은 이 책에서는 저자의 회사에 필요한 핵심 기능을 현장에서 사용하기 편리하게 만드는 것을 우선으로 생각하였고, 관리자가 한눈에 보고 상황을 파악할 수 있도록 제작한 것이 특징이다. 기성 MES 시스템의 경우에 판매를 목적으로 하여 최대한 여러 회사에 적용할 수 있는 범용성이 필요하므로 개별 회사 상황과는 맞지 않는 기능이 많이 포함되어 있을 수 있다는 것이 저자가 직접 구현한 시스템과의 차이점이라고 볼 수 있다.

MES 기능 이외에도 품질 관리와 재고관리 등의 기능도 회사를 운영하기 위해서는 꼭 필요한 기능이기 때문에 품질 관리와 재고관리 기능도 구현하였다. 품질 관리 시스템: QMS(Quality Management System), 창고관리 시스템: WMS(Warehouse Management System) 등의 기성품 기능 중 회사에 필요한 기능을 사용하기 편리한 형태로 구현하였다. 아래에서는 저자가 구현한 내용 중 핵심 기능을 하나씩 설명하여서 이해를 돕도록 하였다.

3.7.1 웹을 통한 로그인

1) 목적

웹 브라우저를 이용하여 스마트 팩토리 관련 기능을 이용하도록 시스템을 구축할 때 적절한 사용자인지를 아이디와 비밀번호를 통하여 확인한다.

2) 개념설계

그림 3.13에서 순서도로 설명한 것과 같이 사용자가 스마트 팩토리 기능을 사용하기 위해서 웹 브라우저로 아파치 웹서버에 접속하면 웹서버는 로그인 화면을 보내준다. 사용자가 ID와 비밀번호를 입력하면 웹서버는 PHP를 이용하여서 DB에 저장된 ID와 비밀번호를 비교하여 일치하면 다음 화면으로 진행하고, 일치하지 않을 경우는 다시 로그인할 수 있도록 로그인 화면으로 돌아간다.

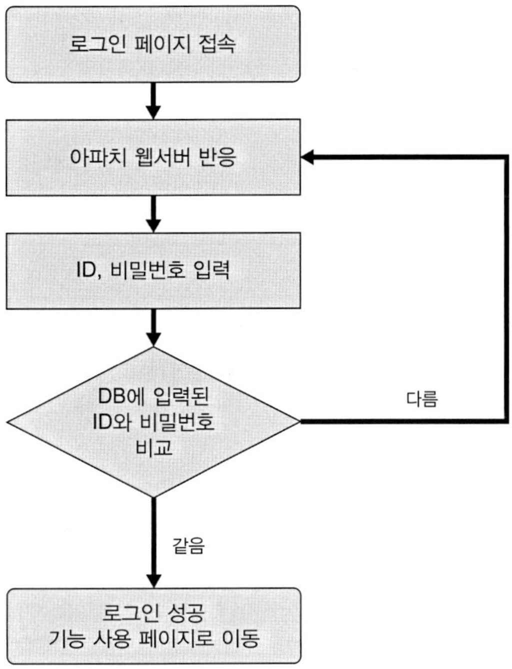

그림 3.13 로그인 처리 순서도

3) 필요 요소

서버: 아파치 웹서버, DB 서버(MariaDB)

웹 프로그램: PHP

아파치 웹서버는 사용자가 웹 브라우저로 접속하기 위해서 이용하고, DB 서버는 로그인 데이터를 저장하고 검색하는 데 필요하다. PHP는 사용자가 입력하는 ID와 비밀번호를 DB 서버 안에 있는 내용과 비교하여 로그인 승인을 하는 동적인 동작을 한다. PHP 언어로 작성하였기 때문에 웹페이지의 확장자는 ***.html이 아니라 ***.php로 만든다.

로그인을 한번 하면 사용자 세션 정보를 등록하여 로그아웃하거나 브라우저를 종료할 때까지 로그인 상태가 유지되는 기능을 보유하여 웹페이지를 사용할 때 자주 로그인하지 않아도 되도록 한다.

4) DB 테이블 구성

표 3.1 로그인용 DB 테이블

항목	데이터 형식
일련번호	정수(자동증가)
이름	문자열
로그인 ID	문자열
로그인 비밀번호	문자열

DB 테이블은 표 3.1과 같이 구성하여 ID와 비밀번호를 문자열로 저장 보관하고, 사용자가 로그인하려고 할 때는 DB 테이블에 저장된 로그인 ID와 로그인 비밀번호 내용과 비교하여 올바른 ID와 비밀번호를 입력하였을 때만 다음 화면으로 이동하여 스마트 팩토리 기능을 사용할 수 있도록 한다.

비밀번호의 경우에는 보안을 위해서 암호화를 하는 것이 일반적인 방법이지만, 소규모 공장에서 내부인들만 사용할 때는 암호화를 하지 않고 사용하는 것도 가능하다. 하지만 외부인까지 DB 서버에 연결이 가능할 때는 반드시 암호화 설정을 하여야 한다. 웹서버와 DB 서버를 외부에서 접속할 수 있도록 운영하고 있으면 하루에도 여러 번 포트 스캐닝 방법을 사용해서 해킹하려는 시도가 확인된다. 포트는 컴퓨터가 인터넷으로 들어오는 요청에 대해서 응답할 수 있도록 창구를 만들어 놓은 것을 말한다. 예를 들어 웹서버는 HTTP 포트로 80번을 사용하는데, 이렇게 필요에 의해서 열어 놓은 포트를 해커는 하나씩 확인해서 약점이 발견되면 그 약점을 공격하여 컴퓨터를 망가트리거나 탈취하는 해킹을 포트 스캔이라고 한다. 이렇게 포트스캔 방식으로 해킹 할 때는 웹서버처럼 널리 사용되는 서비스의 약점을 파고들기 때문에 외부로 공개되는 웹페이지에는 암호를 설정하여 해킹을 당하지 않도록 방어해야 한다.

회사 내부에서 사용하는 서버가 아닌 외부에 있는 호스팅 업체의 DB 서버와 웹서버를 이용할 수도 있다. 스마트 팩토리 기능을 외부 호스팅 업체의 DB 서버와 웹서버에 구축했을 때의 장점은 회사 외부에서도 쉽게 생산 상황을 파악할 수 있다는 것이다. 또한, 서버 전문업체의 DB 서버와 웹서버를 이용하면, 전문 호스팅 업체에서 해커 공격 방어 등 기본적인 인터넷 보안을 제공하기 때문에 상대적으로 안심하고 사용할 수 있는 장점도 있다. 단, SSL 인증서를 설치하지 않으면 웹 브라우저에 [안전하지 않음]의 안내가 표시되는데 현재는 사용하는 데 큰 문제는 없어서 그대로 사용해도 된다.

구현 화면

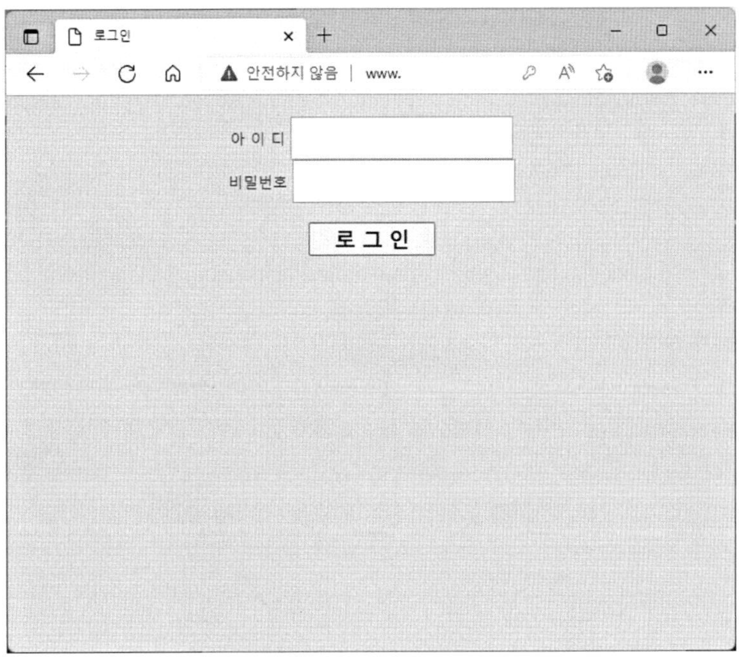

그림 3.14 로그인 화면

페이지 ID와 비밀번호 입력란과 버튼으로만 구성된 단순한 로그인 페이지이다.

3.7.2 웹을 활용한 데이터 입력(검사결과 입력)

1) 목적

웹 브라우저를 이용하여 공정 진행 상황, 샘플 검사 결과 등 공정에서 발생하는 데이터를 입력하는 기능을 구현한다.

2) 개념설계

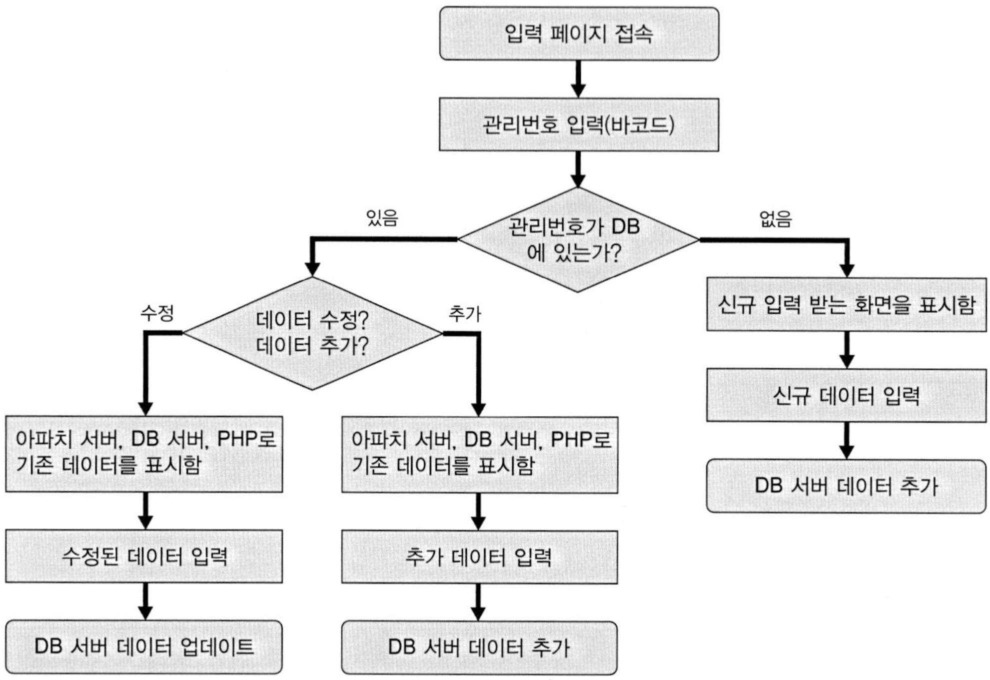

그림 3.15 데이터 입력 순서도

생산공정별로 작업 수량을 입력하거나, 품질 검사를 수행한 결과를 입력하고 관리하는 웹페이지가 필요하다. 신규 데이터를 입력하거나, 기존에 입력된 데이터를 수정하는 경우가 있으므로 이 2가지 경우를 고려하여 웹페이지를 제작해야 하고 데이터가 수정이나 변경이 되었을 때 DB서버에 정확하게 변경내용을 저장해야 한다. 제조 현장에서는 주로 작업지시서 혹은 공정관리표를 기준으로 작업물을 관리하는 것이 일반적인데 작업지시서에 부여된 관리번호를 기준으로 공정과 데이터를 관리하는 것이 관리가 쉬우므로 관리번호를 기준으로 입출력 구조를 만드는 것이 좋다.

웹페이지에 접속하면 먼저 관리번호를 입력한다. 작업지시서에 관리번호를 바코드로 프린트해 놓으면 이후 입력할 때 바코드 리더로 스캔하여 편리하게 작업을 할 수 있다. 웹페이지는 관리번호를 입력하면 PHP를 이용해서 DB 서버에 해당 관리번호가 등록되어 있는지를 확인한다. 관리번호 발행 이후 데이터가 입력된 적이 없는 관리번호일 경우에는 관리번호를 DB 서버 테이블에 추가하고 공정 데이터를 입력받으면 된다.

만약 이전에 수행한 공정에서 데이터가 입력되었던 관리번호일 경우에 수정 또는 데이터를 추가하도록 관리해야 한다. 데이터 수정작업은 이미 관리번호로 데이터를 입력하였으나, 데이터가 잘 못 되었을 때 올바른 데이터로 변경해주는 작업이다. 데이터 추가의 경우에는 관리번호를 기준으로 한번 데이터가 입력되었는데, 여러 가지 사정으로 동일 공정 데이터를 추가로 입력해야 하는 경우가 있다. 예를 들면 생산공정의 샘플검사 기준이 초물, 중물, 말물에 걸쳐서 3회 검사 데이터를 입력하는 공정에서 초물, 중물 샘플검사를 하고 데이터를 이미 기록하였는데, 갑자기 발생한 설비 고장을 수리하고 생산을 다시 시작할 때는 추가로 샘플검사를 해야하기 때문에 같은 관리번호로 검사 데이터를 추가로 입력하는 방식으로 설비 수리 후 품질 상황을 기록한다.

이렇게 추가 데이터가 있으면, 생산 당시에 설비 고장이 있었음을 알 수 있고, 설비 고장 전 데이터와 수리 후 데이터를 비교하는 등으로 품질 문제가 없는지 확인 가능하다. 다른 예로는 생산 중인 제품이 다음 공정으로 넘어갔다가 문제가 발생하여 이전 공정으로 다시 돌아왔을 때 샘플검사를 다시 하는 경우 등과 같이 동일한 관리번호에 공정 데이터를 여러 번 입력해야 하는 경우가 있어서 이러한 입력에 대응할 수 있도록 웹페이지를 제작하여야 한다.

3) 필요 요소

서버: 아파치 웹서버, DB 서버(MariaDB)

웹 프로그램: PHP

4) DB 테이블 구성: (출고검사 테이블)

표 3.2 출고검사 결과 입력 DB 테이블

항목	데이터 형식
일련번호(DB 서버 내부용)	정수(자동증가)
관리번호	문자열
공정 이름	문자열
검사 일시	날짜시간(DateTime)
검사 수량	정수
작업자	문자열
불량처리 확인자	문자열
용량 불량 수량	정수
손실 불량 수량	정수
기포 불량 수량	정수
센터 불량 수량	정수
내경 불량 수량	정수
마크 불량 수량	정수
케이스 불량 수량	정수
에폭시 불량 수량	정수
기타 불량 수량	정수
기타 정보	문자열

5) 구현 화면

그림 3.16을 보면 출고검사 입력 웹페이지의 화면은 3개의 영역으로 분리된다. 첫 번째 영역은 관리번호를 입력하여 검색 결과를 표시하는 영역으로 데이터가 검색되면 스펙, 수량, 작업 날짜, 작업자 등이 표시된다. 이 데이터는 관리번호를 생성할 때 입력되는 데이터이므로 관리번호가 있으면 관리번호를 생성할 때 사용한 데이터도 반드시 DB 서버에 저장되어 있다. 두 번째 영역은 출고검사 결과를 입력하는 영역으로 기존에 입력된 데이터가 없는 경우에는 수량이 0으로 표시되고, 작업자가 수량을 입력할

수 있으며, 기존 데이터가 있을 때는 기존 데이터를 표시하는데, 값이 변경되었을 때는 수정할 수 있도록 한다. 마지막 영역은 [DB 수정] 버튼으로 새로 입력한 데이터를 DB 서버에 새로 기록하거나, 수정하는 기능을 한다. [DB 추가] 버튼은 검사결과를 DB 서버에 추가로 저장할 수 있는 기능이다. [DB 수정] 버튼을 입력하면 해당 관리번호에 대한 출고검사 데이터가 1개만 존재하지만, [DB 추가] 버튼으로 데이터를 입력하면 관리번호 1개에 출고검사 데이터가 2개 이상 존재할 수 있다.

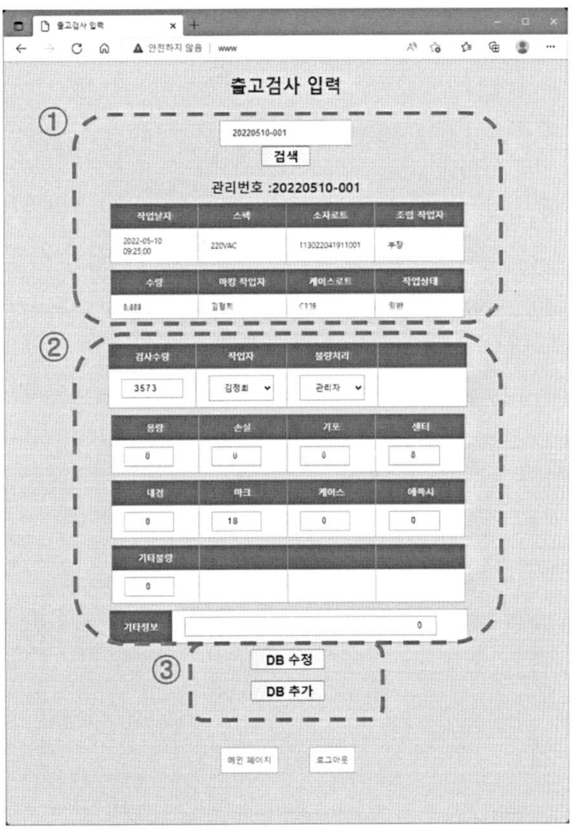

그림 3.16 출고검사 결과 입력 화면

3.7.3 웹을 이용한 데이터 출력(공정 진행 상황)

1) 목적

웹 브라우저를 이용하여 현재 생산 공정상에 있는 제품의 수량 및 불량률을 한 화면에 확인할 수 있도록 제공하고, 이 데이터를 기반으로 관리자가 생산 계획을 수립할 수 있도록 돕는다.

2) 개념설계

공정 진행 상황을 표시하는 웹페이지의 개념은 간단한 편이다. 각 공정에서 작업지시서의 관리번호 바코드와 생산 현황을 입력한 DB 서버에 접속하여 해당 날짜의 해당 스펙별로 작업 수량을 취합하고, 불량률을 계산하여 화면에 표시해 주는 작업을 수행한다. 이 웹페이지가 제공하는 장점은 사용자가 지정한 날짜를 바탕으로 각 공정별 테이블에서 관리번호 및 작업 수량, 불량 수량의 정보를 얻어 오거나 관리번호 기준으로 작업지시서 DB 테이블에서 스펙 및 로트 등의 정보를 얻어와서 데이터를 보기 쉽게 취합하는 것이다. 직접 스마트 팩토리 기능을 구현할 때의 장점은 담당자가 원하는 데이터를 원하는 방식으로 정리해서 볼 수 있다는 것이다. 이 웹페이지에서도 담당자가 업무에 필요한 데이터를 담당자가 원하는 방식으로 볼 수 있어서 적응 기간 없이 바로 업무에 적용할 수 있었다.

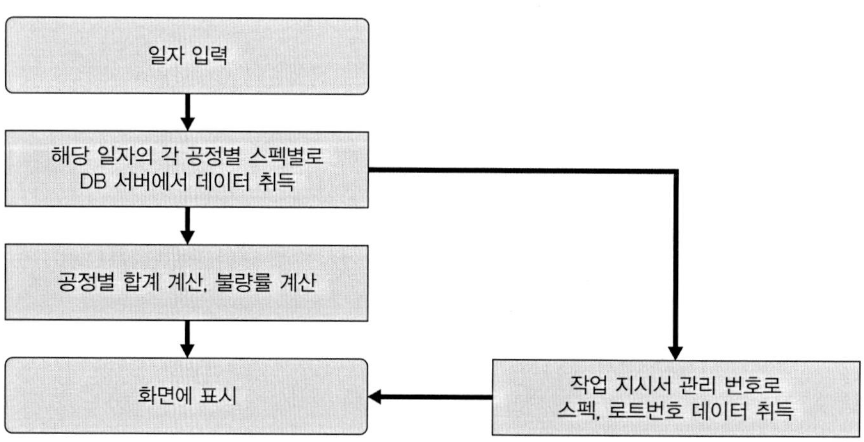

그림 3.17 DB 서버 데이터 출력 순서도

3) 필요 요소

서버: 아파치 웹서버, DB 서버(MariaDB)

웹 프로그램: PHP 프로그램

4) DB 테이블 구성: (각 공정별 DB 테이블)

표 3.3 공정별 데이터 DB 서버 테이블

항목	데이터 형식
일련번호(DB 서버 내부용)	정수(자동증가)
관리번호	문자열
일시	날짜시간(Date Time)
작업 수량	정수
작업자	문자열
불량수량(불량 특성 별 분리 저장 가능)	정수

5) 구현 화면

그림 3.18 데이터 출력 화면

그림 3.18에서 웹페이지 화면은 2개 영역으로 구분된다. 먼저 ①영역은 원하는 날짜를 선택하고 검색 버튼을 배치한 입력 부분과 ②영역은 입력 부분에서 지정한 날짜의 데이터를 화면에 표시해 주는 출력 영역으로 화면에 데이터를 표시할 때는 사용자가 현재 상황을 쉽고 빠르게 파악할 수 있도록 분류하여 핵심 데이터만 표시한다. 이 화면에서는 대표적인 공정 5개에서 작업한 수량을 큰 글씨로 표시하고, 그 아래에 생산 스펙 별로 다시 분류하여 표시하였다. 작업 중에 불량이 발생하거나 손실이 발생하는 경우가 있으므로 생산공정과 검사 공정에 모두 불량률을 포함하여 표시하였다. 불량률은 불량 수량을 입력할 때 서버에서 자동으로 계산하여 저장되어 불량률을 매번 계산하지 않는다. 복잡한 계산은 아니지만, 웹페이지를 호출할 때 매번 계산하는 방식은 DB 서버에 추가적인 부하를 주게 되기 때문에 계산한 결과를 저장해 놓는 방식으로 구현하였다.

3.7.4 애플리케이션을 활용한 데이터 입력(전수검사 데이터 수집)

1) 목적

전수검사를 수행하는 제품의 경우에 검사 결과를 모두 기록해 놓으면 생산 제품의 특성을 파악하여 품질 관리를 하는 데 유용하게 사용할 수 있다. 만에 하나 로트에서 불량이 발생하더라도 전수검사 된 백업 데이터를 보유하고 있으면 해당 불량이 단품 불량인지 로트 불량인지를 증빙하는 데에도 유용하게 사용할 수 있어 소중한 데이터이기 때문에 효율적인 수집/보관/분석이 가능하도록 관리하여야 한다.

2) 개념설계

전수검사의 특성 결과를 단순하게 저장하는 기능뿐만 아니라 전수검사 작업자의 업무를 소프트웨어로 보조하는 기능과 생산 로트 관리를 위한 기능을 추가하여 종합적으로 전수검사 및 품질 관리 업무에 사용하는 애플리케이션으로 구현한다. 구현하는 기능은 아래와 같고 기능마다 개념설계를 따로 설명한다.

- 검사 설비에서 계측한 특성치를 받아 DB 서버에 저장
- 제품 검사 표준을 DB 서버에서 얻어와 현재 검사 설비 세팅 확인

- 작업지시서 바코드, 임시 보관함 QR코드 스캔 기능
- 양품/불량 판정 표시 및 검사 특성값 통계 결과 표출
- 완제품 출고용 박스에 부착하는 QR코드 프린트 기능

기능 1: 검사 결과를 DB에 저장

전수 검사를 하는 동안 계측 장비에서 출력되는 제품 검사 결과를 노트북 컴퓨터로 받아서 DB 서버에 저장한다. DB 서버에 저장할 때는 품질 관리하는 2개 항목인 용량과 손실값 이외에도 용량 오차, 스펙, 검사 설비 번호, 검사한 시간, 포장 박스 관리번호, 작업자, 케이스 로트 번호, 생산 관리번호 등의 추가 정보도 저장한다. 추가적인 데이터가 많아서 DB 서버의 저장 용량이 늘어나는 단점은 있지만, 품질 분석이나 생산성 분석 등을 수행할 때 더 효율적이므로 추가 데이터까지 저장하는 방식으로 결정하였다.

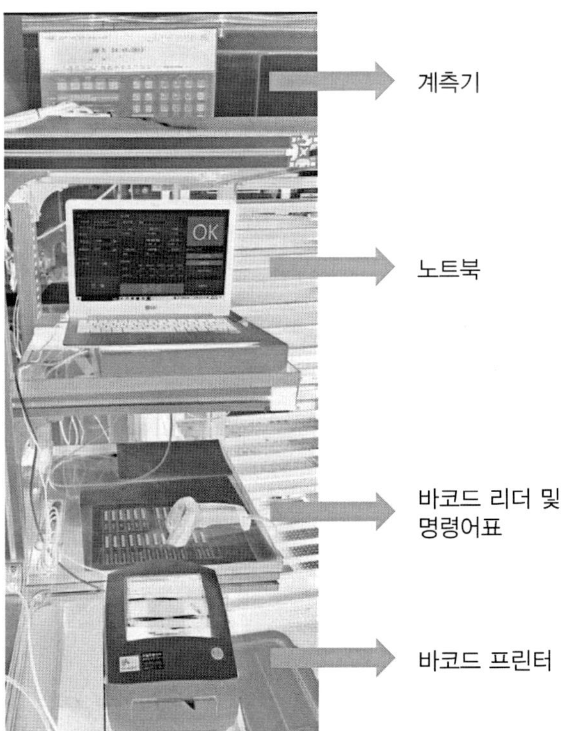

그림 3.19 전수검사 데이터 수집 시스템

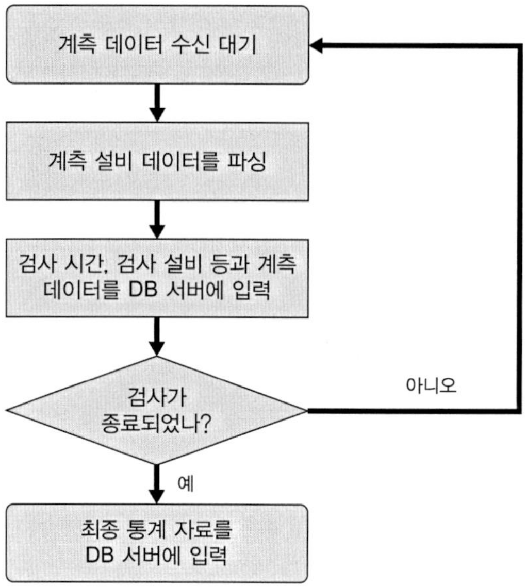

그림 3.20 전수검사 데이터 수집 순서도

검사 데이터 수집 애플리케이션은 실시간으로 들어오는 계측 설비의 데이터를 DB 서버에 입력하기 위해서 애플리케이션 시작 후에는 대기상태로 있으면서 RS-232C 통신 포트(직렬통신 포트)로 데이터가 들어오는지를 확인한다. RS-232C 통신포트로 들어온 데이터는 여러 정보가 혼합된 형태이므로 원하는 데이터를 추출하려면 전체 데이터에서 필요한 부분을 잘라내어 활용해야 한다. 이렇게 데이터 뭉치에서 원하는 데이터를 추출하고 형식을 변경하는 등의 작업을 파싱(Parsing)이라고 한다. 제작한 애플리케이션에서는 계측기에서 들어온 데이터를 파싱하여 계측결과 데이터를 확보하고 그 외에도 현재 시각과 검사 설비 번호, 로트 번호, 계측 설비의 세팅 수치 등의 데이터를 DB 서버에 자동으로 입력하는 작업을 수행한다. 프로그램 종료할 때는 최종적인 통계자료를 DB 서버에 저장한 후 종료하여 이후에도 통계자료를 쉽게 사용할 수 있게 한다.

필요 요소

서버: DB 서버(MariaDB)

애플리케이션 프로그램 언어: 마이크로소프트 C#

DB 테이블 구성: (각 공정별 DB 테이블)

표 3.4 전수검사 데이터 테이블

항목	데이터 형식
일련번호(DB 서버 내부용)	정수(자동증가)
스펙	문자열
검사 일시	날짜-시간
검사 설비	문자열
검사 차수	문자열
특성#1	더블(부동소수점 8byte)
특성#2	더블(부동소수점 8byte)
포장박스 QR코드	문자열
케이스 로트	문자열
제품 관리번호	문자열

구현 화면

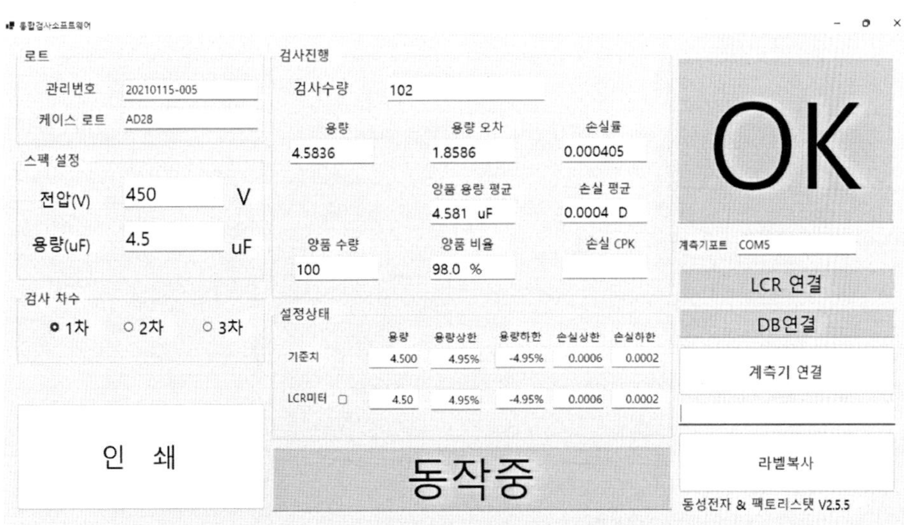

그림 3.21 전수검사 데이터 수집 애플리케이션 화면

그림 3.21의 구현 화면은 현재 검사하고 있는 제품 스펙을 표시하고 검사한 특성 결과를 보여 주며, 양품인지 불량인지를 표시하는 부분이 크고 눈에 잘 들어오도록 만들었다. 계측 장비, DB 서버 등과 연결이 잘되어 있는지 표시하는 부분과 동작 중을 표시하는 화면 역시 크기를 키워서 작업자가 쉽게 확인할 수 있도록 하였다.

기능 2: 검사 장비 세팅 확인

작업자는 검사 설비를 작업 스펙에 맞추어서 설정 한 후에 작업을 시작하여야 하나, 실수로 이전 설정을 그대로 유지하거나, 다른 스펙의 설정을 입력하여 문제가 발생하는 경우가 있다. 이런 문제를 방지하기 위해서 작업지시서 등의 바코드를 스캔하면 DB 서버에서 제품에 맞는 검사 기준을 받아서 현재 검사 장비에 설정된 세팅과 비교하여 차이가 있을 때는 알림 표시를 하여 작업자가 검사 기준을 준수하여 검사하도록 한다.

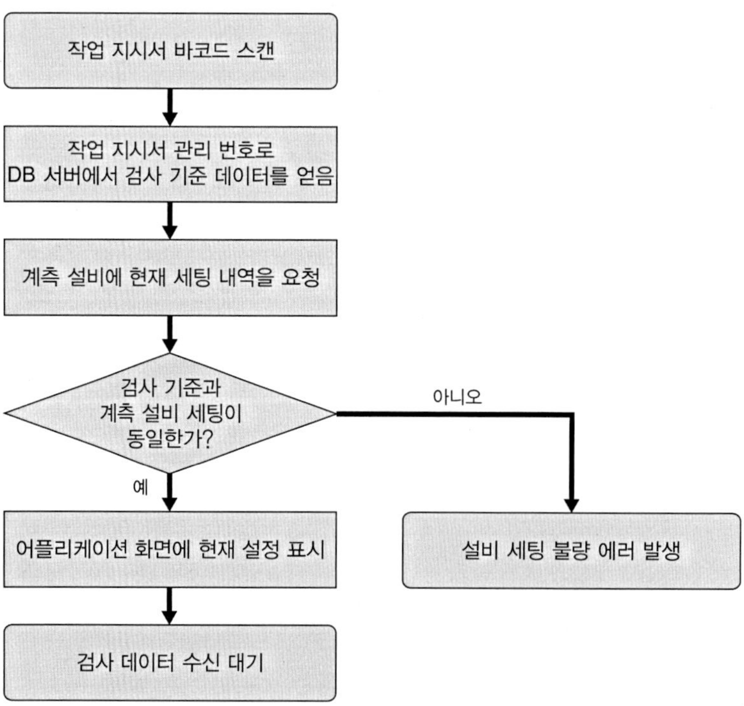

그림 3.22 바코드와 검사장비 세팅 비교 작업 순서도

다품종을 생산하는 경우 품종(스펙)에 따른 검사 기준이 많아서 검사 단계에서 작업자가 검사 기준을 잘못 설정하여 불량이 발생하는 경우가 있다. 양품이 불량으로 처리되는 경우는 작업 시간 손실 정도만 발생하지만, 반대로 불량으로 판정해야 하는 제품이 양품 판정받아서 고객사로 출고되는 상황이 발생하면 큰 문제가 된다. 또한 작업자가 임의로 검사 기준을 변경하는 일도 있어서 이러한 상황이 발생하지 않도록 방지기능을 애플리케이션이 제공해야 한다. 작업지시서의 바코드를 스캔하면 관리번호를 기준으로 DB 서버에서 검사 기준을 얻어오고 현재 계측 설비의 세팅 상태와 비교하여 문제가 없을 때는 화면에 설정치를 표시하고 검사 설비 데이터를 수신 대기 단계로 전환한다. 검사 기준과 계측기 설정치가 다르면 알람을 발생하여 검사 기준을 준수하게 하는 기능을 구현한다.

구현 화면

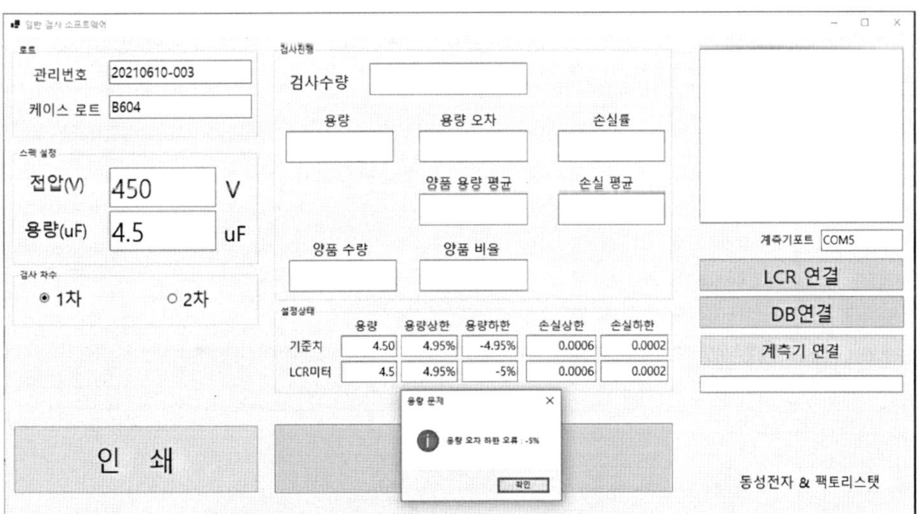

그림 3.23 검사 표준과 검사 장비 설정 확인 화면

기능 3: 바코드, QR코드 스캔 기능

관리번호를 이용하여서 생산 관리를 하여 작업의 진행 정도나 품질 관리 등을 수준 높게 실행할 수 있다. 관리번호를 사용하기 위해서 매번 직접 입력하는 것은 효율성이

떨어지기 때문에 바코드나 QR코드를 활용하도록 현장에 적용하는 것이 좋다. 이렇게 작업지시서의 바코드, 배치 바코드, 임시 보관함의 QR코드 등을 스캔하여 DB 서버 데이터를 검색하고 활용한다.

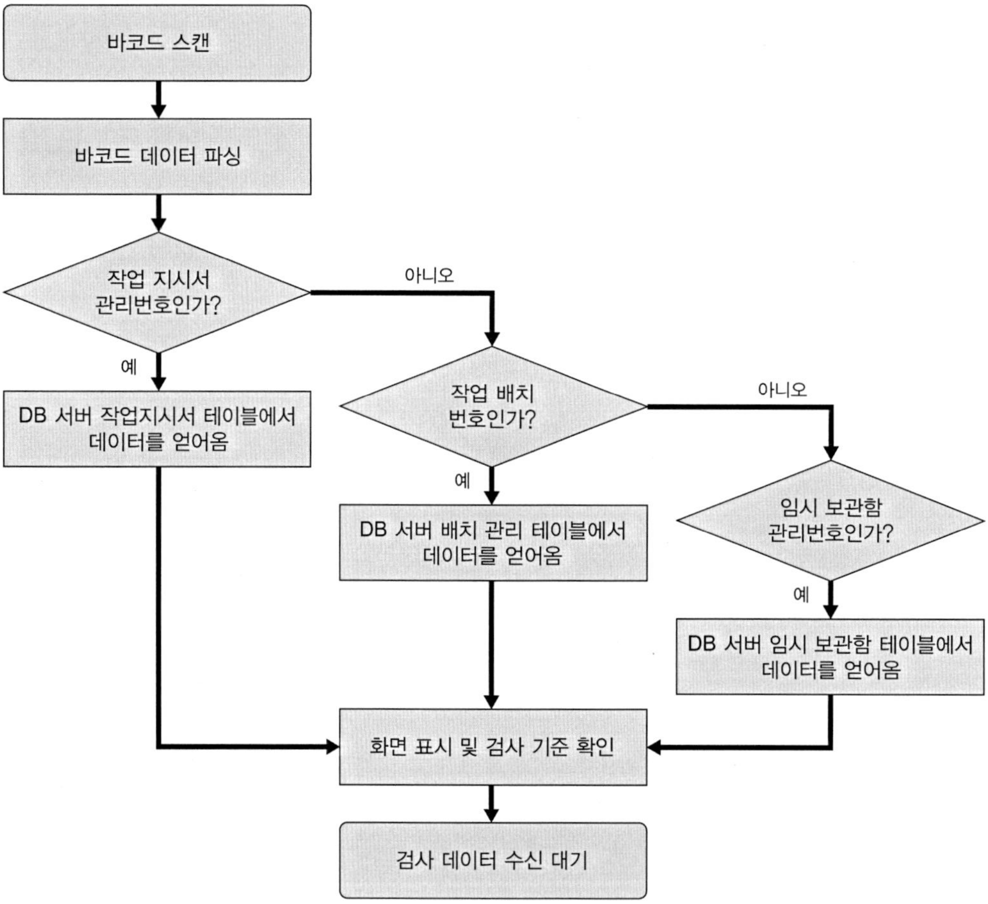

그림 3.24 바코드 입력 처리 순서도

전수검사 공정에서 일반적으로는 작업지시서의 관리번호를 기준으로 작업을 진행하는 것이 표준적인 방법이지만, 때에 따라서는 같은 작업지시서 관리번호 하위에 배치(Batch) 관리 번호가 추가되는 때도 있고, 다음 공정으로 이동할 때 공정간 이송용 대차를 사용해서 임시로 보관하였다가 작업에 투입되는 경우가 있어서 나중에 작업을 시행할 때는 임시 보관 상자 관리번호를 이용해 보관된 제품 정보를 관리하는 방법을 사용할 수도 있는데 각 관리번호는 상호참조 된다.

이런 경우에 바코드에 기록되는 데이터를 상황에 맞게 구분하여 생성하면 DB 서버에서 관리하기에도 편리하고, 사람이 확인할 때도 쉽게 내용을 이해할 수 있는 장점이 있다. 저자의 회사에서 사용하는 관리번호는 아래 표와 같다. 작업별 관리번호로 테이블을 분리해서 운영하기 때문에 검색이 빠르고 테이블 크기를 적절한 크기에서 유지할 수 있다.

표 3.5 작업별 관리번호 구분

구분	관리번호	설명
작업지시서 관리번호	PRDT********_***	작업지시서를 나타내는 PRDT와 숫자 8자리+3자리로 관리
배치 관리번호	***************	숫자만으로 구성된 15자리 번호
임시 보관함 관리번호	YB*****	임시보관함을 나타내는 YB와 숫자 5자리

구현 화면

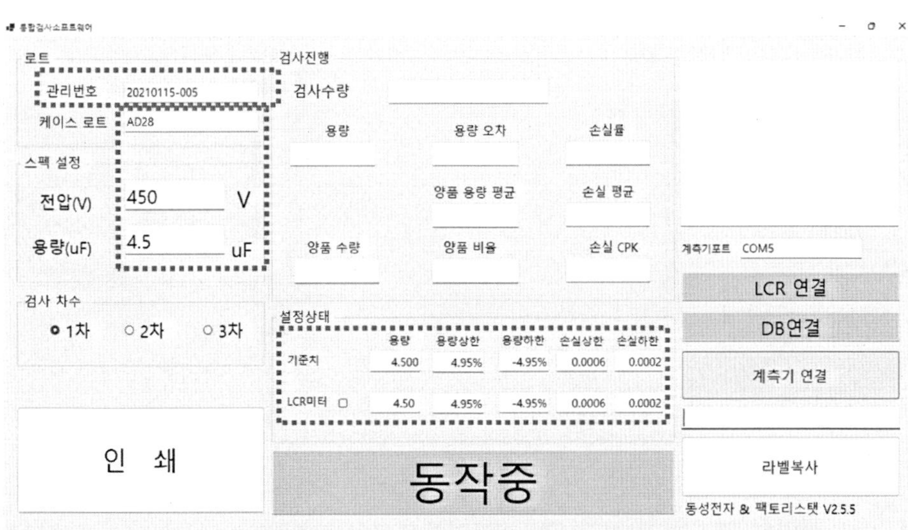

그림 3.25 관리번호 기반 작업 기준 관리 화면

그림 3.25에서 보이듯 관리번호를 바코드 리더로 스캔하면 관리번호를 DB 서버에서 검색하여서 스펙을 자동으로 표시하고, 앞에서 설명한 것과 같이 스펙별 검사 기준을 애플리케이션에 적용하여 현재 검사 설비의 세팅이 검사 기준에 부합하는지를 확인한다.

기능 4: 양부 판정 및 특성 표시 등

DB 서버에서 얻어온 검사 기준과 검사 설비에서 측정된 데이터를 비교하여 양부(양품과 부적합품) 판정하고 화면에 표시한다. 검사한 결과에 대한 통계 결과를 화면에 표시한다.

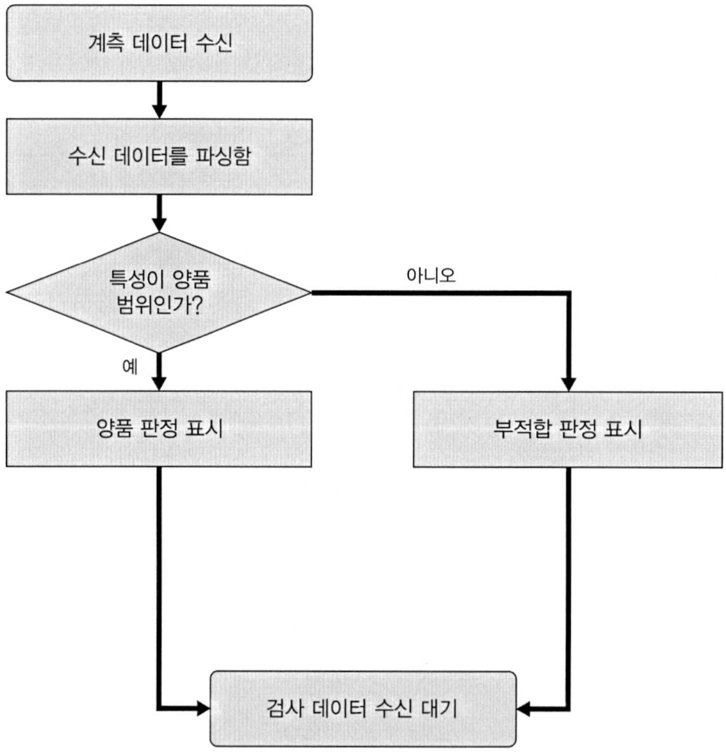

그림 3.26 양부판정 순서도

특성 검사 설비는 제품의 전기적 특성을 측정하여 양품/불량품을 판별하여 불량품을 제거하는 방식으로 동작하는데, 과거 제작 당시에는 네트워크 연결이나, DB 서버 연결 등을 고려하지 못해서 검사 설비가 단독으로 동작하도록 제작된 설비이다. 소프트웨어 애플리케이션을 기존 설비에 추가하여 계측 장비가 측정한 특성을 데이터를 전송하면 DB 서버에 있는 검사 기준에 따라 양품/불량품을 판단하여 화면에 판정 결과를 표시하고, 양품과 불량품의 수량 및 특성 평균값을 화면에 표시한다. 양품/불량 판정과 수량이 표시되고, 특성 평균값이 표시되어서 현재 검사하고 있는 배치의 품질 특성을 작업자가 한눈에 알아볼 수 있어서 제품의 특성 문제를 빨리 발견하고 대처할 수 있도록 지원해준다.

구현 화면

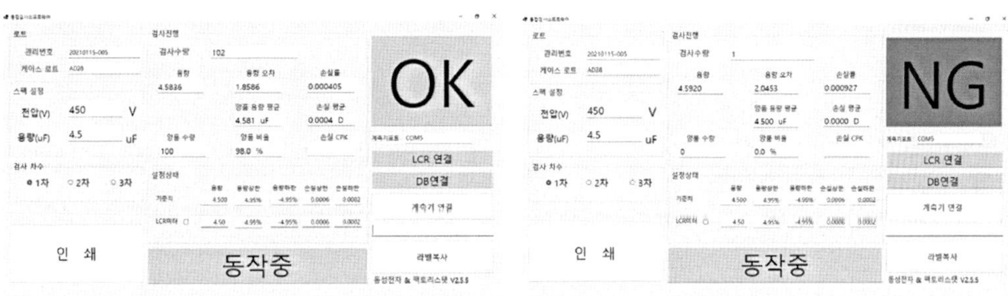

그림 3.27 양부판정 화면

기능 5: 출고용 박스 부착 QR코드 출력

납품할 때 사용하는 출고용 박스에 부착하는 QR코드를 출력하고, QR코드를 바탕으로 창고 입출고 관리 및 박스 내부에 포함된 제품의 특성을 확인할 수 있도록 한다.

제품 출고용 종이 박스는 검사 후 양품을 바로 박스 포장하는데 사용한다. 최종 검사자는 포장 박스 1개마다 스펙, 검사 시간, 설비 번호 등의 정보가 들어간 QR코드를 프린트하여 부착한다. 이렇게 QR코드를 박스마다 부착하면 박스에 포장된 제품의 성적서를 출력하기도 편리하고, 입출고할 때도 바코드 스캔으로 재고관리 업무를 할 수 있어서 입출고 작업 시에 효율성을 높일 수 있다. QR코드를 스티커에 프린트할 수 있는 라벨 프린터는 여러 회사에서 판매하지만, 저자는 제브라(Zebra)에서 나온 제품을 적

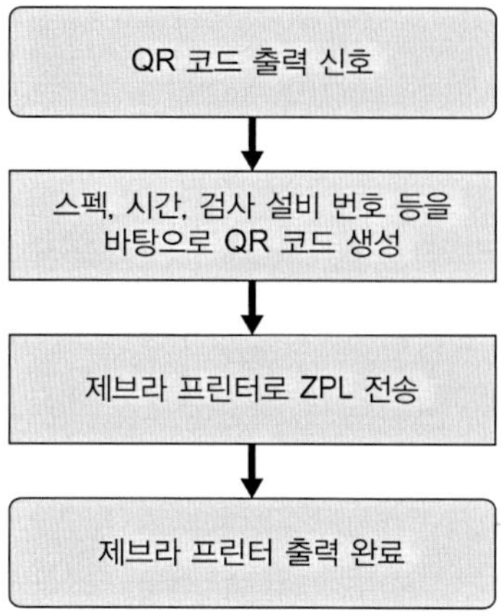

그림 3.28 바코드 출력 순서도

용하였다, 가격과 내구성이 좋고 ZPL(Zebra Programing Language)라는 프린터 제어 언어가 있어서 손쉽게 선명한 QR코드 스티커를 만들 수 있는 장점이 있다.

그림 3.29 바코드 출력(관리번호와 스펙)

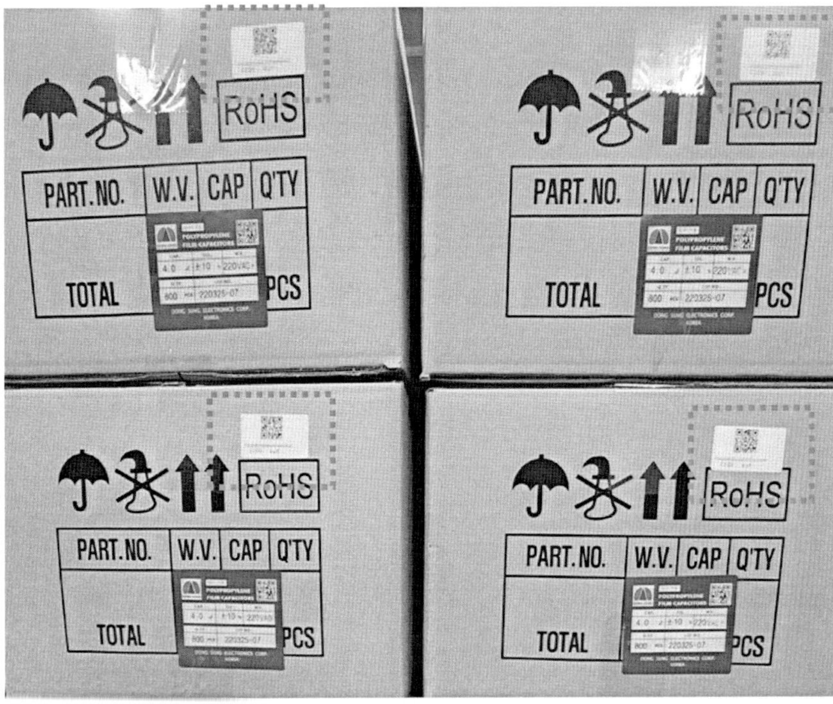

그림 3.30 포장 박스에 부착한 관리용 QR코드

3.7.5 애플리케이션을 이용한 데이터 입출력(작업지시서 작성)

1) 목적

작업지시서를 발급할 때 DB 서버에 자료를 저장하고, 작업내용에 맞는 원자재, 작업 기준, 검사 기준을 명기한 작업지시서를 프린트하여 제조 공정상에서 작업자가 혼동하지 않도록 한다. 작업지시서 작성과 이용을 쉽게 하려면 바코드를 적극적으로 이용한다.

2) 개념 설계

작업지시서 작성은 그림 3.31과 같은 순서로 진행된다. 제품 제조 공정은 작업지시서를 발급하는 것으로 생산이 시작되므로 제조 공정이 스마트 팩토리에 적합하게 데이터화 하려면 작업지시서의 발급부터 DB 서버와 연계되어 기록하고 이 작업지시에 따라서 제조 공정을 진행 및 관리하는 내용이 DB 서버에 저장되어야 한다. 작업지시서를 발급할 때는 먼저 DB 서버에서 동일한 내용의 작업지시서가 있는지 확인하고, 신규 작업지시서면 DB 서버에 내용을 저장하고, 작업지시서 포맷에 맞추어서 원자재, 작업기준, 검사 기준 등을 추가하여 인쇄한다. 기존에 저장된 작업지시서의 경우에는 새로 입력된 데이터와 기존 데이터를 비교하여 변화된 내용을 업데이트하여 출력한다. DB 서버에 저장된 생산 스펙별 생산공정 기준, 검사 기준 등을 작업지시서에 프린트하여 작업자의 실수를 미리 방지하고, 품질을 유지할 수 있도록 한다.

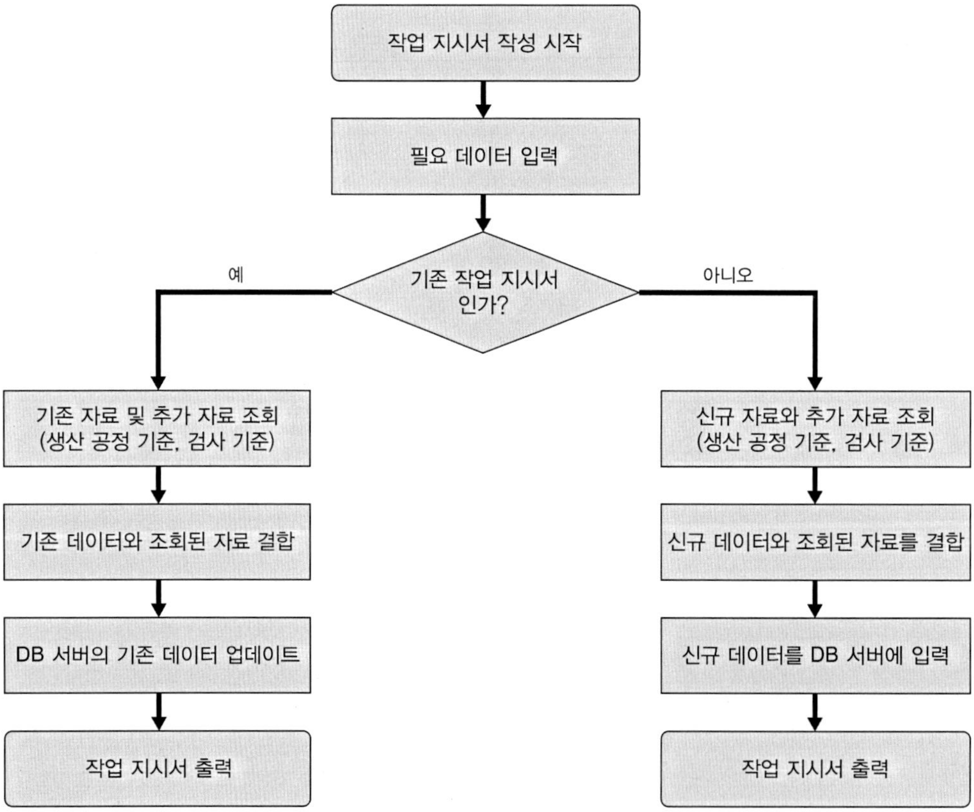

그림 3.31 작업 지시서 출력 순서도

3) 필요 요소

서버: DB 서버(MariaDB)

애플리케이션: 마이크로소프트 C# 비주얼 스튜디오

바코드 리더: 제브라(Zebra) DS-2208, DS-4308

자동 양면 프린터

4) DB 테이블 구성

표 3.6 작업 지시서 관리 DB 서버 테이블

항목	데이터 형식
일련번호(DB 서버 내부용)	정수(자동증가)
발급 일시	날짜-시간
작업지시서 일련번호	문자열
스펙	문자열
모델 코드	문자열
조립 작업자	문자열
생산 수량	정수
소자 배치 일련 번호	문자열
케이스 로트	문자열
마킹 작업자	문자열
생산 상황	문자열
기타 정보	문자열

5) 구현 화면

제작된 애플리케이션은 그림 3.32와 같은 모양을 가진다. 먼저 스펙을 입력하고, 소자의 배치 번호를 바코드로 입력하고 작업자, 투입 수량, 마킹 작업자, 케이스 로트 등을 입력할 수 있으며, 부득이한 경우에 원자재 배치를 나누어서 생산하거나, 케이스 로트(케이스에 인쇄되는 로트)를 나누어서 생산하는 등의 특징을 입력할 수 있게 되어 있다. 검색과 수정 기능도 있어서 날짜별로 생성한 작업지시서를 검색하여 수정할 수 있다.

소자 로트(배치: batch)와 케이스 로트와의 관계를 설정해야 하는데, 저자의 회사에서 생산하는 제품 생산 과정은 크게 나누어서 소자 생산, 리드 와이어 용접, 케이스 삽입,

에폭시 레진으로 밀봉하는 단계를 거쳐서 생산하는 방식이다. 가장 핵심이 되는 부품이 바로 소자인데 이 소자를 생산하는 과정에서 생산설비와 생산일시 별로 배치 번호를 발급하고, 원자재 로트 변경 시에도 배치 번호를 나누어 적용한다. 이렇게 나누어서 관리해야 생산설비의 문제가 생기거나, 원자재의 문제가 발생하였을 때 추적과 관리가 쉽기 때문이다. 케이스에 인쇄되는 로트의 경우에는 한 스펙 제품을 일주일간 생산하는 수량으로 관리하고 있다. 케이스 인쇄 로트가 적용되는 수량을 더 작게 운용하면 관리상 좋은 점이 많지만, 잉크 패드 인쇄 방식으로 인쇄하는 특성상 적절한 수량을 결정하여 적용한다.

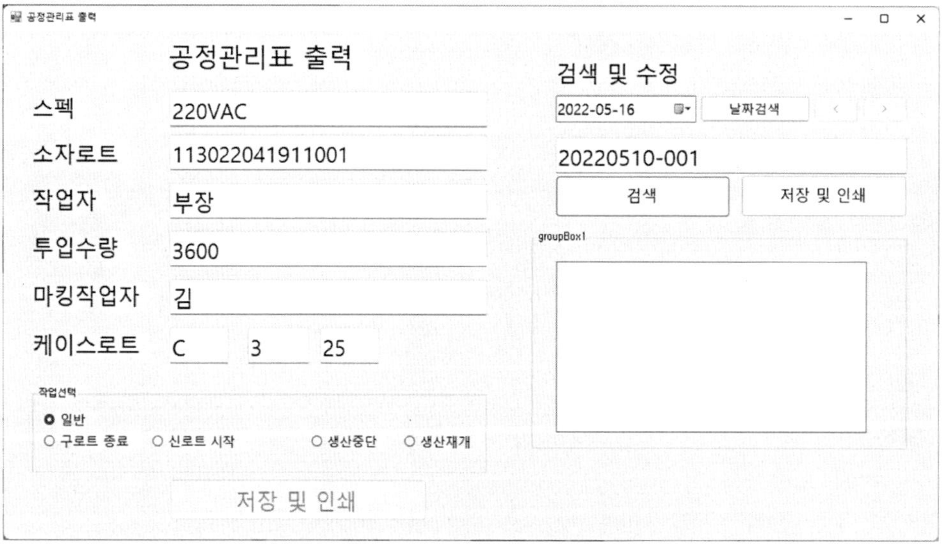

그림 3.32 작업지시서 출력 화면

작업지시서 발급에는 태블릿형 컴퓨터를 사용하는데 바코드 리더를 연결하여 키보드로 입력하는 대신 필요한 동작을 바코드로 읽어서 입력하는 것만으로도 작업지시서 발급이 가능하다. 키보드로 입력하는 것은 생산 수량만 키보드를 이용하여 입력한다. 바코드 리더로 사용한 것은 제브라(Zebra) 사의 DS-2208과 DS-4208 기종을 사용하였다. 제브라의 바코드 리더는 저렴하고, 인식률이 높고, 동작 속도가 빠른 강점이 있다. 특히 촘촘하게 배치된 여러 개의 바코드 중에서 원하는 바코드를 스캔할 때도 정확하게 동작하여 작업성을 높게 유지할 수 있다. 키엔스(Keyence)사의 산업용 바코드 리더인 HR-100도 적용해보았으나, 키엔스 제품은 넓은 면적을 스캔하는 기능으로 특화 되어 있어서 여러 가지 정보를 입력하기 위해 바코드가 촘촘히 많이 있는 경우(예: 마트 계산대에서 할인 품목 바코드 모음 형태)에는 사용이 불편하다. 그림 3.33에서 보이듯 A4 사이즈 종이에 여러 가지 정보를 포함한 바코드를 인쇄하여 사용할 때는 제브라 제품이 더 적합하였다.

작업지시서는 앞뒷면을 모두 사용하도록 만들어져 있어서 프린터를 자동 양면인쇄가 가능한 프린터로 사용하였다. 초기에는 레이저 프린터를 사용하였으나, 폐토너 통 교체 및 토너 비용 문제로 잉크젯 프린터로 바꾸었고, 잉크젯 프린터로 인쇄 품질과 비용면에서 만족스러운 결과를 얻었다. 최근 잉크젯 프린터는 물에 잘 번지지도 않고, 바코드 인쇄 품질도 충분히 잘 나온다. 정품 잉크를 사용하더라도 레이저 프린터의 재생 토너보다 훨씬 저렴하고 다른 소모품 비용도 거의 없어서 3년간 유용하게 사용하

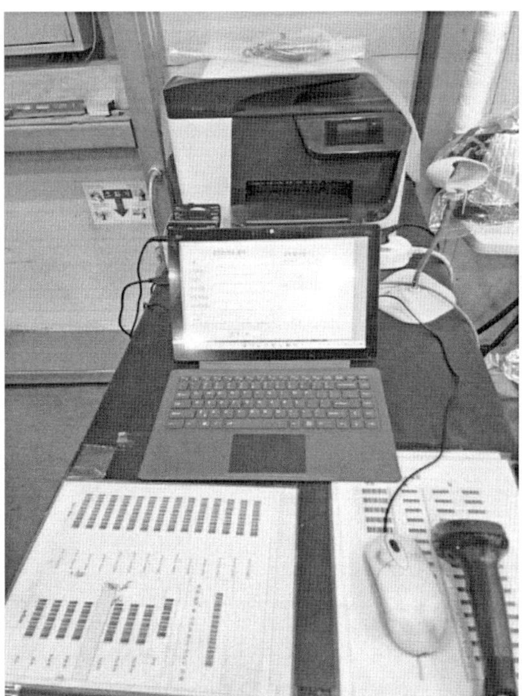

그림 3.33 작업 지시서 출력 하드웨어 구성

는 중이다. 1년에 약 6천 페이지 정도 사용하는데 잉크는 1년에 1~2회 정도 교체로 충분하며 매일 작업지시서를 프린트하므로 잉크젯 프린터의 약점인 잉크가 막히는 일 없이 잘 동작하고 있다. 최근에는 정품 무한잉크 프린터가 많이 출시 되고 있어서 이를 이용하면 소모품 비용을 더 줄일 수 있다.

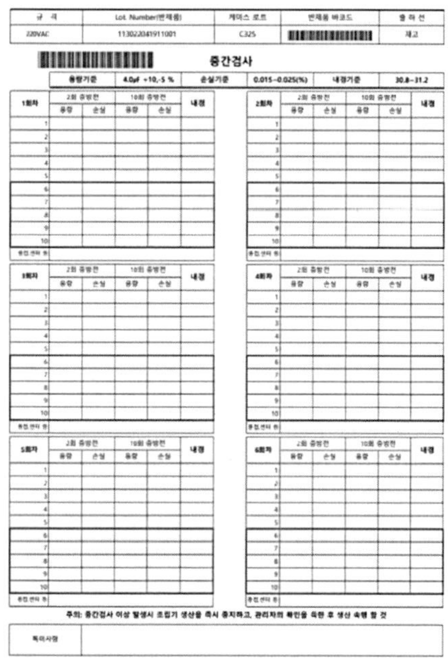

그림 3.34 작업 지시서 형식

이렇게 발행하는 작업지시서의 특징은 발행 내용이 DB 서버에 즉시 저장된다는 것이다. 제품 스펙, 수량, 작업을 지시한 사람 등의 정보가 DB 서버에 저장되어 언제라도 검색, 확인, 이용할 수 있으며 설비에 설정된 값을 작업 표준과 비교하여 정확한 동작을 하도록 전산 관리할 수 있다. 두 번째 장점은 스펙에 맞는 작업기준을 작업지시서에 표기할 수 있다는 것이다. 과거에는 작업지시서를 옵셋인쇄로 인쇄하여 적절한 작업기준을 수기로 마크하여 사용하였는데, 수기로 마크 할 경우에 작업자 실수로 문제가 발생할 수 있는 반면, DB 서버로 전산 관리할 경우에는 오류 발생을 방지할 수 있는 장점이 있다. 스마트 팩토리와 공장자동화의 첫 번째 단계로 작업지시서의 전산화를 적용하는 것도 효과적인 방법이다.

3.7.6 전수검사 자동 통계 애플리케이션(DB 서버 자료 통계)

1) 목적

전수검사에서 자동으로 수집되는 제품 품질 데이터로 통계적 분석을 정기적으로 수행하여 현재 생산되는 제품의 현황을 파악할 수 있다. 정기적으로 통계 연산을 수행한 결과는 새로운 테이블에 저장하여서 추후 품질 개선 작업 등을 수행할 때 활용할 수 있다.

2) 개념설계

DB 서버의 제품 스펙별로 전수검사 데이터가 저장된 테이블을 순환하면서 당일 검사한 데이터가 있으면 당일 검사 내용에 대해서 통계처리 한다. 검사는 용량값과 손실

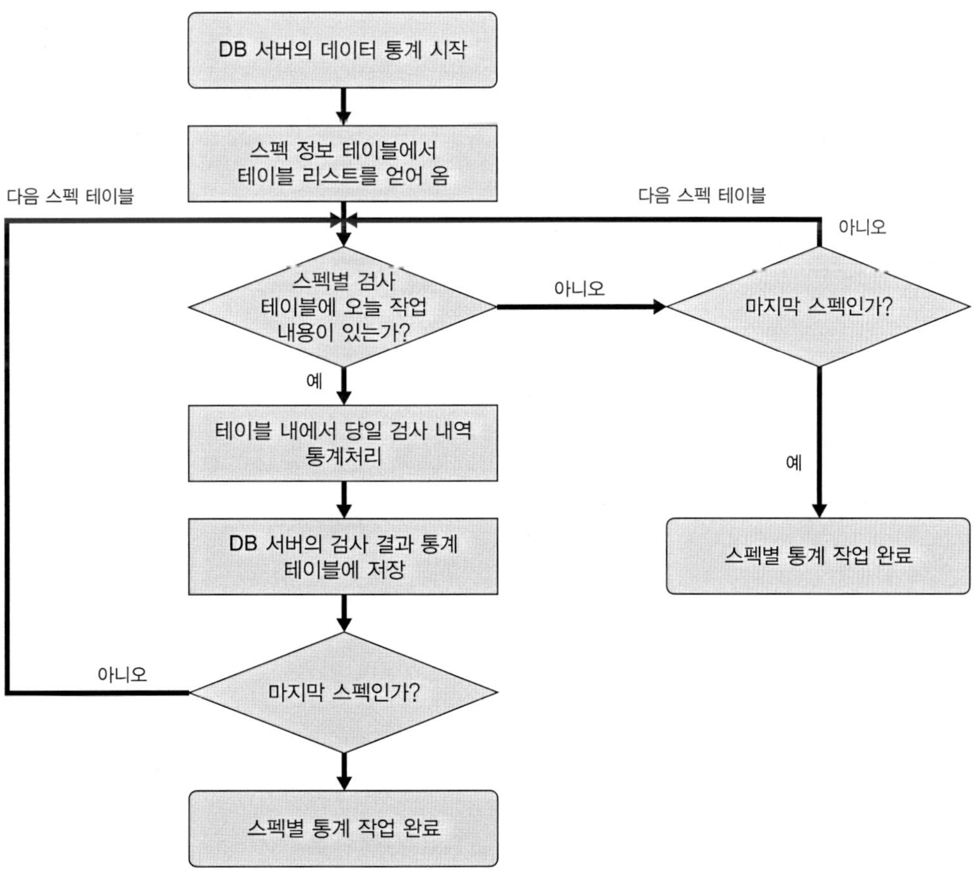

그림 3.35 전수검사 통계 순서도

값을 검사하는데 두 항목에 대하여 평균, 표준편차, 최대, 최소, 검사 수량, 공정능력 지수(CPK: 품질의 산포 크기를 상한과 하한 규격과 비교하는 지수, 중심값이 치우쳤을 때 사용)에 대해서 통계처리 하여 검사 결과에 대한 통계 결과를 보관하는 테이블에 저장하고 모든 테이블을 확인하였으면 애플리케이션을 종료한다.

3) 필요 요소

서버: DB 서버(MariaDB)

애플리케이션: 마이크로소프트 C# 비주얼 스튜디오

자동 동작: 마이크로소프트 윈도우 작업 스케줄러

4) DB 테이블 구성

표 3.7 전수검사 통계 DB 서버 테이블

항목	데이터 형식
일련번호(DB 서버 내부용)	정수(자동증가)
통계 일시	날짜-시간
스펙	문자열
설비번호	문자열
검사 차수	문자열
검사 수량	정수
용량 평균	더블(부동소수점 8byte)
용량 표준편차	더블(부동소수점 8byte)
용량 최대	더블(부동소수점 8byte)
용량 최소	더블(부동소수점 8byte)
손실 평균	더블(부동소수점 8byte)
손실 표준편차	더블(부동소수점 8byte)
손실 최대	더블(부동소수점 8byte)
손실 최소	더블(부동소수점 8byte)
공정능력지수(CPK)	더블(부동소수점 8byte)

5) 구현 화면

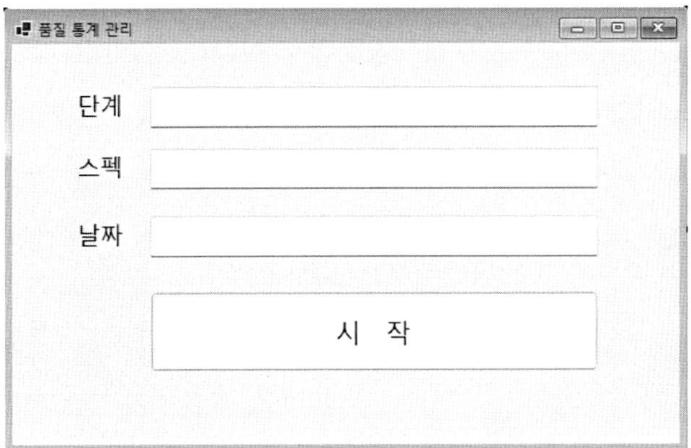

그림 3.36 전수검사 통계 애플리케이션 화면

화면 구현은 간단하게 구현하였다 단순하게 통계처리를 하는 기능만 수행하기 때문에 작업 시작 버튼과 진행상황을 표시하는 정도만 구현되어 있다. 시작 버튼은 사용자가 수동으로 통계작업을 실행할 때 사용하며, 정해진 시간에 자동으로 동작하는 애플리케이션은 실행되면 자동으로 통계작업을 처리하고 종료되는 방식으로 구현하였다. 마

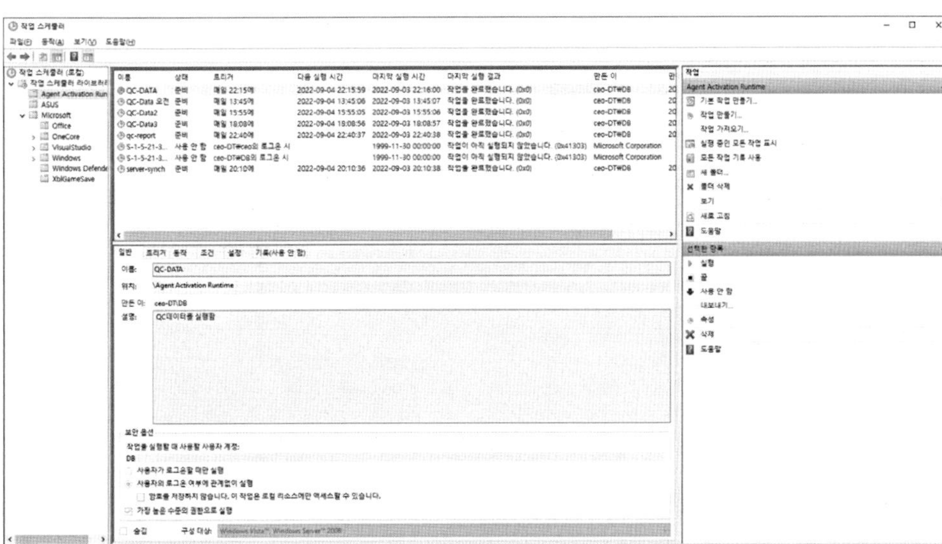

그림 3.37 작업 스케줄러 애플리케이션

이크로소프트 윈도 컴퓨터에 기본으로 포함되는 작업 스케줄러라는 애플리케이션을 이용하면 매일 정해진 시간에 정해진 애플리케이션을 동작시킬 수 있어서 저자는 작업 스케줄러를 이용하여서 매일 통계작업뿐만 아니라 일간 마감 작업도 자동수행하도록 설정하여 사용하고 있다.

3.7.7 일간 품질 통계 애플리케이션(QC)

1) 목적

품질 상태를 쉽게 확인하기 위해 검사 기준의 평균, 표준편차 및 CPK의 변화를 한눈에 확인하고 문제점을 확인할 수 있는 애플리케이션을 제작한다. 품질 변화를 나타내는 최소한의 수치를 이용하여서 빠르게 문제를 파악하고 그에 대한 대처를 할 수 있어야 한다.

2) 개념설계

이 애플리케이션은 관리자가 지정한 날짜의 검사 공정에서 검사한 내역과 품질 상태

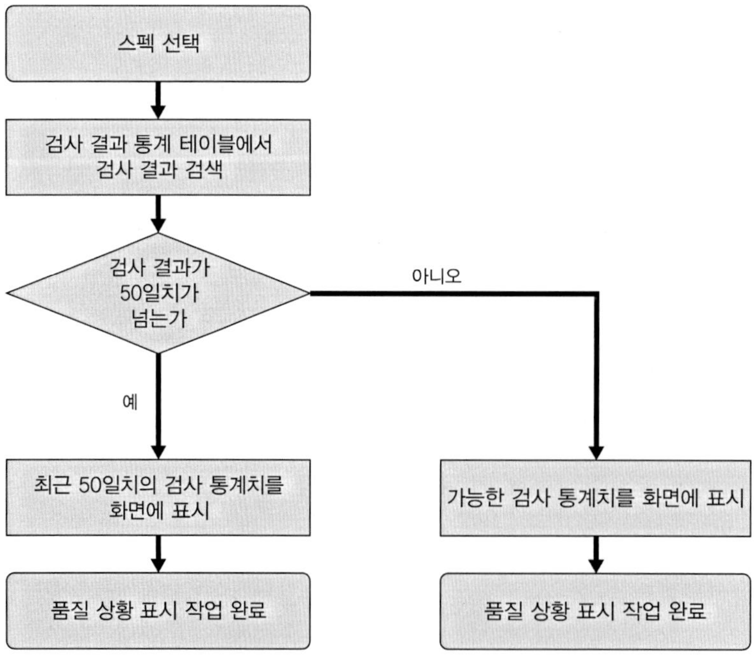

그림 3.38 일간 품질 통계 표시 순서도

를 빨리 파악하는 것을 목표로 하여 제작되었다. 사용자가 날짜를 선택하였을 때 그 날짜에 검사한 내역을 DB 서버에서 검색하여 화면에 표시하는 기능이 필요하고, 원하는 날짜와 원하는 스펙을 선택하였을 때 최대 50일간 검사한 검사 통계치를 화면에 표시한다. 특히 그래프로 검사 통계치를 보여 주어 품질의 변화를 쉽게 알아볼 수 있게 한다. 평균, 표준편차, CPK(Capability of Process, Katayori: 치우침을 고려한 공정능력)의 변동 등을 기준으로 일정 수준 이상 제품의 품질 변화가 있는지를 확인하며 그에 따른 대응이 쉽도록 지원하는 기능을 가진 애플리케이션이다. 제품 품질에 대한 통계는 앞에서 설명한 전수검사 자동 통계 애플리케이션에서 계산하여 DB 서버에 저장되어 있어서 이 애플리케이션에서는 DB 서버에서 검색한 결과를 시각적으로 표시해주는 기능이 주요 기능이다.

3) 필요 요소

서버: DB 서버(MariaDB)

애플리케이션: 마이크로소프트 C# 비주얼 스튜디오

자동 동작: 마이크로소프트 윈도우 작업 스케줄러

4) DB 테이블 구성

표 3.8 일간 전수검사 통계 DB 서버 테이블

항목	데이터 형식
일련번호(DB 서버 내부용)	정수(자동증가)
통계 일시	날짜-시간
스펙	문자열
설비번호	문자열
검사 차수	문자열
검사 수량	정수
용량 평균	더블(부동소수점 8byte)
용량 표준편차	더블(부동소수점 8byte)
용량 최대	더블(부동소수점 8byte)

표 3.8 일간 전수검사 통계 DB 서버 테이블(계속)

항목	데이터 형식
용량 최소	더블(부동소수점 8byte)
손실 평균	더블(부동소수점 8byte)
손실 표준편차	더블(부동소수점 8byte)
손실 최대	더블(부동소수점 8byte)
손실 최소	더블(부동소수점 8byte)
공정능력지수(CPK)	더블(부동소수점 8byte)

앞에서 구현한 전수검사 자동 통계 애플리케이션에서 사용한 DB 서버 테이블에서 검색하여 사용하기 때문에 같은 DB 테이블 구조이다.

5) 구현 화면

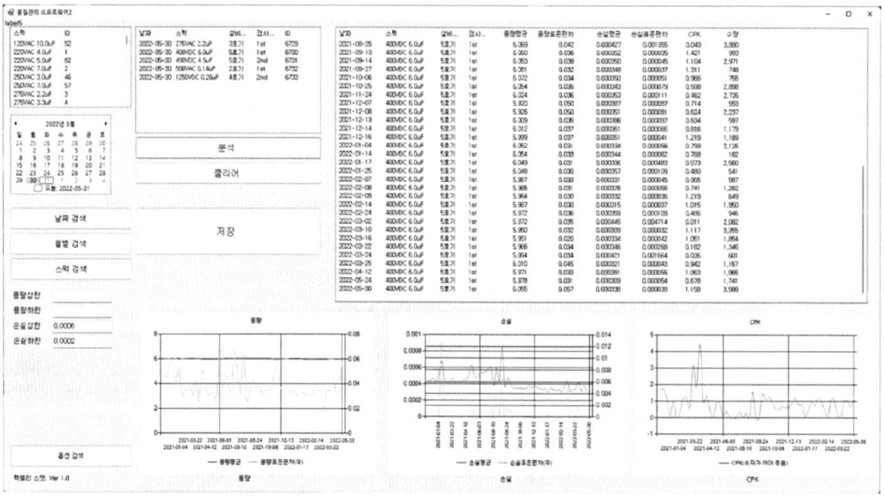

그림 3.39 일간 전수검사 통계 애플리케이션 구현 화면

그림 3.39에서 애플리케이션 좌측에는 날짜 기준으로 검사한 제품 스펙을 검색하거나, 스펙 기준으로 검색하는 등 여러 가지 방식으로 검색할 수 있도록 하였다. 품질 상황을 파악하려고 할 때 스펙 위주로 확인을 할 때가 있고, 특정 일자에 생산한 품질 상

황을 확인하고 싶을 때가 있기 때문이다. 아래쪽에 배치한 그래프 3개는 검사 특성을 나타내고 있다. 용량 평균과 용량 표준편차 그래프, 손실 평균과 손실 표준편차 그래프, 마지막은 CPK 수치를 표시하고 있다. 각각의 그래프는 직전 50일간의 데이터를 표시해 주는 것으로 짧게는 약 2개월 정도의 데이터를 볼 수 있어서 품질 변화를 한눈에 보면서 관리하는 것이 가능하게 하였다. 우측 위쪽에는 품질 상황을 표로 확인할 수 있어서 정확한 수치를 볼 수 있다.

3.7.8 로트 품질 통계 소프트웨어

1) 목적

제품의 품질에 영향을 주는 요소는 생산설비, 원자재, 작업자 등이 품질에 영향을 줄 수 있는데, 이러한 요소의 영향을 확인하려면, 관리번호 기준으로 분석해야 한다. 품질에 영향을 주는 요소를 편리하게 확인하기 위해서 소자 배치 관리번호를 기준으로 제품 특성을 히스토그램으로 확인할 수 있는 애플리케이션을 개발한다.

2) 개념설계

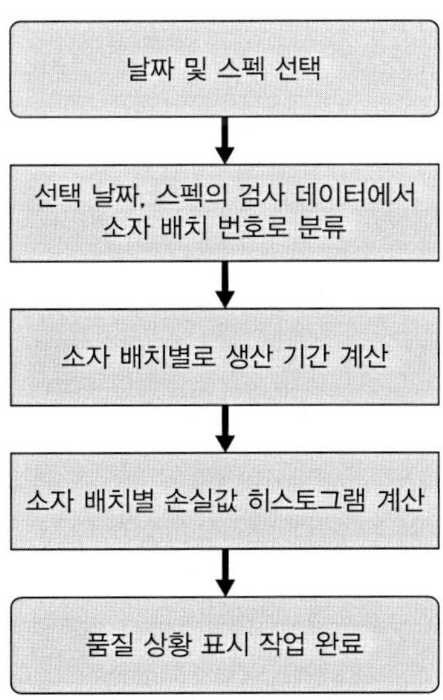

그림 3.40 로트 품질 통계 순서도

품질 상황을 검색하는 것은 두 가지 방법으로 데이터를 검색할 수 있도록 한다. 먼저 날짜를 선택하면 그 날짜에 검사한 제품 스펙을 표시하여 선택할 수 있도록 하고, 표시된 스펙 중 하나를 선택하면 소자 배치 별로 작업 날짜와 손실 값 히스토그램을 확인하는 기능을 제공한다. 두 번째 방법은 먼저 스펙을 선택하고 원하는 기간을 선택하면 선택한 기간동안 검사한 배치번호 별로 제작 기간과 특성 및 손실값 히스토그램을 표시하는 2가지 방법을 제공하고 있다. 히스토그램과 제작 기간은 막대그래프로 표시하여 애플리케이션에서 한눈에 품질 상황을 확인할 수 있도록 제작하였다.

3) 필요 요소

서버: DB 서버(MariaDB)

애플리케이션: 마이크로소프트 C# 비주얼 스튜디오

4) DB 테이블 구성

표 3.9 로트별 품질 통계 DB 서버 테이블

항목	데이터 형식
일련번호(DB 서버 내부용)	정수(자동증가)
스펙	문자열
검사 일시	날짜-시간
검사 설비	문자열
검사 차수	문자열
특성#1	더블(부동소수점 8byte)
특성#2	더블(부동소수점 8byte)
포장박스 QR코드	문자열
케이스 로트	문자열
제품 관리번호	문자열

품질 통계 애플리케이션은 따로 테이블을 만들지 않고 동작하도록 설계되었다. 이 애플리케이션의 경우에는 실시간으로 검사 데이터가 입력되고 있는 상황에서도 정확한

히스토그램을 표시할 수 있어야 하므로 미리 계산하는 방식보다는 동작할 때마다 최신 데이터를 바탕으로 히스토그램을 새로 처리하도록 설계하였다.

5) 구현 화면

앞에서 구현한 일간 품질 통계 애플리케이션과 외형은 유사한 형태로 구현하였다. 날짜를 선택하면 해당 날짜에 검사한 스펙이 표시되어 선택할 수 있고, 달력을 이용하여 하루 이상 기간을 선택하여 기간 내 작업한 내역을 확인할 수도 있다. 제품의 작업지시서 발행 때부터 출고 전 검사까지 소요된 날짜도 확인할 수 있다.

아래 왼쪽의 막대그래프는 제품을 제작하는데 공정별로 소요된 시간을 나타낸다. 이 그래프를 활용하면, 어떤 공정에서 병목현상(Bottle Neck)이 발생하는지를 쉽게 확인할 수 있어서 공정 개선에 유용하게 사용할 수 있다. 그림 3.41에 표시된 공정별 소요 기간의 경우에는 이전 단계에서는 공정별로 1일이 소요되었는데 외관 검사를 시행한 후 전수검사를 하는 데 15일이 소요되었다. 이는 전수검사 공정의 검사 능력이 생산 능력보다 적어서 병목 상황임을 알 수 있으며, 생산성을 올리기 위해서는 전수검사 능력을 늘리거나, 생산량을 여러 스펙으로 분산하여 병목현상이 일어나지 않도록 하여

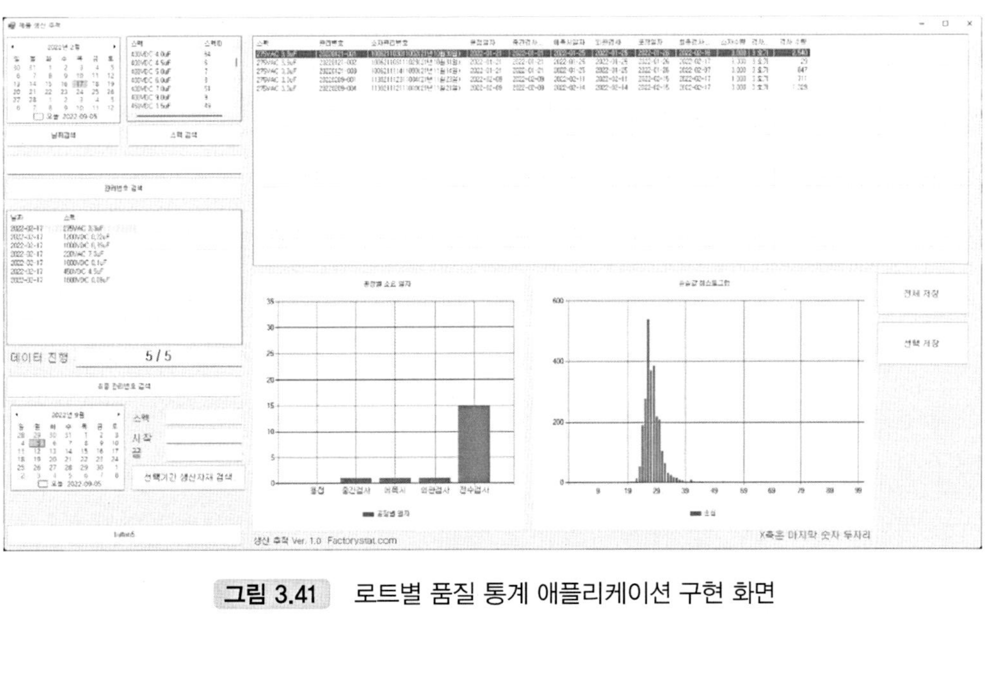

그림 3.41 로트별 품질 통계 애플리케이션 구현 화면

야 한다. 오른쪽 아래에는 제품을 전수 검사한 손실값의 히스토그램을 보인다. 히스토그램을 보면 중심값이 28 정도에 있으며 분포 폭은 약 20~38 사이에 분포되어 품질이 고르게 유지되고 있음을 알 수 있다.

아래 그림 3.42은 불량이 많은 로트의 손실값 분포 히스토그램과 품질이 좋은 로트의 손실값 분포 히스토그램을 비교하였다. 불량 제품이 발생하는 좌측 손실값 분포 히스토그램을 보면 X축 손실값이 99 이상까지 나올 정도로 분포가 넓게 있지만, 불량이 발생하지 않는 로트인 오른쪽 그래프는 27에 가장 많은 수량이 있고, 분포가 좁은 영역으로 한정되어 있어서 품질이 고른 상태임을 확인 할 수 있다.

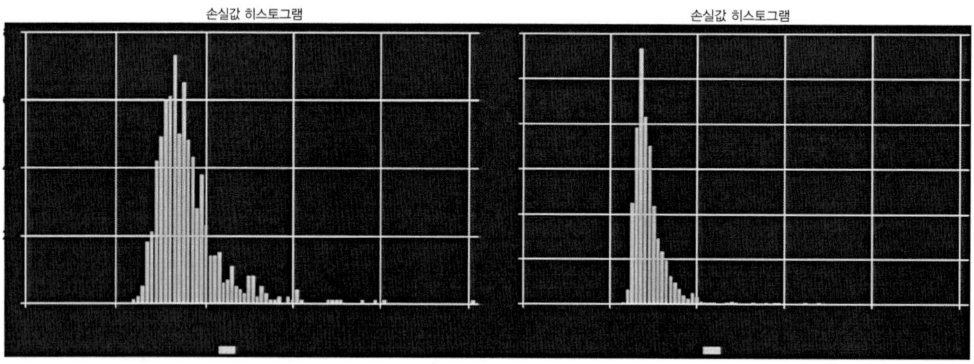

비정상 손실 분포　　정상 손실 분포

그림 3.42 로트별 품질 차이(히스토그램 방식)

3.7.9 일간 품질 보고서 자동 발송 소프트웨어

1) 목적

앞에서 만든 애플리케이션은 담당자가 직접 실행해야만 상황을 알 수 있다. 이런 방법은 품질 관리 담당자나 생산 관리자가 시간을 내어 확인해야 하므로 일정이 바쁠 경우에 품질 상황을 확인 못할 수 있다. 매일 저녁에 이메일로 당일 작업한 내역과 품질 상태를 정리한 보고서를 자동으로 보내서 담당자가 이메일로 쉽게 전날 품질 상황을 확인할 수 있도록 애플리케이션을 개발한다.

2) 개념설계

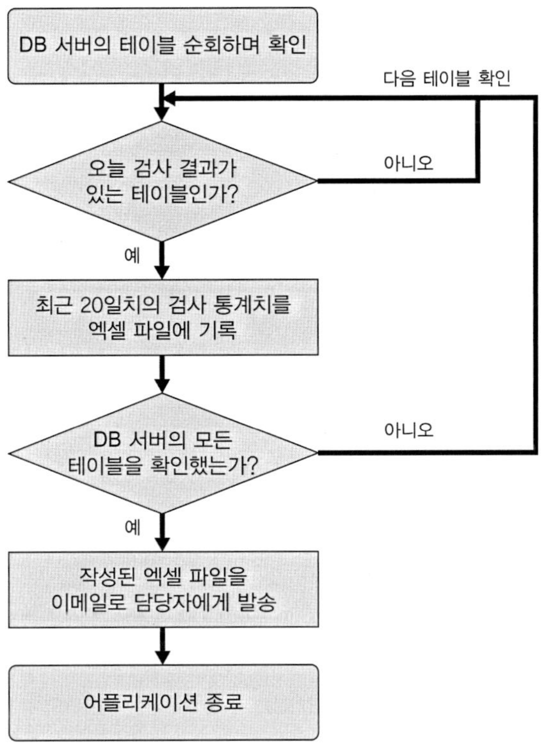

그림 3.43 일간 품질 보고서 동작 순서도

품질 보고서 자동 전송 애플리케이션은 DB 서버에 있는 제품 검사 결과가 기록된 테이블을 순회하면서 당일 검사 결과가 있는지 확인하고 당일 검사한 데이터가 있으면, 통계적 방법으로 처리하여 결과를 엑셀로 제작된 보고서 형식 파일에 데이터를 채우고 저장한다. 만들어진 품질 보고서 엑셀 파일을 애플리케이션이 이메일에 첨부하여 전송하고, 엑셀 파일은 하드디스크에 저장하여 보관한다. 당일 검사한 데이터가 있는지 확인해야 하는 테이블의 목록은 테이블 목록만 보관하는 테이블을 따로 만들어서 신규 스펙이 생산품목에 추가될 때는 테이블 목록만 변경하면 자동으로 애플리케이션이 작업을 할 수 있도록 구현하여서 유지 보수가 쉽도록 하였다.

3) 필요 요소

서버: DB 서버(MariaDB)

애플리케이션: 마이크로소프트 C# 비주얼 스튜디오

자동 동작: 마이크로소프트 윈도우 작업 스케줄러

엑셀파일 관리: 마이크로소프트 엑셀

4) DB 테이블 구성

DB 서버 테이블을 새로 만들어서 사용하지 않고, 검사 결과를 저장하는 테이블을 그대로 활용하여 사용한다. DB 서버의 부하를 줄이기 위해서 미리 계산하거나, 등록하는 방법도 있겠지만, 혹시라도 누락되는 경우를 방지하기 위해서 이 애플리케이션은 매번 직접 통계처리를 수행한다.

5) 구현 화면

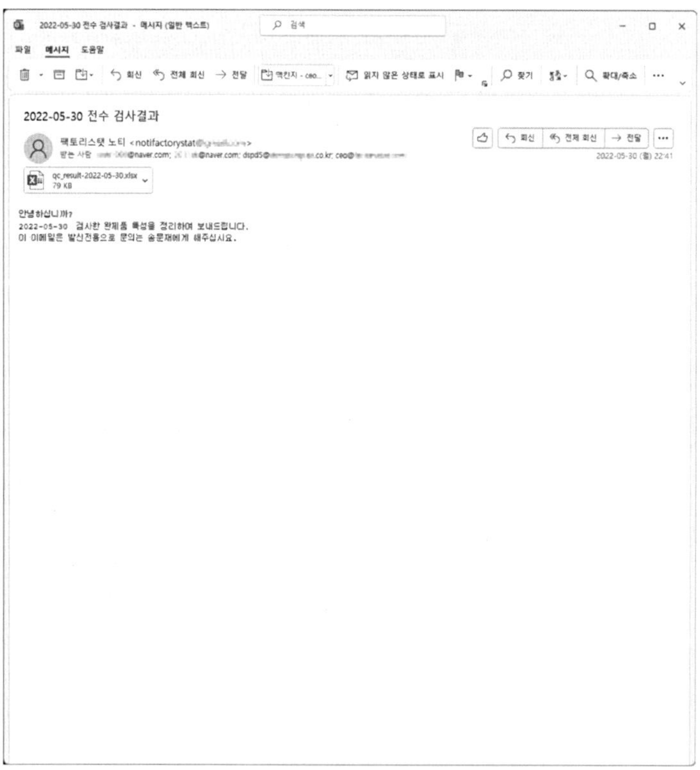

그림 3.44 일간 품질 보고서 동작 결과

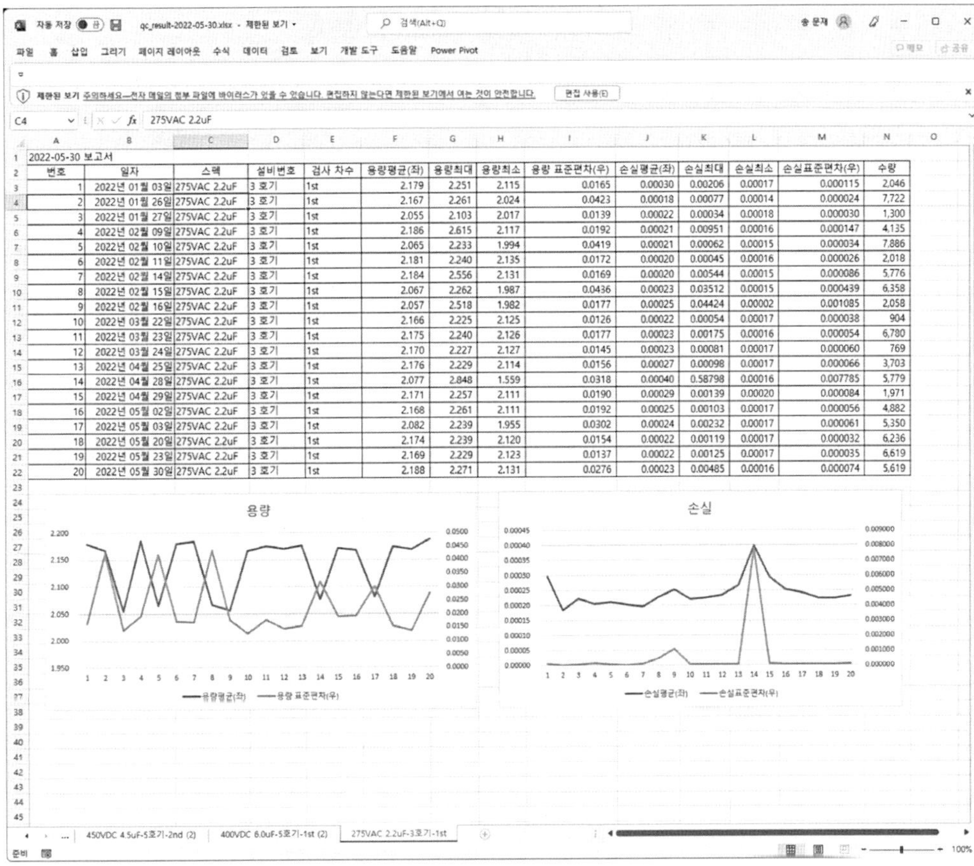

2022-05-30 보고서

번호	일자	스펙	설비번호	검사 차수	용량평균(좌)	용량최대	용량최소	용량 표준편차(우)	손실평균(좌)	손실최대	손실최소	손실표준편차(우)	수량
1	2022년 01월 03일	275VAC 2.2uF	3 호기	1st	2.179	2.251	2.115	0.0165	0.00030	0.00206	0.00017	0.000115	2,046
2	2022년 01월 26일	275VAC 2.2uF	3 호기	1st	2.167	2.261	2.024	0.0423	0.00018	0.00077	0.00014	0.000024	7,722
3	2022년 01월 27일	275VAC 2.2uF	3 호기	1st	2.055	2.103	2.017	0.0139	0.00022	0.00034	0.00018	0.000030	1,300
4	2022년 02월 09일	275VAC 2.2uF	3 호기	1st	2.186	2.615	2.117	0.0192	0.00021	0.00951	0.00016	0.000147	4,135
5	2022년 02월 10일	275VAC 2.2uF	3 호기	1st	2.065	2.233	1.994	0.0419	0.00021	0.00062	0.00015	0.000034	7,886
6	2022년 02월 11일	275VAC 2.2uF	3 호기	1st	2.181	2.240	2.135	0.0172	0.00020	0.00045	0.00016	0.000026	2,018
7	2022년 02월 14일	275VAC 2.2uF	3 호기	1st	2.184	2.556	2.131	0.0169	0.00020	0.00544	0.00015	0.000086	5,776
8	2022년 02월 15일	275VAC 2.2uF	3 호기	1st	2.067	2.262	1.987	0.0436	0.00023	0.03512	0.00015	0.000439	6,358
9	2022년 02월 16일	275VAC 2.2uF	3 호기	1st	2.057	2.518	1.982	0.0177	0.00025	0.04424	0.00002	0.001085	2,058
10	2022년 03월 22일	275VAC 2.2uF	3 호기	1st	2.166	2.225	2.125	0.0126	0.00022	0.00054	0.00017	0.000038	904
11	2022년 03월 23일	275VAC 2.2uF	3 호기	1st	2.175	2.240	2.126	0.0177	0.00023	0.00175	0.00016	0.000054	6,780
12	2022년 03월 24일	275VAC 2.2uF	3 호기	1st	2.170	2.227	2.127	0.0145	0.00023	0.00081	0.00017	0.000060	769
13	2022년 04월 25일	275VAC 2.2uF	3 호기	1st	2.176	2.229	2.114	0.0156	0.00027	0.00098	0.00017	0.000066	3,703
14	2022년 04월 28일	275VAC 2.2uF	3 호기	1st	2.077	2.848	1.559	0.0318	0.00040	0.58798	0.00016	0.007785	5,779
15	2022년 04월 29일	275VAC 2.2uF	3 호기	1st	2.171	2.257	2.111	0.0190	0.00029	0.00139	0.00020	0.000084	1,971
16	2022년 05월 02일	275VAC 2.2uF	3 호기	1st	2.168	2.261	2.111	0.0192	0.00025	0.00103	0.00017	0.000056	4,882
17	2022년 05월 03일	275VAC 2.2uF	3 호기	1st	2.082	2.239	1.955	0.0302	0.00024	0.00232	0.00017	0.000061	5,350
18	2022년 05월 20일	275VAC 2.2uF	3 호기	1st	2.174	2.239	2.120	0.0154	0.00022	0.00119	0.00017	0.000032	6,236
19	2022년 05월 23일	275VAC 2.2uF	3 호기	1st	2.169	2.229	2.123	0.0137	0.00022	0.00125	0.00017	0.000035	6,619
20	2022년 05월 30일	275VAC 2.2uF	3 호기	1st	2.188	2.271	2.131	0.0276	0.00023	0.00485	0.00016	0.000074	5,619

그림 3.45 일간 품질 보고서 엑셀 파일

이메일은 Gmail을 통해서 전송하도록 만들었다. 공장에서 모든 업무가 끝난 후에 자동으로 검사 내역 통계를 집계하고 엑셀 파일로 정리하여 담당자 이메일로 전송하도록 구현되었다. 엑셀 파일은 기본 틀이 되는 원본 엑셀 파일을 복사하여 당일 엑셀 보고서 파일을 만들고 이 파일에 데이터를 기록하여 이메일에 첨부한다. 정해진 셀에 제품 검사 결과를 채우면 그래프가 그려져서 담당자가 보고서 파일을 열었을 때 시각적으로 빠르게 품질 상태를 확인할 수 있도록 한다.

3.7.10 검사 데이터 누락확인 애플리케이션

1) 목적

데이터 수집 애플리케이션은 전수검사를 하는 동안 검사 데이터를 실시간으로 DB 서버에 업로드한다. 하지만, 네트워크 상황이나 DB 서버의 상황에 따라서는 검사한 데이터가 DB 서버에 제대로 입력되지 않는 경우가 발생할 수 있어서 검사 애플리케이션이 오프라인으로 하드디스크에 저장한 파일을 이용하여 DB 서버와 교차 확인하여서 누락된 데이터가 있으면 DB 서버에 업로드해서 데이터의 완전성을 확보하는 것이 필요하다.

2) 개념설계

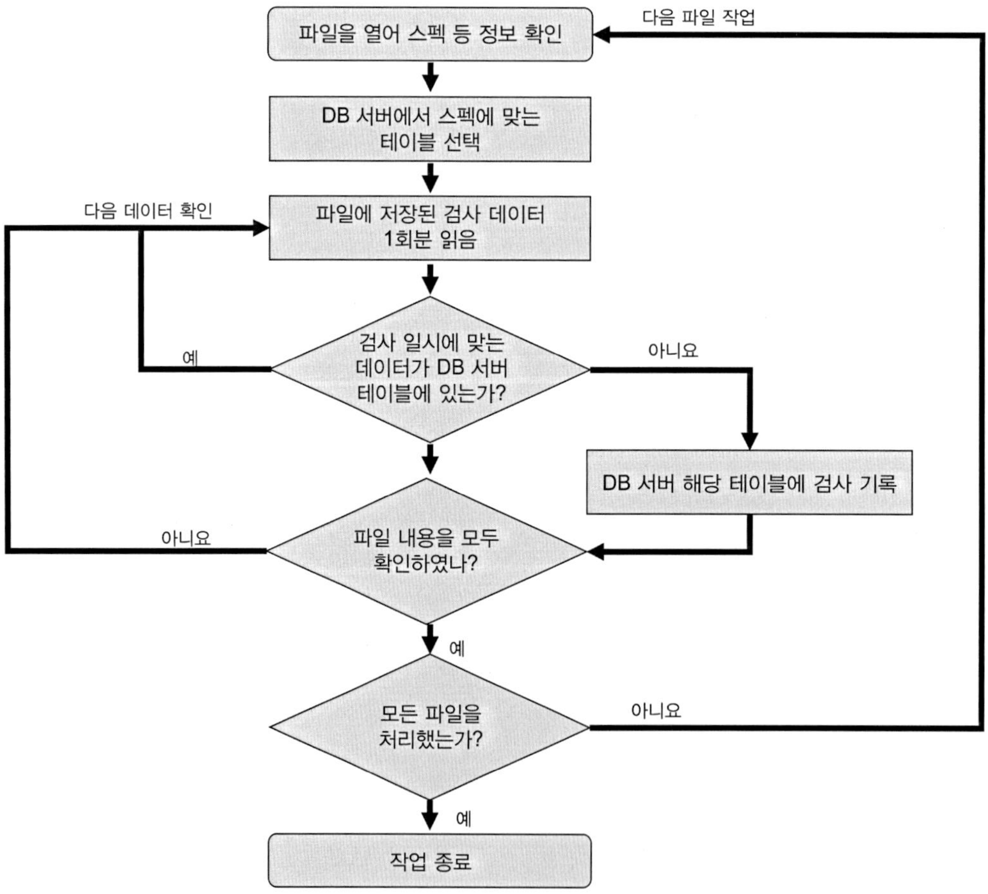

그림 3.46 전수 검사 데이터 업로드 순서도

애플리케이션은 파일을 열어서 자동으로 스펙을 확인하여 DB 서버의 적절한 테이블을 선택한다. 파일에 저장된 검사 데이터를 1개씩 읽어서 DB 서버의 검사 데이터 테이블과 비교하여 이미 DB 서버에 저장된 데이터일 경우에는 다음 데이터로 넘어가고, DB 서버에 저장되지 않은 데이터일 경우에는 DB 서버 해당 테이블에 저장하는 방식으로 DB 서버 데이터의 무결성을 확보한다. 이 작업을 모든 오프라인 저장 파일에 대해서 다 수행한다.

3) 필요 요소

서버: DB 서버(MariaDB)

애플리케이션: 마이크로소프트 C# 비주얼 스튜디오

4) DB 테이블 구성

기존 전수검사 데이터를 저장하는 테이블을 그대로 사용한다. 온라인 동작에서 누락된 데이터가 없도록 하는 애플리케이션이기 때문에 DB 서버 테이블을 신규로 만들거나 하지 않는다.

5) 구현 화면

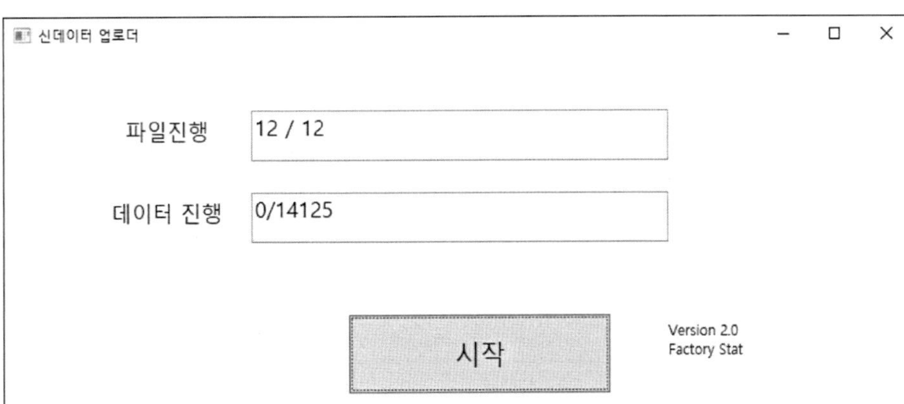

그림 3.47

애플리케이션의 구현은 간단하게 되어 있다. 시작 버튼을 누르면 파일을 선택할 수 있는 화면이 나타나고 원하는 파일을 선택하면 자동으로 동작하여 DB 서버에 누락 된 데이터가 없도록 무결성을 확보하는 동작을 수행하면서 진행률을 표시하는 인터페이스를 가지고 있다.

현재 애플리케이션은 먼저 파일에 있는 검사 설비 번호, 스펙, 검사 시각과 일치하는 데이터를 검색하여 같은 데이터가 없으면 데이터를 추가하는 방식으로 2번에 나누어서 쿼리를 하는 방식으로 구현하였으나, Maria DB 최신버전에는 쿼리를 1번하여서 처리 할 수 있는 명령어를 지원해주어서 편리하게 사용할 수 있는 최신 버전을 사용하는 것이 좋다.

전수검사 소프트웨어가 오프라인으로 저장하는 파일의 내용은 그림 3.48과 같다. 파일

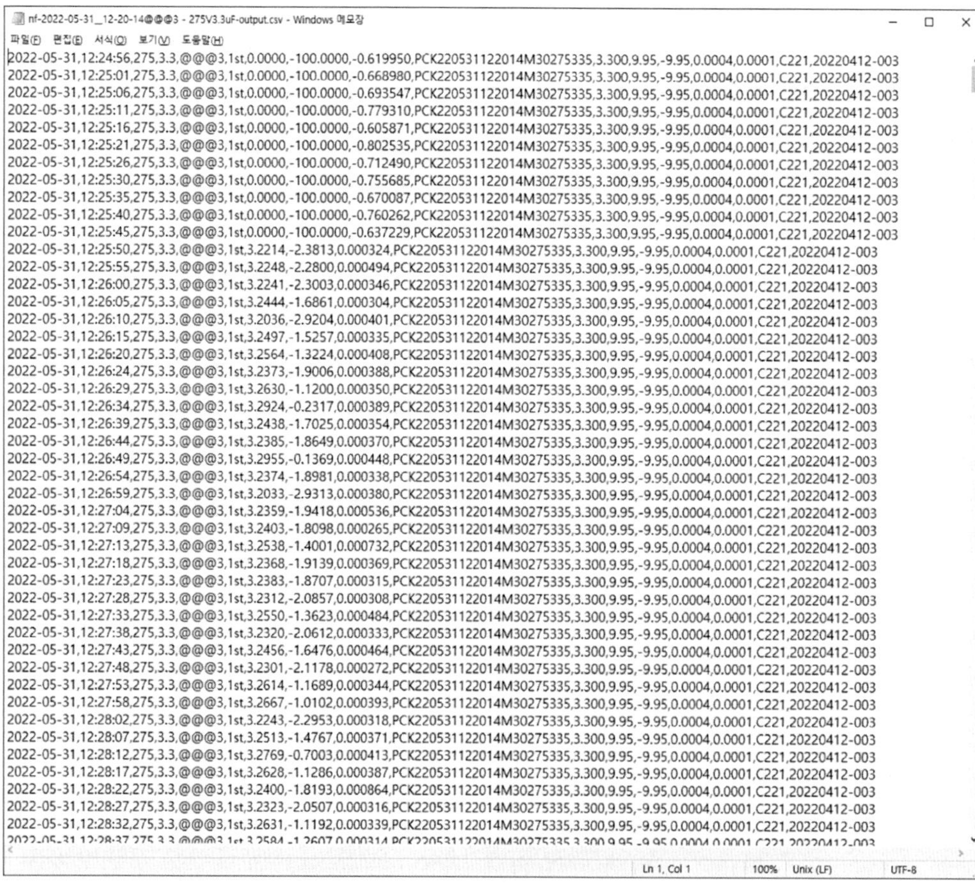

nf-2022-05-31__12-20-14@@@3 - 275V3.3uF-output.csv - Windows 메모장

파일(F) 편집(E) 서식(O) 보기(V) 도움말(H)

```
2022-05-31,12:24:56,275,3.3,@@@3,1st,0.0000,-100.0000,-0.619950,PCK220531122014M30275335,3.300,9.95,-9.95,0.0004,0.0001,C221,20220412-003
2022-05-31,12:25:01,275,3.3,@@@3,1st,0.0000,-100.0000,-0.668980,PCK220531122014M30275335,3.300,9.95,-9.95,0.0004,0.0001,C221,20220412-003
2022-05-31,12:25:06,275,3.3,@@@3,1st,0.0000,-100.0000,-0.693547,PCK220531122014M30275335,3.300,9.95,-9.95,0.0004,0.0001,C221,20220412-003
2022-05-31,12:25:11,275,3.3,@@@3,1st,0.0000,-100.0000,-0.779310,PCK220531122014M30275335,3.300,9.95,-9.95,0.0004,0.0001,C221,20220412-003
2022-05-31,12:25:16,275,3.3,@@@3,1st,0.0000,-100.0000,-0.605871,PCK220531122014M30275335,3.300,9.95,-9.95,0.0004,0.0001,C221,20220412-003
2022-05-31,12:25:21,275,3.3,@@@3,1st,0.0000,-100.0000,-0.802535,PCK220531122014M30275335,3.300,9.95,-9.95,0.0004,0.0001,C221,20220412-003
2022-05-31,12:25:26,275,3.3,@@@3,1st,0.0000,-100.0000,-0.712490,PCK220531122014M30275335,3.300,9.95,-9.95,0.0004,0.0001,C221,20220412-003
2022-05-31,12:25:30,275,3.3,@@@3,1st,0.0000,-100.0000,-0.755685,PCK220531122014M30275335,3.300,9.95,-9.95,0.0004,0.0001,C221,20220412-003
2022-05-31,12:25:35,275,3.3,@@@3,1st,0.0000,-100.0000,-0.670087,PCK220531122014M30275335,3.300,9.95,-9.95,0.0004,0.0001,C221,20220412-003
2022-05-31,12:25:40,275,3.3,@@@3,1st,0.0000,-100.0000,-0.760262,PCK220531122014M30275335,3.300,9.95,-9.95,0.0004,0.0001,C221,20220412-003
2022-05-31,12:25:45,275,3.3,@@@3,1st,0.0000,-100.0000,-0.637229,PCK220531122014M30275335,3.300,9.95,-9.95,0.0004,0.0001,C221,20220412-003
2022-05-31,12:25:50,275,3.3,@@@3,1st,3.2214,-2.3813,0.000324,PCK220531122014M30275335,3.300,9.95,-9.95,0.0004,0.0001,C221,20220412-003
2022-05-31,12:25:55,275,3.3,@@@3,1st,3.2248,-2.2800,0.000494,PCK220531122014M30275335,3.300,9.95,-9.95,0.0004,0.0001,C221,20220412-003
2022-05-31,12:26:00,275,3.3,@@@3,1st,3.2241,-2.3003,0.000346,PCK220531122014M30275335,3.300,9.95,-9.95,0.0004,0.0001,C221,20220412-003
2022-05-31,12:26:05,275,3.3,@@@3,1st,3.2444,-1.6861,0.000304,PCK220531122014M30275335,3.300,9.95,-9.95,0.0004,0.0001,C221,20220412-003
2022-05-31,12:26:10,275,3.3,@@@3,1st,3.2036,-2.9204,0.000401,PCK220531122014M30275335,3.300,9.95,-9.95,0.0004,0.0001,C221,20220412-003
2022-05-31,12:26:15,275,3.3,@@@3,1st,3.2497,-1.5257,0.000335,PCK220531122014M30275335,3.300,9.95,-9.95,0.0004,0.0001,C221,20220412-003
2022-05-31,12:26:20,275,3.3,@@@3,1st,3.2564,-1.3224,0.000408,PCK220531122014M30275335,3.300,9.95,-9.95,0.0004,0.0001,C221,20220412-003
2022-05-31,12:26:24,275,3.3,@@@3,1st,3.2373,-1.9006,0.000388,PCK220531122014M30275335,3.300,9.95,-9.95,0.0004,0.0001,C221,20220412-003
2022-05-31,12:26:29,275,3.3,@@@3,1st,3.2630,-1.1200,0.000350,PCK220531122014M30275335,3.300,9.95,-9.95,0.0004,0.0001,C221,20220412-003
2022-05-31,12:26:34,275,3.3,@@@3,1st,3.2924,-0.2317,0.000389,PCK220531122014M30275335,3.300,9.95,-9.95,0.0004,0.0001,C221,20220412-003
2022-05-31,12:26:39,275,3.3,@@@3,1st,3.2438,-1.7025,0.000354,PCK220531122014M30275335,3.300,9.95,-9.95,0.0004,0.0001,C221,20220412-003
2022-05-31,12:26:44,275,3.3,@@@3,1st,3.2385,-1.8649,0.000370,PCK220531122014M30275335,3.300,9.95,-9.95,0.0004,0.0001,C221,20220412-003
2022-05-31,12:26:49,275,3.3,@@@3,1st,3.2955,-0.1369,0.000448,PCK220531122014M30275335,3.300,9.95,-9.95,0.0004,0.0001,C221,20220412-003
2022-05-31,12:26:54,275,3.3,@@@3,1st,3.2374,-1.8981,0.000338,PCK220531122014M30275335,3.300,9.95,-9.95,0.0004,0.0001,C221,20220412-003
2022-05-31,12:26:59,275,3.3,@@@3,1st,3.2033,-2.9313,0.000380,PCK220531122014M30275335,3.300,9.95,-9.95,0.0004,0.0001,C221,20220412-003
2022-05-31,12:27:04,275,3.3,@@@3,1st,3.2359,-1.9418,0.000536,PCK220531122014M30275335,3.300,9.95,-9.95,0.0004,0.0001,C221,20220412-003
2022-05-31,12:27:09,275,3.3,@@@3,1st,3.2403,-1.8098,0.000265,PCK220531122014M30275335,3.300,9.95,-9.95,0.0004,0.0001,C221,20220412-003
2022-05-31,12:27:13,275,3.3,@@@3,1st,3.2538,-1.4001,0.000732,PCK220531122014M30275335,3.300,9.95,-9.95,0.0004,0.0001,C221,20220412-003
2022-05-31,12:27:18,275,3.3,@@@3,1st,3.2368,-1.9139,0.000369,PCK220531122014M30275335,3.300,9.95,-9.95,0.0004,0.0001,C221,20220412-003
2022-05-31,12:27:23,275,3.3,@@@3,1st,3.2383,-1.8707,0.000315,PCK220531122014M30275335,3.300,9.95,-9.95,0.0004,0.0001,C221,20220412-003
2022-05-31,12:27:28,275,3.3,@@@3,1st,3.2312,-2.0857,0.000308,PCK220531122014M30275335,3.300,9.95,-9.95,0.0004,0.0001,C221,20220412-003
2022-05-31,12:27:33,275,3.3,@@@3,1st,3.2550,-1.3623,0.000484,PCK220531122014M30275335,3.300,9.95,-9.95,0.0004,0.0001,C221,20220412-003
2022-05-31,12:27:38,275,3.3,@@@3,1st,3.2320,-2.0612,0.000333,PCK220531122014M30275335,3.300,9.95,-9.95,0.0004,0.0001,C221,20220412-003
2022-05-31,12:27:43,275,3.3,@@@3,1st,3.2456,-1.6476,0.000464,PCK220531122014M30275335,3.300,9.95,-9.95,0.0004,0.0001,C221,20220412-003
2022-05-31,12:27:48,275,3.3,@@@3,1st,3.2301,-2.1178,0.000272,PCK220531122014M30275335,3.300,9.95,-9.95,0.0004,0.0001,C221,20220412-003
2022-05-31,12:27:53,275,3.3,@@@3,1st,3.2614,-1.1689,0.000344,PCK220531122014M30275335,3.300,9.95,-9.95,0.0004,0.0001,C221,20220412-003
2022-05-31,12:27:58,275,3.3,@@@3,1st,3.2667,-1.0102,0.000393,PCK220531122014M30275335,3.300,9.95,-9.95,0.0004,0.0001,C221,20220412-003
2022-05-31,12:28:02,275,3.3,@@@3,1st,3.2243,-2.2953,0.000318,PCK220531122014M30275335,3.300,9.95,-9.95,0.0004,0.0001,C221,20220412-003
2022-05-31,12:28:07,275,3.3,@@@3,1st,3.2513,-1.4767,0.000371,PCK220531122014M30275335,3.300,9.95,-9.95,0.0004,0.0001,C221,20220412-003
2022-05-31,12:28:12,275,3.3,@@@3,1st,3.2769,-0.7003,0.000413,PCK220531122014M30275335,3.300,9.95,-9.95,0.0004,0.0001,C221,20220412-003
2022-05-31,12:28:17,275,3.3,@@@3,1st,3.2628,-1.1286,0.000387,PCK220531122014M30275335,3.300,9.95,-9.95,0.0004,0.0001,C221,20220412-003
2022-05-31,12:28:22,275,3.3,@@@3,1st,3.2400,-1.8193,0.000864,PCK220531122014M30275335,3.300,9.95,-9.95,0.0004,0.0001,C221,20220412-003
2022-05-31,12:28:27,275,3.3,@@@3,1st,3.2323,-2.0507,0.000316,PCK220531122014M30275335,3.300,9.95,-9.95,0.0004,0.0001,C221,20220412-003
2022-05-31,12:28:32,275,3.3,@@@3,1st,3.2631,-1.1192,0.000339,PCK220531122014M30275335,3.300,9.95,-9.95,0.0004,0.0001,C221,20220412-003
```

Ln 1, Col 1 100% Unix (LF) UTF-8

그림 3.48 전수 검사 데이터 CSV 파일

형식은 CSV 파일로 엑셀이나 메모장에서 열어볼 수 있는 일반적인 TXT 파일 형태로 되어 있으며, 전수검사에서 수집하는 모든 정보를 포함하고 있다. DB 서버에 저장하는 데이터와 동일한 데이터를 동일한 순서로 포함하고 있어서 데이터의 무결성을 확보하는 동작을 간단히 할 수 있다.

3.7.11 성적서 자동 발행 애플리케이션

1) 목적

출고용 포장 박스에 부착된 QR코드 스티커를 이용하여 포장 박스 안에 포함된 제품의 검사 결과를 성적서 형태로 출력하는 애플리케이션을 개발한다. 고객사가 성적서 제출을 요구할 때 성적서를 빠르게 출력하여 대응할 수 있도록 한다.

2) 개념설계

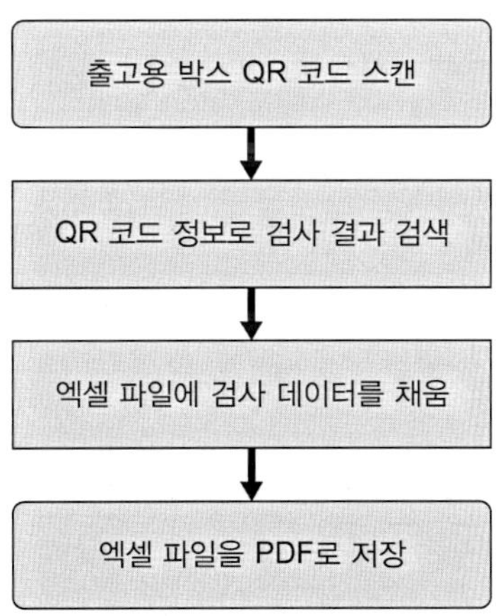

그림 3.49 성적서 발행 순서도

출고용 포장박스에 부착된 QR코드를 스캔하면 제품 검사 데이터에서 해당 포장 상자에 포장된 제품의 검사 데이터를 검색하여 엑셀 파일에 데이터를 채우고, 엑셀의 PDF 저장 기능을 사용하여 PDF 파일로 저장하여 성적서를 작성한다.

3) 필요 요소

서버: DB 서버(MariaDB)

애플리케이션: 마이크로소프트 C# 비주얼 스튜디오

엑셀파일 관리: 마이크로소프트 엑셀

4) DB 테이블 구성

DB 서버의 테이블은 이전과 같이 검사 데이터 테이블을 사용하기 때문에 신규 테이블을 사용하지 않는다.

구현 화면

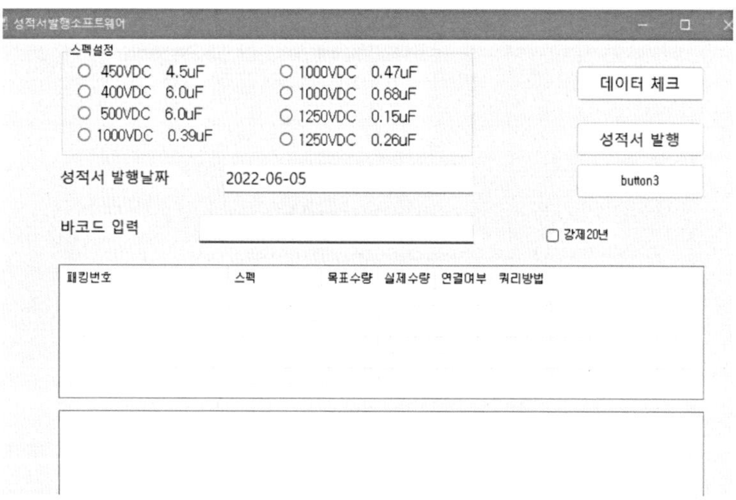

그림 3.50 성적서 발행 애플리케이션 구현화면

고객사가 주로 요청하는 스펙을 손쉽게 선택할 수 있도록 만들어 놓았다. QR코드에는 포장 박스 관리번호가 포함되어 제품 스펙을 따로 선택하지 않아도 DB 서버에서 박스에 포함된 제품의 특성을 검색하고 성적서를 작성하는 것이 가능하다. 하지만, 스펙을 다시 선택하게 하여서 포장 박스에 QR코드를 부착하는 작업자가 실수하여 다른 스펙을 검사한 QR코드이 부착되어 있는 문제를 방지할 수 있도록 하였다. 고객사에 나가는 성적서 이므로 실수가 발생하지 않도록 2중 확인이 되게 하였다.

성적서의 형식은 엑셀로 원본 파일을 만들고, 성적서 발행 시에 데이터를 채워서 새

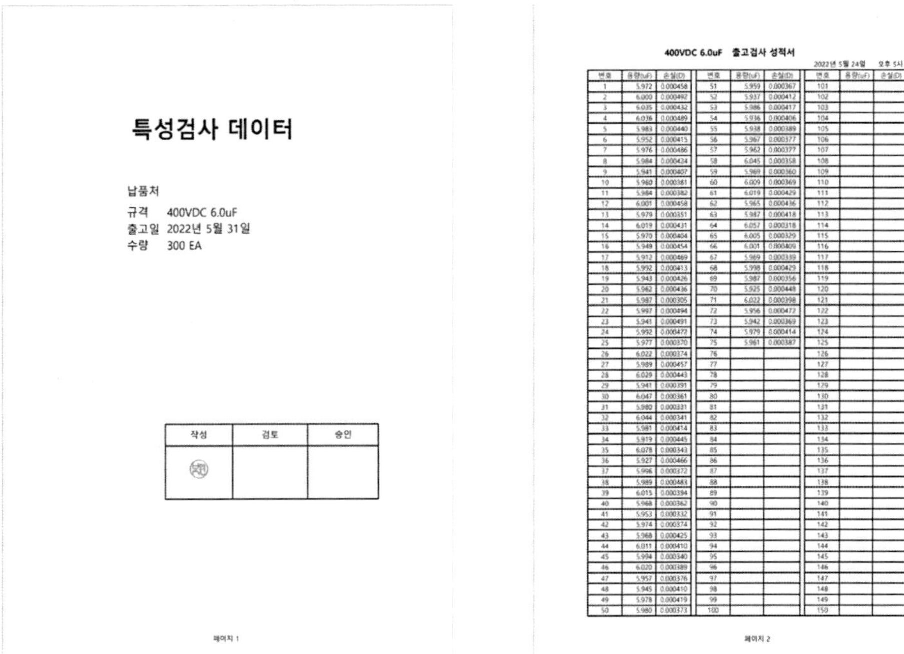

특성검사 데이터

납품처
규격 400VDC 6.0uF
출고일 2022년 5월 31일
수량 300 EA

작성	검토	승인

페이지 1

400VDC 6.0uF 출고검사 성적서

2022년 5월 24일 오후 5시 44분

번호	용량(uF)	손실(D)	번호	용량(uF)	손실(D)	번호	용량(uF)	손실(D)
1	5.972	0.000458	51	5.959	0.000367	101		
2	6.000	0.000492	52	5.937	0.000412	102		
3	6.035	0.000432	53	5.986	0.000417	103		
4	6.036	0.000489	54	5.936	0.000406	104		
5	5.983	0.000440	55	5.938	0.000389	105		
6	5.952	0.000415	56	5.967	0.000377	106		
7	5.976	0.000486	57	5.962	0.000377	107		
8	5.984	0.000424	58	6.045	0.000358	108		
9	5.941	0.000407	59	5.989	0.000360	109		
10	5.960	0.000381	60	6.009	0.000369	110		
11	5.984	0.000382	61	6.019	0.000429	111		
12	6.001	0.000458	62	5.965	0.000436	112		
13	5.979	0.000351	63	5.987	0.000418	113		
14	6.019	0.000431	64	6.057	0.000318	114		
15	5.970	0.000404	65	6.005	0.000329	115		
16	5.949	0.000454	66	6.001	0.000409	116		
17	5.912	0.000469	67	5.969	0.000339	117		
18	5.992	0.000413	68	5.998	0.000429	118		
19	5.943	0.000426	69	5.987	0.000356	119		
20	5.962	0.000436	70	5.925	0.000448	120		
21	5.987	0.000305	71	6.022	0.000398	121		
22	5.997	0.000494	72	5.956	0.000472	122		
23	5.941	0.000491	73	5.942	0.000369	123		
24	5.992	0.000472	74	5.979	0.000414	124		
25	5.977	0.000370	75	5.961	0.000387	125		
26	6.022	0.000374	76			126		
27	5.989	0.000457	77			127		
28	6.029	0.000443	78			128		
29	5.941	0.000391	79			129		
30	6.047	0.000361	80			130		
31	5.980	0.000331	81			131		
32	6.044	0.000341	82			132		
33	5.981	0.000414	83			133		
34	5.919	0.000445	84			134		
35	6.078	0.000343	85			135		
36	5.927	0.000466	86			136		
37	5.996	0.000372	87			137		
38	5.989	0.000483	88			138		
39	6.015	0.000394	89			139		
40	5.968	0.000362	90			140		
41	5.953	0.000332	91			141		
42	5.974	0.000374	92			142		
43	5.968	0.000425	93			143		
44	6.011	0.000410	94			144		
45	5.994	0.000340	95			145		
46	6.020	0.000389	96			146		
47	5.957	0.000376	97			147		
48	5.945	0.000410	98			148		
49	5.978	0.000419	99			149		
50	5.980	0.000373	100			150		

페이지 2

그림 3.51 성적서 출력 결과

이름으로 저장하면서 엑셀 파일과 PDF로 저장하는 방식으로 성적서를 발행한다.

3.7.12 PDF파일 취합 애플리케이션

1) 목적

제품 성적서를 파일로 작성해서 이메일로 보낼 때 여러 개의 성적서 PDF 파일을 하나의 PDF로 만들어 주는 애플리케이션을 제작하여 파일 전송 및 관리가 편리하도록 한다.

2) 개념설계

애플리케이션의 동작은 간단하며, 따로 GUI(Graphic User Inferface: 조작화면)가 없이 동작하도록 제작하였다. 파이썬으로 만들어서 실행은 bat 파일로 동작시킨다. 지정한 폴더 있는 모든 PDF 파일을 취합 파일에 차례로 추가하고, 모든 PDF 파일이 추가되었을 때 최종파일명으로 저장하고 애플리케이션을 종료한다.

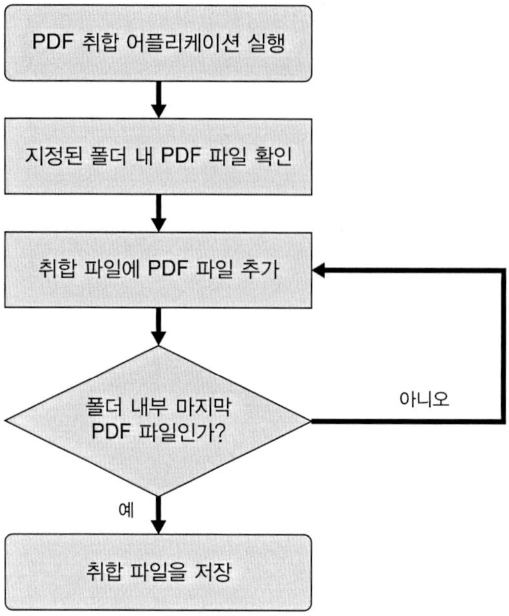

그림 3.52 PDF 파일 취합 순서도

3) 필요 요소

애플리케이션: 파이썬

애플리케이션 실행: bat 파일(윈도 환경)

4) 구현 화면

```
import os
from PyPDF2 import PdfFileMerger as pdfm

path_dir = 'C:\DS_source\Inspection_issued'

file_list = os.listdir(path_dir)
file_list_pdf = [file for file in file_list if file.endswith(".pdf")]

pdf_merger = pdfm(strict=False)

for file in file_list_pdf:
    target_file = 'C:\DS_source\Inspection_issued\{}'.format(file)
    pdf_merger.append(target_file)


out_file = "C:\DS_source\Inspection_issued\{}-출고분.pdf".format(file_list_pdf[0][0:10])
pdf_merger.write(out_file)
pdf_merger.close()

print("Finish")
```

그림 3.53 PDF 취합 애플리케이션 소스

구현은 간단하게 파이썬(Python)으로 구현하였다. 초기에는 PDF 파일을 취합해주는 기성품 애플리케이션을 사용하였으나, 파일을 선택하고, 취합 버튼을 누르고, 취합 파일의 이름을 저장하는 등 손이 많이 가서 작업 시간을 절약하기 위해서 전용 애플리케이션을 제작하였다. 성적서를 출력하는 폴더를 작업 폴더로 지정하여서 성적서 PDF 파일을 한 폴더에 모아 놓고, 파이썬 프로그램을 실행하는 bat 파일을 실행하면 자동으로 취합하여 1개 PDF 파일로 만든다. UI는 따로 없는 터미널 기반 애플리케이션이므로 그림 3.53에서는 파이썬 소스 코드를 나타내었다.

1번 라인은 파일을 읽고 쓰는 데 필요한 패키지를 import 했고, PDF를 사용하기 위해서 import 하는 부분이 2번 라인이다. 파이썬의 강점은 package라는 방식으로 추가 기능을 쉽게 사용할 수 있다는 것이다. Package는 많은 개발자가 자신이 원하는 기능을 개발하고 이를 무료로 공개한 기능이 대단히 많기 때문에 원하는 기능을 직접 개발하는 것보다 검색을 통해서 성능이 검증된 Package로 애플리케이션을 개발하면 빨리 개발을 완료할 수 있다. 4번 라인에서는 정해진 작업 폴더를 정하였고, 6, 7번 라인은 사용하려는 폴더와 파일을 정하고, 9번 라인에서 PDF를 취합하는 작업을 하는 객체를 생성한다. 11~13번 라인에서는 정해진 폴더에 포함된 PDF 파일을 하나씩 하나씩 취합하여 최종 PDF 파일에 추가해주는 작업을 한다. 16~18라인은 취합된 결과 PDF 파일을 하드디스크에 저장하는 부분이다. 마지막 20번 라인은 작업이 끝났음을 터미널에 표시한다.

이렇게 파이썬과 PDF 패키지를 이용하면 단 20줄의 코딩으로 정해진 폴더에 있는 PDF 파일을 하나로 취합하여 저장하는 기능을 만들 수 있는데, 이렇게 간단하게 원하는 기능의 애플리케이션을 만들 수 있는 것이 파이썬의 최대 강점이다. 자발적으로 활동하는 개발자가 개발한 소스 코드를 무료로 배포하고 있고, 기능의 개선과 확장도 자유롭게 허가되고 있어서 검색만 잘하면 만들고자 하는 대부분 기능을 가진 패키지가 있어서 간단히 조합하거나, 변경하는 것만으로도 애플리케이션 개발이 가능하다.

3.7.13 재고관리 애플리케이션 등

1) 목적

원부자재의 입출고 관리와 제품을 임시로 보관하는 보관박스 입출고 관리 등을 DB 서버를 이용하여 관리하는 애플리케이션을 개발한다. 창고 현장에 설치되어 사용되는 애플리케이션으로 현장에서 사용하기 적합하도록 제작하였다.

2) 개념설계

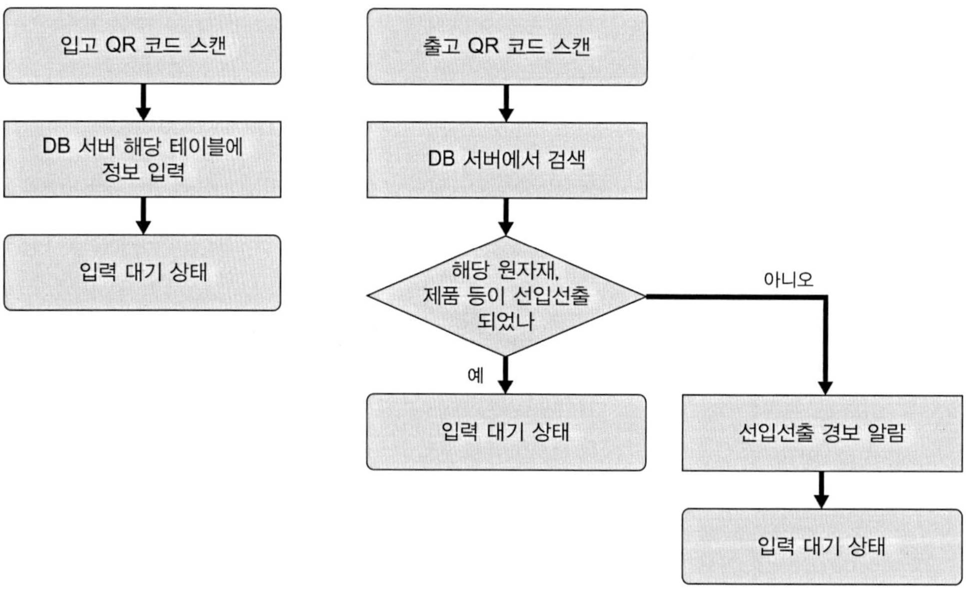

그림 3.54 재고관리 순서도

창고 입출고를 관리하는 방식을 원부자재 입출고와 임시보관등의 업무 전반에 적용하여 사용할 수 있다. 신규 입고 시에는 특별한 내용 없이 DB 서버에 입력하면 되고, 사용 후 잔량 재입고시에는 관리번호를 통해서 입출고 내역을 추적 및 관리한다. 출고 시에는 DB 서버에서 검색하여서 선입선출이 잘 되었는지를 확인하여 오래된 재고가 창고에 남지 않도록 관리한다.

2) 필요 요소

서버: DB 서버(MariaDB)

애플리케이션: 파이썬

하드웨어: 바코드 리더, 라즈베리 파이

3) DB 테이블 구성

표 3.10 재고관리 DB서버 테이블 구조

항목	데이터 형식
일련번호(DB 서버 내부용)	정수(자동증가)
항목 이름	문자열
항목 코드	문자열
입고 날짜	날짜
생산 날짜	날짜
제조업체 관리번호	문자열
무게/수량	더블(부동소수점 8byte)
출고 날짜	날짜
추가 관리번호1	문자열
추가 관리번호2	문자열
추가 관리번호3	문자열
추가 관리번호4	문자열
추가 관리번호5	문자열

입출고를 관리하기 위한 테이블의 구조는 위 표 3.10과 같다. 항목 이름과 코드는 원부자재, 제품 등을 구별하기 쉽도록 추가되는 내용이다. 입고 날짜는 바코드 스캔하는 당일 날짜를 기록하고, 생산 날짜는 제품이나 원부자재가 제조된 날짜를 기록한다. 제조업체가 관리번호(로트 번호)를 제공할 때는 제조업체 관리번호를 이용한다. 무게/수량은 창고에 보관된 수량을 확인하기 위해서 사용한다. 출고 날짜는 출고하면서 바코

드를 스캔한 당일 날짜를 기록한다. 입고된 날짜만 있고, 출고된 날짜는 없는 수량을 파악하면 현재 창고에 남아 있는 원부자재 재고를 파악할 수 있다. 출고할 때 바코드를 스캔하면 자동으로 DB 서버를 검색하여 창고 내에 있는 동일 제품 재고 중에서 생산 날짜가 먼저인 재고는 없는지를 확인하여 선입선출을 지키도록 한다. 선입선출은 재고관리의 기본이지만 관리에 많은 신경을 써야만 유지되기 때문에 기능을 구현하여 관리하도록 한다.

추가관리 번호의 경우는 배치 번호를 관리하기 위해서 사용한다. 동일 제품 로트를 가지고 있더라도 내부적으로는 배치 번호를 세분하거나, 생산에 사용한 원자재가 바뀌는 경우가 있으므로 추가 관리번호에서 관리하도록 한다.

원부자재 제조업체에서 부착하는 바코드나 QR코드를 DB 서버에 등록해서 활용하는 것이 편리하지만, 제조업체가 바코드/QR코드 등을 사용하지 않을 때는 창고 입고 시에 직접 발급하여 QR코드 스티커를 부착하여 관리하는 방식을 사용하여야 한다.

3) 구현 화면

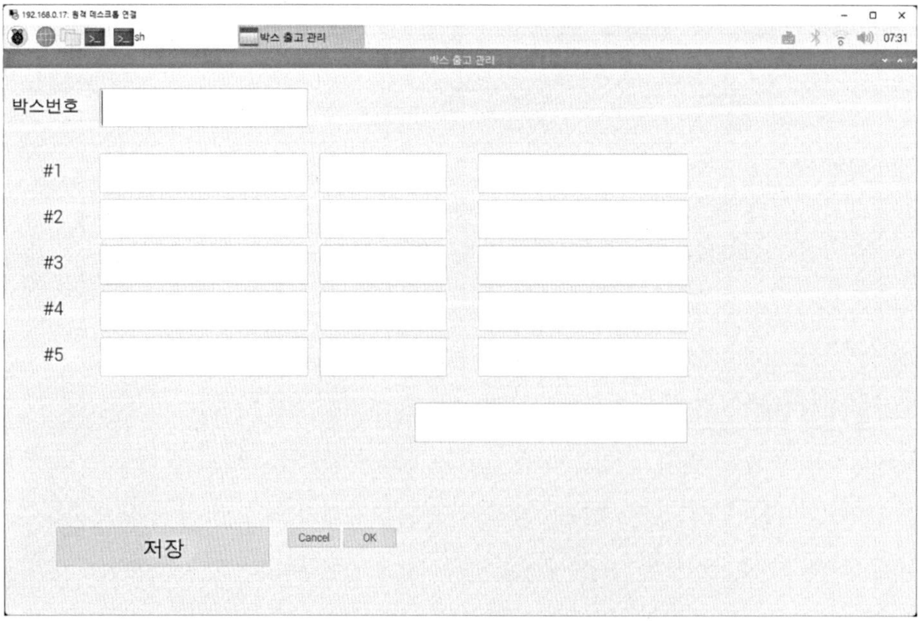

그림 3.55 파이썬으로 구현한 재고관리 애플리케이션

재고관리 애플리케이션은 창고에서 작업을 해야 해서, 작은 크기에 전원 연결 없이 배터리로도 동작할 수 있고 설치 비용이 저렴한 라즈베리 파이 컴퓨터를 이용해서 입출고 전용 하드웨어 시스템으로 사용하였다. 라즈베리 파이는 OS가 리눅스이기 때문에 윈도 PC에서 개발하여도 라즈베리 파이에서 그대로 사용할 수 있는 파이썬으로 애플리케이션을 작성하였다. 파이썬의 동작 속도가 느린 단점이 있지만, 복잡한 동작을 하는 것이 아닌 애플리케이션이기 때문에 파이썬으로 충분한 성능을 낼 수 있었다.

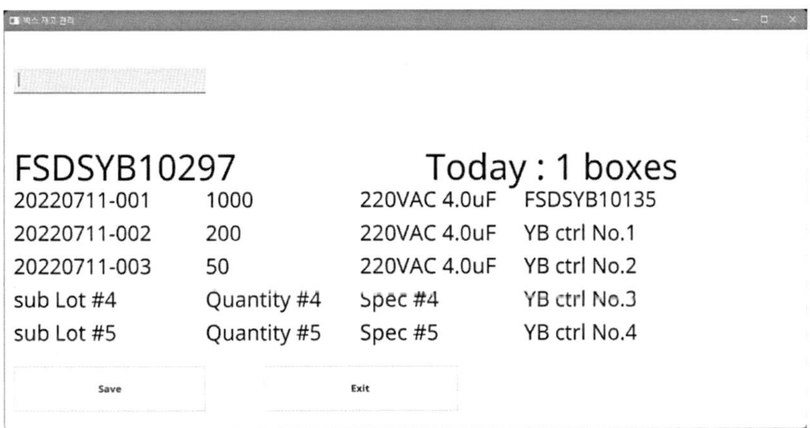

그림 3.56 Go언어로 구현한 재고관리 애플리케이션

파이썬의 중요한 단점은 느린 속도와 보안성이 약한 것 2개인데, 속도가 느린 단점은 애플리케이션이 단순할 때는 큰 문제가 없지만, 보안성이 약한 단점은 해결해야 하는 문제이다. 파이썬 프로그램은 간단한 텍스트 편집기로도 그 내용을 볼 수 있어서 DB 서버 접속 ID와 암호가 노출되는 보안 문제가 있다. DB 서버에서 사용자의 권한을 축소하는 방식으로 보안성을 높일 수 있지만 기본적으로 DB 서버에 데이터 입출력이 가능한 ID와 암호가 공개된 것은 보안상 취약점이다. 이런 보안성 문제 때문에 저자는 파이썬 애플리케이션을 Go 언어로 다시 제작하여 현장에서는 실행파일만 사용하게 하여서 보안성을 강화하여 사용하였다. Go 언어로 제작한 애플리케이션은 윈도, 맥 OS, 리눅스 등에서 특별한 변경 없이 컴파일만 하면 실행 파일을 만들 수 있어서 편리하게 개발하고 배포할 수 있다.

연습 문제

1. 다음 중 NoSQL DBMS를 고르시오.

① Oracle ② MySQL ③ MariaDB
④ MS SQL서버 ⑤ Mongo DB

2. 다음 중 XAMPP 패키지에 포함되지 않는 것을 고르시오.

① Apache 웹서버 ② PHP ③ MariaDB
④ 파이썬 ⑤ FileZilla(FTP)

3. 다음 중 파이썬(PYTHON) 언어의 특징에 포함되지 않는 것을 고르시오.

① 인터프리터 언어이다. ② 보안성이 우수하다.
③ 문법이 영어 어순과 유사하다. ④ 오픈소스로 패키지가 많다.
⑤ OS간 이동 시에도 소스코드 변경 없이 가능하다.

4. 다음 중 고(Go) 언어의 특징에 포함되지 않는 것을 고르시오.

① 인터프리터 언어이다. ② 컴파일 언어이다.
③ 명령어가 적다. ④ 구글에서 제작한 언어로 지원이 좋다.
⑤ OS간 이동 시 컴파일을 다시해야 한다.

5. 라즈베리 파이 하드웨어를 사용하는 이유에 포함되지 않는 것을 고르시오.

① 저가에 적절한 성능이 있다.
② 리눅스 GUI 환경을 지원한다.
③ 단순한 하드웨어로 내구성이 있다.
④ 많은 연산을 처리할 수 있는 성능이 있다.
⑤ GPIO 출력으로 릴레이 등을 제어할 수 있다.

연습 문제 풀이

1. 답 ⑤

Oracle, MySQL, MariaDB, MS SQL서버는 모두 SQL기반 DBMS이고, Mongo DB는 NoSQL DB서버로 SQL이외의 방식도 사용할 수 있다.

2. 답 ④

Apache 웹서버, PHP, MariaDB, FileZilla(FTP)는 XAMPP에 포함되어 쉽게 설치 가능하지만, 파이썬은 따로 설치하여야 한다. 파이썬을 쉽게 설치하는데에는 Anaconda라는 모듈이 있어서 이를 사용하는 것이 편리하다.

3. 답 ②

인터프리터 언어, 문법이 영어 어순과 유사하다, 오픈소스로 패키지가 많다, OS간 이동 시에도 소스코드 변경 없이 가능하다는 것은 파이썬의 특징이다. 인터프리터 언어인 파이썬은 OS 변경에 큰 문제가 없으며 오픈소스 참여자가 많아서 패키지가 많은 것이 장점이다. 파이썬은 영어와 유사한 문법으로 C/C++과 같은 언어보다 문법이 쉽다. 소스코드가 그대로 노출되어 있어서 보안성이 낮은 편이다.

4. 답 ①

컴파일 언어, 명령어가 적다, OS간 이동 시 컴파일을 다시해야 하는 특징이 있다. Go 언어는 구글에서 개발한 언어로 명령어 수가 적으며, 컴파일 언어이고 업데이트가 지속적으로 되고 있다. 인터프리터 언어가 아닌 컴파일 언어이다.

5. ④

저가에 적절한 성능을 지원하고, 리눅스 GUI 환경 사용이 가능하여 사용자에게 익숙하고, SBC(Single Board Computer)로 보드 1장에 모든 기능이 포함되어 단순하고 내구성이 좋다. GPIO 출력을 지원하여 릴레이드 다른 하드웨어 제어가 가능하다. 일반 컴퓨터에 배해서는 연산 능력이 부족하여서 상대적으로 단순한 작업에 어울린다. 많은 연산을 처리할 수 있는 성능이 있다.

4

스마트 팩토리 하드웨어 분야

4.1 기본 설명

이번 장에서는 저자가 스마트 팩토리와 공장 자동화를 구현하면서 사용한 하드웨어 부품을 설명한다. 자동화 설비를 제작할 수 있는 여러 종류의 부품이 시장에 있고, 현장에서도 사용되고 있지만, 현장에서 직접 업무를 해보지 않으면 어떤 부품이 어떤 용도로 사용되며, 어떤 기능까지 지원해주는지를 알 기회가 별로 없다. 저자는 현장에서 배울 기회가 없었기 때문에 부품의 용도와 기능을 알아보기 위해서 제조회사 홈페이지에서 사용설명서를 하나하나 받아서 기능을 확인하는 과정이 필요했고, 초보자 단계에서는 사용설명서를 확인하여도 쉽게 이해하지 못해서 비슷한 부품 여러 개를 구매해서 직접 사용해 보느라고 많은 시간과 비용을 소모하였다. 이 장에서는 많이 사용되는 부품의 정보를 모아서 설명하여 실제 구현할 때 도움이 될 수 있도록 정리하였다.

자동화 설비를 개발하기 위해서 자료를 찾아보면 하드웨어 부품을 설명해주는 서적이 부족한 편이고, 인터넷으로 검색해도 광고성 정보가 더 많아 필요한 정보를 얻기가 어려워서 초보자에게는 쉽게 시작하기 어려운 단점이 있다. 이렇게 하드웨어 분야를 배우기 위해서는 현장 업무를 겪으면서 배워야 해서 소프트웨어 분야보다 하드웨어 분야가 상대적으로 기술 인력도 부족하고 높은 기술 수준으로 성장하기 어려운 상황이다. 사정이 이렇다 보니 간단한 설비를 외주 제작하려고 하여도 비용이 상당히 비싸고, 제작 기간도 길게 잡아야 해서 공장의 생산성을 높일 수 있는 아이디어가 있어도 현장에 적용하려면 오랜 시간이 필요한 것이 현실이다. 저자도 여러 가지 아이디어가 있었지만, 마땅히 제작을 맞길 만한 곳도 찾기 힘들었고, 어렵사리 제작업체와 연결이 되어도 제작 기간과 제작 비용이 너무 부담되어 쉽사리 실행할 수 없는 문제에 직면하곤 하였다.

최근 들어서 제조업 근로자가 귀해지고 가치가 높아지면서 생산성을 높이는 것뿐만 아니라, 작업자가 근무하기 좋은 환경을 마련하는 것도 제조업에는 매우 중요한 요소가 되었다. 작업자가 부가가치가 높은 핵심 업무에 집중할 수 있도록 기타 부수적인 업무는 자동화하거나, 적은 시간과 노력으로 업무를 할 수 있도록 공정을 개선해서 작업자의 업무 만족도를 높이고, 짧은 기간내에 핵심 업무 숙련도를 높일 수 있는 환경을 만들어서 공장 전체의 생산성이 높아지도록 공장 환경을 개선해야만 시장에서 살아남을 수 있는 경쟁력을 확보할 수 있다.

이 장에서는 이렇게 생산성을 높일 수 있는 하드웨어를 제작하는데 필요한 부품에 대한 이해를 높여서 외주로 제작하거나 직접 제작할 때 도움이 될 수 있도록 설명하고자 한다. 또한 저자회사에 적용된 사례를 소개하여서 현장에 하드웨어 부품의 적용 사례를 설명하고자 한다.

4.2 하드웨어 부품 설명

이 장에서는 크게 자동화를 위한 하드웨어 부품에 관해서 설명한다. 하드웨어 부품의 범위는 두 가지로 나눌 수 있는데 기성품으로 나오는 부품과 기성품을 용도에 맞게 가공하거나, 두 개 이상의 부품을 조합해서 사용하는 경우 등으로 나눌 수 있다. 기성품으로 나오는 부품을 조합하여 사용할 때는 각 부품의 전기적 특성, 기계적 특성에 대해 이해가 필요하다. 초보자가 하드웨어 설비를 제작하려고 해도 하드웨어 부품에 대한 사전지식이 없으면, 기성품을 구매해야 할지, 조합을 해야 할지, 만들어야 할지에 대한 감을 잡기 어렵기 때문에 여기서는 많이 사용하는 하드웨어 부품을 설명하고 사용 용도에 관한 설명으로 기성품에 대한 이해를 높이는 것을 목표로 한다.

4.2.1 PLC(Programmable Logic Controller: 프로그램형 논리 제어기)

PLC는 타이머, 릴레이, 스위치 등의 기능을 보유하고, 메모리에 로드 된 프로그램에 따라서 동작하도록 하는 일종의 컴퓨터 장치이며, 사용자가 자유롭게 프로그램을 작성하거나 변경하여 원하는 방식으로 사용할 수 있는 제어기를 말한다. 타이머, 릴레이, 스위치 등의 기본기능 뿐만 아니라 아날로그 및 디지털 입출력, 연산기능, 카운터, 모터의 위치제어 등의 추가 기능을 포함하고 있는 것이 일반적인 현대 PLC의 기능이다.

과거에는 릴레이, 타이머 등의 부품을 가지고 순차적으로 기기나 설비가 동작하도록 제어하는 방식으로 자동제어를 구현하였는데, 순차적으로 제어하는 방식이라서 시퀀스 제어(Sequential Control)라고 불렀다. 이 시퀀스 제어 방식은 제어 동작이 복잡해질수록 더 많은 부품과 배선을 설치해서 부피가 커지고 고장 가능성이 높아지며, 고장이 났을 때 문제가 발생한 부품을 찾기가 어렵다는 단점이 있다. 산업이 발전하면서 자동제어 설비의 요구는 계속 늘어났기 때문에 1960년에 GM(General Motor) 사에서 새로운 제어 장비의 요구 조건을 정리하여 발표하였고, 1968년 Modicon 084라는 제품이 최초의 PLC 제품으로 출시되어 GM의 요구 조건을 달성하였다.

이후 1977년 Modicon 브랜드는 굴드 일렉트로닉스(Gould Electronics)를 거쳐 슈나이더 일렉트릭(Schneider Electric)으로 매각되었다. 1979년 Modicon이 개발한 데이터 통

표 4.1 세계 PLC 제조업체 순위

순위	제조사	시장 점유율
1	지멘스(Simens)	31%
2	로크웰 오토메이션(Rockwell Automation)	22%
3	미쓰비시 일렉트릭(Mitsubishi Electric)	13%
4	슈나이더 일렉트릭(Schneider Electric)	8%
5	옴론(Omron)	6%
6	비앤드알 인더스트리얼 오토메이션(B&R Industrial Automation)	4%
7	화낙(GE FANUC)	3%
8	에이비비(ABB)	2%
9	기타	11%

2018, 출처 statista.com

신 프로토콜인 ModBus 방식은 현재도 PLC, 부품, 설비 등이 서로 통신하기 위해서 사용하고 있다. 이후 PLC는 끊임없이 발전하여서 현재는 자동화 동작이 필요한 분야에서 널리 사용하고 있다.

전 세계적으로 가장 많이 사용되는 PLC는 지멘스(Simens)사의 제품으로 33%에 해당하는 시장을 점유하고 있다. 독일의 글로벌 회사인 지멘스사는 1973년에 프로그램으로 동작을 제어할 수 있는 PLC 제품인 SIMATIC S3 제품을 출시하였다. SIMATIC S3 제품은 이전에 사용하던 릴레이 대신 트랜지스터를 스위치로 사용하여 물리적인 가동 부위가 없는 동작을 실현하였고, 마이크로프로세서와 프로그램으로 동작하는 최초의 현대적인 개념의 PLC 제품이 되었다. 지멘스는 PLC를 생산한 역사가 길어서 많은 곳에 지멘스 PLC가 적용되었고 이를 바탕으로 높은 시장 점유율을 유지하고 있다. 국내에서는 지멘스사의 제품이 해외에 비해서 많이 사용되지 않고 있는데 산업화 과정에서 제조용 설비를 일본이나 미국에서 도입하면서 유럽 기업인 지멘스보다 미국이나 일본 PLC가 많이 적용되었던 이유로 보인다.

그림 4.1 지멘스 SIMATIC S7-1500 제품(출처: 지멘스 홈페이지)

2위 로크웰 오토메이션은 미국회사로 1903년에 설립된 회사이다. PLC 분야는 Allen-

Breadley사가 1981년부터 개발하여 판매하던 PLC 사업부를 1985년 로크웰 인터네셔널 사가 인수하면서 시작하게 되었다. 여러 분야에서 사용되지만, 발전소 등의 플랜트 분야에 강점이 있다. 로크웰 오토메이션 제품은 상대적으로 고가이지만 세계적으로 안정성과 신뢰성을 인정받으며 정확도, 내구성, 안정성 등이 필요한 분야에 많이 사용되고 있다. PLC 제품의 브랜드 이름은 Allen-Bradley라는 이름을 유지하고 있으며 국내에서는 AB PLC라고 줄여서 말한다.

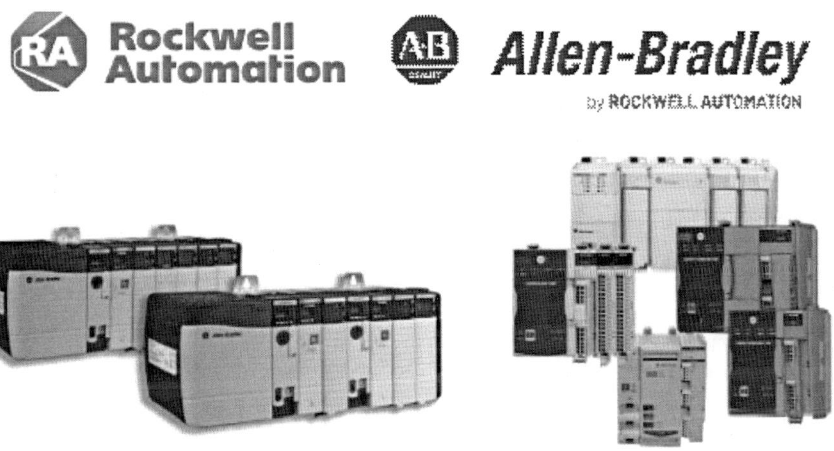

그림 4.2 로크웰 오토메이션/알렌 브래들리 제품(출처: 로크웰 오토메이션 홈페이지)

3위 미쓰비시 일렉트릭의 PLC는 국내에서 굉장히 많이 사용되고 있어서 국산 PLC인 LS일렉트릭 PLC와 함께 국내 시장의 대부분을 차지하고 있다. 미쓰비시 PLC는 다른 글로벌 회사들보다는 늦은 시기에 시작되었는데, MELSEC-A 시리즈가 출시된 시기가 1985년으로 지멘스나 슈나이더가 70년대에 PLC 제품을 출시한 것보다는 늦은 편이다. 하지만 일본의 미쓰비시 그룹 내부의 수요를 바탕으로 기술개발을 꾸준히 하였고, 전 세계로 수출하는 일본산 생산설비에 미쓰비시 PLC가 탑재되면서 점차 시장점유율을 확보할 수 있었다. CC-Link라는 자체 개발 통신 프로토콜을 보유하고 있어서 생산 현장에서 널리 사용되고 있으며 이 통신 프로토콜에 의존하는 설비 때문에 미쓰비시 제품만을 사용하는 사례도 있다.

그림 4.3 미쓰비시 일렉트릭의 MELSECQ 제품(출처: 미쓰비시 홈페이지)

4위 슈나이더 일렉트릭은 세계 최초로 PLC를 개발한 Modicon사를 인수하여 PLC 사업에 진출하였고, 2017년에는 인간 기계 인터페이스 장치(HMI: Human Machine Interfac, 터치 모니터) 제품인 Pro-face를 생산하는 디지털 일렉트로닉스 코포레이션 사를 인수하여 PLC 장비 관련 라인업을 갖추게 되었다. 슈나이더 일렉트릭은 프랑스 회사로 1836년 창립되었으며, 주요 제품은 디지털 오토메이션, 에너지 관리 분야에서

그림 4.4 슈나이더 일렉트릭 Modicon M580 제품(출처: 슈나이더 홈페이지)

강점을 가진 기업으로 디지털 오토메이션 분야에 PLC 제품군이 포함되어 있다. 또한 전기전자 부품도 많이 생산하고 있는 기업으로 전 세계적으로 가정, 상업용 빌딩, 데이터 센터 등에 슈나이더 제품이 많이 적용되어 있고 전력 송배전 분야에서도 강점이 있는 회사이다.

5위 오므론은 일본에서 1933년에 만들어진 회사로 우리나라에는 일반적으로 체온계, 혈압계 등의 헬스용품이나 마우스 스위치 등으로 알려져 있으나, 실제 오므론의 가장 큰 매출은 자동화 부품에서 나온다. 스위치, 릴레이, 화이버 센서를 비롯한 PLC까지 자동화에 필요한 부품 대부분을 생산하고 세계적으로 점유율도 높은 회사이다. 우리나라에서는 오므론의 PLC와 전자 부품의 시장점유율이 높은편은 아닌데, LS산전의 PLC가 강력한 시장 장악력을 가지고 있고 자동화 부품에서는 오토닉스 등의 국산 부품 경쟁력이 높아서 상대적으로 비싼 오므론 제품의 시장 점유율이 낮은 편이다. 하지만, 해외에서는 시장 점유율이 높은 편이라서 해외 장비와 함께 국내로 들어오는 경우가 있고, 특히 반도체 장비 중에서 일본 설비 비중이 높은 분야에는 미쓰비시와 오므론을 많이 사용하고 있어서 일정부분 수요가 존재한다.

그림 4.5 오므론 NX/NJ 제품(출처: 오므론 홈페이지)

LS일렉트릭(구 LS산전)은 세계적으로는 많이 사용되지 않지만, 국내에서는 미쓰비시 PLC와 시장점유율을 경쟁할 정도의 PLC이다. LS일렉트릭 PLC는 미쓰비시 등 글로벌 기업 PLC에 비해서 낮은 가격이 강점이고 안정성이나 정교한 제어 능력은 기술 선도 업체인 지멘스나 미쓰비시 제품이 더 인정을 받지만, 한국회사라서 A/S가 쉽고 모든 자료가 한글로 제공되어서 문제 발생 시 해결이 쉽다는 장점이 있다. 최고 성능을 가진 PLC는 아니지만, 현장에서 항상 최고 성능의 PLC만 필요한 것은 아니라서 제조현장에서 사용하는 제어 업무에는 충분한 성능을 보여준다.

LS산전은 1995년 금성계전과 금성기전이 합병하여 LG산전으로 시작하였다. 1996년 GLOFA 시리즈 PLC(현재 단종, 지멘스 제품과 유사)를 출시하였으며, 2003년에는 MASTER-K 시리즈 PLC(현재 단종, 미쓰비시 제품과 유사)를 출시하였다. 현재는 GLOFA와 MASTER-K 제품은 단종되었고 XGT, XGB 시리즈를 생산하고 있다. PLC를 사용하기 위한 소프트웨어 등 지원이 잘되어 사용하기 편리하며, XGB 제품의 경우에는 단가도 저렴하여서 PLC 학습을 시작하기에 좋아서 사용자층이 많은 편이다.

그림 4.6 LS일렉트릭 XGK 제품(출처: LS일렉트릭 홈페이지)

키엔스(Keyence)는 일본의 자동화제어 기기와 부품 등을 생산하는 회사로 1974년에 창업하여 1986년에 사명을 키엔스라고 변경하였다. 제품 개발과 유통 및 판매에 집중하고 실제 생산은 외주를 주어서 생산하는 방식을 고수하는 회사이고, 직접 판매가 원칙으로 대리점 판매는 하지 않는다는 원칙이 있어 저렴한 부품이나 소형 PLC를 주문해도 키엔스 직원이 응대하므로 제품이 문제가 있을 때 본사 지원을 받을 수 있어 문제해결이 쉽다. 특히 A/S 수준도 타사에 비해서 훨씬 좋은데, A/S 대응을 받아보면 키엔스에 대한 호감도가 많이 올라간다고 한다. 일본에서는 고속도로에서 과속하는 흰색 차량은 A/S가는 키엔스 차량이고 노란색 차량이 과속하면 A/S가는 화낙 차량이라는 농담을 할 정도로 산업체에 대한 A/S가 좋은 회사이다.

키엔스 제품의 특징은 단가가 높은 편에 속하는 브랜드이지만 키엔스 제품이 가진 기능과 품질로 그 값을 하는 제품을 생산하고 있다. 예를 들면 일본의 오므론이나 국내 오토닉스의 부품은 저가, 중가, 고가 라인업이 만들어져 있는데, 키엔스의 경우에는 중

그림 4.7 키엔스 KV-8000 제품(출처: 키엔스 홈페이지)

가와 고가 모델만 존재하는 경우가 있어서 비싸다는 인상이 있다. 하지만 고급 기능이 필요할 때 오므론이나 오토닉스에서는 최고가 모델을 사용해야 하지만, 키엔스에서는 중가 제품에 기능이 포함된 경우가 많아서 일정 수준 이상의 기능을 원하면 단가 차이가 크지 않은편이다. 또한 키엔스 제품이 가진 기능은 현장에서 필요한 기능을 보유한 경우가 많아 현장의 요구에 맞춘 제품 개발에 집중하고 있는 것으로 보인다.

이 때문에 저자는 최근 키엔스 PLC를 주로 사용하고 있는데, 타사 제품보다는 약간 비싼편이지만, 설비를 구상할 때 생각했던 동작을 정확히 구현할 수 있는 특징이 있어서 프로그램을 최적화하기 위한 시간이 타 브랜드 제품에 현격히 짧아 점차 키엔스 제품을 많이 사용하고 있다.

4.2.2 라즈베리 파이, 아두이노

PLC는 보안상의 이유 등으로 일반 컴퓨터처럼 DB 서버에 자유롭게 데이터 입출력하지 못해서 설비와 DB 서버를 인터넷을 통해 직접 연결하여 사용하기는 어렵다. DB 서버와 컴퓨터 (PC)의 조합은 입출력을 자유롭게 할 수 있지만, 설비의 하드웨어를 제어

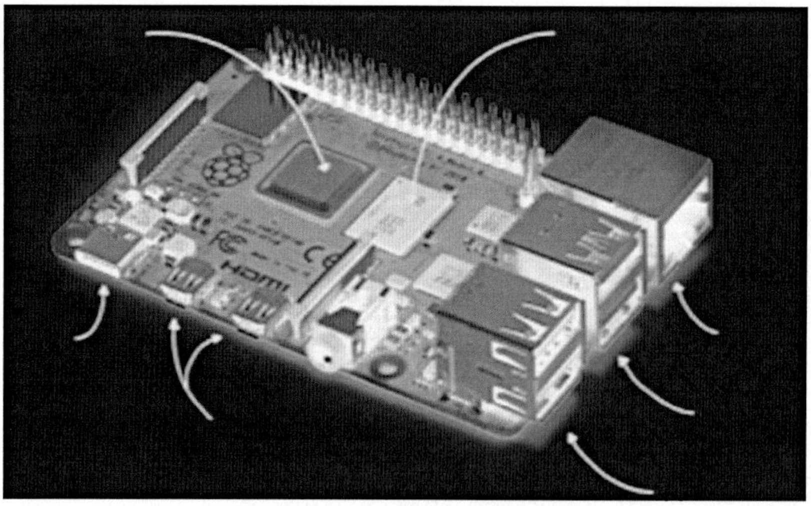

그림 4.8 라즈베리 파이 4B 버전 사진(출처: www.raspberrypi.org)

하기 위해서는 입출력을 위한 전용 장치를 추가로 설치해야 하는 단점이 있다. 이렇게 PLC와 PC는 각각 가진 장단점이 있어서 설비를 제작할 때 각각의 장단점을 비교하여 둘 중 하나를 선택해야했다. 그런 상황에서 두 가지 방식이 가진 단점을 해결해 준 것이 라즈베리 파이와 같은 싱글 보드 컴퓨터(SBC: Single Board Computer)와 아두이노와 같은 마이크로 컨트롤러가 해결책이 되었다.

4.2.2.1 라즈베리 파이(Raspberry Pi)

라즈베리 파이는 영국의 라즈베리 파이(Raspberry Pi) 재단에서 만든 저가의 소형 컴퓨터로 교육용 목적으로 개발되었다. 처음 출시는 2012년 3월부터 출시하였고, 256~512 MByte 램과 700 MHz ARM CPU가 보드 1장에 설치된 싱글 보드 컴퓨터로 HDMI 출력, 3.5 mm 출력, USB A 타입 포트 등을 지원하고 있어서 일반 컴퓨터와 같은 방식으로 사용하는 것이 가능하였다.

그림 4.9 라즈베리 파이 1 모델 B+(출처: 라즈베리 파이 홈페이지)

2015년에는 모델 2가 출시되었다. 모델 2의 CPU는 Cortex-A7 900 MHz 쿼드코어 ARM 프로세서와 1 GByte 램으로 출시되었으며 이더넷을 포함하고 있어서 인터넷을 활용하는 것이 가능해졌다. 비디오 출력은 HDMI, 오디오는 3.5 mm 잭을 지원하고 USB 2.0 A타입 포트 4개를 지원하여 주변기기도 넉넉하게 활용할 수 있는 독립적인 컴퓨터의 기능을 모두 갖추게 되었다. 모델 2부터는 마이크로소프트 윈도 10 IOT 버전의 설치가 가능하여 기존에 사용하던 Linux보다 친근한 윈도 10 IOT 환경을 지원하였다. 윈도 10 IOT의 경우 부팅에 걸리는 시간이 Linux에 비해서 너무 오래 걸리는 단점이 있어서 여전히 Linux를 이용하는 경우가 훨씬 많았다.

그림 4.10 라즈베리 파이 2 모델 B (출처: 라즈베리 파이 홈페이지)

2016년에는 라즈베리 파이 3 모델 B가 발표되었는데 Cortex A53 1.2 GHz 64비트 쿼드코어 ARM 프로세서가 포함되어 64비트 환경을 지원하게 되었으며, 램은 1 GByte가 장착되었다. 이더넷뿐 아니라 와이파이(WIFI)와 블루투스를 지원하고, USB 2.0 A타입 4 포트를 지원하였다. 이 모델부터는 프로세서의 성능과 램 등 성능이 충분해져서 사용가능한 분야가 확연하게 늘어났으며 전 세계적으로 라즈베리 파이에 관한 관심이 늘어나게 되었다. 2018년에는 라즈베리 파이 모델 B+가 발표되었는데 프로세서의 성능이 1.4 GHz로 향상된 만큼 전력도 많이 사용하여 사용전류가 2.5 A 이상 되는 전용

어댑터의 사용을 요구하게 되었다.

저자의 경우 라즈베리 파이 3 B+모델부터 현장에 적용하여 사용하고 있다. 크기가 작아서 모니터 뒤에 부착하는 것이 가능할 정도의 작은 부피와 전력을 적게 사용하는 특징이 있어서 웹페이지에서 생산 데이터를 입력하거나, 품질 정보를 입력하는 목적 등으로 수년간 사용하고 있다.

그림 4.11 라즈베리 파이 3 B+모델 (출처: 라즈베리 파이 홈페이지)

2019년에는 라즈베리 파이 4 모델 B가 발표되었다. Cortex-A72 1.5 GHz 64비트 쿼드코어 ARM 프로세서가 장착되었으며, 1 G Byte 램과 4 G Byte 모델이 발표되어서 넉넉한 램 환경에서 작업이 가능하게 되었다. HDMI 단자가 미니 단자로 변경되어서 케이블을 연결하려면 변환 젠더를 사용해야만 하는 단점이 생겼지만, 기본으로 HDMI 포트가 2개이므로 듀얼 모니터 사용이 가능하여 넓은 화면을 사용할 수 있다. 저자의 회사에서는 라즈베리 파이 4 모델 B와 바코드 리더를 이용하여 창고 재고관리, 용접 설비의 압력 관리 등에 적용하여 사용하고 있다. 라즈베리 파이가 지원하는 GPIO 출력은 PLC와 같이 안정적인 하드웨어는 아니지만, 50달러 미만인 가격과 Wifi와 이더넷으로 인터넷을 지원하는 특징을 고려하면 매우 만족스럽게 사용하고 있다.

라즈베리 파이의 인기 원인은 사용하는 OS가 Linux이기 때문에 일반 개발자도 파이썬과 같은 고수준 언어를 이용한 코딩이 가능한 것이 가장 가장 큰 장점이다. 파이썬을 이용해서 하드웨어 제어까지 가능하므로 PLC 개발자보다 인적자원이 풍부하고, 적용 분야의 확장성이 좋아 점차 많은 분야에 적용하려는 노력이 시도되고 있다. 라즈베리 파이는 오픈 소스로 회로도와 설계도가 공개되어 있어서 사용 목적에 따라 하드웨어 개선이 가능해서 호환 보드 개발사에 따라서 개성 있는 추가 기능을 포함하는 보드를 생산하여 선택의 폭이 넓고, 저렴한 가격으로 구매가 쉽다는 것도 인기의 비결이다. 라즈베리 파이에서 사용하는 언어는 파이썬 외에도 C/C++, Go 등 거의 모든 언어를 활용하여 개발할 수 있다는 특징이 있어 일반 소프트웨어 개발자도 하드웨어 제어

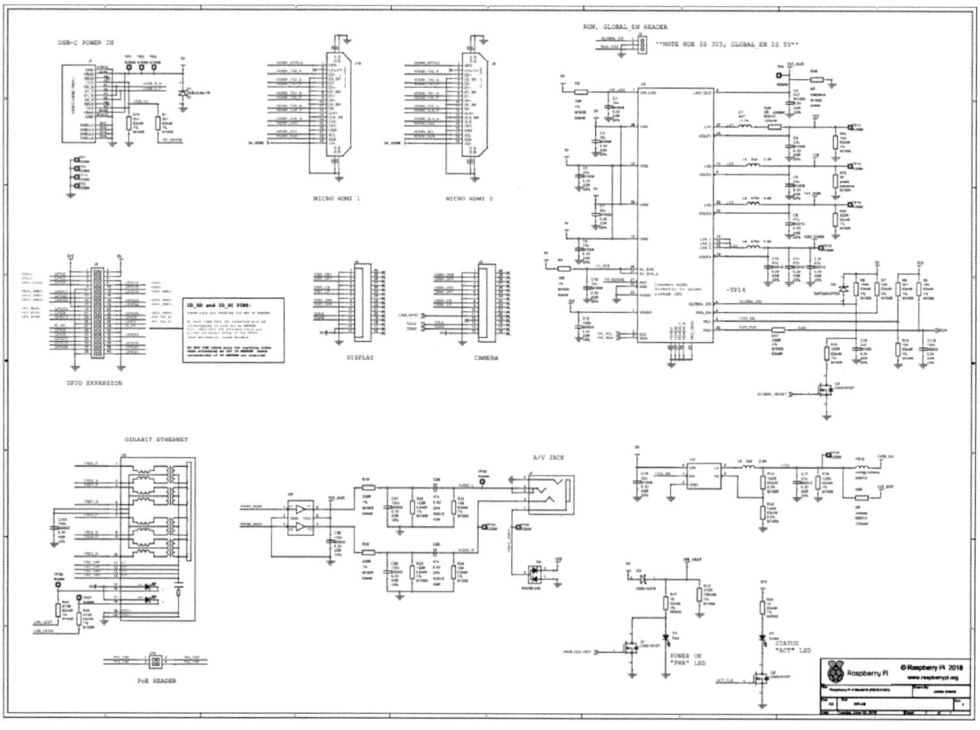

그림 4.12 라즈베리 파이 4의 회로도(오픈소스, 라즈베리 파이 홈페이지)

분야에 진입할 수 있게 되었다.

라즈베리 파이는 GPIO(General Purpose Input Output: 범용 입출력포트)를 이용할 때 소프트웨어적으로 입출력 핀을 지정할 수 있으며, 디지털 입력을 받을 수 있고, 출력 신호는 디지털 출력과 PWM(Pulse Width Modulation: 펄스폭 변조)으로 아날로그 출력이 가능한 것이 강점이다. 라즈베리 파이 디지털 출력(On/Off 동작)은 3 V 전압 출력이지만, 릴레이를 사용하면 높은 전압 전류도 조정할 수 있어서 일반 PC가 추가 입출력 장치를 설치해야 외부 설비를 제어할 수 있는 것에 비하면 단순한 하드웨어 구성이 가능하다는 장점이 있다. PC에서 이러한 기능을 꾸미려면 PC와 디지털 입출력 모듈로 구성해야 해서 라즈베리 파이보다 10배 이상의 비용이 필요하고 라즈베리 파이보다 부피가 크게 되어 설치 공간의 한계가 있는 등의 단점이 있어 라즈베리 파이가 가진 장점이 PC나 PLC가 진입하지 못하는 라즈베리파이 만의 시장을 확보하는데 도움이 되고 있다. 라즈베리 파이는 코로나와 반도체 공급 부족의 여파로 2023년 4월 현재 구입이 어려운 상황이고, 판매가격도 매우 높은 상황이 계속되고 있어 대체품인 오렌지 파이, 카다스 등을 사용을 고려하여야 한다.

4.2.2.2 아두이노(Arduino)

아두이노는 2005년 이탈리아 마시모 반지(Massimo Banzi)와 다비드 쿠아티레에스(David Cuartielles)에 의해서 개발되었다. 아두이노는 마이크로 컨트롤러(Micro Controller)를 학습하거나 시제품을 개발하는 데 편리하게 사용할 수 있도록 만들어진 프로토타입용 보드이다.

아두이노 보드는 마이크로 컨트롤러 또는 MCU(Micoro Controller Unit)라는 프로세서와 RAM, ROM, GPIO 컨트롤 기능 등을 보유한 보드로 임베디드(Embedded) 시스템을 구현하기 위해서 사용한다. 임베디드 시스템이란 장치 내부에 프로세서가 내장된 시스템을 말하는데, 일반적으로는 한정된 목적을 수행하는 한정된 기능을 가진 프로세서 장치를 지칭하기 때문에 일반 컴퓨터나 라즈베리 파이 같은 싱글 보드 컴퓨터(SBC)와는 다르며 고수준의 기능을 지원하지도 않는다. 예를 들면 전기밥솥이나 인덕션 레인지, 디지털 도어락 등은 마이크로 프로세서가 포함된 임베디드 시스템이라고

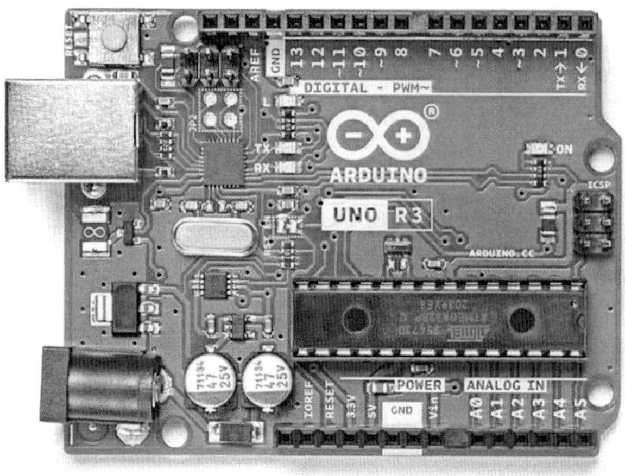

그림 4.13 아두이노 우노 Rev3(출처: arduino.cc)

볼 수 있으며, 좀 더 복잡한 임베디드 시스템으로는 마이크로소프트의 게임기인 Xbox 나 소니의 게임기인 Play Station도 임베디드 시스템으로 분류된다.

아두이노는 1984년 설립된 Atmel사의 AVR이라는 마이크로 컨트롤러를 기반으로 입출력 기능을 포함한 제품이다. AVR 마이크로프로세서는 1996년에 개발되어 내부에 프로세서, RAM, ROM, GPIO 컨트롤러 ADC, DAC 및 플래시 메모리가 단일한 IC칩에 포함된 8비트 RISC(Reduced Instruction Set Computer ; 단순 명령어 조합 컴퓨터) 컨트롤러이다. AVR 마이크로 컨트롤러의 주요한 특징은 USB 연결을 포함한 시리얼 통신으로 프로그램을 컨트롤러 내부로 전송하는 기능으로 과거에는 EEPROM 라이터 등을 이용해서 프로그램을 컨트롤러에 구워야 하던 것에 비해 현재 USB 전송방식은

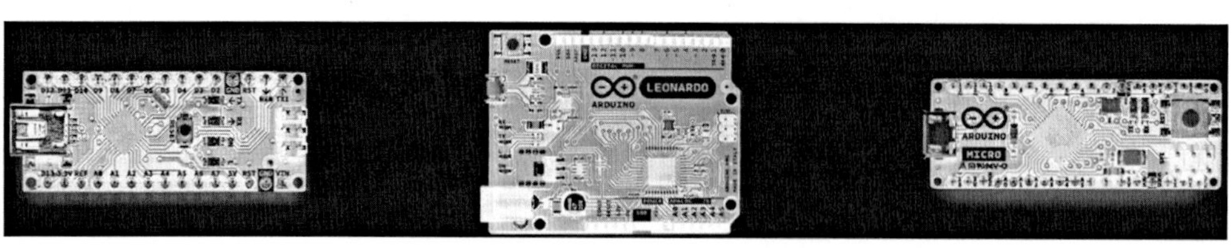

아두이노 나노 아두이노 레오나르도 아두이노 마이크로

그림 4.14 아두이노 입문형 보드 3종(출처: 아두이노 홈페이지)

빠르고 편리하게 변화하였다.

현재 아두이노는 브랜드 이름으로 사용되고 있어서 아두이노 브랜드를 가진 여러 종류의 보드가 판매되고 있다. 아두이노 우노는 입문용으로 많이 사용하며, 아두이노 우노를 소형화한 아두이노 나노가 있고 USB 컨트롤러를 개선한 아두이노 레오나르도와 이를 소형화한 아두이노 마이크로가 있다.

고성능 버전으로 메가2560, ARM 프로세서를 사용한 아두이노 제로, 아두이노 두에, IOT(Internet On Things)용으로 LTE 통신 모듈이 포함된 MKR NB1500 등으로 메모리, 입출력, 프로세서 성능, 통신 기능 등을 개선 시킨 여러 가지 버전이 있다.

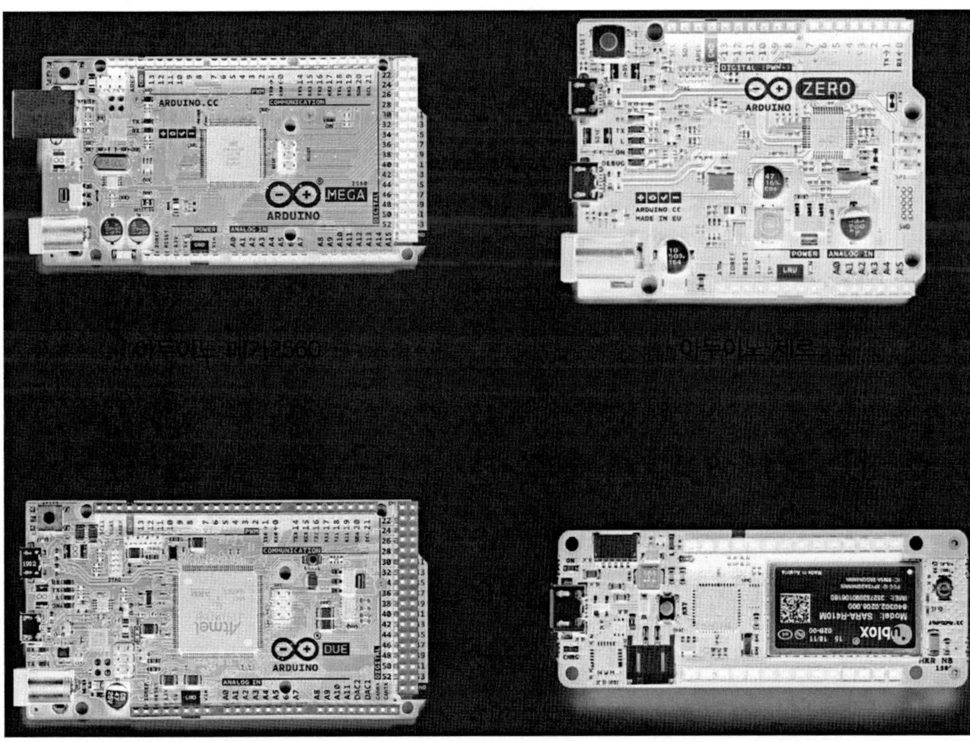

아두이노 두에 아두이노 MKR NB1500

그림 4.15 아두이노 고성능, 기능 추가 버전(출처: 아두이노 홈페이지)

아두이노 AVR 프로세서에 프로그램을 입력하기 위해서는 Arduino IDE(Integrated Development Environment)라는 소프트웨어를 통해서 프로그램을 작성하고 전송하는 방식으로 사용한다. C언어와 같은 문법을 이용해서 프로그램을 작성할 수 있는데, 프로그램이 시작할 때 필요한 내용을 정리하는 Setup 함수와 아두이노가 꺼질 때까지 계속 반복해서 수행하는 Loop 함수를 이용해서 프로그램을 작성한다. 이렇게 작성한 프로그램은 스케치라고 부르며, 아두이노에 전송되기 전에 컴퓨터에서 컴파일하여 AVR에서 실행할 수 있는 어셈블리어나 기계어로 변환하여 전송한다. 최근 ARM 프로세서를 이용하는 고성능 아두이노 보드에서는 고수준의 언어를 사용할 수 있어서 파이썬 같은 언어도 사용할 수 있지만, 기본적으로는 C와 어셈블리 언어를 이용하여 작성한다. 아두이노 IDE는 공개된 여러 가지 라이브러리를 검색하고 설치할 수 있는 기능이 있어서 편리한데, 많이 사용하는 기능은 이미 구현되어 있어서 구현된 라이브러리를 이용하면 빠르게 프로그램을 제작할 수 있어서 생산성이 좋다.

그림 4.16 아두이노 IDE 환경

아두이노는 제어 동작에 특화된 마이크로 컨트롤러로 제작한 보드이기 때문에 사용자 인터페이스(GUI) 등의 기능은 부족하고, 아주 복잡한 연산을 하기에도 속도가 느려 적합하지 않다. 하지만, 단순한 기능을 오류나 고장 없이 정확하게 동작시키는 목적으로는 매우 적합하다. 예를 들면 아날로그 신호를 처리하는 작업을 해야 할 때 아두이노는 내장 기능으로 빠르고 정확하게 처리할 수 있지만, 라즈베리 파이나 일반 PC에서 동일한 작업을 하기 위해서는 ADC(Analog Digital Converter) IC나 보드를 추가하여 설치해야 한다. 하지만, 생각보다 정밀도나 안정성이 아두이노 내장기능보다 부족하다. 아두이노 ADC는 정확하고 데이터 오류도 거의 없어서 라즈베리 파이에 추가 보드를 설치하는 것보다 아두이노 보드로 아날로그 입력을 받아 USB 통신으로 라즈베리 파이에 값을 전달하는 것이 안정적이고 정확한 동작을 수행한다.

또한 라즈베리 파이에 비해서 GPIO가 정확하게 동작하기 때문에 GPIO를 이용한 릴레이 제어 등은 아두이노를 사용하는 것이 더 정확한 동작을 얻을 수 있다. 특히 아두이노에 사용된 AVR 마이크로 컨트롤러의 경우 전기적 충격에 강해서 사용자 실수로 고전압이 입력되어도 어지간하면 파손되지 않고 사용할 수 있어 활용도가 넓은 편이다.

아두이노 하드웨어 역시 오픈 소스 방식이기 때문에 원본과 같은 기능이지만 가격은 저렴한 중국산 보드가 매우 많이 있으며, 개중에는 원본 아두이노를 개선하여 더 좋은 기능을 가진 보드도 있어서 활용적인 면이나 가격 면에서 사용자에게 좋은 환경이다.

4.2.3 릴레이

릴레이는 전기적으로 동작하는 스위치의 일종이다. 릴레이는 전자석이 설치되어 있어서 전류가 흐르면 전자석이 동작하여 접점을 움직이고 이에 따라서 On/Off 동작이 되는 특징을 가지고 있다. 릴레이 사용이 유리한 점은 적은 전류로 전자석이 동작하여 큰 전류를 흘리는 스위치 동작이 가능하기 때문이다. 시퀀스 회로나 PLC와 같이 작은 전류를 흘리는 장치라도 릴레이를 통하면 큰 전류와 큰전력 제어가 가능한 것이 장점이다. 앞에서 설명한 라즈베리 파이나 아두이노의 경우에 GPIO에서 나오는 출력은

3 V~5 V 수준이고 전류는 수십 mA로 적은 전류만 사용 가능하지만, 이 전류로 릴레이를 사용하면 220 V 교류를 On/Off를 할 수 있어서 큰 전력이 필요한 모터나 히터 등을 동작 제어할 수 있다. 또한 릴레이의 종류에 따라서는 릴레이 내부에 여러 개의 접점이 포함되어 동시에 여러 전기 기기를 제어할 수 있는 특징이 있다.

그림 4.17의 회로 기호는 오므론사의 G5LE 릴레이에 대한 기호로 이 릴레이는 PCB에 설치될 수 있는 크기의 릴레이이다. 그림 4.17의 회로도는 릴레이의 동작과 접점에 대

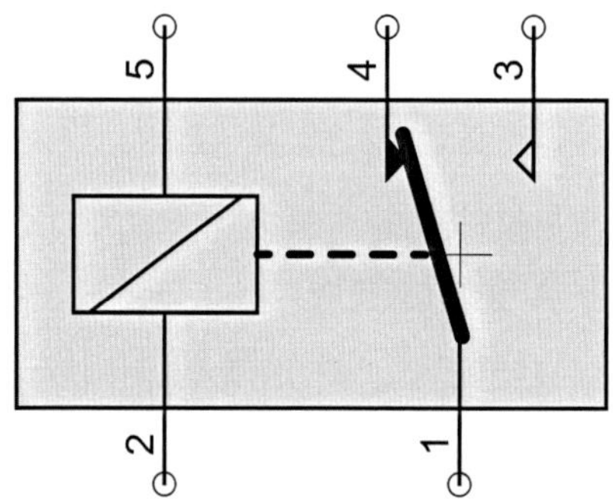

그림 4.17 릴레이 회로 기호

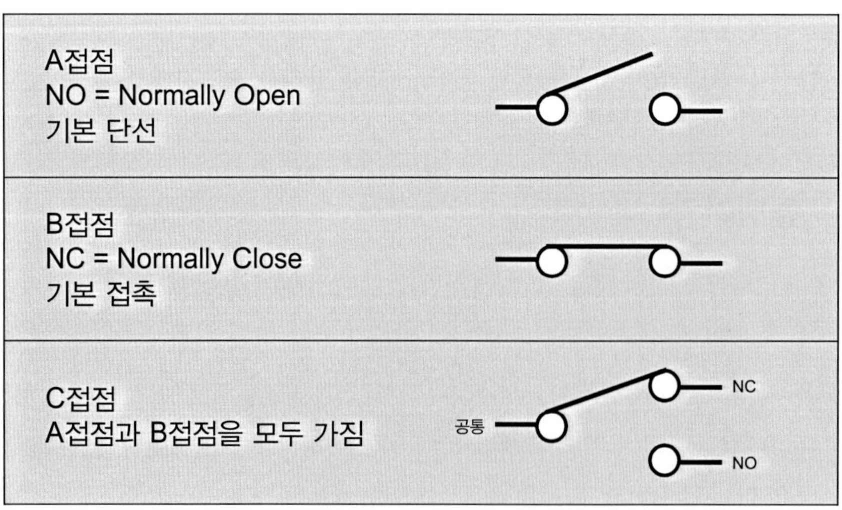

그림 4.18 접점 종류 표

한 정보를 모두 포함하고 있다. 회로도를 보면 1번과 4번 핀이 평소에는 연결되어 있다(B접점, NC: Normally Close 그림 4.18 참조). 2번 핀과 5번 핀에 전류가 흐르면 1번 핀과 3번 핀이 연결된다(A 접점, NO: Normally Open 그림 4.18 참조). 이렇게 간단하게 표시된 회로도로 릴레이의 동작과 핀 번호를 확인하고 사용할 수 있다.

이 릴레이의 상세 정보는 오므론 홈페이지에서 확인할 수 있는데, 코일 전압 3 VDC(2번-5번핀)의 경우에는 136.4 mA를 사용하며, 1번 핀과 4번 또는 3번 핀 사이에 사용할 수 있는 전압과 전류는 125 VDC에서는 8 A의 전류를 흘릴 수 있고, 250 VAC에서는 10 A 전류를 흘릴 수 있어서 약 2.5 kW 전력을 감당할 수 있다. 2.5 kW의 전력이면 약 3마력 모터를 제어할 수 있으며, 스탠드형 에어컨으로 따지면 약 19평 냉방이 가능한 정도의 전력을 제어할 수 있는 전력이다.

릴레이는 굉장히 널리 사용되는 부품으로 제조사의 수도 많고 릴레이 종류도 많다. 일반적으로 많이 사용하는 릴레이 종류는 미니어추어 범용 릴레이(작은 크기를 가진 일반 목적용), 높은 전압과 전류를 제어할 수 있는 하이 파워 릴레이, 그리고 좁은 공간에 여러 개의 릴레이를 설치할 수 있는 소형 릴레이 터미널, 동작 전류가 끊어지더라도 상태를 유지하는 래칭 릴레이 등이 있다. 여러 가지 형태와 용도의 제품이 있으므로 사용 목적과 환경에 적합한 형태를 골라서 사용할 수 있다.

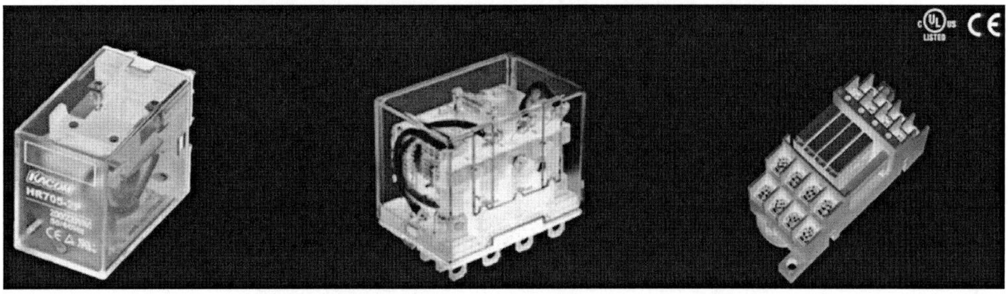

카콘 범용 릴레이　　오므론 하이파워 릴레이　　아이오링크 소형릴레이 터미널

출처: 각 제조사 홈페이지

그림 4.19 국내 유통되는 릴레이 제품

4.2.4 전자접촉기

전자접촉기(Magnetic Contactor)의 기본 원리는 릴레이와 같다. 전자접촉기 내부에 설치되어 있는 코일에 전류가 흐르면 전자석이 되어서 접점이 코일의 자력에 의해 접촉(Contact)하여 전류를 흐르게 하는 방식이다. 전자접촉기는 릴레이와는 사용 용도가 다른데 릴레이는 단일 접점으로 단상 전류를 흘리는 것을 목적으로 하는 반면 전자접촉기는 접점이 2개 이상으로 접점이 3개인 3상이나 중성선을 포함하는 접점 4개의 4상을 사용한다. 3상 이상의 전류가 흐르므로 전류 용량이 릴레이보다 훨씬 크게 설정되어 있고, 전압도 더 높은 전압을 제어할 수 있다. 이렇게 큰 전류를 다루기 때문에 전자접촉기는 기본적으로 A 접점(NO)으로 동작하며 아크 방전을 방지하도록 제작되어 전기적 안전을 확보한다. A 접점(NO) 동작이기 때문에 전자석 코일에 전류가 흐르는 동안에만 접점이 닫힌다(Close). 그리고, 보조접점이라고 불리는 추가 접점이 있어서 전자접촉기의 동작을 확인하거나 추가적인 기능을 구현할 수 있도록 지원한다.

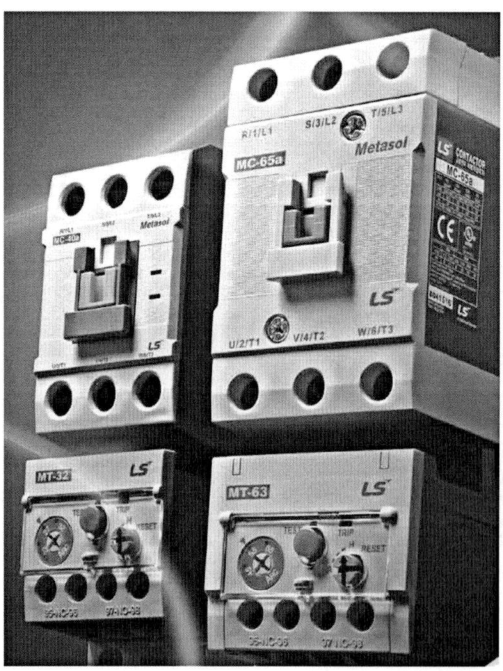

출처: 각 제조사 홈페이지

그림 4.20 LS일렉트릭(LS산전) 메타솔 전자접촉기

우리나라에서 많이 사용되는 전압 전자접촉기는 LS일렉트릭(구 LS산전)제품이 많이 사용되며 그 외에 건흥전기, 동아전기, 슈나이더 일렉트릭 등의 제품이 사용되고 있다. 전자접촉기에 과부하 계전기가 결합한 제품을 전자 개폐기(Magnetic Switch)라고 부른다. 전자접촉기를 모터에 사용할 때는 과부하 계전기를 설치하여 모터의 코일이 손상되었거나, 과부하로 모터에 과전류가 흐를 때 이를 감지하여 정지하는 안전기능을 확보하고 사용해야 한다. 이때 전자접촉기와 과부하 계전기를 따로 구매해서 조립하는 것보다 전자 개폐기 사용하는 것이 편리하게 적용할 수 있다.

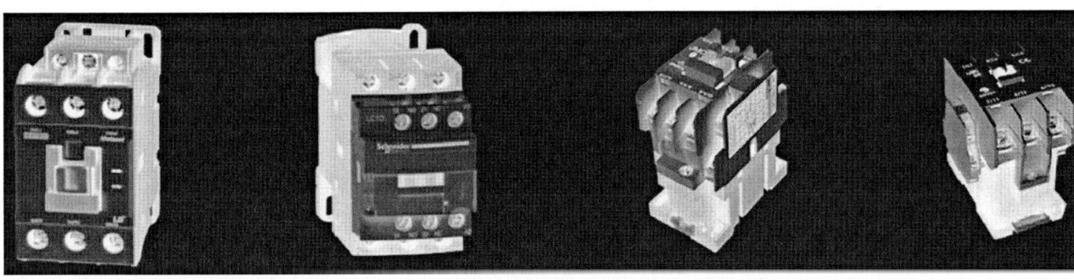

LS일렉트릭 슈나이더 일렉트릭 건흥전기 동아전기

출처: 각 제조사 홈페이지

그림 4.21 국내 유통되는 전자접촉기

4.2.5 SSR(Solid State Relay)

SSR은 반도체 릴레이 혹은 무접점 릴레이라고 하며, 릴레이나 전자접촉기와는 다르게 물리적으로 동작하는 작동부 없이 반도체 동작으로 전류의 흐름의 제어할 수 있는 부품을 말한다. SSR은 물리적으로 동작하는 작동부가 없어서 속도가 빠르고, 소음이 적으며, 긴 수명 등의 특징을 가지고 있다.

SSR에는 두 가지 종류가 있는데 널리 사용하는 방식의 SSR은 MOSFET(Metal Oxide Semiconductor Field Effect Transistor: 금속산화물 전계효과 트랜지스터)를 이용하여 전류의 흐름을 제어하는 방식이다. 포토커플러(Photo Coupler)라고 하는 빛을 이용하여 전류의 흐름을 제어하는 부품도 SSR에 포함되는데 이 두 가지 SSR이 가진 특징을

표 4.2 SSR과 포토커플러 비교

부품	특징
SSR	• MOSFET과 같은 트랜지스터를 전압으로 제어하여 동작하는 방식 • 물리적으로 움직이는 릴레이나 전자접촉기에 비해 동작 속도가 빠름 • 제로 크로스 동작이 가능 • 물리적으로 소모되는 부품이 없어서 수명이 김 • 접점에서 발생하는 아크와 전기 노이즈가 없음 • 동작 소음이 없음
포토커플러	• 발광 다이오드와 포토트랜지스터로 전류를 제어하는 방식 • 제어 단과 출력단이 빛으로 연결되어 완전한 절연 상태임 • 그라운드 전압 차이 및 기타 노이즈의 영향이 적음 • 물리적 부품이 없어서 동작 속도가 빠름 • 물리적으로 소모되는 부품이 없어서 수명이 김 • 접점에서 발생하는 아크와 전기 노이즈가 없음 • 동작 소음이 없음

표 4.2에 정리하였다.

두 가지 방식 모두 반도체로 동작하는 릴레이 부품이지만 적용되는 분야는 명확하게 나누어져 있다. 일반적으로 SSR이라고 하면 높은 전력을 On/Off 하기 위해서 사용하는 반도체 릴레이를 말하며 낮은 전력의 신호를 전달하는 과정에서 절연이 필요한 분야에 적용되는 것은 포토커플러라고 이야기한다.

4.2.5.1 SSR

일반적으로 이야기하는 SSR은 큰 전류를 On/Off 스위칭할 수 있는 제품을 이야기 한다. 입력단에 제어신호를 넣어주면 입력신호에 따라서 출력단(부하단)의 전류 흐름을 조정하는 방식이다. 예를 들어 BJT(Bipolar Junction Transistor: 양극 접합 트랜지스터) 동작에서 베이스 전류를 이용하여 에미터-콜렉터간 전류 흐름을 제어하는 반도체를 이용한 스위치 동작을 생각하면 된다. 부하 측에 DC를 사용할 때는 트랜지스터 계열인 BJT, MOSFET, IGBT 등이 사용되며 부하 측이 AC일 경우에는 주로 트라이악, 사이리스터를 이용하여 출력 전류를 제어한다.

출처: 한영넉스 홈페이지

그림 4.22 방열판에 장착된 SSR

전류를 반도체 소자를 통해서 흘리는 구조 특성상 열이 많이 발생하는 편으로 발열 관리가 필요하다. 반도체 소자는 열에 취약한 약점이 있어서 큰 전류를 사용하여 열이 많이 발생하는 용도에 적용할 때는 SSR에 반드시 방열판을 부착하여서 사용한다.

SSR은 가동되는 부품이 없어서 물리적으로 손상을 받지 않아서 수명이 길고, 소음이 적고, 아크 방전(스파크)이 없다는 것이 장점이지만, 더 중요한 장점은 동작 속도가 빠르다는 것이다. 반도체로 전류를 제어하므로 저가형 제품도 동작 속도가 1 ms(0.001초)로 매우 빠르게 동작하는 특징을 가지고 있다. 빠른 스위칭이 필요한 대표적인 용도는 PID(Proportional Integral Differential: 비례-적분-미분) 제어를 통한 전류제어이다. 예를 들어서 히터를 이용해서 온도를 유지할 때 단순 On/Off 제어로는 정확한 온도제어가 어려워 온도 편차가 크게 나타난다. 반면 동작 시간과 온도를 비례/적분/미분을 사용해서 수학적으로 제어하면 온도제어 정밀도를 높일 수 있는데, PID제어를 할 때 스위칭 시간을 짧게 할수록 온도의 정밀도가 높아진다. 최소 1/10초 단위로 동작하는 릴레이나 전자접촉기에 비해서 1/1000초 이하 단위로 동작하는 SSR을 이용하면 높은 정밀도를 가지게 된다. 또한, PWM(Pulse Width Modulation: 펄스 폭 변조)를 통해 출력 전류를 제어할 수 있어서 릴레이에 비해 매우 정밀한 제어가 가능하다. 마지막 장점은 SSR은 제로 크로스(Zero Cross) 제어를 할 수 있다는 것이다. 이 기능은 교류를 사용할 때 전압이 0이 되는 시점에 On이나 Off 동작하도록 하는 기능이다. 교류는 전압이 지속해서 변화하는 특징을 가지고 있는데 이 전압이 0 V가 되는 시점에서 On 하는 것이 제로 크로스 기술이다. 이 기술을 적용하면 인덕턴스 성분을 가진 부하에(모터, 트랜스 등) 0 V 전압이 아닌 상태에서 On 하여 발생하는 돌입 전류, 역기전력 등으로 인한 파손을 방지할 수 있으며, 스위칭 시에 발생하는 고조파 성분 등으로 인한 노이즈 및 기기 손상 등을 방지할 수 있다.

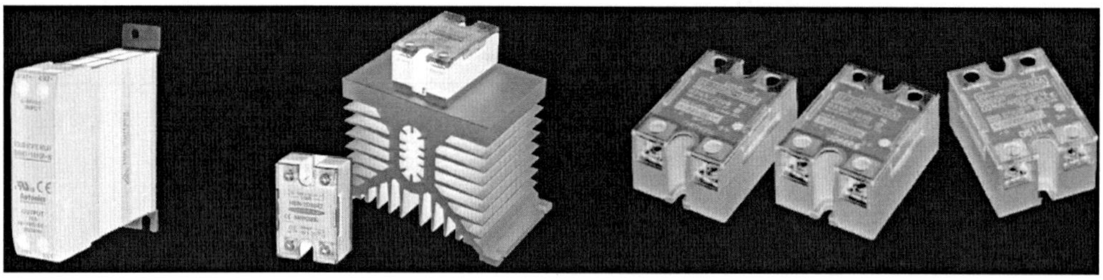

오토닉스 제품 한영넉스 제품 오므론 제품

출처: 각 제조사 홈페이지

그림 4.23 국내 유통되는 SSR 제품

4.2.5.2 포토 커플러

포토커플러는 1968년 포토 레지스터(Photo Resistor: 광 저항기)를 이용해서 만들어진 것을 최초로 보고 있다. 국내에서는 포토 커플러라는 이름으로 많이 사용되지만, 영어권에는 Opto-isolator(광 절연기)나 Opto coupler(광 결합기)라는 이름으로 더 많이 사용되고 있다.

포토 커플러의 동작은 기본적으로 반도체 릴레이의 동작과 같다. 차이점은 포토커플러의 경우 위에서 설명한 SSR에 비해서 사용 전력이 낮은 경우에 사용한다. 가장 많이 적용되는 분야는 PLC의 입출력 단으로 대부분 포토 커플러로 구현되어 있으며, PLC 외의 분야에서도 GPIO 출력이 있는 경우에 포토커플러를 이용하여 제어 신호를 전달한다. 이렇게 빛을 이용해서 신호 전달하는 이유는 포토커플러의 입력단과 출력단을 확실하게 절연하는 방법이기 때문이다. 예를 들면 PLC에서 입출력을 트랜지스터로 구현하려고 하면 입력되는 신호와 PLC 내부의 그라운드(GND)를 공통으로 연결하여 입력신호 전압과 PLC 내부의 전압을 같은 기준(그라운드)으로 맞추어 주어야 한다. 그라운드를 공통으로 사용하여 전압차로 인한 오동작을 해결할 수 있지만, 이렇게 그라운드를 공통으로 사용하면 제어 신호 입력단과 PLC 내부가 전기적으로 연결된 상태가 되어 전기적 충격이 있을 때 연결된 모든 제품이 모두 손상을 입을 수 있고, 외부 기기의 전기적 노이즈가 PLC 내부로 흘러 들어가 오동작의 원인이 될 수 있다. 하지만 포토커플러를 사용하면 입력단과 출력단을 확실히 분리하여 절연할 수 있어서 전기적 안전성과 노이즈에 강한 특성을 가질 수 있다.

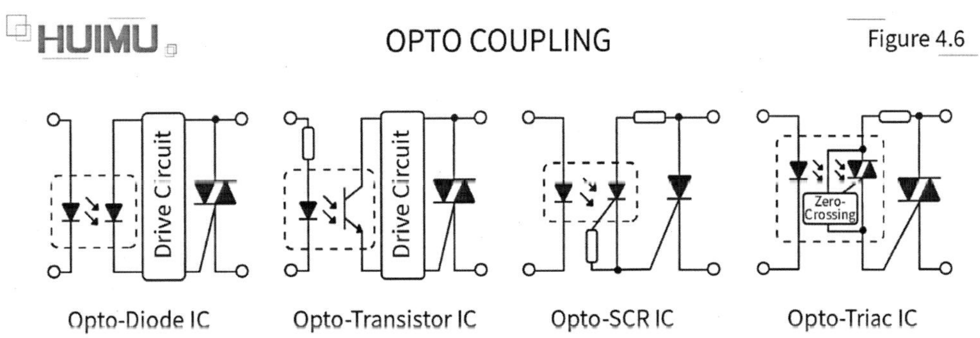

그림 4.24 포토커플러 내부 회로 (출처:www.huimultd.com)

위 그림 4.24에서 보이는 것과 같이 왼쪽의 제어 신호 입력부와 오른쪽 전기신호 출력부는 전기적으로 완벽히 분리되어 있다. 이렇게 빛을 이용하여 제어하여 노이즈와 오동작을 방지하는 것이 포토커플러를 사용하는 주요한 목적이다. 포토커플러의 회로를 보면 왼쪽이 신호 입력부로 주로 발광 다이오드(LED)가 위치하여 입력되는 신호를 빛으로 바꾸어 준다. 오른쪽에는 포토다이오드(Photo Diode: 광 다이오드)나 포토트랜지스터(Photo Transistor: 광 트랜지스터) 등이 발광 다이오드에서 방출된 빛을 검출하여 다이오드, 트랜지스터, SCR(사이리스터), 트라이악 등을 구동하여 출력 전류를 제어하는 방식으로 구성된다.

포토커플러는 일본 토시바 사의 시장점유율이 높으며, 그 외에 샤프, 비세이, 브로드콤

출처: 토시바 홈페이지

그림 4.25 토시바의 포토커플러

과 같은 회사에서 생산되고 있다. 보편적으로 쉽게 구할 수 있는 것은 토시바의 제품이며 SMD 타입의 제품 등 여러 크기와 스펙으로 생산되고 있다.

앞에서 설명한 SSR로 불리더라도 포토커플러와 같이 빛으로 제어하는 제품도 있어서 제어 방식보다는 사용하는 전류의 크기를 기준으로 SSR과 포토커플러를 분류하여 사용하는 것이 일반적이다.

4.2.6 타이머

타이머는 시간을 기준으로 On/Off 제어를 할 수 있는 전자 부품을 말한다. 설정한 시간 만큼 기다렸다 On 하거나, 설정한 만큼 기다렸다 Off 하는 릴레이라고 생각하는 것이 가장 이해가 쉽다. On/Off 동작을 조합하여 일정한 간격으로 On과 Off를 번갈아 가며 동작하는 플리커(Flicker) 기능을 가진 타이머도 있다.

타이머의 동작 특징을 나타내는 방법으로 순시(瞬時: 순간적인 시간) 접점과 한시(限

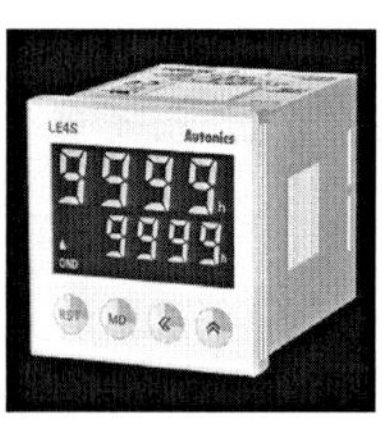

오토닉스 디지털 타이머

오토닉스 아날로그 타이머

한영넉스 썸휠 타이머

오므론 썸휠 타이머

출처: 각 제조사 홈페이지

그림 4.26 여러 종류의 타이머

時: 한계가 정해진 시간) 접점이라는 표현을 사용한다. 이름이 나타내는 바와 같이 순시는 신호가 들어오는 즉시 동작하는 접점을 말하며 한시는 정해진 한계 시간 후에 동작하는 접점을 말한다.

표 4.3 타이머 동작 방식

동작 방식	설명
순시 동작, 순시 복귀	제어 신호 On 즉시 On, 제어 신호 Off 되는 즉시 Off, 일반적인 릴레이의 동작
한시 동작, 순시 복귀	제어 신호 On 후 일정 시간 동안 대기 후에 On, 제어 신호 Off 즉시 Off, On Delay라고도 함
순시 동작, 한시 복귀	제어 신호 On 즉시 On, 제어 신호가 Off 되면 일정 시간 대기 후 Off, Off Delay라고도 함
한시 동작, 한시 복귀	제어 신호 On 후 일정 시간 동안 대기 후에 On, 제어 신호 Off 후 일정 시간 대기 후 Off 됨 일반적인 타이머로 구현이 어렵고 한시 동작 순시 복귀 타이머와 순시 동작 한시 복귀 타이머를 조합하여 구현할 수 있다.

그림 4.27은 신호와 접점 동작을 그림으로 나타낸 것이다. 타이머 설명서에는 이와 같은 그림으로 동작을 설명하기 때문에 이 그래프를 보고 동작을 이해할 수 있어야 한다. 그림의 동작을 설명해보면 온 딜레이 동작은 타이머에 전원(Power)가 들어온 상황에서 제어 신호(Start)가 계속 인가되면 설정한 시간 T가 지난 후에 릴레이가 On 되고, 제어 신호가 멈추면 릴레이는 바로 Off 된다. 오프 딜레이 동작을 보면 파워가 들어

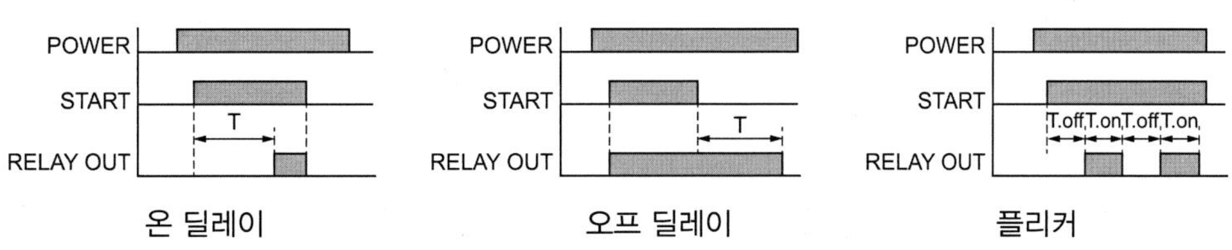

출처: 오토닉스 메뉴얼

그림 4.27 타이머 동작

온 상황에서 제어 신호가 들어오면 즉시 On 되고 제어 신호가 Off가 되면 설정한 시간 T가 지난 후에 릴레이가 Off 된다. 마지막 플리커 동작은 전원과 제어 신호가 들어오는 동안 설정된 On 시간, Off 시간에 따라서 릴레이 출력이 On과 Off를 반복하여 동작한다.

타이머는 길게는 시간 단위부터 짧게는 1/100초 혹은 그 이하까지 시간을 조정할 수 있어서 시간 설정 범위가 매우 넓다. 오프 딜레이 타이머를 이용하면 일정 시간 후에 자동으로 꺼지게 하여서 작업 후 일정 시간 동안 배기 팬이 동작하도록 할 수 있고, 온 딜레이 타이머를 센서출력과 연결하여서 순간적인 노이즈를 제거하고 신호가 확실하게 들어올 때 동작하는 설비를 만드는 것도 가능하다.

4.2.7 카운터

카운터는 입력되는 전기신호의 수를 세어서 그 수치에 따라서 동작하는 부품을 말한다. 카운터의 대표적인 방식은 두 가지인데 하나는 가수 계수기라고 하여서 숫자를 더해서 정해진 숫자에 도달하면 신호를 발생하는 방식을 말한다. 반대로 정해진 숫자에

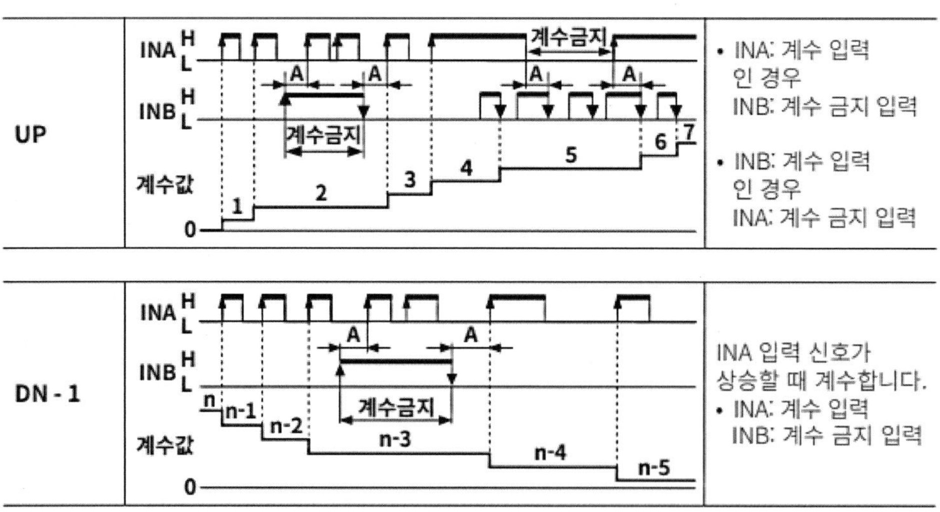

출처: 오토닉스 매뉴얼

그림 4.28 가산 카운터와 감산 카운터 동작

서 전기신호가 들어올 때마다 숫자를 줄여서 0이 되면 신호를 발생하는 감수 계수기가 있다. 일반적으로 카운터에는 두 가지 방식이 모두 포함되어 있어서 필요에 따라서 변환하여 사용할 수 있다.

가산 계수와 감산 계수의 예를 들면 포장용 박스에 제품 500개를 넣어야 할 때 가산 카운터로 500개가 들어가면 다음 박스로 이동하는 기능을 구현할 수도 있으며, 반복 작업 50회 이후에 작업을 종료할 때 감산 카운터를 사용하여 반복 작업이 몇 번 남았는지를 직관적으로 알 수 있도록 구현하기도 한다. 작업의 특성과 작업자가 확인하기 쉬운 방법으로 기능을 선택하여 사용할 수 있다.

카운터는 타이머와 함께 많이 사용되는 부품이기도 하고, 타이머와 카운터 기능을 모두 가지는 경우가 많으며, 특히 디지털 방식 카운터는 타이머 기능도 지원하는 경우가 많다. 타이머 기능은 수정발진자(Quartz: 쿼츠)의 진동수를 세어서 시간을 계산하는 방식이라서 숫자를 세는 카운터와 같은 동작을 하기 때문이다.

최근에 발매되는 신형 카운터 모델의 경우에는 프리스케일이라는 수치 변환기능을 지원하고 있다. 이 기능은 카운트 한 횟수를 다른 수치로 변환하는 기능으로 예를 들면, 콘베이어에 연결된 인코더에서 발생하는 신호를 이동 거리로 변환하여 작업자가 쉽게 이동 거리를 알 수 있고, 이동거리 변경시에도 쉽게 지정할 수 있는 장점이 있다.

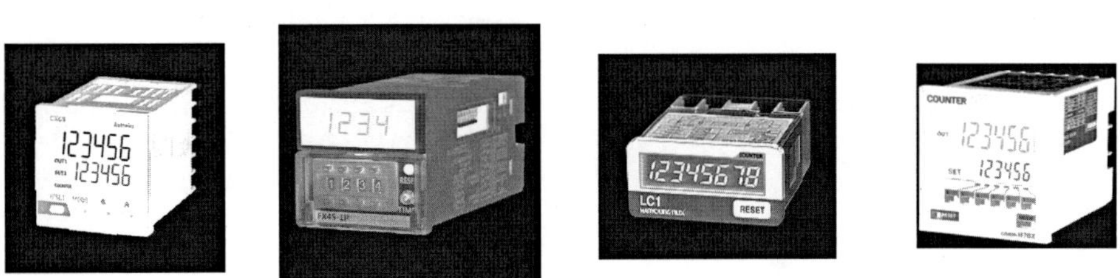

오토닉스 카운터　오토닉스 썸휠 카운터　한영넉스 카운터　오므론 타이머

출처: 각 제조사 홈페이지

그림 4.29 국내 유통되는 카운터

4.2.8 온도조절기

온도조절기는 온도센서로 입력되는 현재 온도와 목표로 설정한 온도를 비교하여 On/Off를 제어하여 일정한 온도를 유지하도록 하는 부품을 말한다. 실제 생활에 적용된 예를 들면 냉장고는 지정한 낮은 온도를 유지하게 온도를 조절하고, 전기 밥솥은 높은 온도를 유지하도록 온도를 조절한다.

최초의 온도 조절기는 바이메탈(bimetal: 두 종류의 금속을 접합하여 열팽창률이 다른 것을 이용하여 스위치로 사용)을 이용한 On/Off 제어 방식이었다. 최근에는 열전대(Thermocouple: 써모커플 두 종류의 금속을 연결하여 열에 따른 기전력이 변화하는 것을 이용해 온도를 측정하는 장치)를 이용해서 디지털로 온도제어를 하게 되었다. 열전대는 여러 가지 종류가 있으며, 종류별로 특성이 다르게 나타나므로 아래 표 4.4를 참고하여 적용할 환경에 맞추어 적용하면 된다.

표 4.4 열전대의 종류와 특징

열전대 종류	동작온도	특징
J급	−120~1200℃	낮은 온도에 부적합
K급	−270~1372℃	측정 온도 범위가 넓고 기전력이 선형 가장 널리 사용됨
T급	−270~400℃	낮은 온도에 사용 적합
E급	−270~1000℃	온도에 따른 기전력 변화가 큼
N급	−270~1300℃	K급보다 고온 노이즈가 적음
R급	−50~1768℃	고온에서 사용(금속 용해 등)
S급	−50~1768℃	고온에서 사용(금속 용해 등)

열전대를 이용해서 온도를 측정하고 디지털로 온도제어를 할 수 있게 되면서 PID 제어(Proportional Integral Differential control: 비례-적분-미분 제어) 기능을 갖춘 온도조절기가 많이 사용되고 있다. 이 방법은 온도 변화와 On/Off 제어 시간 사이의 관계를 비례식, 적분, 미분의 수식으로 피드백하여 동작하는 방식이다. 예를 들면 On 제어를

1초, 2초, 3초 등으로 하였을 때 변화하는 온도 변화의 비를 계산하여 On 시간을 변경하여 제어하는 것이 비례 제어이다. 비례 제어로는 정확한 제어가 어렵기 때문에 이를 보상하는 방법으로 On 시간을 매우 짧게 나누어 온도 변화량을 적분식으로 만들어 제어하는 적분제어를 적용하면 오차를 매우 줄일 수 있다. 마지막으로 미분 제어는 외부의 영향으로 온도가 변화했을 때 온도 변화량을 미분하여서 외부 영향의 정도를 예측하고 이를 고려한 제어를 하는 것을 미분 제어라고 한다.

PID 제어 방식은 제어 시간은 1/100초 이하로도 제어하는 경우가 있으므로 일반적인 접점 방식의 릴레이 보다는 SSR을 사용할 때 정교한 온도제어가 가능하다. PID 제어는 비례식, 적분식, 미분식에 적용되는 파라메터를 정확하게 설정해 주어야 빠르고 정확한 온도제어가 가능한데, 최근 PID제어 온도조절기에는 AT(Auto Tuning) 기능을 포함하고 있어서 자동으로 파라메터를 결정해주어서 전문적인 지식과 경험이 없어도 평균 이상의 결과를 얻을 수 있다. 디지털 제어가 일반화 되면서 PID 제어는 온도조절기 뿐만 아니라, 모터의 속도제어 등 정밀하게 조정을 해야 하는 분야에 널리 쓰이고 있으며, 단가도 비싸지 않아서 폭넓게 적용 가능하다.

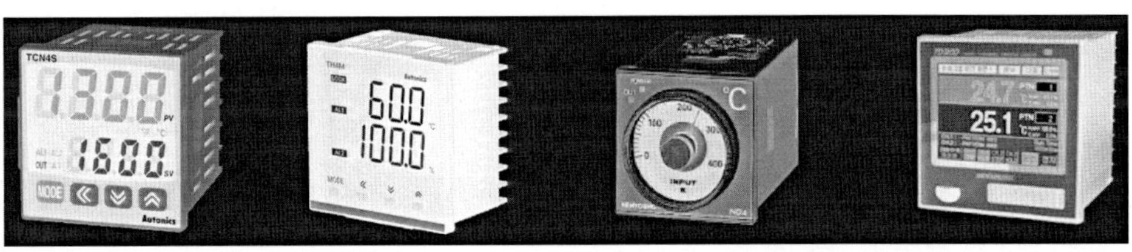

오토닉스 PID 온도조절기 | 오토닉스 PID 온습도 조절기 | 한영넉스 On/Off 온도조절기 | 한영넉스 프로그래머블 온습도 조절기

출처: 각 제조사 홈페이지

그림 4.30 국내 유통되는 온도조절기

4.2.9 광섬유(파이버) 센서

광섬유 센서는 보통 파이버 센서라고 부르며 레이저를 이용하여 물체의 유무를 감지하거나, 물체까지 거리를 감지하여 신호를 발생하는 부품이다. 회사에 따라서는 광섬

유 센서, 화이버 센서, 화이버 앰프 등의 이름으로 부르기도 한다. 이름에서 볼 수 있듯이 광섬유를 사용하며 광섬유가 빛을 전달하는 특징을 사용하기 때문에 정확한 결괏값을 얻을 수 있고, 좁은 공간에도 설치할 수 있는 장점이 있다. 광 파이버는 여러 가지 종류와 크기로 판매되며, 용도에 따라 적절한 광 파이버를 선택하여 사용하면 된다.

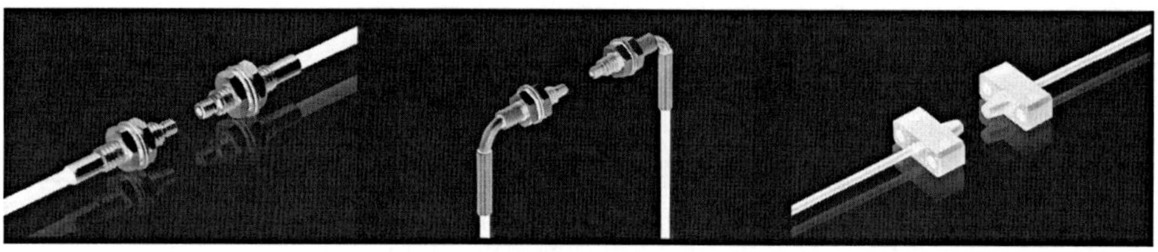

볼트형 광 파이버　　직각형 광 파이버　　플라스틱형 광 파이버

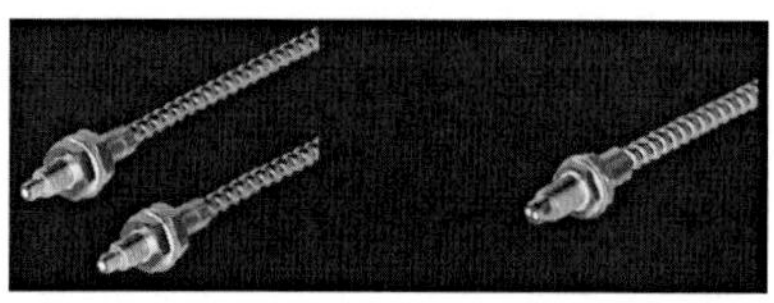

투과형 광 파이버　　반사형 광 파이버

출처: 오토닉스 홈페이지

그림 4.31 대표적인 광 파이버 형태

광섬유 센서는 사용하는 목적에 따라서 광섬유를 2개(투과형) 혹은 1개(반사형)를 사용하는데 용도와 특징은 표 4.5와 같다.

표 4.5 광섬유 센서의 종류와 용도

종류	광섬유 수	사용 용도
투과형	광섬유 2개 사용 섬유당 1개 심(코어)	• 발광부에 1개, 수광부에 1개로 총 2개 광섬유 사용 • 수광 광섬유, 발광 광섬유 사이에 물체가 있는지 감지하는 용도
반사형	광섬유 1개 사용 섬유당 2개심(코어)	• 1개의 광섬유에 포함된 2개의 심(코어)중 심 1개는 발광부, 다른 심 1개는 수광부에 접속하여 사용함 • 발광부와 수광부가 밀착되어 있으며, 광섬유 끝단에서 물체까지 거리를 측정하는 용도

광섬유 센서를 투과형으로 사용하면 물체에 직접 접촉 없이도 물체의 유무를 파악할 수 있는 장점이 있다. 센서에서 발광부 광섬유를 통해 레이저가 나오고, 이 레이저를 받는 수광부 광섬유 사이에 물체가 있으면 레이저를 가리게 되어서 광섬유 센서는 물체가 감지된 것으로 판단하고 신호를 내보낸다. 반사형으로 사용할 때는 광섬유 끝 발광부에서 방출된 레이저가 물체에서 반사되어 수광부로 들어오는 것을 감지하여 물체까지의 거리를 측정하고 미리 설정된 범위와 비교하여 지정한 범위 내이면 신호를 내보내는 방식으로 사용할 수 있다. On 신호와 Off 신호는 설정에 따라 선택할 수 있다.

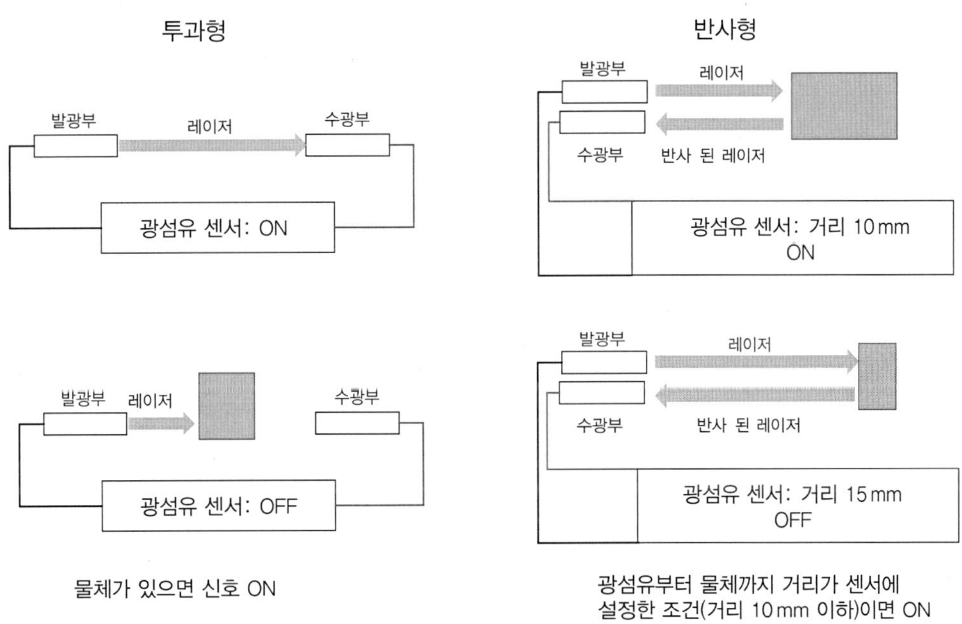

그림 4.32 투과형과 반사형 사용 방법

광섬유 센서는 물체의 유무, 혹은 거리를 확인하는 기능을 기본으로 가지고 있으며, 모델에 따라서 추가적인 기능을 보유한다. 예를 들면 오토닉스 사의 광섬유 센서는 3개 모델이 있는데 저가형은 반응 시간이 1 ms이지만, 고가형 제품의 반응 시간은 50 μs이고, 고가형에는 온 딜레이 기능이 포함되어 있어서 On이나 Off 신호가 순간적으로 변화하는 노이즈가 있는 상황에서도 안정적인 동작이 가능하다.

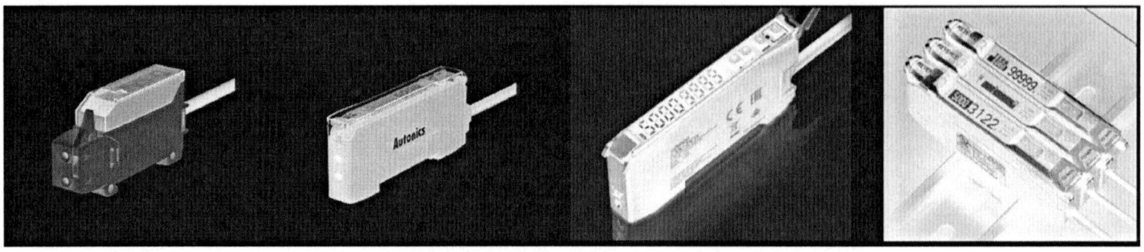

오토닉스 광섬유 센서(저가형) 오토닉스 광섬유 센서(고가형) 오므론 광섬유 센서 키엔스 광섬유 센서

출처: 각 제조사 홈페이지

그림 4.33 국내 유통되는 광섬유 센서

저가형 광섬유 센서의 경우에는 온 딜레이 기능이 없으므로 노이즈가 많은 환경에서 사용해야 할 때는 타이머를 추가로 부착하여서 노이즈의 영향을 줄이도록 만들어야 하는데 이렇게 추가로 회로를 꾸미는 것보다는 고가형 광섬유 센서 하나를 사용하는 것이 편리하고 비용도 절감할 수 있어서, 사용 목적과 용도에 따라서 적절한 제품을 선택하여 사용하면 된다.

4.2.10 근접 센서

근접 센서는 물체와 실제로 접촉하지 않고도 물체의 유무를 검출할 수 있는 센서를 말한다. 근접 센서의 대표적인 동작 방식인 고주파 발진형 방식은 고주파 전자기장을 발생하여 검출 거리 내에 금속이 있을 경우에 전자기 유도현상을 이용하여 금속 물체를 검출한다. 고주파 발진형 센서의 경우에는 액체, 먼지 등이 많은 환경에서도 안정적으로 동작하며, 철 뿐 아니라 알루미늄, 구리와 같은 금속도 검출할 수 있어서 금속 물체를 검출하는 데에는 가장 유용하게 사용할 수 있으며, 고주파 발진을 이용하여 거리 측정도 가능하다. 고주파 발진형 센서와 같은 원리를 사용하는 예로는 공항 보안 검색대에서 사용하는 금속탐지기나 고속도로 과속 감지용 도로 매립 센서도 같은 원리를 사용하고 있다.

센서에 정전하를 대전시킨 후에 감지 거리 안에 물체가 들어왔을 때 정전용량의 변화를 측정하여 물체를 검출하는 정전용량 형도 사용되는데, 고주파 발진형의 경우에는 금속만 검출하지만, 정전용량 형의 경우에는 액체나 플라스틱 같은 물체도 검출할 수

출처: 각 제조사 홈페이지

그림 4.34 국내 유통 되는 근접센서

있는 장점이 있으므로 반도체 공정에서 실리콘 성분을 검출하거나, 액체의 수위 측정 등 고주파 발진형을 사용하지 못하는 분야에도 적용할 수 있다.

비접촉식 근접 센서의 장점은 접촉으로 인해 부품이 마모되는 등의 문제가 없어서 수명 제한이 없고 먼지, 액체 등이 비산하는 환경에서도 센서가 안정적인 동작을 할 수 있는 장점이 있다.

대표적인 두 가지 방식 이외에도 자석식, 적외선식, 초음파식 등의 근접 센서가 있고, 검출하고자 하는 대상과 설치 환경에 따라서 선택하여 사용할 수 있다.

4.2.11 에어 솔레노이드 밸브

솔레노이드(영어: Solenoid, 프랑스어: solénoïde)는 전기가 흐르는 도선을 감아서 코일 형태로 만든 기구이다. 솔레노이드에 전류를 흘리면 자기장이 발생하여 전자석이 되는 특성과 솔레노이드 코일 내부에서 자기장이 변화하면 전류가 발생하는 두 가지 특성이 있어 용도에 따라서 사용할 수 있는데, 솔레노이드 밸브는 전류가 흐르면 자성을 가지는 특성을 이용하는 장치이다. 솔레노이드 내부에 자성체를 넣어서 자성을 강화하는 효과를 이용하면, 전기를 강력한 자력으로 바꾸어 물리적인 힘으로 밸브의 개폐 동작을 제어할 수 있는데 이런 방식의 밸브를 솔레노이드 밸브라고 하며, 고압의 공기를 조정하는 밸브를 에어 솔레노이드 밸브라고 한다.

에어 솔레노이드 밸브는 솔레노이드 한 개와 스프링을 사용하는 단동형과 솔레노이드

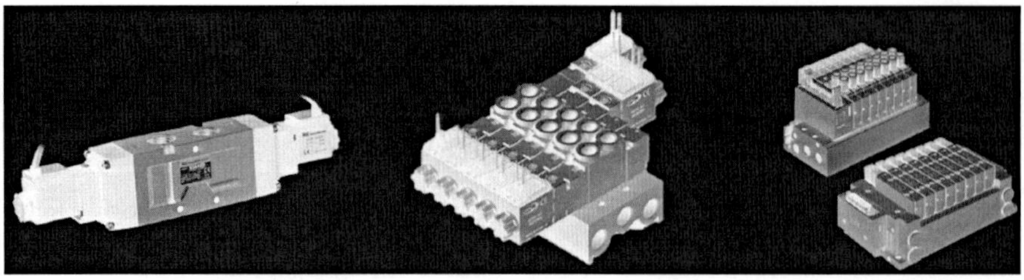

KCC 에어 솔레노이드 밸브　　TPC 에어 솔레노이드 밸브　　SMC 에어 솔레노이드 밸브

출처: 각 제조사 홈페이지

그림 4.35 국내 유통되는 에어 솔레노이드 밸브

를 두 개 사용하는 복동형으로 나눌 수 있고 공기를 공급, 출구, 배기하는 포트의 수에 따라서 2~5 포트 솔레노이드 밸브로 나눌 수 있다.

자동화 기기를 제작할 때 공기압을 이용한 실린더로 직선 운동을 구현하는데, 공기압

표 4.6 솔레노이드 밸브 구분

구분	형태	특징
솔레노이드 수	단동형	• 동작은 솔레노이드로 하고 복귀는 스프링으로 하는 방식 • 전원이 제거되면 스프링으로 자동 복귀되므로 단순하고, 솔레노이드 1개만 제어하므로 제어 장치가 단순함
	복동형	• 동작과 복귀를 모두 솔레노이드로 하는 방식 • 전원이 제거되어도 이전 상태가 유지되기 때문에 초기화 작업이 필요하며 솔레노이드를 2개 제어하여 상대적으로 제어가 복잡함
포트 수	2 포트	• 공급 1개, 출구 1개로 On/Off 스위치와 동일한 동작
	3 포트	• 공급 1개, 출구 1개, 배기 1개로 출구로 공급되었던 에어를 제거하는 포트가 추가된 형태 • 단동형 실린더에 적합
	4 포트	• 공급 1개, 출구 2개, 배기 1개로 출구가 2개여서 A출구와 B출구에 에어 공급하여 제어하면 방향 제어가 가능한 방식
	5 포트	• 공급 1개, 출구 2개, 배기 2개로 출구에 개별적으로 에어를 공급하고 제거하는 것이 가능하여 복동형 실린더에 적합

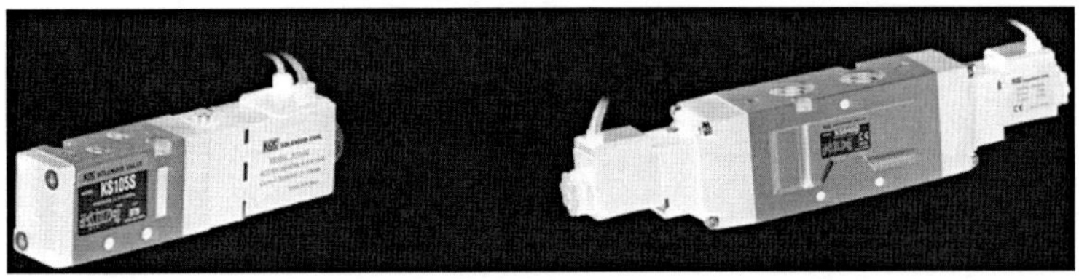

단동형 에어 솔레노이드 밸브 복동형 에어 솔레노이드 밸브

출처: 각 KCC 홈페이지

그림 4.36 단동형과 복동형 에어 솔레노이드 밸브

실린더는 동작이 빠르고, 힘이 강하며 긴 수명이 장점이다. 공기압 실린더를 동작시키기 위해 공급하는 고압 공기의 흐름을 제어하는 부품으로 에어 솔레노이드 밸브를 사용하며 에어 실린더와 짝을 지어 매우 널리 사용하고 있다.

4.2.12 에어 실린더

에어 실린더(공압 실린더, Pneumatic cylinder)는 압축공기의 힘으로 피스톤을 움직여 기계적인 움직임을 만드는 장치를 말한다. 기본적으로는 직선 운동하는 장치이지만, 기계장치를 조합하여 원형 운동이 가능하게 만들 수도 있다. 에어 실린더에도 단동식과 복동식 동작 방법이 있는데 단동식의 경우에는 한쪽으로 움직일 때만 압축공기를 공급하고 압축공기를 제거하면 스프링의 힘으로 제자리로 돌아오는 방식이고, 전진과

표 4.7 에어 실린더 동작 특징

형태	특징
단동형	• 동작은 압축공기로 하고 복귀는 스프링으로 하는 방식 • 압축공기가 제거되면 스프링으로 자동 복귀되므로 실린더의 초기 위치 확인이 필요하지 않아서 제어가 단순함
복동형	• 동작과 복귀를 모두 압축공기로 하는 방식 • 압축공기가 제거되어도 이전 상태가 유지되기 때문에 초기 위치로 되돌리는 동작과 센서를 사용하여 실린더의 위치를 파악해야 한다. 솔레노이드 밸브로 2방향을 제어해야 하므로 제어가 복잡한 단점이 있음

후퇴 움직임을 제어하기 위해서 움직이려는 방향에 따라 압축공기를 공급해 주어야 하는 복동식 방법이 있다.

에어 실린더는 압축공기로 작동하기 때문에 압축공기가 누출되어도 오염 위험성이 없고, 실린더 고장 수리가 쉬우며, 크기에 비해서 큰 힘을 낼 수 있고, 조용한 동작이 가능하다는 등의 많은 장점이 있다. 에어 실린더를 사용하는 것이 편리해서 많이 사용되고 있지만, 에어 실린더의 단점도 존재하므로 아래 표 4.8을 참고하여 적절한 선택을 하여야 한다.

표 4.8 에어 실린더의 특징

특징	설명
장점	• 공기는 사용, 배출, 누출 등의 경우에 오염 우려없이 자유롭게 사용할 수 있다. • 스피드 콘트롤로 동작 속도 조절, 레귤레이터로 출력 조절 가능하여 편리하다. • 압력용기를 이용하면 콤프레서가 계속 동작할 필요가 없다. • 실린더 동작시에 소음이 적고, 동작 속도가 빠르다. • 실린더 동작시 과부하 상황에서도 실린더의 파손 가능성이 낮다.
단점	• 정확한 위치 제어가 어려우며, 전자식에 비해 속도가 정확하지 않다. • 윤활 성능을 유지하기 위해서는 압축공기에 윤활제를 포함하여야 한다. • 이물질과 습기에 민감한 편으로 관리에 신경 써야 한다. • 공기는 압축성이 있어서 한계 이상의 힘이 필요할 때는 동작이 정확하지 않다. • 솔레노이드 밸브에서 배기할 때 소음이 커서 소음기를 장착하여야 한다.

TPC 더블로드 실린더 KCC 박형 실린더 SMC 표준형 실린더

출처: 각 제조사 홈페이지

그림 4.37 국내 유통되는 에어실린더

에어 실린더는 자동화 설비 제작에 굉장히 많이 사용된다. 특히 직선 운동을 반복적으로 수행하며, 아주 큰 힘이 필요 없고, 위치제어가 정밀할 필요 없는 경우는 에어 실린더를 사용하는 것이 최적의 결과를 낼 수 있다. 유지보수와 수리가 쉬우며 수명도 매우 길어서 가격 대 성능 비가 좋은 구동 부품이다.

4.2.13 서보 모터와 스태퍼 모터

원하는 위치로 정확하게 이동하거나, 정확한 속도로 움직이는 것이 필요할 때 선택하는 방법은 서보 모터(Servo Motor) 혹은 스태퍼 모터(스탭 모터, 스태퍼 모터: Stepper motor)를 사용하는 것이다.

현재 생산설비에서 많이 사용되는 것은 서보 모터로 특징은 회전수를 감지하는 인코더(encoder)가 포함되어 지정한 회전수만큼 정확하게 회전할 수 있는 기능이 있는데 이처럼 회전 수, 방향, 속도 등을 제어할 때 피드백 회로(feed back 궤환 회로, 인코더를 이용함)를 활용하여 목표치와 모터의 출력치를 비교하여 정밀한 제어를 수행하는 제어 방식을 서보(servo)라고 한다. 인코더 센서가 회전을 감지하여 정확한 회전수를 보상하는 것이 서보 모터의 장점이지만 정지 시에는 정지 상태를 유지하느라고 미세하게 계속 움직이는 헌팅(hunting) 현상이 있으며, 이런 미세한 떨림은 서보 모터의 단점으로 지적된다.

서보 모터는 동작 방식에 따라서 AC 서보 모터, 유도형 AC 서보 모터, DC 서보 모터로 나눌 수 있다. AC 계열 서보 모터의 경우에는 제어시스템이 복잡하고, 반응 속도가 느린 편이지만, 소모품이 적어서 유지보수가 편리하고, DC 전류를 만들기 위한 정류 부품이 없는 것이 장점이다. 반면 DC 서보 모터의 경우에는 고가의 자석을 사용하고 브러시가 소모품이라는 단점은 있으나, 반응 속도가 빠르고, 선형적 제어가 가능하며, 기동 토크와 정지 토크가 높은 장점이 있다.

표 4.9 모터의 종류와 특징

종류	장점	단점
AC 서보 모터	• 브러시가 필요 없다 • AC 전원을 이용하기 좋다 • 고속, 고토크에 적합	• 제어 시스템이 복잡하다 • 반응이 느리다 • 자석이 필요하다
유도형 AC 서보모터	• 브러시가 없다 • AC 전원을 이용하기 좋다 • 고속, 고토크에 적합 • 고가의 자석이 필요 없다	• 제어 시스템이 복잡하다 • 반응이 느리다
DC 서보 모터	• 선형제어가 가능하다 • 토크가 크다 • 효율이 높다 • 가격이 저렴하다 • 빠르게 반응하고 제어가 용이하다	• 브러시가 소모된다 • 전기적 노이즈가 발생된다 • 전원부 비용이 높다 • 자석이 필요하다

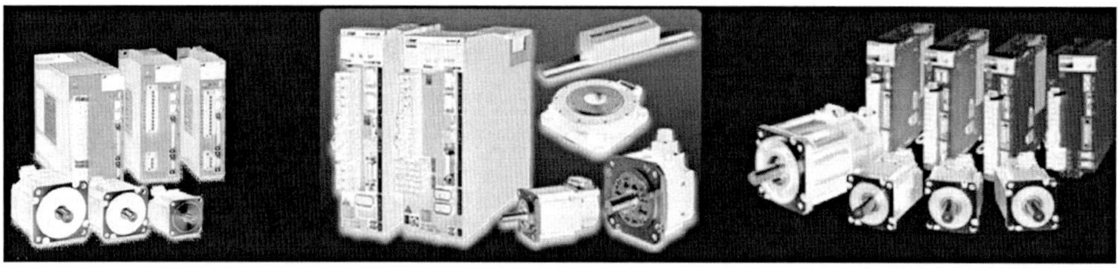

LS 일렉트릭(LS 산전) 서보 모터 및 앰프 | 미츠비시 서보 모터 및 앰프 | 야스카와 서보 모터 및 앰프

출처: 각 제조사 홈페이지

그림 4.38 국내 유통되는 서보 모터

스태퍼 모터(스태핑 모터, 스탭 모터)은 모터 1회전을 많은 수의 스탭으로 나누어서 스텝별로 제어를 할 수 있는 형태의 모터를 말한다. 1 스탭이 미세한 각도를 회전하기 때문에 회전수와 각도를 제어하기에 쉬운 특징이 있어서 피드백 없이도 동작 정밀도가 높아 선호되는 모터이다. 최근에는 스태퍼 모터에 인코더를 부착하여 탈조 현상을(큰 부하가 모터에 가해질 때 회전 신호가 들어와도 회전을 못하는 현상) 감지하여 정확한 동작을 할 수 있도록 개선된 제품도 많이 사용되고 있다. 스태퍼 모터는 서보 모

파스텍 스태핑 모터 및 드라이버

오토닉스 스태핑 모터 및 드라이버

오리엔탈 모터 스태핑 모터 및 드라이버

출처: 각 제조사 홈페이지

그림 4.39 국내 유통되는 스태퍼 모터

터에 비해서 단가가 저렴하고 정지 상태를 유지하는 토크가 높고, 정지 상태에서 진동(헌팅)이 없는 특성으로 인해 최근 시장을 확장하고 있다.

모터를 제어를 하는 방식에는 오픈 루프(개루프)와 클로즈드 루프(폐루프) 방식이 있다. 오픈 루프 제어 방식은 모터의 회전을 위한 신호를 모터로 보내기만 하고 신호대로 모터가 동작했는지는 확인하지 않는 방식을 말한다. 클로즈드 루프 방식은 모터의 회전을 위한 신호를 보내고 인코더와 같은 센서를 이용해서 동작 신호 대로 모터가 회전했는지를 검출하여 이 결과를 제어장치에 보내서 신호와 결과를 비교하여 차이를 보정하는 방식을 말한다. 오픈 루프보다는 클로즈드 루프가 정확한 위치 제어가 가능하지만, 가격이 비싸지는 단점이 있다.

표 4.10 모터 제어 방식 분류

종류	장점	단점
개루프 (Open Loop)	• 제어 설계가 간단 • 제어 시스템이 단순 • 동작 후 안정적으로 정지	• 외부 조건에 대응이 불가 • 동작 지령(목표)과 동작 결과 차이 발생 가능
폐루프 (Closed Loop)	• 외부 조건에 대응할 수 있음 • 제어 정밀도가 향상됨	• 동작 후 정지시에 안정적이지 않음 • 제어시스템이 복잡하고 비쌈

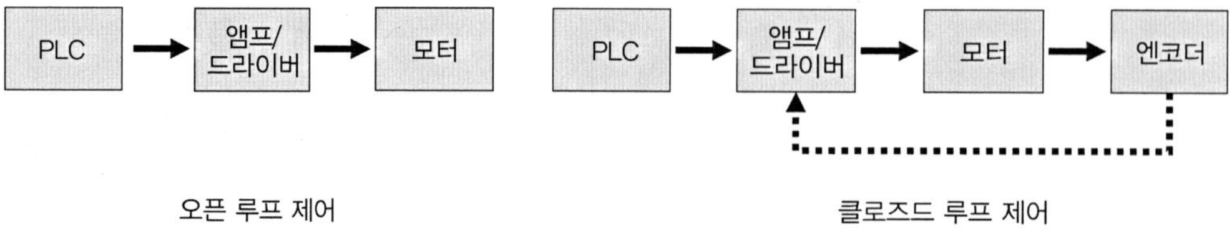

그림 4.40 오픈 루프와 클로즈드 루프 제어 방식

4.2.14 동력용 모터

앞에서 살펴본 서보 모터와 스태퍼 모터는 회전수와 회전 각도를 정밀하게 조정하여서 정확한 위치로 이동(위치 결정)하는 기능이 모터의 다른 특징보다 중요하다. 반면 동력용 모터의 특징은 동력원으로 사용하기 위해 강한 토크, 빠른 속도, 에너지 효율적이면서도 내구성이 좋고 유지보수가 용이한 특징이 필요한 모터이다. 동력용 모터를 상세하게 분류하면 아래 그림 4.41과 같이 나눌 수 있다.

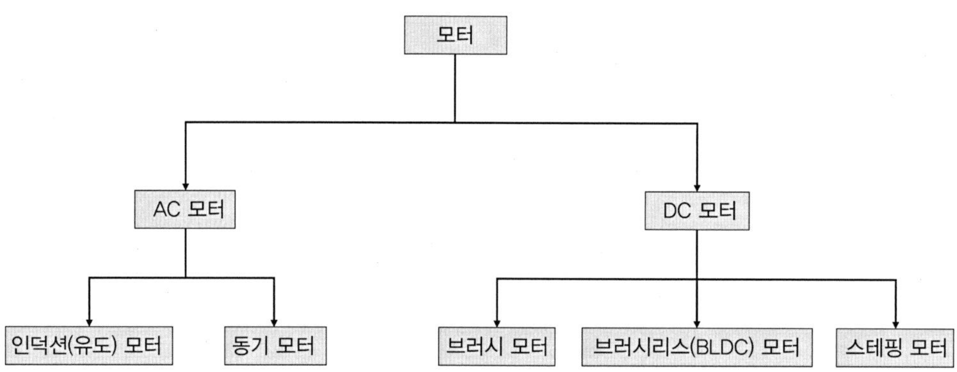

그림 4.41 동력용 모터 분류

그림과 같이 모터는 크게는 AC 전류 모터와 DC 전류 모터로 나뉜다. AC 전류 모터는 회전축에 부착된 회전자가 자석이고 고정자가 코일로 되어 있는 동기 모터와 회전자와 고정자가 모두 코일로 감겨 있고 유도전기를 이용하여 동력을 발생하는 인덕션 모터가 있다. DC 전류 모터의 경우에는 고정자를 자석으로 하고 회전자를 코일로 하여

브러시가 정류자 역할을 하여 전류 방향을 바꾸면서 회전하는 것이 브러시 타입 DC 모터이다. 브러시가 소모품이라는 단점을 해결하기 위해 회전자를 영구자석으로 하고, 고정자 코일의 전류를 조정하는 BLDC 모터도 DC 모터이다.

표 4.11 동력용 모터의 종류와 특징

<table>
<tr><th colspan="2">종류</th><th>장점</th><th>단점</th></tr>
<tr><td rowspan="2">AC</td><td>동기 모터</td><td>• 입력 전원에 동기된 속도 조절
• 유도식(인덕션) 보다 높은 효율</td><td>• 높은 단가
• 산업용 모터로 적합함
• 구동용 커패시터 필요(단상전원)</td></tr>
<tr><td>유도
(인덕션)
모터</td><td>• 드라이브 없이 정속 운전 가능
• 신뢰성이 높음
• 단가가 낮음</td><td>• 초기 구동에 높은 전류 필요
• 유도 전류를 이용하여 낮은 에너지 효율
• 구동용 커패시터 필요(단상전원)</td></tr>
<tr><td rowspan="2">DC</td><td>브러시
모터</td><td>• 속도 조절이 용이
• 초기 투자 비용이 낮음</td><td>• 소모품(브러시) 교체 필요
• 유지보수 비용</td></tr>
<tr><td>브러시리스
(BLDC)</td><td>• 수명이 김(브러시 타입 대비)
• 유지보수 비용 낮음
• 에너지 효율이 높음</td><td>• 브러시 타입에 비해 초기비용 높음
• 모터 제어기(드라이브) 비용이 높음</td></tr>
</table>

AC 모터는 상용 교류 파형을 입력하는 것만으로 동작할 수 있으므로 제어기(드라이브)가 없어도 정속 회전으로 사용할 수 있다. 주변에서 쉽게 볼 수 있는 AC 모터는 선풍기에 사용되는 모터로 특별한 장치가 없어도 동작할 수 있다. 단, 단상(1 Phase) AC 전원을 사용할 때는 회전을 위해 2가지 AC 전원 상이 필요하므로 커패시터를 부착하여 AC 전원을 2개 상으로 변환해서 모터에 입력해야 한다. 동기식 모터는 회전자에 자석을 사용하는 반면에 인덕션 모터는 회전자에 코일을 감고 고정자에서 발생하는 자력의 변화에 따라 회전자 코일에 유도되는 전류로 코일이 전자석이 되어서 회전한다. 인덕션 모터는 영구 자석이 필요 없는 것이 장점으로 회전자와 고정자 코일을 많이 감으면 더 강한 출력 토크를 얻을 수 있는 장점이 있다. 단, 초기 구동 시점에 많은 전류가 필요하고, 유도 전류방식이라 영구 자석을 사용하는 동기식 방식보다 에너지

효율이 낮은 편이다. 전기차 회사 테슬라의 초기 자동차 모델에는 원하는 만큼 강력한 영구 자석을 구하지 못하여 인덕션 모터로 차를 제작하였으나, 이후 희토류를 사용하는 네오디뮴 자석이 성능은 높아지고 가격이 낮아지면서 동기식 전동기로 변경하여 생산하였으나, 다시 희토류 사용이 없는 모터를 이용하겠다는 계획을 발표하였다.

DC 타입 모터는 크게 브러시 타입과 브러시리스(BLDC) 타입으로 나눈다. 이 차이는 모터 내부에 브러시 유무에 따라서 나뉜다. 브러시 타입의 경우 모터 내부에 브러시가 모터의 회전자가 회전할 때 전류 방향을 바꾸어 공급해서 모터가 계속 회전하도록 하는 방법이다. 주변에서 쉽게 볼 수 있는 브러시 모터는 미니카에 들어가는 DC 모터가 브러시 타입 모터이다. 모터가 회전할 때 브러시와 정류자에서 발생하는 스파크로 인하여 타는 냄새가 나는 것이 특징이다. 구조가 간단하여 제작 비용이 적게 들고 속도 조절은 전류를 조정하는 방식으로 간단한 것이 장점이지만 사용기간이 길어지면 브러시가 닳아서 교체해야 하는 것이 단점이다. 브러시리스(BLDC) 모터의 경우는 최근 전동 공구 등에 많이 적용되는 방식으로 회전자를 영구자석으로 바꾸고 고정자인 코일에 흐르는 전류 방향을 조정하여 회전하는 방식이기 때문에 소모품인 브러시 교체를 할 필요가 없어서 최근에는 브러시리스 모터를 적용하여 소모품 교체 없이 장시간 사용할 수 있도록 변하고 있다.

이 책에서는 대략적인 설명을 하였지만, 산업현장에는 동력용 모터 종류가 많기도 하고, 같은 종류의 모터라도 제작사마다 강점이 있기도 하므로 사용하려는 목적과 동작 환경에 따라서 적절한 모터를 선정하여 사용하는 것이 필요하다.

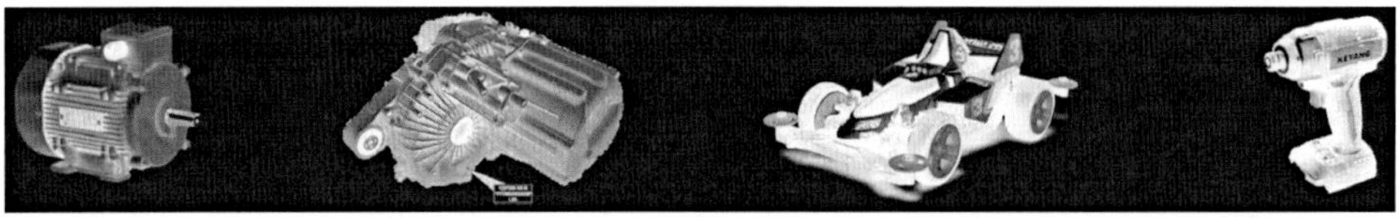

출처: 각 제조사 홈페이지

그림 4.42 여러 종류의 동력용 모터

4.2.15 인버터

파워 인버터 또는 인버터(Power Inverter, Inverter)라고 짧게 지칭하는 장치는 직류(DC)를 교류(AC)로 변환한다. 사용자는 AC 전원을 인가하여 다른 특성을 가지는 AC 전원으로 변환을 해주기 때문에 AC에서 AC로 변환한다고 생각하기 쉽지만, 실제 동작은 AC 전원을 먼저 DC로 변환하고 이를 스위칭 하여 전압과 주파수를 변경해 다른 특성을 가지는 AC로 출력하는 방식이다. 이러한 특징 때문에 현장에서는 출력이 AC로 나오는 전력조절 장치를 통칭하여 인버터라고 부르고 있다. 생활에서 쉽게 볼 수 있는 예로는 2차 전지의 DC 전원을 가전제품이 사용하는 220 V 교류로 변환해 주는 캠핑용 전원장치가 인버터이다.

LS 일렉트릭(LS산전) 인버터 미쓰비시 인버터 야스카와 인버터 슈나이더 인버터

출처: 각 제조사 홈페이지

그림 4.43 국내 유통되는 인버터

인버터는 여러 가지 용도로 사용된다. 위에서 언급한 바와 같이 배터리 등의 DC 전원을 AC로 변환하는 용도, AC 모터의 속도 제어, 태양광 발전소의 계통 연계, 유도 가열(인덕션 히팅: Induction Heating), 송배전망 등의 분야에서 사용할 수 있다.

자동화 설비에서는 주로 AC 모터의 속도를 조절할 때 인버터를 사용한다. AC 모터를 동력용으로 사용하면 모터의 수명도 길고 에너지 효율도 좋지만 속도 조절이 어려운 것이 문제이기 때문에 인버터를 사용하면 해결할 수 있다. 인버터의 AC 출력 주파수를 조절하는 방식도 사용자가 가변저항(볼륨)을 조정하거나 시리얼 통신, 이더넷 등을 통해서 디지털로 속도 조절하는 등 편리한 방법을 지원하는 제품이 많아져서 설비 등에 적용이 더욱 편리하게 되었다.

표 4.12 인버터의 용도

용도	특징
AC 모터 속도 제어	• 인버터가 AC 출력 주파수를 변동하여 AC 모터의 회전 속도를 제어한다.
DC 전원을 AC로 변환	• 2차 전지에 충전한 DC 전원을 AC로 변경하여 사용한다. • 캠핑카의 인버터, 대형 트럭의 무시동 에어컨, 무정전 전원 장치(UPS) 등에 사용한다
태양광 발전	• 태양광 패널은 DC 전력을 생산한다. 이를 가정에서 이용하거나 배전망을 통해 한전에 판매할 때는 전기 공급망이 사용하는 전압과 주파수에 맞추어 전송해야 해서 인버터를 사용한다.
유도 가열	• 최근 많이 사용하고 있는 인덕션 레인지는 유도전류를 이용하여 가열하는데 이때 높은 주파수의 AC가 필요하다. 220V 전원을 정류하여 DC로 변환하고 이 DC를 인버터를 통하여 고전압 고주파의 AC로 변환하여 인덕션 레인지가 동작한다
송배전망	• 송배전망에는 여러 발전소에서 생산한 전기가 접속되는데, 주파수는 60 Hz로 동기화되어야 한다. 주파수 동기가 맞지 않으면 송전 효율이 낮아지고, 나쁜 품질 AC라서 접속된 설비 고장의 원인이 된다. 이렇게 각 발전소에서 생산한 전기를 동기화할 때 인버터를 사용한다.

4.2.16 인덱스 드라이브(Indexing Drive, Indexer)

인덱스 드라이브(Index Drive)는 입력축이 회전운동을 하면 출력축은 정해진 각도로 이동과 정지를 반복하거나, 상하 운동이나 전후 운동과 같은 직선 운동 등 회전운동을 다른 형태의 운동으로 변환하여 주는 기계장치를 말한다.

자동화 설비를 제작할 때 원형으로 작업 공정을 배치하는 것이 면적대비 가장 효율적인 방법이다. 이를 구현하려면 작업 위치에 반송물이 정지하여 작업을 처리하고 작업이 끝나면 다음 작업 위치로 이동하게 하는데 이런 이동 동작을 수행하는 기계장치가 인덱스 드라이버이다.

그림 4.44는 인덱스 드라이브 중 롤러 기어 방식을 보여주고 있다. 가로축이 입력축으로 웜기어 형태의 캠이 회전하면서 수직 방향으로 배치된 롤러 기어를 이동시켜서 테이블이 정해진 각도로 회전하도록 한다. 캠 리브(Cam Rib)을 가공하는 모양에 따라서

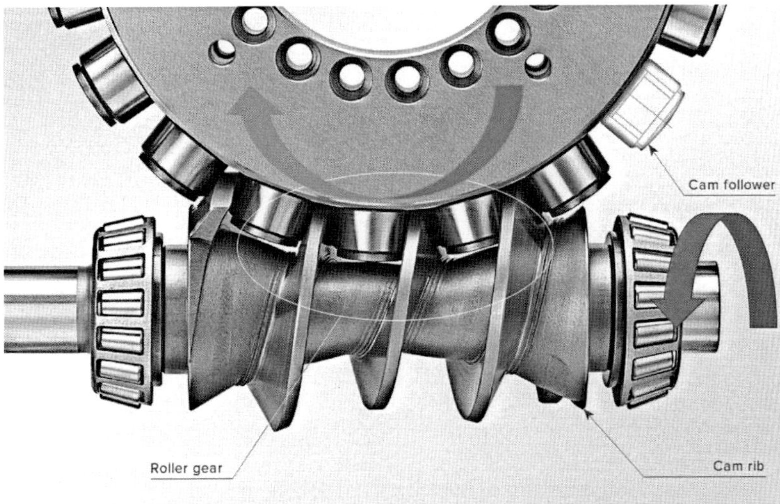

출처: https://www.pascalenginc.com/

그림 4.44 인덱스 드라이브 내부 예시

입력축이 일정 각도를 회전하는 동안 캠 팔로워(Cam follower)가 부착된 테이블은 정지 상태로 있을 수 있어서 입력축이 일정한 속도로 회전하는 동안 출력축 테이블은 회전과 정지를 반복하여 수행할 수 있다.

표 4.13 인덱스 드라이브 구동 방식

종류	롤러 기어	바렐	패러렐	전동 모터
운동 방식	캠 팔로우	캠 팔로우	캠 팔로우	모터 제어
등분수 (n/360도)	최대 100등분	최대 60등분	10등분 이하 (주로 2~3등분)	임의 등분
정밀도	매우 정밀	매우 정밀	정밀	정밀
정지 강성	강함	강함	강함	중간 정도
반복 정밀도	정밀	정밀	정밀	정밀
소음	정숙	정숙	소음 있음	모터 동작 소음(스테퍼 모터)
용도	고속, 고정밀	중저속, 고정밀	직선 운동에 적합	중저속, 정밀한 각도 사용

인덱스 드라이브의 동작 방식은 특성에 따라서 여러 가지 방식이 사용되고 있다. 구현하고자 하는 설비의 특성에 따라서 적합한 제품을 선택하여 적용하는 것이 필요하다.

양헌기공 인덱스 드라이브 대동 인덱스 드라이브 산쿄 인덱스 드라이브 캠텍스 인덱스 드라이브

출처: 각 제조사 홈페이지

그림 4.45 국내 유통되는 익덱스 드라이브

최근에는 스태퍼 모터나 서보 모터를 이용하여 인덱스 드라이브와 동일하게 움직이는 방식도 늘어나고 있는데 특히 설비 세팅에 따라 각도를 자주 변경해야 하는 설비는 전동 방식이 가장 편리하며, 인덱스 드라이브에 비해서 무게가 가볍다는 것이 전동 방식의 장점이다. 전동 모터를 이용하는 방식 중 중심부에 공간이 있어서 회전축 중심 부위를 통해 배선이나 부가적인 기구를 통과시켜서 사용할 수 있는 기구를 할로우 로터리 액추에이터(Hollow Rotary Actuator, 중공 로터리 액추에이터)라고 한다. 중심부의 중공을 통해서 전기, 에어 배관을 통과 시켜서 에어 실린더와 같은 기구를 동작 시킬 수 있어서 효율적으로 공간을 이용한 설비를 제작할 수 있는 장점이 있다.

이레텍 할로우 로터리 액추에이터 SPG 할로우 로터리 액추에이터 파스텍 할로우 로터리 액추에이터 오리엔탈 모터 할로우 로터리 액추에이터

출처: 각 제조사 홈페이지

그림 4.46 국내 유통 할로우 로터리 액추에이터

4.2.17 직교 로봇

직각으로 배치된 축을 따라서 선형으로 이동하며 작업을 하는 로봇을 직교 로봇(카르테시안 로봇: Cartesian Robot, 갠트리 로봇: Gantry Robot)이라고 한다. 우리 말로는 직교 로봇이지만 영어로는 카르테시안 로봇과 갠트리 로봇의 두 종류로 나누어지는데 직교 좌표계로 이동하는 것은 동일하지만, 크기와 구조에 따라서 더 크고 무거운 작업을 할 수 있도록 제작된 직교 로봇을 갠트리 로봇이라고 한다.

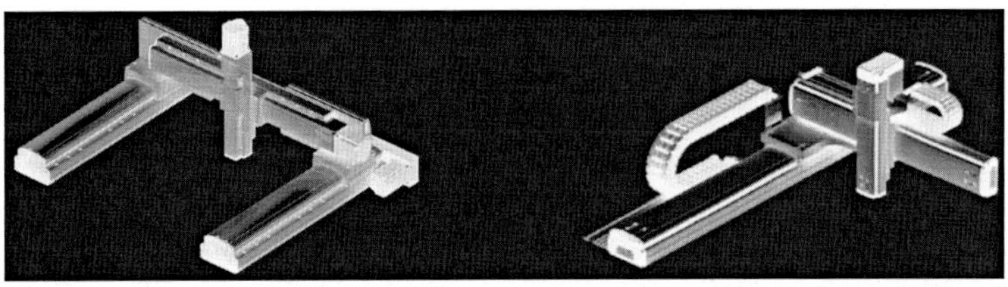

㈜아이로보 직교로봇(소형 갠트리 타입) ㈜마리노 직교로봇(카르테시안 타입)

출처: 각 제조사 홈페이지

그림 4.47 직교 로봇 형태

직교 로봇은 선형으로 동작하는 액추어에터(Actuator, 작동기) 2개~3개를 조합하여 2축이나 3축으로 식선 이동하여 작업을 수행하는 로봇이다. 그림 4.47에서 보듯 3개의 직선이동 액추에이터를 조합하면 3차원 공간상에서 직선으로 이동하면서 작업이 가능한 로봇을 제작할 수 있다. 각각의 액추에이터는 서보 모터 혹은 스태핑 모터를 원하는 위치까지 이동하는 동력원으로 사용하고, 회전운동을 직선 운동으로 변환하는 것은 볼 스크류 방식이나 벨트 방식을 이용해서 이동한다.

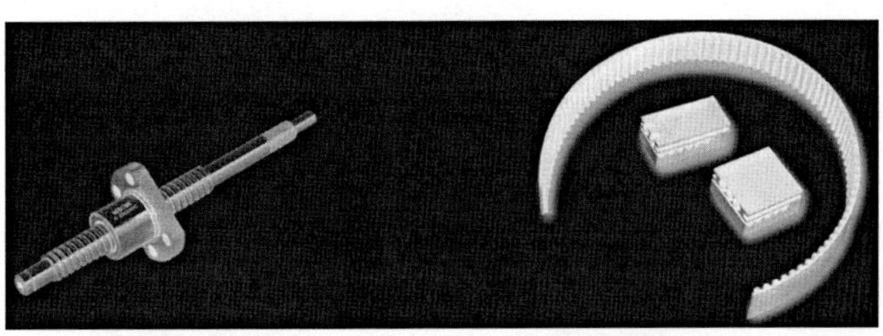

미스미 볼 스크류 ㈜정우코퍼레이션 직교로봇용 벨트

출처: 각 제조사 홈페이지

그림 4.48 직교로봇의 구동 방식

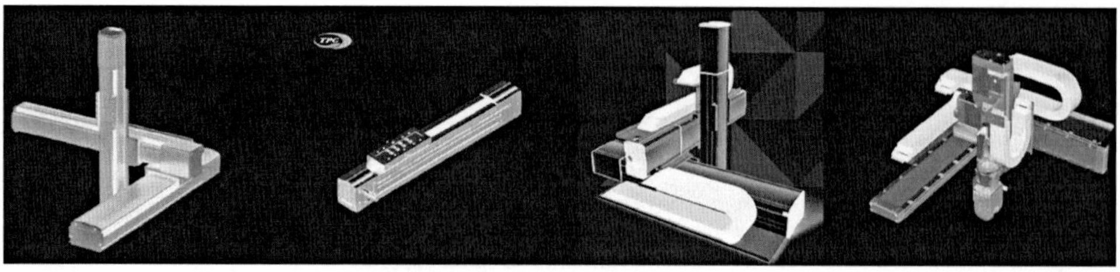

휴림로봇㈜ 직교로봇 ㈜TPC메카트로닉스 직교로봇 단축 삼익 THK 직교로봇 IAI 직교로봇

출처: 각 제조사 홈페이지

그림 4.49 국내 유통되는 직교로봇

4.2.18 LM 가이드

LM 가이드(Linear Motion Guide: 선형 운동 가이드)는 레일을 따라서 1개 축으로 직선 운동하는 구동 시스템을 말한다. 레일 위에 올라가는 LM 블록 내부에는 볼 베어링이 들어 있어서 마찰력을 줄이고 강성이 높은 레일은 높은 정밀도의 직진성을 유지할 수 있다. LM 블록 내부에 사용되는 볼 베어링은 순환식으로 동작하도록 연결되어 있어서 마찰력을 최대한 줄이도록 만들어졌다.

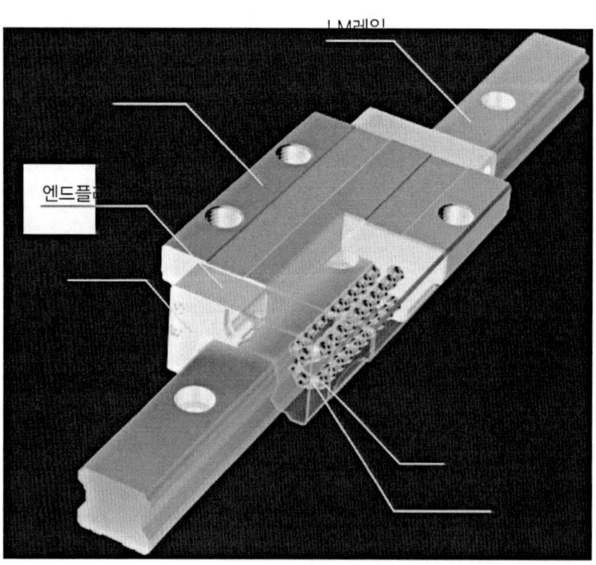

출처: THK 홈페이지

그림 4.50 LM 가이드 구조

LM 가이드는 마찰력을 줄여 직선 운동을 원활하게 하는 기구이기 때문에 실제로 작동할 때 필요한 동력은 볼 스크류와 모터의 조합이나 에어 실린더와 같은 구동 기구를 추가로 설치하여 사용하여야 하며, LM 블록에는 부하나 구동부를 결속할 수 있도록 탭(암나사) 가공을 하여 사용한다. 직선 운동할 때 마찰력을 줄이고 평편한 레일을 따라서 직진성이 우수한 특징이 있어 여러 가지 용도에 많이 사용되고 있다.

연습 문제

1. 다음 중 PLC에 포함된 기능이 아닌 것을 고르시오.

① 스위치/릴레이 ② 타이머 ③ 입력 감지
④ 카운터 ⑤ 레이저 감지기

2. 다음 중 릴레이에 포함된 기능이 아닌 것을 고르시오.

① A접점 ② B접점 ③ C접점
④ 밸브 ⑤ 래칭

3. 다음 중 PID제어 포함된 방식이 아닌 것을 고르시오.

① 적분제어 ② 미분제어 ③ 비례제어
④ 위상제어 ⑤ On/Off

4. 다음 중 에어 실린더의 특징이 아닌 것을 고르시오.

① 단순한 동작 구조
② 정확한 위치 제어 가능
③ 공기를 사용하여 누출시에도 오염위험 없음
④ 부피에 비례해 큰 힘을 낼 수 있다.
⑤ 직선 반복 운동에 적합한 구동 방식이다.

5. 다음 중 페루프 제어 방식의 특징이 아닌 것을 고르시오.

① 단순한 제어 회로 ② 인코더를 이용한 정확한 회전수 측정
③ 추가 제어 회로 비용이 큼 ④ 피드백(궤환) 회로 사용
⑤ 정확한 위치제어 가능

연습 문제 해설

1. 답 ⑤

PLC는 스위치/릴레이, 타이머, 카운터, 입력 감지를 위한 포토커플러, ADC, 통신 포트 등을 포유하고 있지만, 센서에 포함되는 레이저 감지기는 포함하지 않는다.

2. 답 ④

릴레이는 접점 형식에 따라 A접점(NO), B접점(NC), C접점(A접점과 B접점이 결합)이 있고, 전원이 끊겨도 상태를 유지하는 래칭 기능 등을 보유하고 있지만, 밸브기능은 포함하지 않는다. 밸브는 전자석 기능을 기용하는 솔레노이드 밸브에 포함 된다.

3. 답 ④

PID 제어는 적분제어, 미분제어, 비례제어 기능으로 On/Off를 반복하는 방식을 사용한다. 인버터는 AC 전원의 위상을 제어할 수 있는 기능도 가지고 있다.

4. 답 ②

에어실린더는 단순한 동작 구조, 공기를 사용하여 누출시에도 오염 위험 없고, 부피에 비례해 큰 힘을 낼 수 있으며, 직선 반복 운동에 적합한 구동 방식을 가지고 있지만, 정확한 위치 제어에는 적합하지 못하다.

5. 답 ①

폐루프 제어는 인코더를 이용한 정확한 회전수 측정하고, 이를 피드백 회로를 사용하여 정확한 위치 제어가 가능하지만, 폐루프 회로와 인코더를 추가해야 하기 때문에 비용이 증가하는 단점이 있다. 단순한 제어 회로는 개루프 제어의 특징이다.

5

하드웨어 실제 구현

이 장에서는 저자가 실제로 구현한 하드웨어에 대하여 설명한다. 하드웨어 제작은 간단하게 기성 부품만 조합해서 제작한 하드웨어도 있고, 소프트웨어와 하드웨어를 결합하여 제작하기도 하였다. 소프트웨어로만 해결하기 어려운 일도 하드웨어와 결합할 때는 쉽게 해결되기도 하고, 하드웨어로만 해결하기 어려운 부분은 소프트웨어와 결합하면 쉽게 해결할 수도 있다. 이 장에서 설명하는 하드웨어는 하드웨어로만 동작하는 아주 간단한 설비를 설명하는 것부터 시작해서 소프트웨어를 통하여 스마트 팩토리 소프트웨어와 결합하는 내용까지 포함하여 설명한다. 최근 공장 자동화 설비가 스마트 팩토리 소프트웨어 솔루션과 결합하는 경우가 늘고 있고 최소한 DB 서버에 데이터를 입력하는 사례도 많아졌다. 하지만, 기성 제품 스마트 팩토리 솔루션은 개별 공장 특성에 적합하지 않기도 하고, 유지보수가 복잡하여 효율적이지 못한 경우가 많다. 또한 도입 비용 측면에서도 부담스러운 경우가 많은데 정확한 용도를 결정하지 못하거나 도입 효과를 확신하지 못하여 도입을 포기하기도 한다. 이 책에서 소개하는 예제를 통하여 공장 자동화와 스마트 팩토리에 대한 이해를 높여서 공장 자동화와 스마트 팩토리 도입을 계획하거나, 직접 구현하려고 할 때 도움이 될 수 있을 것이다.

5.1 집진기 인버터

법적으로 내부 공간이 1 m^3 이상인 건조기를 사용할 때 반드시 설치되어야 하는 집진기의 경우 설비가 노후 된 후에도 성능을 유지하기 위해서 최초 설계할 때 출력 마진을 충분히 두고 설계하는 것이 일반적이다. 이렇게 출력 마진을 크게 두고 설계하면 흡입하는 공기의 양이 너무 많아서 건조기 온도가 적정온도까지 오르지 않아서 건조 작업을 시작할 수 없는 상황이 발생한다. 건조기 온도가 적정온도 이상 오른 후에야 건조할 제품을 투입하여 건조작업을 수행할 수 있어서, 건조기 내부 온도가 적정온도에 도달하지 않거나 적정온도가 되는 데 시간이 너무 오래 걸리면 작업 시작이 늦어져 생산 일정에 문제가 발생한다. 이런 문제로 건조기 토출구에 댐퍼를 설치하여 건조기 내부 공기가 집진기로 빠져나가는 양을 줄여서 건조기 내부 온도가 빨리 오르게 할 수도 있고, 집진기의 출력을 조절하여서 빨리 적정온도에 도달하게 하는 방법이 있다. 댐퍼를 사용할 경우에 건조기 내부 압력이 과도하게 높아질 수 있어서 저자는 집진기의 출력을 조절하는 방법을 선택하였다.

그림 5.1 흡착식(활성탄)집진기 사진

일반적으로 집진기는 3상 전동 모터를 동력원으로 사용하는데, 이 모터의 속도를 인버터를 사용하여 조정하면 집진기가 빨아들이는 공기양을 조정할 수 있어서 건조기 내부 온도를 빨리 올려 생산성을 높일 수 있다.

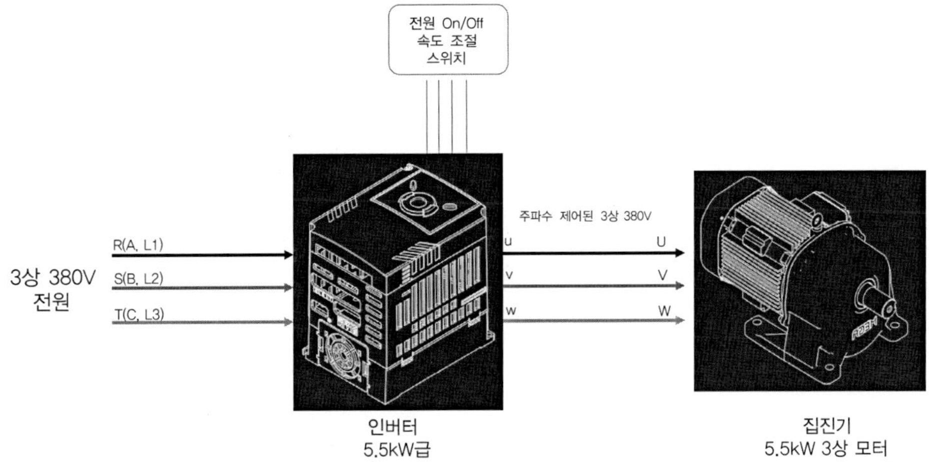

그림 5.2 인버터를 이용한 집진기 제어

집진기의 모터와 인버터의 연결은 그림과 같다. 3상 380 V 전원을 인버터에 입력하고, 인버터를 이용하여 출력 3상 380 V의 주파수를 조정하여 3상 모터의 회전 속도를 제어하여 집진기의 흡입 성능을 조정하는 방식이다. 사용의 편리를 위해서 인버터의 동작을 간단하게 조정할 수 있는 컨트롤 패널을 추가로 제작하여 사용하였다.

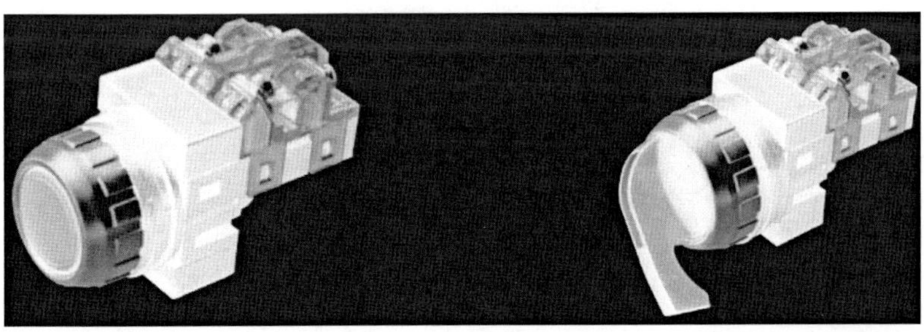

푸시 버튼 스위치(한영넉스) 셀렉터 스위치(한영넉스)

출처: 한영넉스 홈페이지

그림 5.3 인버터 동작 제어용 스위치

인버터를 제어하는 스위치로 2개 종류를 사용하였는데, 인버터의 정회전 제어는 푸시 버튼 스위치 중에서 상태 유지 스위치를 이용하였다. 한 번 누르면 접점이 On 상태가 되고, 다시 한번 누르면 Off 상태가 되어서 정방향 회전과 정지 명령을 수행할 수 있다. 셀렉터 스위치는 3단 선택이 가능한 스위치로 저속, 중속, 고속 동작을 설정하고 필요에 따라 속도를 조절하여 사용할 수 있도록 하였다. 온도 조절기와 인버터를 연결하여서 건조기 온도에 따라서 집진기의 속도를 조정하는 방법으로 발전시킬 수도 있으나, 건조기 이전 공정 생산 상황에 맞추어 적절한 타이밍에 적정온도가 되도록 동작 시간을 조정하는 방식으로 만족스럽게 이용하고 있다.

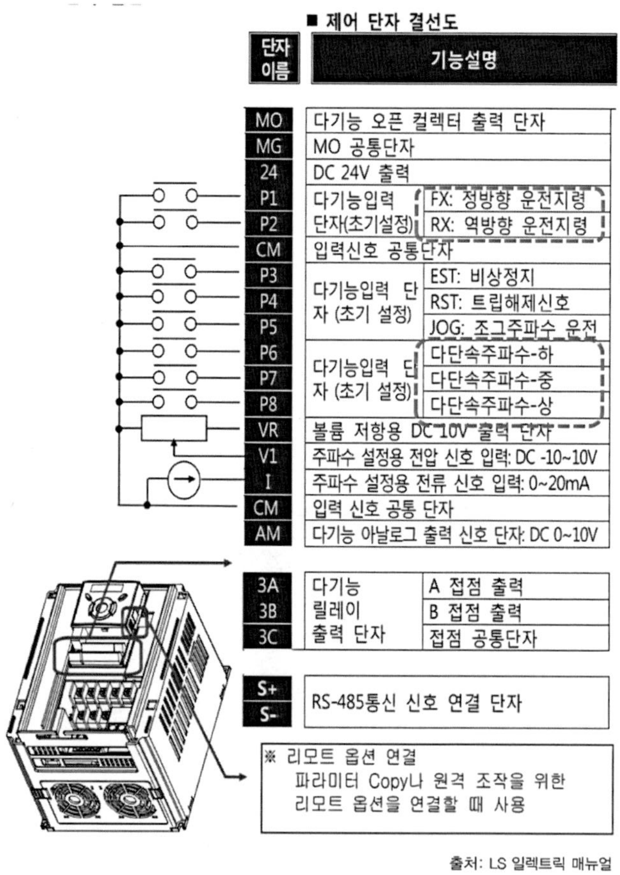

그림 5.4 LS일렉트릭 iG5A 인버터 결선도

LS일렉트릭(구 LS산전)의 iG5A 인버터 모델의 결선도는 위 그림 5.4와 같다. P1 단자와 CM 단자 사이에 푸시버튼 스위치를 적용하여 스위치가 On 되면 인버터에서는 모

터를 정회전 시키므로 집진기 모터의 동작 스위치로 사용할 수 있다. P6, P7, P8 단자와 CM 단자 사이가 On이 되면 인버터에 설정한 저속, 중속, 고속 주파수로 모터를 회전시킬 수 있다. 이 3단자에는 동시에 신호를 입력할 필요가 없으므로 3개 단자 중 1개의 단자만 On으로 할 수 있는 셀렉터 스위치(3단 선택형)를 사용하였다. 저자의 회사에서는 저속 10 Hz, 중속 36 Hz, 고속 60 Hz로 설정하여 건조기의 온도 상승이 필요할 때는 중속으로 설정하여 최대 속도의 60% 수준으로 사용하고 건조기의 예열이 끝난 후에는 고속으로 설정하여 사용하고 있다. 저속은 10 Hz의 느린 속도로 설정하였는데 건조기를 사용하지 않을 때 건조기실 환기를 위해 사용한다. 집진기가 공기를 흡입할 때 건조기 내부보다 건조기 주변 후드에서 흡입하는 공기가 훨씬 많아서 환기 목적으로도 유용하게 활용하고 있다.

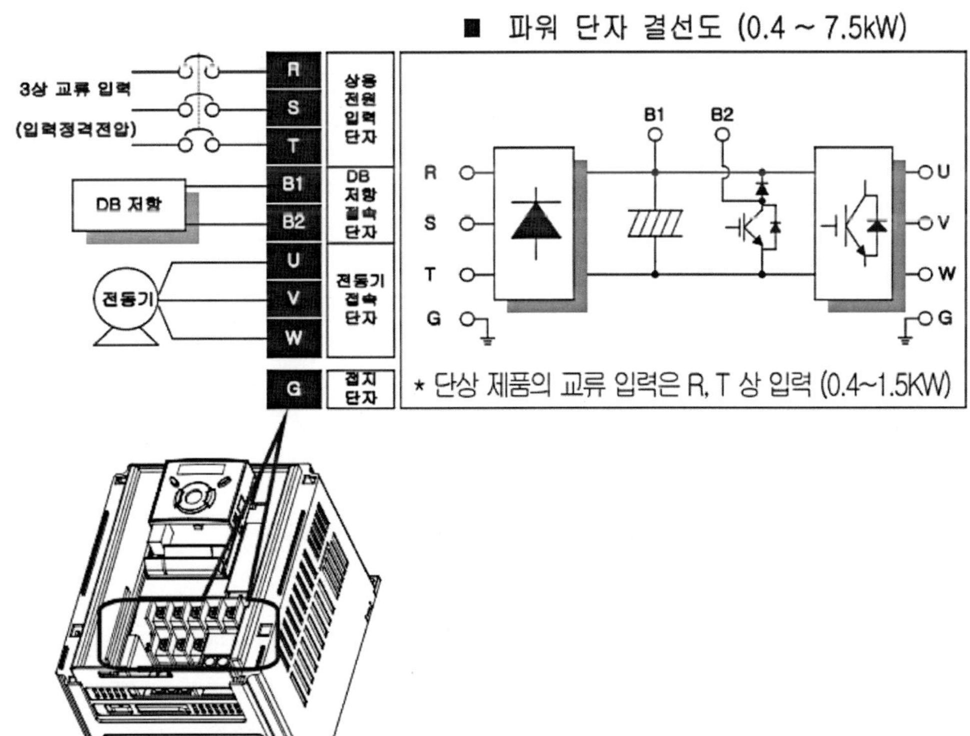

출처: LS 일렉트릭 매뉴얼

그림 5.5 인버터 전원 결선도(LS일렉트릭 iG5A)

인버터의 전원연결과 모터 연결 결선도(그림 5.5)를 보면, 3상 교류 입력하여 전동기에 필요한 3상 교류를 출력하는 것 외에도, 단상 교류를 3상 교류로 변환하여 3상 전동기를 구동하는 것도 가능하다(R상과 T상에 입력). 큰 출력을 내는 것은 어렵지만 그림처럼 1.5 kW(2마력) 수준까지는 단상 전원으로 3상 교류 모터를 활용하는 것이 가능하다.

저자가 사용한 LS일렉트릭의 iG5A 인버터의 특징은 센서리스 벡터 제어 기능을 제공하는데 이는 모터의 속도를 제어하는데 센서를 사용하지 않고 벡터 제어를 지원하여 일반적인 V/F(Voltage/Frequency: 전압 대 주파수) 제어 방식에 비해 저속 토크 제어가 용이한 특징이 있다. 인버터가 모터의 속도와 토크를 제어하는 방법은 3가지가 있으며 표 5.1에 정리하였다. 제어 방식에 따라서 효율적인 모터 운전을 할 수 있고, 인버터의 가격과도 관련이 있으므로 필요한 기능에 적합한 제어방식의 인버터를 선택하는 것이 필요하다.

표 5.1 인버터 제어방식의 종류와 특징

분류	V/F 제어	벡터 제어	센서리스 벡터 제어
동작 방식	전압과 주파수를 비례적으로 제어함	속도 센서로 모터의 속도를 감지하여 제어	자속과 전류를 추정하여 속도 제어
속도 제어 정밀도	낮음	높음	높음
추가 속도 센서	불필요	필요	불필요
기동 토크	낮음	높음	높음
저속 토크	낮음	높음	높음
토크 제어	불가능	가능	가능

집진기에 사용되는 모터의 경우 부하의 변동이 거의 없고, 기동 토크가 클 필요도 없어서 가감속 시간 제어로도 충분하며, 흡입량을 정교하게 제어할 필요는 없어서 V/F 제어를 적용하는 것으로도 충분한 효과를 얻을 수 있었다.

인버터를 적용한 결과는 집진기의 흡입량을 조정하여 건조기의 예열시간이 줄어들어서 작업효율이 높아지고 온도를 일정하게 유지하여 제품 불량이 줄고 수율이 높아지는 효과를 얻을 수 있었다.

5.2 에폭시 혼합기

에폭시(Epoxy) 또는 에폭시 수지(Epoxy Resin)는 열경화성 고분자 플라스틱을 말한다. 플라스틱이기 때문에 전기적 절연 성능을 가지고 있고, 습기에 강한 특성이 있어서 전기, 전자 및 반도체 부품 생산에 널리 사용한다. 에폭시 경화제는 실온에서 경화가 가능한 아민계 경화제와 고온에서 경화가 되는 산무수물 경화제로 2가지 형태가 있는데, 강도와 내습성이 우수한 산무수물계 에폭시를 사용한다.

에폭시를 사용할 때는 주제인 에폭시와 경화제인 산무수물 경화제를 적정한 비율에 맞추어 혼합하여 사용하는데, 혼합이 잘되지 않으면 강도가 약하거나 최악의 경우 경화가 되지 않고 반고체 상태가 될 수 있어서 정확한 비율로 충분히 혼합해 주어야 한

계양전기 믹서 드릴 동창 믹싱 드릴과 믹서봉

출처: 각 제조사 홈페이지

그림 5.6 믹서 드릴의 형태

다. 혼합을 편리하게 하고자 과거에는 시멘트 믹싱용 드릴을 이용하여 혼합하는 방식을 사용하였으나, 이 방식도 작업자가 들고 혼합해야 해서 시간과 노력을 단순 혼합 작업에 사용해야 하는 단점이 있었다.

이를 해결하는 방법으로 에폭시 레진 혼합물을 자동으로 혼합해 주는 설비를 개발하였다. 혼합기는 자동으로 지정된 시간 동안 임펠러의 높이와 회전 방향을 바꾸어가며 혼합할 수 있어서 에폭시가 경화된 후의 품질 향상에 도움이 된다. 또한 혼합 작업을 하는 동안 작업자는 다른 작업을 수행할 수 있어서 생산성 향상에도 도움이 되며, 단순하고 지루한 혼합 작업으로 발생하는 작업자의 정신적 피로 절감에 도움이 되므로 자동 혼합기를 도입하여 작업 환경을 개선하기로 결정 하였다. 이 설비는 개념도만 설비 제작회사에 전달하였고, 개념도를 바탕으로 설비회사가 세부 설계하여 제작하였다.

그림 5.7을 보면 색깔에 따라서 혼합하는 장치 2개가 하나의 설비로 만들어져 있다. 각

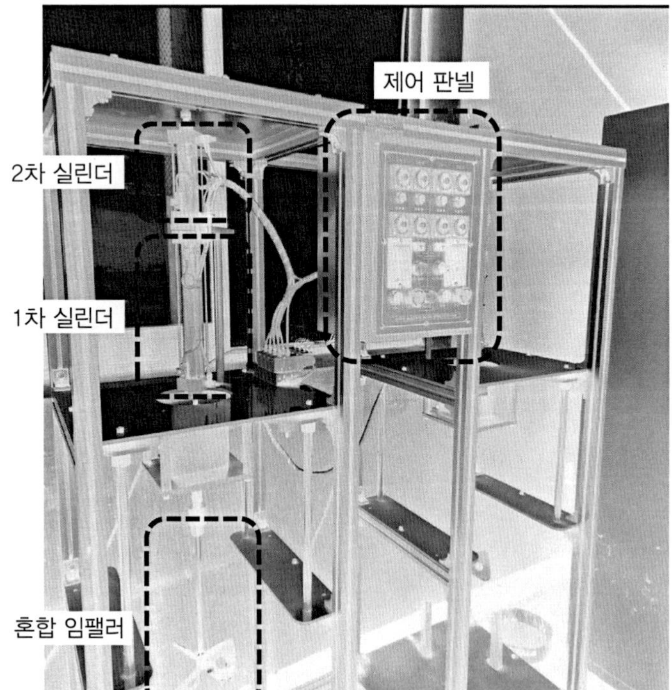

그림 5.7 에폭시 혼합기

각의 설비는 에어 실린더를 2개 연결하여 혼합용 임펠러의 높이를 2단으로 변경할 수 있다. 혼합용 임펠러는 스테인리스 스틸로 만들어진 것으로 에폭시를 혼합할 때 화학 반응이 일어나지 않도록 하였으며, AC 유도 모터를 사용하여서 속도 조절과 방향 제어가 쉽게 하게 하였다. 혼합 동작 단계는 총 4개의 단계가 있는데 각 단계의 작업 시간은 아날로그 타이머로 설정하여 정해진 시간 동안 동작을 수행하고 다음 단계 혼합을 하도록 제작하였다.

혼합을 수행할 때 각각의 동작 단계를 수행하는 작업 시간은 타이머를 설치하여 정해진 시간 동안 동작을 수행하고 다음 단계로 진행할 수 있도록 제작되었다. 표 5.2에 동작 모드를 설명하였는데, 회전 높이 2단계, 회전 방향 2단계로 동작 단계를 나누어서 에폭시 혼합을 철저하게 수행한다.

표 5.2 에폭시 혼합기 동작 단계

	회전방향	
회전 깊이 1단	정방향	역방향
회전 깊이 2단	정방향	역방향

이 설비는 이미 타이머를 포함하고 있어서 릴레이만 추가하면 단 단계별로 순차 동작하는 시퀀스 회로(Sequence Circuit)로 만들 수도 있지만, 실제 구현은 LS일렉트릭(LS산전)의 PLC를 이용하여서 제작하였다. PLC를 이용하면 단가가 높아지고, 따로 PLC 프로그램을 제작해야 하지만, 타이머와 릴레이 등의 부품으로 시퀀스 회로를 만들면 부품 배치와 배선 등 작업에 공수(工數)가 많이 들어가서 제작 비용과 제작 기간이 증가하는 단점이 있다. PLC는 소프트웨어로 부품 설치와 배선을 대신할 수 있어서 배선량이 훨씬 줄어들고, 보급형 PLC는 저렴하므로 배선 작업 등으로 공수가 증가하여 늘어나는 인건비와 추가 부품 비용을 고려하면 PLC를 이용하는 것이 유리할 수 있다. 특히 LS일렉트릭의 XGB 모델 중 릴레이 모델은 200 VAC AC1.5 A, 240 VAC 1.0 A 전력을 직접 제어할 수 있어서 간단한 전기제어는 PLC만으로 수행 가능하여 현장에서 많이 적용되고 있다.

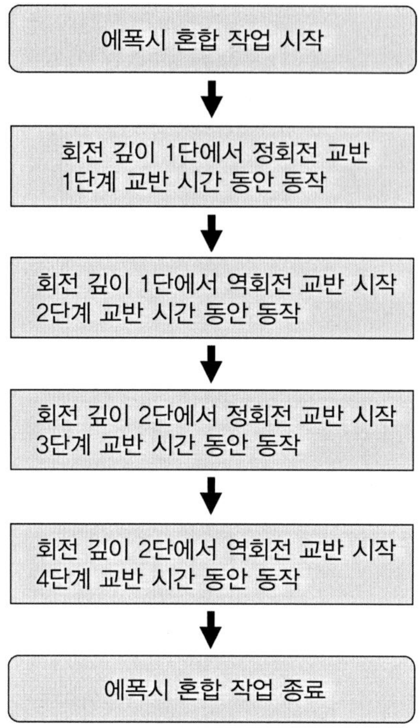

그림 5.8 에폭시 혼합기 동작 순서도

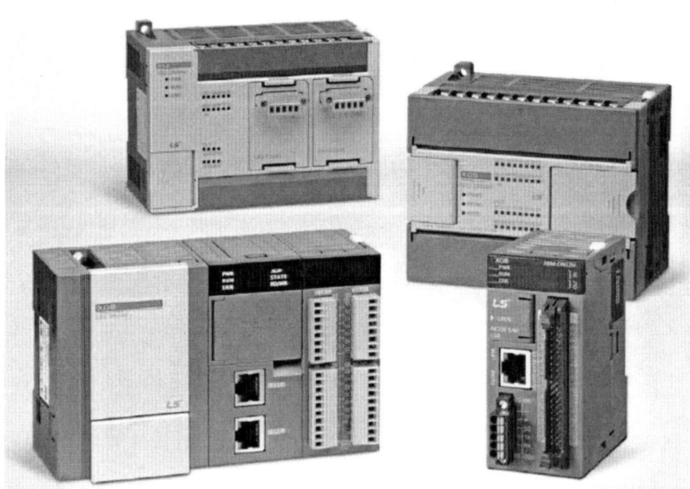

출처: LS 일렉트릭 홈페이지

그림 5.9 XGB시리즈 PLC

제어판은 아래 그림 5.10과 같이 꾸며져 있다. PLC를 사용하기 때문에 외부 타이머를 쓰는 대신 PLC 내부 타이머를 이용한 제어도 가능하지만, 내부 타이머에 시간 설정하려면 디스플레이와 입력장치가 추가로 필요해서 아날로그 타이머를 설치해서 사용자가 시간 설정을 쉽게 할 수 있도록 제작되었다. 제어반은 동일한 제어반이 두 개가 대칭으로 만들어져 있는데 에폭시 색에 따라 2개의 혼합기를 분리해서 사용하기 때문이다. 4단계로 교반 동작이 진행 되므로 타이머 4개가 설치되어 있다.

그림 5.10 에폭시 혼합기 제어반

모터의 속도 제어와 방향 제어는 SPG사의 인덕션 모터와 스피드 컨트롤러를 사용하여 제작하였다. 속도는 스피드 컨트롤러에서 볼륨 노드를 돌려 속도를 조절할 수 있고, 방향 제어는 컨트롤러의 접점 연결을 변경하는 방법으로 회전 방향을 조절할 수 있다. 그림 5.11에는 방향을 제어할 때 사용하는 스피드 컨트롤러 결선 방법을 표시하였다. 시계 방향으로 회전하려면 4번 COM과 6번 CW(Clockwise: 시계 방향)를 연결하고, 반시계 방향으로 회전하려면 4번 COM과 5번 CCW(Counter Clockwise: 반시계 방향)를 연결하는 방식으로 PLC에서 COM 포트와 출력 포트 연결을 변경하여 회전 방향 조정이 가능하다.

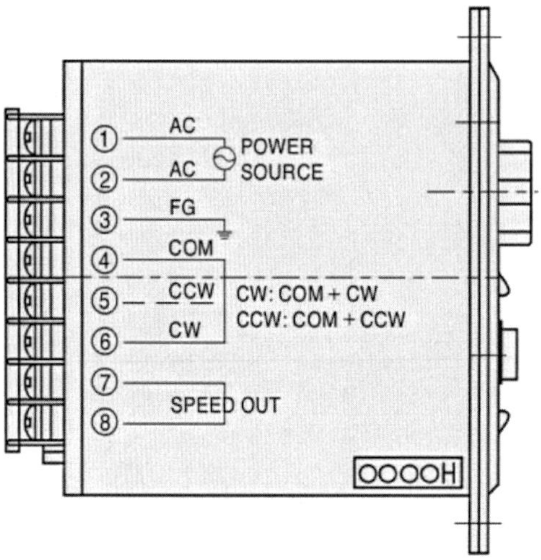

출처: SPG 모터 매뉴얼

그림 5.11 SPG모터 컨트롤러 결선 방법

5.3 에폭시 용기 보온기

에폭시 레진을 사용할 때는 온도 유지가 중요하다. 에폭시 레진은 온도가 낮으면 점성이 강해져서 불균일하게 도포되거나, 에폭시 표면에 기포 자국이 남아서 외관 불량이 될 수도 있다. 에폭시 레진이 저온일 때 발생하는 문제는 날씨가 추운 겨울 뿐 아니라 에어컨을 사용하는 여름에도 문제가 될 수 있어서 에폭시 레진 작업온도를 경화가 되지 않는 최대한 높은 온도에서 작업하는 것이 필요하다. 초기에는 간단하게 에폭시 레진이 들어가는 스테인리스 용기 외부를 단열 처리하여 온도 하강을 막는 방법을 사용하였으나, 단열 방식을 사용해서 수동적으로 온도를 유지하는 방법으로는 온도 유지에 한계가 있어서 열선을 이용하여서 적극적으로 온도를 유지하는 방법을 사용하게 되었다.

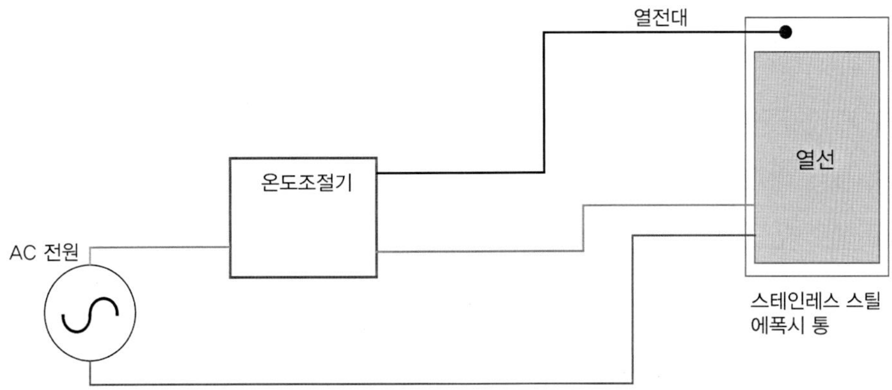

그림 5.12 에폭시 용기 보온 장치 구성

온도조절기 내부에는 릴레이가 장착되어 있어서 지정한 온도에 도달할 때까지 On/Off를 반복하여 일정한 온도를 유지하도록 동작한다. 간단한 구성으로 온도가 일정하게 유지되어서 에폭시 레진 작업 결과가 우수하게 나올 수 있었다.

온도를 측정 센서는 열전대 K급을 사용하여 센서 부분을 스테인리스 스틸 용기에 부착하여 온도를 측정하게 하였으며, 열을 발생하는 히터는 정온선(정온 열선)을 스테인리스 스틸 용기에 감아서 적용하였다. 정온선을 사용한 이유는 혹시라도 온도조절기가 문제가 생겨서 온도조절이 안될 때 과도하게 온도가 상승하는 것을 방지하기 위해서 최고 온도 한계가 있는 정온선을 사용하였는데, 1년간 사용한 결과 정온선의 내구성이 부족하여 일반 열선으로 교체하여 사용하였다.

그림 5.13 K형 열전대(좌, 센젠 유오유 제품), 정온선(중간, 우주전열 제품), 일반열선((우, 우주전열 제품)

온도 조절기는 컨트롤 박스를 가공하여 설치하였다. 컨트롤 박스는 가공하기도 쉽고, 전기적으로 절연 성능이 있어서 고전압을 사용하여도 안전하며, 방수 기능도 있어서 여러모로 현장에 적용하기에 편리하다. 열선에서 발생할 수 있는 합선이나 누전을 방지하기 위해 배선용 차단기를 설치하여 안전 문제에 대비하였다. 온도 조절기는 오토닉스의 TCN4S 기종을 사용하였는데, 이 기종은 온도조절기에 필요한 기능을 모두 갖추었음에도 단가가 저렴한 편이고, 목표 온도(SV: Set Value 설정값)와 현재 온도(PV: Present Value 현재값)를 화면에 표시해 주어서 상태를 쉽게 알 수 있어 선택하였다.

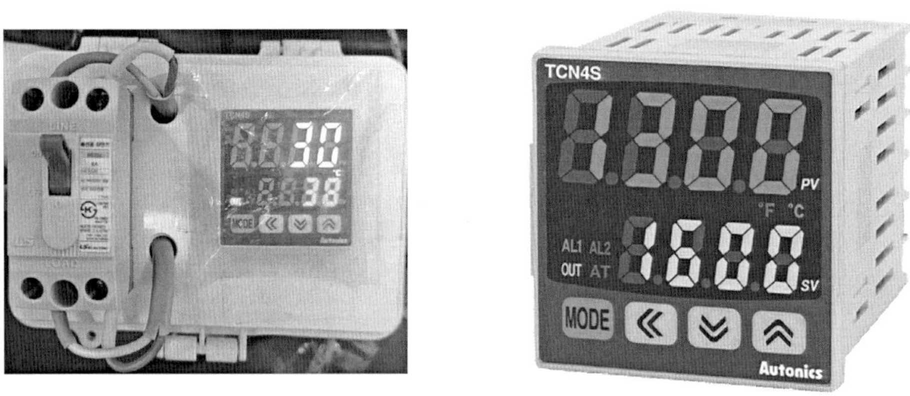

그림 5.14 컨트롤 박스 설치 상태와 온도 조절기

온도 조절기의 접속도는 아래 그림 5.15와 같다. 5번, 6번에는 전원을 입력하는데 220 VAC 상용전원을 입력할 수 있다. 10번, 11번, 12번은 온도 센서를 연결하는데, 3핀을 사용하는 것이 일반적이지만, 10번, 11번을 사용해서 열전대도 연결할 수 있으며 직류 전압의 +, −를 구별하여 연결할 수 있도록 표시가 되어 있다.

정온선이나 히터는 220VAC 상용전원으로 동작하므로 정온선의 한쪽은 220 VAC 전원인 6번에 연결하고 5번에 연결된 220VAC 전원은 3번에 연결하고 4번에 정온선의 다른 쪽을 연결하면 3번과 4번 사이의 릴레이가 동작하여서 정온선에 전력을 공급할 수 있다.

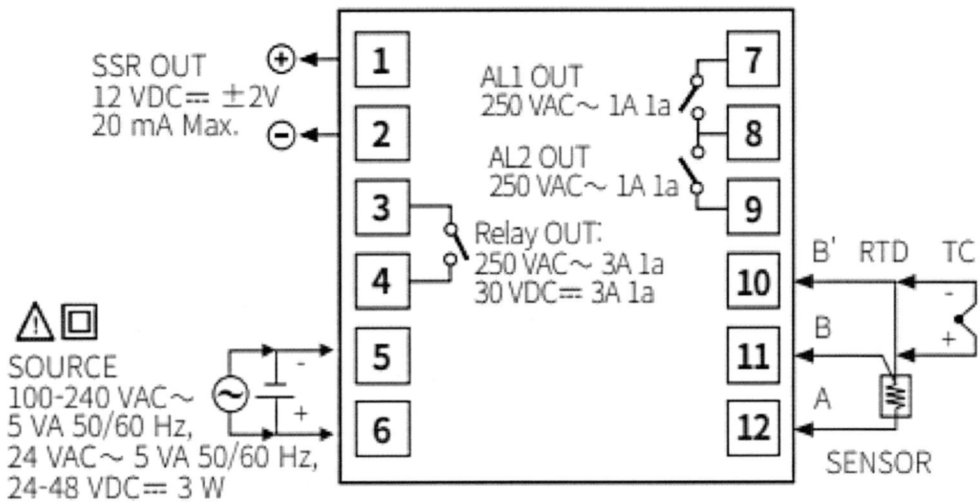

그림 5.15 온도조절기 접속도

마지막으로 보온성, 화재 위험, 감전 위험 등을 고려하여서 난연 보온 테이프로 마감하고 사용하고 있다.

그림 5.16 보온 테이프로 마감한 에폭시 통

5.4 항온 충방전 챔버

생산하는 제품이 가혹한 전기적 환경이나, 가혹한 고온 환경이 되었을 때 화재 등의 위험이 없고 안전한지를 확인해야 하는데 KS 등의 기존 인증용 시험 설비로는 충분히 가혹한 환경에서 시험할 수가 없어서 인증기준보다 높은 온도에서 충방전하면서 제품 안전성을 확인하는 시험 설비를 개발하였다. 고온 환경을 유지하고, 내부에서 화재가 발생하여도 시험 설비의 파손이나, 화염이 외부로 유출되지 않도록 하여야 한다.

최초 제작할 때는 시험 수행을 급하게 하기 위해 열풍기와 온도 조절기를 이용하여 고온을 유지하도록 하였으나, 2차 버전에서는 KS에서 요구하는 ±3℃의 조건을 맞추기 위해서 히터를 부착한 방열판과 송풍용 팬을 조합한 후 온도 조절기를 PID 방식으로 항온 챔버 내부온도를 정밀하게 조절하도록 개선하였다.

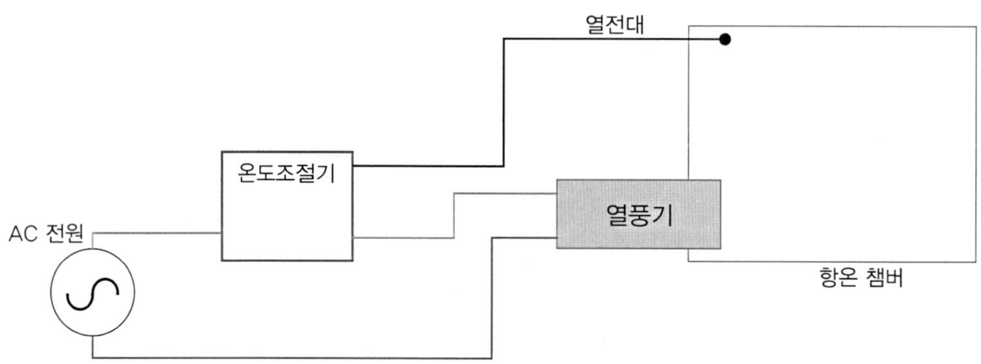

그림 5.17 열풍기를 이용한 항온 챔버

1차 버전 항온 챔버는 열풍기를 이용하여 220 V를 On/Off 동작하여 온도를 유지하도록 하였다. 항온 챔버에 적합한 히터 등을 구하기 어려워서 사용한 방법으로 빠르게 제작하여 만들 수 있었지만, 열풍기로 110℃ 이상의 온도를 유지하려면 열풍기의 바람이 항온 챔버 내부에 강하게 유입되어서 안정된 온도환경을 확보하지 못하였다. 1차 버전은 110℃ 환경 시험을 수행하고, 110℃ 이상 온도 시험을 위해서는 추가 개발이 필요하게 되었다.

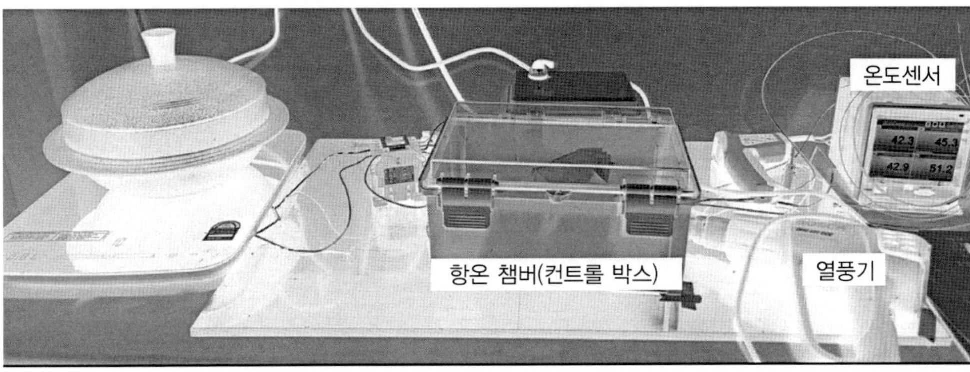

그림 5.18 고온 동작 시험을 하기 위한 항온 챔버 1차 버전

2차 버전 항온 챔버는 초기 버전의 문제점을 해결하고자 히터와 방열판으로 발열부를 제작하였고, 팬을 추가하여서 항온 챔버 내부에 고르게 열을 퍼트릴 수 있도록 제작하였다. 온도제어의 경우에는 릴레이 On/Off 제어방식을 사용하면 온도 편차가 최대 5도 가까이 발생하기 때문에 2차 버전에서는 SSR로 On/Off를 하고 이에 더불어서 온도 조절기의 PID 제어 기능을 사용하여 항온 챔버 내부 온도 편차가 ±1℃ 이내로 동작하도록 제작하였다.

그림 5.19에서 보듯 구조는 이전 버전과 크게 차이가 나지는 않는다. 열을 내는 열원은 히터와 방열판으로 만들었고, 이 히터에 전류를 흘리기 위해서 SSR을 사용하였다. SSR을 이용하여서 고속으로 전류를 제어하여 온도 편차를 최소로 하였고, SSR을 동작시키는 12VDC 신호는 온도 조절기에서 PID 제어방식으로 출력되는 신호를 사용하였다. 전제적인 구조는 그림 5.20에서 확인할 수 있다.

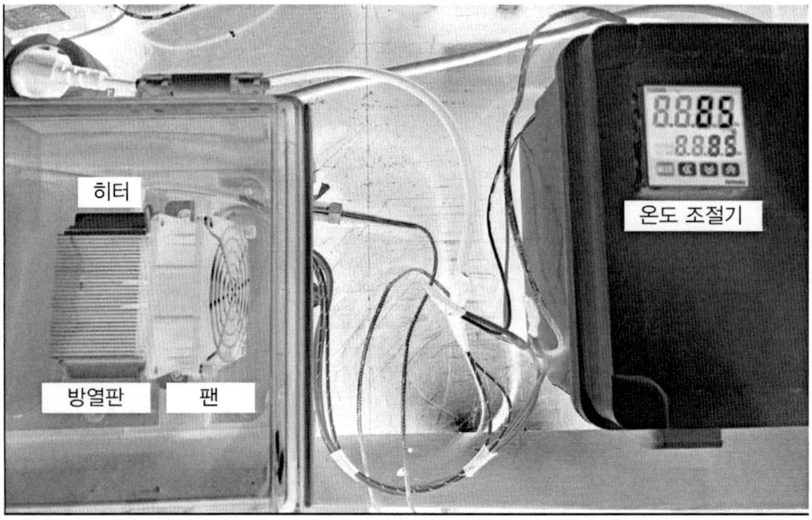

그림 5.19 고온 동작 시험을 하기 위한 항온 챔버 Ver. 2

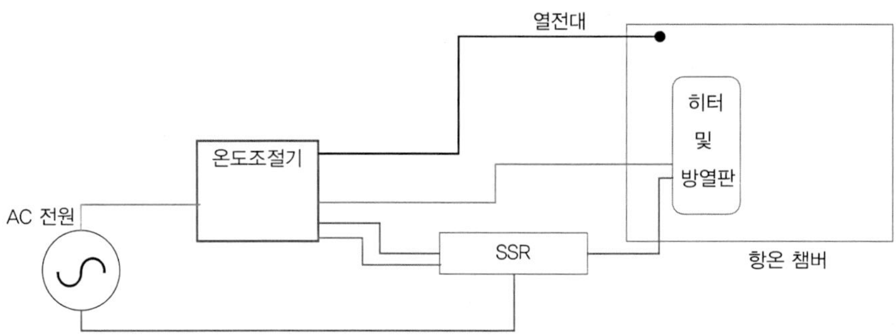

그림 5.20 고온 동작 시험을 하기 위한 항온 챔버 Ver. 2 구조

그림 5.21에서 온도조절기 접속도를 확인하면 5번, 6번에는 220VAC 상용전원을 입력하고, 10번, 11번, 12번에는 온도센서나 열전대를 접속한다. SSR 제어 신호는 1번, 2번에서 DC 전압으로 출력이 나오기 때문에 SSR의 신호 입력부에 접속하면 SSR을 제어할 수 있다. 온도조절기의 설정은 파라메터 설정에서 2-7 제어 출력 모드를 가열(Heat)로 설정하였고, 2-8 제어 방식은 PID로 설정하고, 2-9 제어 출력은 SSR로 설정한다. 2-10 제어 방식은 일반으로 설정하고, 2-11 제어주기는 최소 시간인 0.5초로 설정하였다.

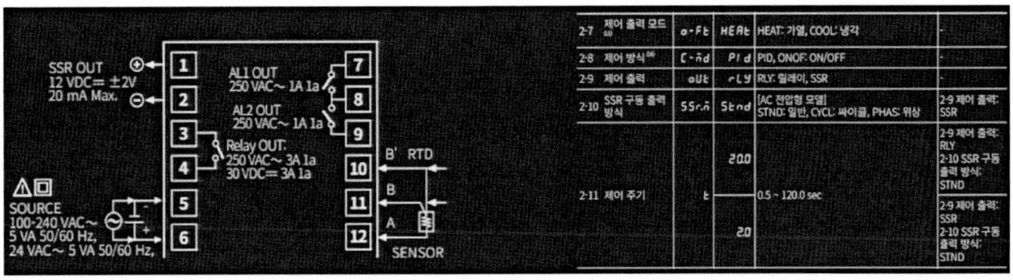

접속도　　　　　　　　　　파라메터 설정

출처: 오토닉스 매뉴얼

그림 5.21 온도조절기 접속도와 파라메터

히터를 제어하기 위한 SSR은 오토닉스사의 제품을 사용하였고, 제로 크로스 기능을 가진 제품을 적용하였다. 제로 크로스 기능이란 출력하는 교류전압이 0 V 부근에서 On/Off 하는 기능으로 0V부터 전압이 변화되어서 돌입 전류, 급격한 전압 변화로 인한 고조파 생성 등의 문제가 발생하지 않는 장점이 있다. 제로 크로스 기능 외에는 랜덤 턴온 방식이 있는데, 이 방식은 위상제어 방식을 적용하는 전력제어 목적에 적합한 방식으로 파형이 급하게 변화되어도 문제가 발생하지 않는 부하를 제어할 때 적합한 방식이다.

SSR이 가지는 가장 유용한 용도는 PID 제어를 적용하는 것이다. PID 제어는 비례-적분-미분(Propotional Integral Derivative) 계산을 이용하여서 현재 값(PV: Process Value)을 설정 값(SV: Set Value)에 근접하도록 제어하는 방식을 가리킨다.

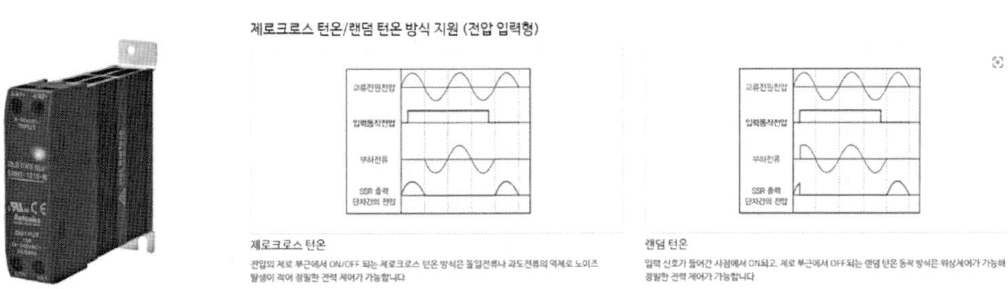

출처: 오토닉스 홈페이지

그림 5.22 SSR의 형태와 동작 특징

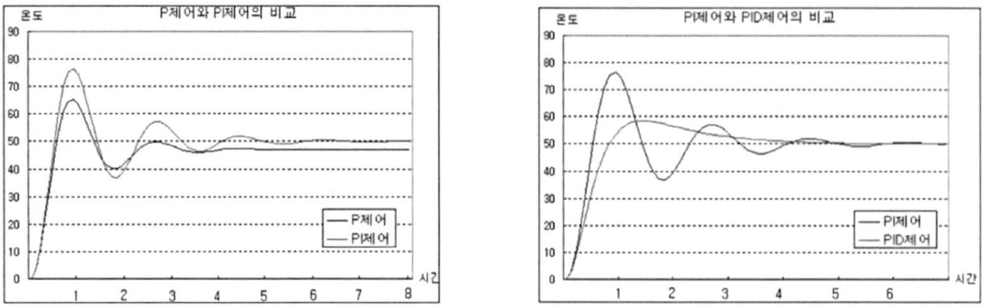

출처: 오토닉스 홈페이지

그림 5.23 PID 제어의 특징

그림 5.23의 좌측 그래프에 보이는 것처럼 On 신호에 따른 온도 변화를 비율로 계산하는 P(비례 제어) 제어 방식과 On 신호에 따른 온도 변화를 비례와 온도변화량을 적분하여서 변화량을 계산하는 PI(비례-적분 제어) 제어 방식을 비교하면 PI 제어가 P 제어에 비해서 진폭도 작고 빠르게 목표 상태에 도달하는 것을 볼 수 있다. 우측 그래프에서 PI 제어와 미분 제어까지 포함하는 PID(비례-적분-미분) 제어를 비교하면 비례-적분-미분 제어를 모두 적용하였을 때 지정한 온도로 빠르게 접근하며 온도 편차가 훨씬 적게 발생하는 것을 볼 수 있다. 실제로 PID 제어를 이용하면 지정한 온도에 안정적으로 도달하는 시간이 짧아지며 온도 편차도 매우 적게 발생하여 정교하게 제어할 수 있다.

PID 제어 수식에 사용하는 파라미터 설정에 따라서 온도제어 정밀도가 차이가 나는데 과거에는 사용자의 경험으로 설정하는 방식이어서 최적화가 어려웠으나, 최근 PID 제어 기능에는 오토 튜닝(Auto Tunig) 기능이 포함되어서 이 기능을 이용하면 PID 제어 과정에서 자동으로 최적 파라미터를 결정해주어서 경험이 없는 사용자도 쉽게 좋은 결과를 얻을 수 있다.

5.5 케이스 방향 확인기(패드 인쇄기)

저자의 회사 제품에는 플라스틱 케이스에 패드 인쇄기로 제품의 스팩이나 제조회사 정보 등을 표시한다. 패드 인쇄기를 사용하기 때문에 플라스틱 케이스 투입 방향이 뒤집혀서 투입되는 경우에는 마크도 뒤집혀서 인쇄되는 문제가 있다. 마크 인쇄기 구조상 케이스 방향이 정상으로 투입되었는지 확인이 어렵고, 작업 중에 확인해야 하는 다른 요소도 많아서 마크가 뒤집혀서 찍히는 불량은 최종 제품이 만들어진 후 검사단계에서 발견되기 때문에 양품 생산량을 예측하기 어려운 문제가 있으며, 마크를 지우고 다시 인쇄하여 양품으로 만드는데도 시간과 노력이 필요해서 생산성을 저해하는 문제가 있다. 이 문제를 해결하기 위해서 광 파이버 센서를 사용하여서 케이스 방향을 확인하고 케이스가 잘못 투입되면 부저를 울려서 마크 불량을 사전에 방지하는 장치를 제작하였다.

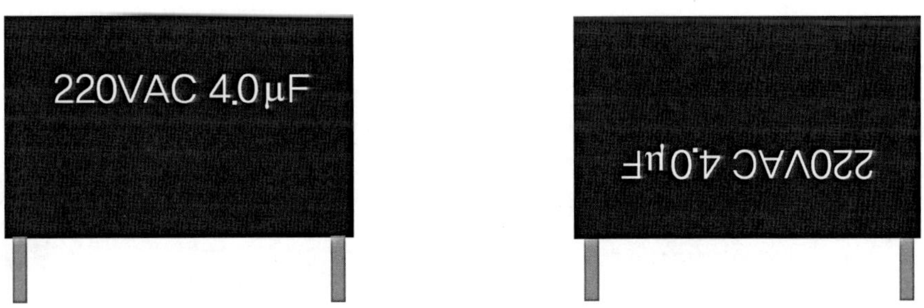

정방향 인쇄 역방향 인쇄

그림 5.24 정방향 인쇄와 역방향 인쇄의 예

그림 5.25에서 보듯 플라스틱 케이스에는 열려있는 면과 닫혀 있는 면이 있는데 정상적으로 인쇄가 되는 방향은 닫혀 있는 면이 광 파이버 센서 쪽이고, 광 파이버 센서 쪽 방향이 뚫려 있으면 케이스가 뒤집힌 상태이므로 알람을 울려서 역방향 인쇄가 되지 않도록 방지한다.

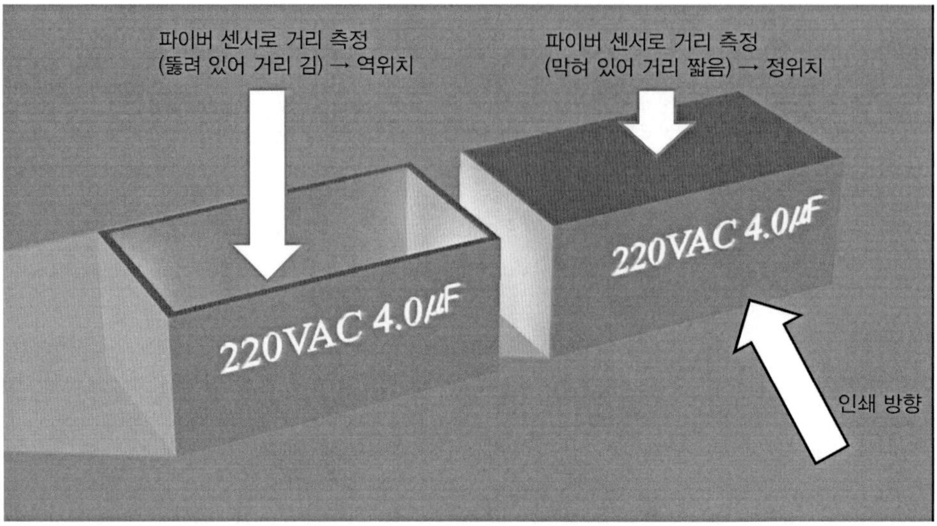

그림 5.25 케이스 방향 확인 원리

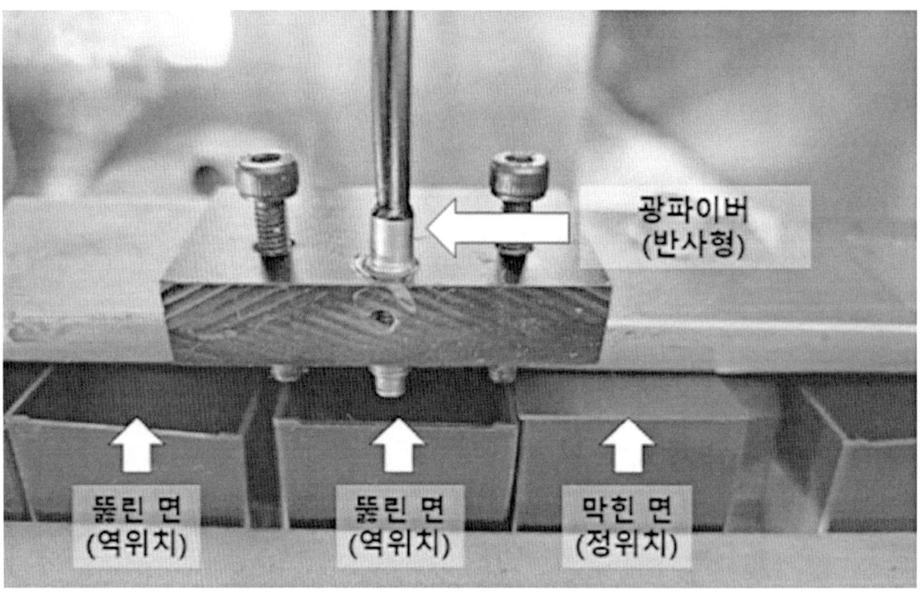

그림 5.26 컨베이어 벨트에 설치된 광파이버

케이스 방향 확인기 구성은 그림 5.27에서 보이듯 간단하게 구성된다. 광 파이버 센서로 케이스까지 거리를 측정하여 지정한 거리보다 멀어지면 On 되도록 설정한다. 광 파이버 센서 감지 에러나 기타 노이즈가 발생할 수 있어서 타이머를 온 딜레이 모드로

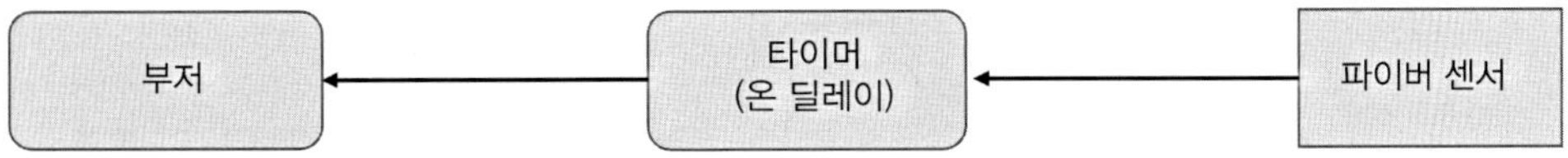

그림 5.27 방향 확인기 구성도

동작하게 설정한다. 온 딜레이는 On 신호가 들어와도 일정 시간 이상 유지되어야 On 신호 출력이 되는 기능으로 예를 들어 딜레이 시간을 0.5초로 설정하면 0.5초 이상 On 신호가 있어야 출력이 On 되므로 순간적인 노이즈 신호에도 오류없이 동작할 수 있다. 마지막으로 타이머에서 나온 On 신호가 부저를 올려서 반대 방향 케이스가 마킹 설비에 투입되었음을 알려준다.

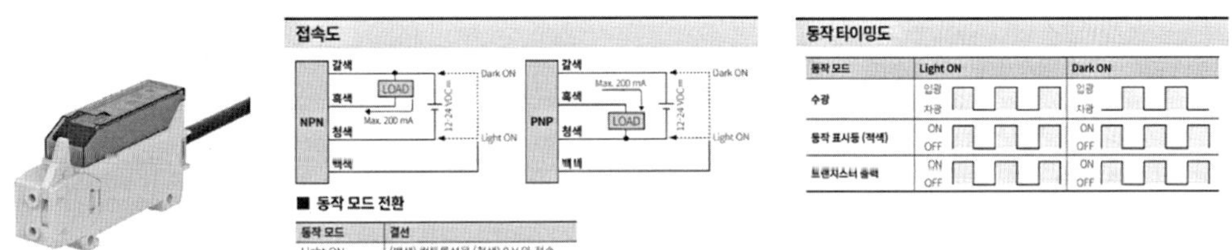

출처: 오토닉스 BF3 매뉴얼

그림 5.28 광 파이버 센서 사용방법

오토닉스의 광 파이버 센서 BF3시리즈는 저렴한 가격에 볼륨 노브를 조정하여서 On/Off 거리를 설정할 수 있다. 원하는 목적에 따라서 광 파이버 센서 결선 방식으로 NO(기본 Off) 또는 NC(기본 On) 출력으로 설정하는 기능이 있어서 사용 용도에 따라서 적용할 수 있다. 이번 예제에서는 지정한 거리 범위 내에 물체가 있으면 Off이고, 지정한 거리 범위 안에 물체가 없으면 On으로 동작하도록 설정하였다. 이 On 신호가 일정한 시간 동안 지속되면 부저를 울리도록 타이머를 이용하였다.

오토닉스의 AT8N 타이머는 아날로그 방식 타이머로 설정된 시간을 직관적으로 확인할 수 있으며 여러 가지 타이머 동작과 시간 범위를 설정할 수 있는 저가형 타이머이다. 그림 5.29에서와 같이 타이머 기능 세팅을 A 모드로 하여서 파워 온 딜레이 모드로 설정하고, 시간설정을 0.5초로 한 후에 6번 핀과 8번 핀 사이에 부저를 설치하는 방

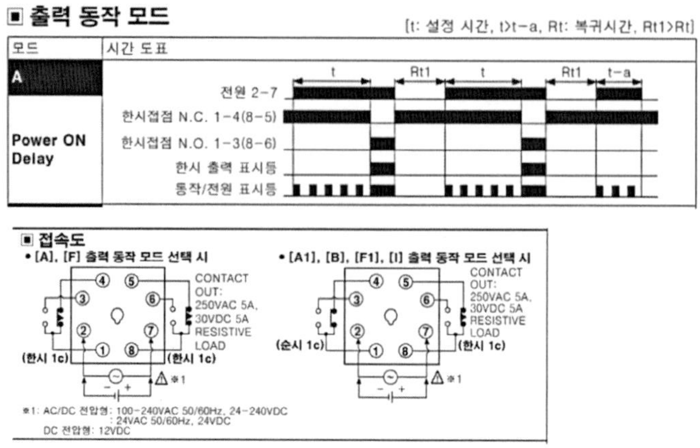

출처: 오토닉스 AT8N 매뉴얼

그림 5.29 AT8N 타이머와 결선 방법

식으로 설치하여 사용한다.

광 파이버 센서 BF3 시리즈는 제어 출력에서 부하 출력을 30 VDC와 200 mA로 할 수 있어서 최대 6 W까지 출력할 수 있다, 타이머 AT8N 시리즈의 경우 소비 전력은 24~240 VDC에서는 2 W 이하로 소비하므로 광파이버 출력을 바로 타이머 전원으로 연결하는 직결 방식으로 사용하는 데 큰 문제가 없다. 단, 부저가 사용하는 전력이 큰 경우에는 부저 동작이 되지 않을 수 있으므로 큰 소리를 내야 하는 환경에서는 독립 전원과 릴레이를 추가하여 충분한 전력을 공급해야 한다.

정격/성능

모델	BF3RX-□
사용 광원	적색 LED
광원 파장	660 nm, 변조식
응답 시간	≤ 1 ms
감도 설정	수동 감도 설정 (볼륨)
동작 모드	Light ON / Dark ON 전환 (컨트롤선)
표시등	동작 표시등 (적색)
인증	EAC
본체 중량	≈ 90 g
전원 전압	12-24 VDC⎓ ±10% (ripple P-P: ≤ 10%)
소비 전류	≤ 40 mA
제어 출력	NPN 오픈 콜렉터 출력 / PNP 오픈 콜렉터 출력 모델
부하 전압	≤ 30 VDC⎓
부하 전류	≤ 200 mA
잔류 전압	NPN: ≤ 1 VDC⎓, PNP: ≤ 2.5 VDC⎓
보호 회로	전원 역접속 보호 회로, 출력 단락 과전류 보호 회로

■ 정격/성능

모델명		AT8N-□
기능		**Multi Function 타이머**
제어시간설정범위*1		0.05초~100시간
전원전압		• 100-240VAC~ 50/60Hz, 24-240VDC⎓ 겸용 • 24VAC~ 50/60Hz, 24VDC⎓ 겸용 • 12VDC⎓
허용전압변동범위		전원 전압의 90~110%
소비전력		• 4.3VA 이하(100-240VAC~), 2W 이하(24-240VDC⎓) • 4.5VA 이하(24VAC~), 2W 이하(24VDC⎓) • 1.5W 이하(12VDC⎓)
복귀시간		100ms 이하
타임동작		Power ON Start 방식
제어	접점구성	출력동작 모드에 따라 한시 DPDT(2c) 또는 순시 SPDT(1c)+한시 SPDT(1c) 선택

그림 5.30 광 파이버 센서와 타이버의 정격 전력 정보

5.6 고전압 충방전기

저자의 회사에서 생산하는 커패시터 성능을 검사하는 방식으로 충전과 방전을 10만 회 반복하는 시험법이 있다. 2초 충전과 2초 방전이 1 사이클이라서 충방전 시험을 완료하는 데 40만 초가 걸리고 시간으로 환산하면 111시간 정도가 걸리게 되며, 사용하는 전압도 최대 2천VDC에 이르는 높은 전압이므로 안전하게 충방전 시험을 시행하는 자동 시험 장치가 필요하다. 기존에 사용하던 시험 설비가 있지만, 시험 일정이 갑자기 몰리면 시험장치가 모자라서 시험을 못하는 상황이 있으므로 추가 시험기를 제작하였다.

그림 5.31처럼 고전압 충방전 시험기는 컨트롤 박스를 가공하여 만들었고 PLC와 연결된 HMI(Human Machine Interface: 휴먼 머신 인터페이스, 인간 기계 간 상호작용 장치)가 설치되었다. 그 외에 시작, 정지, 리셋 버튼이 설치되어 있고, 이상 상태를 알려주는 부저와 내부 냉각을 위한 팬이 설치되어 있다.

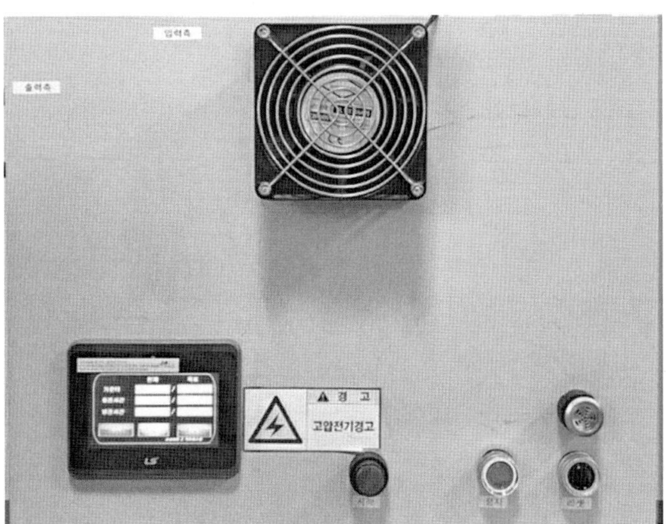

그림 5.31 고전압 충방전 시험기

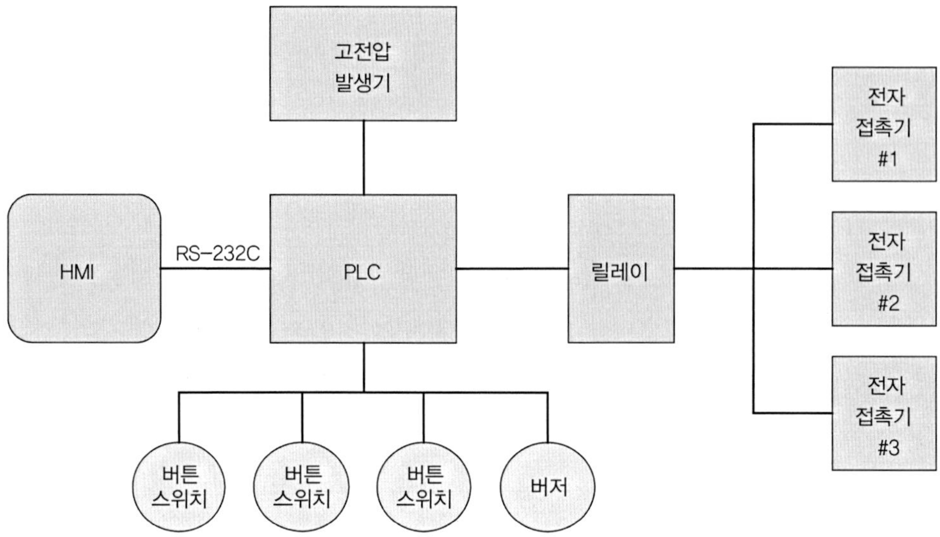

그림 5.32 고압 충방전기 내부 접속도

고전압 충방전 설비는 LS일렉트릭의 XGB PLC를 이용해서 전체 동작을 제어하고, HMI는 LS일렉트릭의 eXP20를 사용하여 사용자가 PLC에 충방전 횟수와 시간을 설정하는 기능을 지원하고, 충방전 시험의 진행 상황을 표시할 수 있도록 하였다. PLC와 HMI의 연결은 RS-232C를 사용하여서 연결하였다. 물리 버튼은 총 3개가 PLC에 연결되어서 충방전 시작, 중지, 카운터 리셋 기능을 하도록 하였다. 충전에 필요한 고전압 발생기에 문제가 생기면 문제 발생 신호를 PLC로 보내서 이 신호에 따라 버저가 울려서 작업자가 문제를 확인하고 해결할 수 있도록 하였다. 전자 접촉기는 3개를 사용하여 제작하였다.

충방전 시험기는 최대 5000VDC 직류를 사용하여 충방전 하므로 양극과 음극 간 거리가 짧으면 방전이 일어날 가능성이 있어서 전자 접촉기를 2개를 사용하여 양극과 음극이 충분히 멀리 떨어져 있도록 하였다. 3번째 전자 접촉기는 방전하기 위한 저항을 부착하여 충전이 끝난 후 커패시터에 축적된 전하를 저항으로 방전하도록 하였다. AC 팬은 충방전 시험기 내부의 열을 외부로 방출하는데, 커패시터에 축적되었던 전기 에너지는 방전용 전항에서 열에너지로 변환되므로 장시간 시험 시에 시험장치 내부가 과도하게 뜨거워지는 것을 방지한다.

그림 5.33 LS일렉트릭 XGB시리즈 XBC PLC

고전압 충방전 설비는 시퀀스 회로로 구현하면 타이머 2개, 카운터 1개와 릴레이 등을 이용하면 동작 구현이 가능한 설비이지만, PLC를 사용하여 제작하였다. 그 이유는 시퀀스 회로를 구성하는 타이머, 카운터, 릴레이 등 필요한 부품 비용 총합이 기본형 PLC에 비해서 많이 저렴하지 않고 오히려 배선 등에 공수가 늘어나기 때문에 PLC를 적용하여 공수를 줄이는 방법을 선택하였다. 하지만, PLC만으로는 시간 및 충방전 횟수 설정이 어렵기 때문에 HMI를 추가하였다. 제작비용은 늘어났지만, 사용성이 우수하고, 타이머와 카운터를 사용하는 것보다는 깔끔한 외관을 만들 수 있다.

고전압 충방전기 동작 흐름도는 그림 5.34에 보이듯 단순하다. 충방전 시험을 시작하면 설정된 충전 시간 동안 전류를 흘려 커패시터를 충전한다. 충전이 끝나면 정해진 시간 동안 방전한다. 충전 시간과 방전 시간은 KS 표준을 따라서 시험하거나, 개별 기준에 따른 시험을 위해 충전 시간과 방전 시간을 변경할 수 있다. 충전과 방전을 1사이클 한 후에는 카운터를 확인하여 정해진 충방전 횟수를 충족하였으면 충방전 작업을 종료하고, 충방전 횟수가 부족하면 다시 충방전 사이클을 시작한다. 기본적인 충방전 동작 이외 특이한 기능은 고전압 발생기의 상태를 PLC로 입력하는 것이다. 충방전을 하던 중 커패시터가 파손 등의 문제가 발생하면 고전압 발생기가 에러 신호를 PLC로 보내서 PLC의 동작은 정지하고 버저를 동작하여 작업자가 문제 발생을 인지하고 필요한 조치를 할 수 있도록 설계하였다.

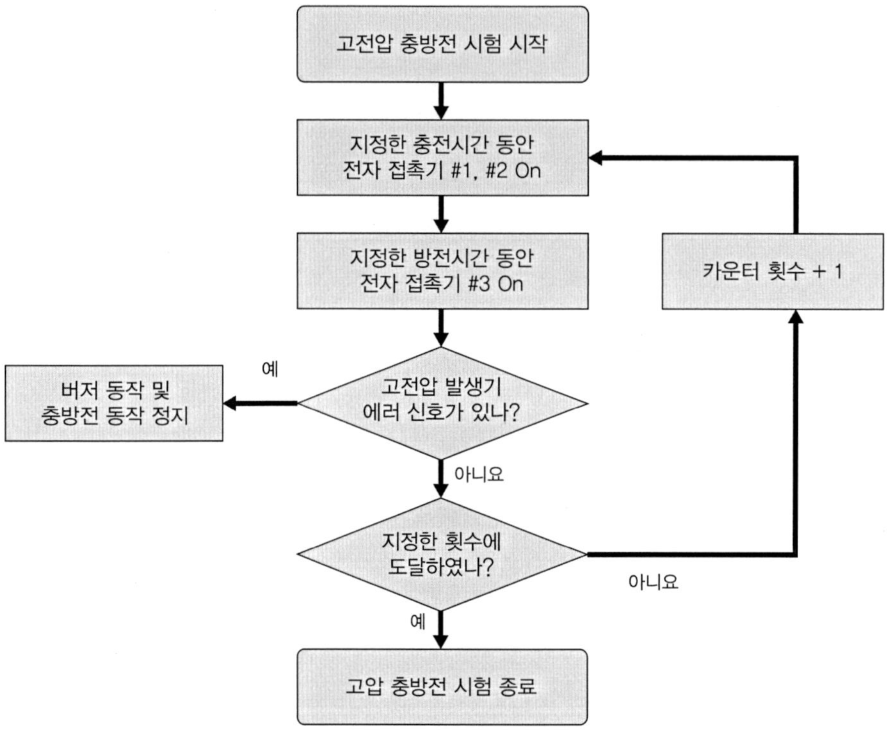

그림 5.34 고전압 충방전기 동작 흐름도

PLC는 설계한 순서도에 따라서 래더 프로그램(Ladder Program)으로 코딩하여 PLC에 저장하여 사용하는데, 동작에 대한 순서도 설계가 있으면 PLC 래더 프로그램을 작성하기가 편리하므로 동작 순서도를 자세히 작성하는 것이 중요하다.

HMI는 작업자가 PLC에 값을 설정하거나, 결괏값을 화면에 표시하는 장치로 일반적으로는 저항막 터치스크린이 적용되어 있다. 스마트폰이 정전식 터치스크린인 데 비해서 HMI는 압력을 측정하는 저항막 방식을 사용하는 이유는 산업현장에서 작업자는 감전이나 부상의 위험을 방지하고, 제품의 청결도를 유지하기 위해서 장갑을 착용하고 작업하는 것이 일반적이다. 정전식 터치스크린은 장갑을 착용하면 정확하게 인식하지 못하는 단점이 있어서 산업용 장비는 일반적으로 저항막 터치스크린으로 압력을 감지하는 방식을 사용한다. HMI와 PLC를 연동시키는 방식은 시리얼 통신 방식인 RS-232C를 이용한 통신으로 HMI와 PLC가 정보를 주고받으며 동작한다. 통신 하드웨어 표준은 RS-232C 방식이지만, 정보를 전달하는 방식은 프로토콜이라고 하는데 LS일렉트릭 제품의 경우 자체 필드버스(Fieldbus) 프로토콜인 XGT 전용 프로토콜과 공개 프로토콜인 모드버스(ModBus) 프로토콜을 지원하여 사용자가 프로토콜을 정의해서 사용하는 것도 가능하다. 쉬운 예로 설명하면, RS-232C 방식은 5G나 LTE 같은 휴대전화 통신 방식이고, 필드 버스 프로토콜을 휴대전화로 통화할 때 한국어를 쓰는지 영어를 쓰는지의 차이라고 볼 수 있다. 프로토콜마다 속도와 안정성, 최대 연결 수 등의 차이가 있고, 특허권 때문에 추가 장치가 필요한 때도 있어서 통신 프로토콜 선정에도 주의하여야 한다.

이렇게 제작된 고전압 충방전기는 제작 후 오랜 시간 안정적으로 시험 설비의 역할을 잘 수행하고 있다.

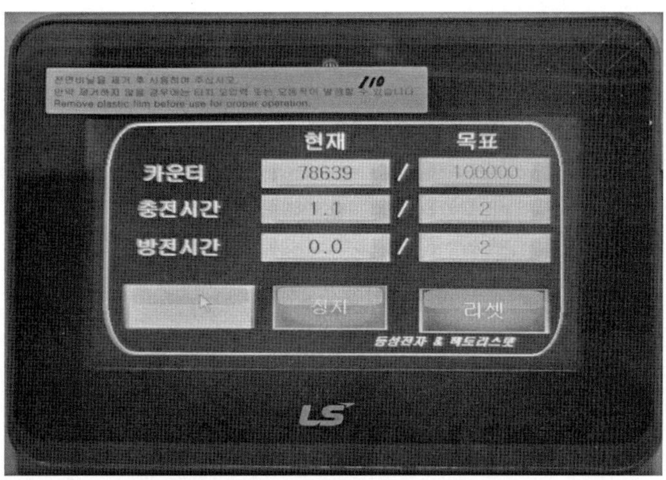

그림 5.35 고전압 충방전기의 HMI 화면

<table>
<tr><th colspan="2" rowspan="2">항 목</th><th colspan="2">규 격</th></tr>
<tr><th>채널1</th><th>채널2</th></tr>
<tr><td colspan="2">시리얼 통신 방식</td><td>RS-232C</td><td>RS-485</td></tr>
<tr><td colspan="2">모뎀접속 기능</td><td>-</td><td>-</td></tr>
<tr><td rowspan="2">동작모드
(채널별로
동작 정의)</td><td>P2P</td><td colspan="2">통신 클라이언트로 동작
- XGT 전용 프로토콜 클라이언트
- 모드버스 ASCII/RTU 클라이언트
- 사용자 정의 통신
- LS버스 클라이언트 [주1)]</td></tr>
<tr><td>서버</td><td colspan="2">- XGT 전용 프로토콜 서버
- 모드버스 ASCII/RTU 서버</td></tr>
<tr><td rowspan="3">데이터
형식</td><td>데이터 비트</td><td colspan="2">7 또는 8</td></tr>
<tr><td>스톱 비트</td><td colspan="2">1 또는 2</td></tr>
<tr><td>패리티</td><td colspan="2">Even/Odd/None</td></tr>
<tr><td colspan="2">동기 방식</td><td colspan="2">비동기 방식</td></tr>
<tr><td colspan="2">전송 속도(bps)</td><td colspan="2">1,200/2,400/4,800/9,600/19,200/38,400/57,600/115,200 bps 중 선택 가능</td></tr>
<tr><td colspan="2">국번 설정</td><td colspan="2">설정 범위: 0~255[주1)]
최대 설정국: 32국</td></tr>
<tr><td colspan="2">전송 거리</td><td>최대 15m</td><td>최대 500m</td></tr>
<tr><td colspan="2">진단 기능</td><td colspan="2">XG5000 진단 서비스로 확인 가능</td></tr>
</table>

출처: LS 일렉트릭 XGT 매뉴얼

그림 5.36 LS일렉트릭 XGT 시리즈 통신 규격

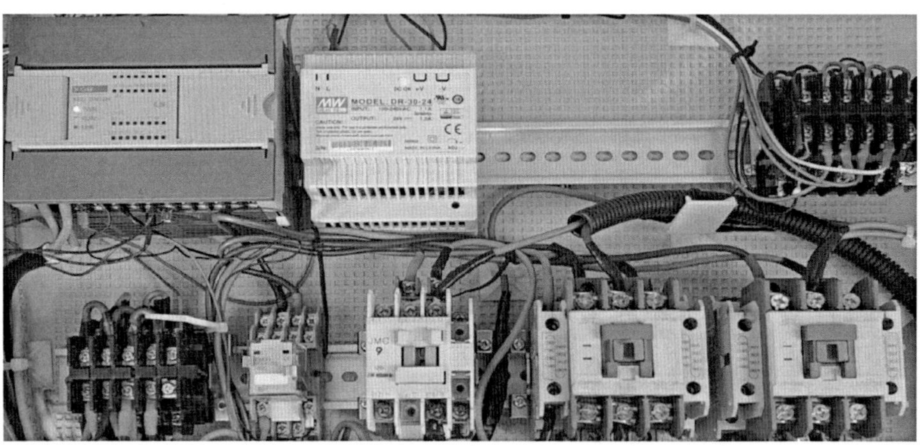

그림 5.37 고전압 충방전기 내부 구성

5.7 포장용 계수기

저자의 회사에서 판매하는 제품 중에는 크기가 작은 제품으로 정해진 수량을 비닐 포장하여 납품하는 제품이 있다. 수량으로 포장하기 때문에 정확한 수량을 포장하는 것이 기본이며 특히 정해진 수량보다 부족하면 문제가 발생하므로, 정확한 포장 작업을 위해서 작업자 한 명이 전담으로 근무하고 있으나, 제품의 부가가치가 높지 않아서 판매로 발생하는 이익보다 포장하는 인건비가 높아져서 문제가 되었다. 작업자도 지루하고 단순한 작업에 불만을 느끼고 있어서 근무 만족도가 낮았는데 이 문제를 해결하는 방법으로 자동으로 제품의 수량을 계수하고 작업자는 간단한 밀봉작업으로 포장업무를 완료할 수 있도록 포장용 계수기를 제작하였다.

그림 5.38 포장용 계수기

포장용 계수기는 크게 2부분으로 나누어져 있다. 먼저 제품을 하나씩 공급할 수 있도록 하는 보울 피더(Bowl Feeder, 파츠(파스) 피더) 부분이 있고 보울 피더에서 나오는 제품을 모으는 통이 부착된 회전판 부분으로 구성되었다.

진동을 이용하여서 부품이 하나씩 차례로 이동하는 장치를 통틀어서 파츠 피더(Parts Feeder)라고 하며 파츠 피더 중에서 큰 그릇에 부품이 담겨 있고 그릇 내부를 빙빙 돌면서 부품이 정렬되는 구조의 파츠 피더를 보울 피더(Bowl Feeder)라고 한다. 보울 피더는 보울 하부에 진동을 만드는 진동자가 있고, 보울에 부착된 판 스프링의 결합 방식에 따라 부품이 회전하는 방향이 결정되고, 회전 방향을 따라 부품이 한줄로 정렬되어 설비에 공급된다. 보울 피더는 동작 소음이 크기 때문에 방음 장치를 제작하여 소음으로 인한 작업자의 청력 손상을 보호하는 것이 좋다.

보울 피더에서 정렬된 제품은 보울 피더에서 외부로 나올 때 광 파이버 센서와 카운터로 수량을 계수하게 제작하였고, 정해진 수량만큼 외부로 배출하면 카운터가 PLC로 신호를 송신한다.

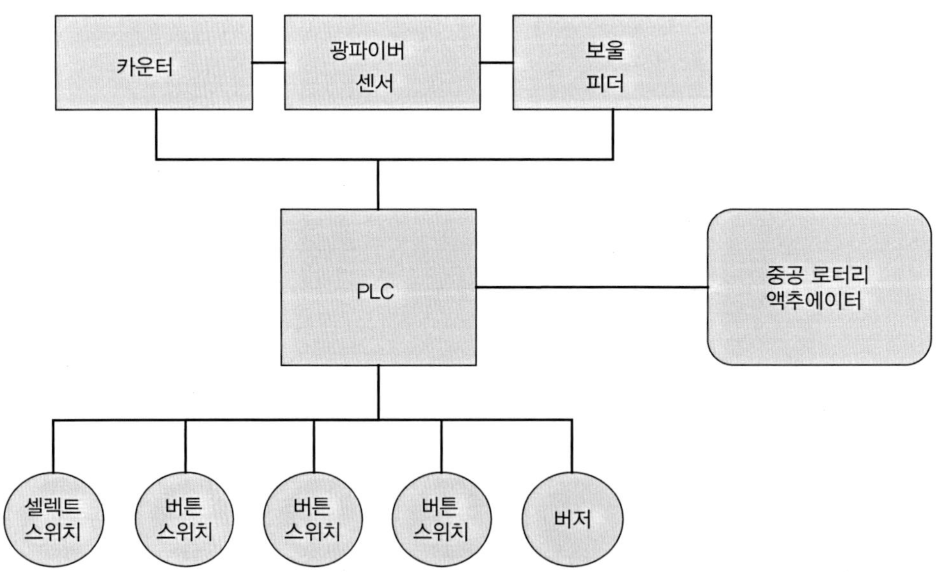

그림 5.39 포장용 계수기 내부 접속도

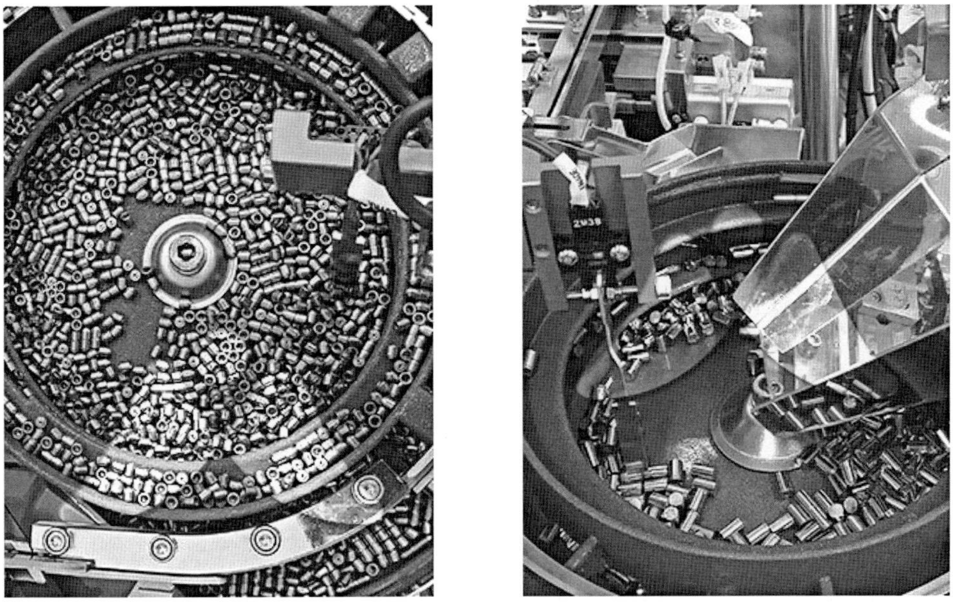

출처: ㈜무인오토

그림 5.40 파츠 피더(보울 피더)의 형태

그림 5.41의 순서도를 보면 보울 피더에서 정렬되어 나오는 제품은 원판에 설치된 통으로 떨어져서 모이게 되며, 비닐백 포장 1개분의 수량을 채우면 카운터의 신호에 따라 PLC가 보울 피더 동작을 정지하고, 원판을 회전하여 새로운 통을 보울 피더 배출구 아래에 배치하고 카운터를 0으로 리셋하여 보울 피더를 다시 동작시켜서 계수를 시작한다.

제품이 모이는 수집 통은 원판에 총 5개가 설치되며, 5개의 수집 통이 모두 찰 때까지 원판이 회전하여 다음 비어있는 수집 통을 보울 피더 아래에 배치하는 동작을 수행한다. 제품을 계수하고, 수집 통 5개를 모두 채우는 작업을 자동으로 수행하므로 담당 작업자는 계수하는 시간 동안 부가가치가 높은 다른 작업을 할 수 있어 인력 활용 면에서 효율적이다. 작업자는 5개의 통이 모두 차면 발생하는 부저 알람을 듣고 통에 담긴 제품을 비닐 포장에 부은 후에 밀봉하는 작업만 수행하면 된다. 보울 피더에서 제품이 회전하면서 오염 될 수 있어서 일정한 간격으로 보울 피더를 청소하는데 그 간격이 통 5개를 채우는 수량이어서 원판에는 5개의 통을 설치하여 사용하고 있다.

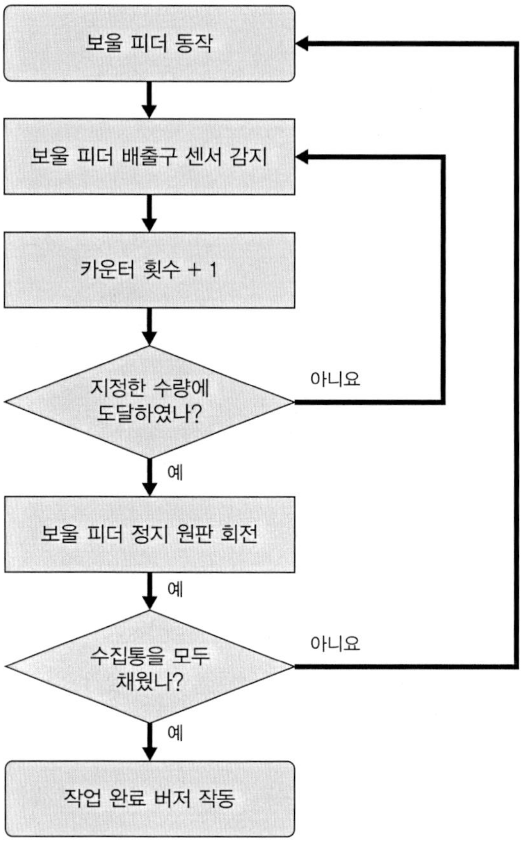

그림 5.41 포장용 계수기 동작 순서도

그림 5.42 보울 피더 배출구와 광 파이버 센서

그림 5.43 회전 원판과 제품 수집통

원판을 회전하는 방법은 단순하게 동력용 AC 모터와 감속기를 조합하는 방식도 있으나, 기구부를 제작하는 회사에서 하중 처리를 위해 스러스트 베어링(Thrust Bearing) 적용을 제안하였고 AC 모터, 감속기, 컨트롤러, 스러스트 베어링 및 이를 설치하는 기구부를 제작하는 비용 합계가 중공 로터리 액추에이터(Hollow Rotary Actuator, 할로우 로터리 액추에이터) 중고품을 적용하는 비용보다 비싸고 시간도 오래 걸리기 때문에 스테핑 모터로 제어하는 중공 로터리 액추에이터를 구매하여 적용하였다. 이렇게 신규로 설계하고 제작하는 것이 나은지, 기성 부품 또는 중고품을 이용하여 설비를 제작할지는 상황에 따라 적절한 판단을 내려 가장 효율적인 방법을 결정한다.

중공 로터리 액추에이터는 가운데 구멍이 있는 회전 동작기를 지칭하는 말로 하중이 무거운 상황에서 정확한 각도로 회전하는 장치를 말한다. 모터는 회전하는 구동부의 외측면의 나사산에 연결되어서 회전에 필요한 동력을 제공하며, 회전 구동부의 나사와 모터 측 나사의 비율에 따라서 모터의 힘(토크: Torque)을 증가시킬 수 있다. 모터는 목적에 따라서 여러 가지 모터를 적용할 수 있는데, 사용한 중공 로터리 액추에이터와 모터는 하중과 토크 및 회전 속도를 고려하여 오리엔탈 모터의 기성품 모델로 결정하였다. 모터는 스텝 모터를 사용하여 정확한 각도로 위치결정할 수 있는 장점이 있다.

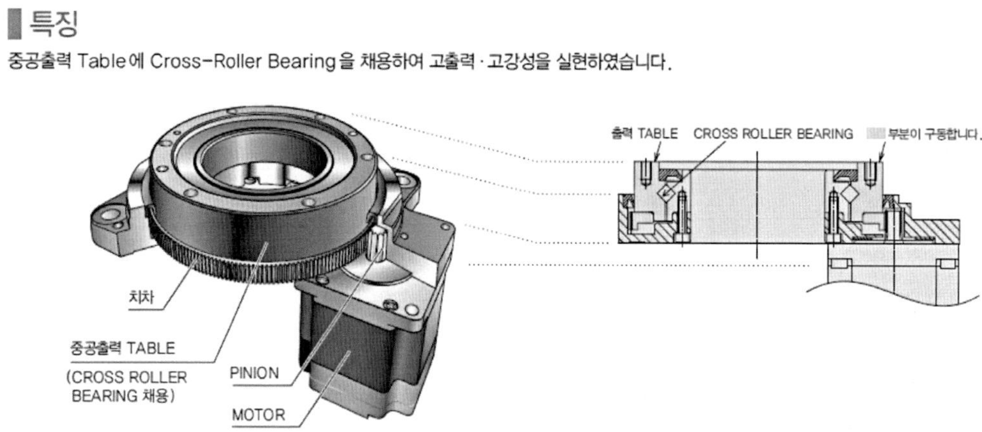

그림 5.44 중공 로터리 액추에이터

포장용 계수기에 사용된 PLC는 키엔스(Keyence)의 단자대형 제품인 KV-Nano 제품을 사용하였다. 키엔스 제품은 LS일렉트릭 제품에 비해서 가격이 약간 높은 편이지만, 키엔스 제품만 보유한 특별한 기능을 보유한 장점이 있어서 사용하는 경우가 있다. 포장 계수기에서는 중공 로터리 액추에이터를 적용하여서 로터리 회전용 스텝 모터를 PLC에서 직접 위치제어를 하도록 설계하였다. 단자대형 PLC에 기본 기능으로 포함된 위치제어 기능을 비교하였을 때, LS일렉트릭 PLC에 비해서 키엔스 KV-Nano의 위치제어 속도가 더 빨라서 부드러운 움직임이 가능한 장점이 있다. 또한, 같은 래더 프로그램을 작성하였을 때 LS일렉트릭 PLC와 키엔스 PLC가 동작이 약간 다르게 나타나는데 저자의 관점에서는 키엔스 PLC가 동작하는 방식이 더 예상에 맞게 동작하여서 프로그래밍을 빨리 마칠 수 있어 선택하게 되었다. PLC 제조사마다 제품을 개발할 때 적용한 목표 시장, 개발 철학과 우선순위 등의 차이가 있어서 적용하고자 하는 용도 등에 따라 적합한 PLC를 선택하는 것이 설비개발에 필요한 시간과 노력을 절약하는 방법이다.

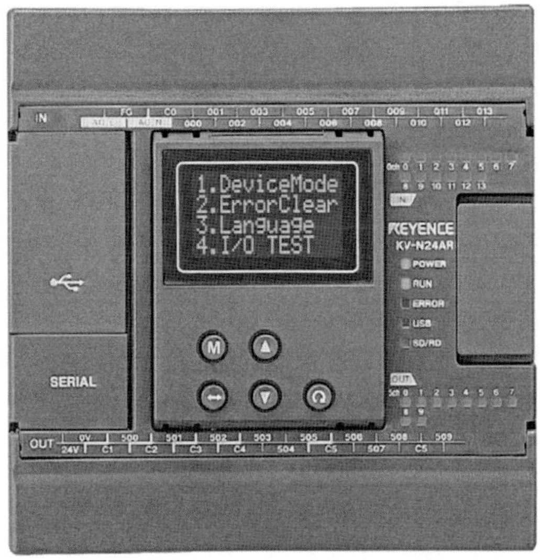

그림 5.45 키엔스 KV-NANO PLC

5.8 입출고 관리 시스템(라즈베리 파이)

제조업 회사의 창고에는 원부자재와 반제품, 완제품 등이 보관되고 필요에 따라 입출고를 반복하는데 입출고 정보가 누락되어 장부상 재고와 실제 재고상황이 맞지 않아서 원부자재 부족이 발생하거나 납품해야 하는 완제품이 부족해서 납품 날짜를 지키지 못하는 상황이 발생하기도 한다. 원부자재 중에서 사용기한이 정해진 품목을 선입선출을 지키지 못하여 사용기한을 넘겨버려서 폐기해야 하는 일 역시 흔하게 발생하여 이에 대한 대응이 필요하다. 이러한 문제를 해결하는 방법으로 바코드를 이용한 입출고 관리 시스템을 개발하였다.

입출고 등록용 하드웨어는 현장에 설치하여 작업자가 편하게 사용할 수 있고, 부피가 작아 공간제약이 적으며, 실제 작업환경에서 안정성과 내구성 확보가 가능하고, 고장 발생시 교체 비용이 적지만 DB 서버와 연동해야 하므로 인터넷 접속 및 DB 서버용 프로토콜을 지원하는 하드웨어로 구성하였다.

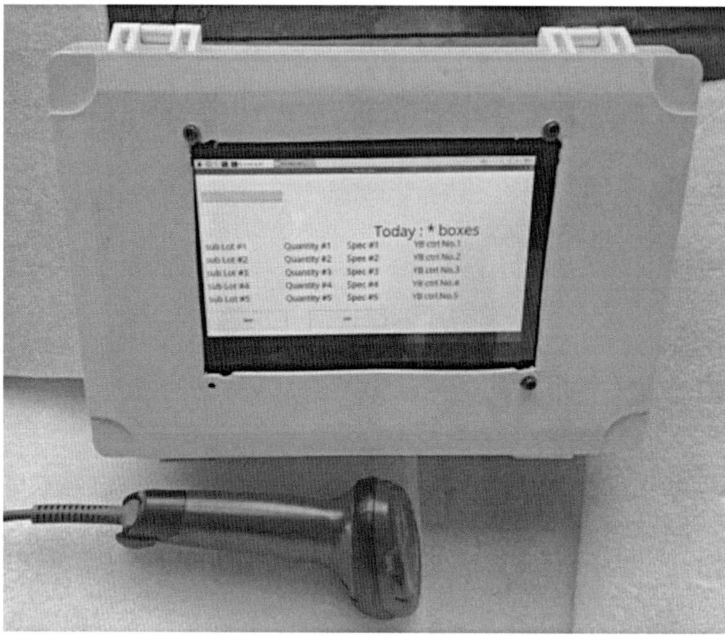

그림 5.46 입출고 등록용 하드웨어

이와 같은 조건을 만족하는 대표적인 하드웨어는 산업용 PC가 되지만, 좀 더 저렴한 비용으로 Linux를 지원하여 프로그램을 프로그램 제작이 쉬우면서 와이파이 접속 지원과 윈도우와 같이 익숙한 GUI 환경을 사용할 수 있는 라즈베리파이를 메인으로 하고, 디스플레이로는 정전식 터치스크린을 지원하는 5인치 LCD 디스플레이 모듈을 사용하였고, 입력용 바코드 리더로는 제브라 사의 DS2208 제품을 선택하였다.

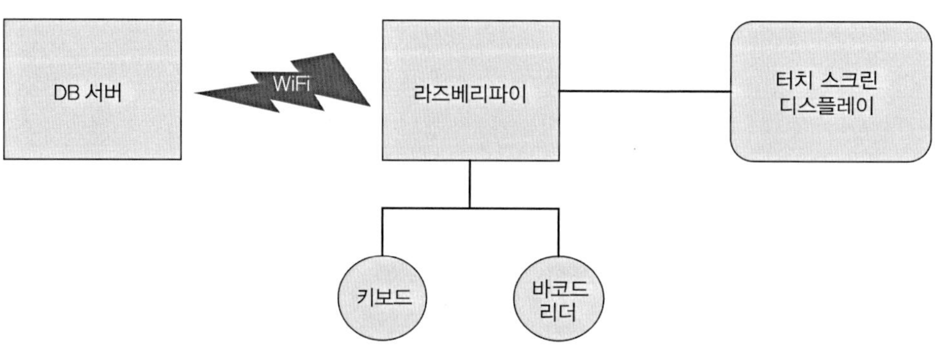

그림 5.47 입출고 등록기 내부 접속도

이 책의 앞부분에서도 설명했던 것과 같이 라즈베리 파이는 저렴한 가격에 Linux GUI 환경을 지원하고 와이파이와 유선 랜 등의 통신 방법을 지원하고 있다. 전원은 5 V 전원을 사용하는데 18650 배터리를 이용한 UPS 쉴드(라즈베리 파이용 추가 장착 보드)로도 작업이 가능할 정도로 전력 소모가 적으며, 전원을 끌 때도 특별한 절차 없이 바로 On/Off 하여도 하드웨어 손상 가능성이 매우 적어서 현장에서 사용하기에 좋은 조건을 가지고 있다. OS 자동 업데이트를 사용자가 제어할 수 있어서 MS 윈도나 애플 맥OS와 같이 자동 업데이트 후에 발생하는 문제가 발생할 가능성이 낮으므로 OS 업데이트 때문에 작업이 지연되는 일도 없다는 장점이 있다.

출처: 라즈베리 파이 홈페이지

그림 5.48 라즈베리 파이 보드와 케이스

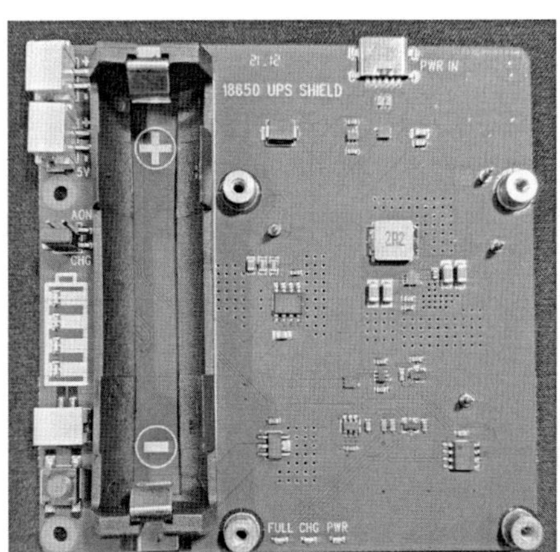

그림 5.49 18650 배터리를 사용하는 UPS 쉴드

입출고 등록용으로 사용되는 장치라서 디스플레이가 크거나 좋은 화질은 필요 없으며, 작업자가 작업하는 내용을 명확하게 보여주고, 설치가 쉽고 안정성과 내구성만 확보하면 충분하므로 5인치 정전식 터치스크린 모듈 제품을 알리 익스프레스를 통해서 구매하였다. 이 제품은 LCD 패널을 고정하기 쉽게 철제 브래킷이 설치된 산업용 제품으로 설비에 설치하기가 편리한 장점도 가지고 있다.

작업자가 장갑을 착용하고 사용하므로 저항막 방식의 터치스크린을 적용하고자 하였으나, 설비 제작 당시 저항막 방식 LCD 디스플레이를 구하기가 어려웠고, 구할 수 있는 제품은 가격이 비싼데다가 드라이버를 따로 설치하여야 하는 등 사용이 불편한 단점이 있어서 사용을 포기하였다. 정전식 터치스크린 LCD 디스플레이는 HDMI 케이블로 화면을 연결하고, USB 케이블 하나로 디스플레이 전원 공급과 터치 정보를 얻을 수 있는 장점이 있어서 시스템을 구성하는 방식이 편리한 장점이 있다. 장갑 때문에 터치가 안 되는 단점은 바코드만 사용해서 모든 동작이 가능하게 애플리케이션을 제작하여서 아주 특별한 경우가 아니면 터치를 이용할 필요가 없게 하였다.

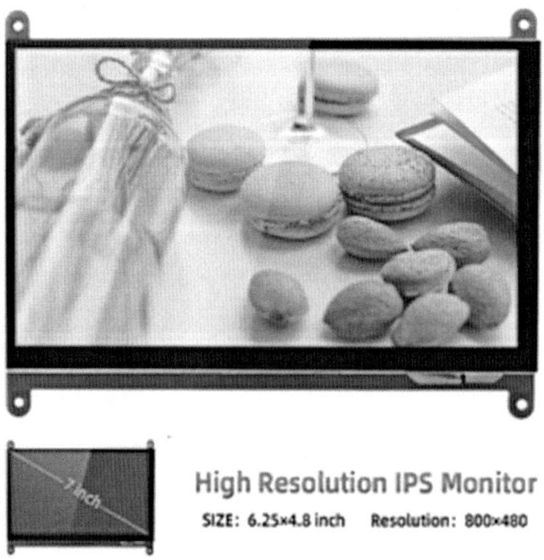

출처: Shezhen Catda Technology

그림 5.50 5인치 정전식 터치 스트린 LCD 모듈

출처: Zebra 홈페이지

그림 5.51 Zebra사 바코드 스캐너

바코드 스캐너는 Zebra 사의 DS2208 모델을 사용하였다. Zebra 사는 바코드 스캐너, 바코드 프린터를 비롯한 여러 제품을 생산하고 있는 기업으로 범용 용도로 사용하기에 적합하고 가격 대 성능 비가 우수한 장점이 있다. 산업용 바코드 스캐너 수준으로 내구성과 강도가 뛰어나지 않지만, 그렇다고 크게 부족함도 없는 제품이어서 현장에 적용하기에 좋은 장점이 있다.

5.9 마크 확대기(PC, 젯슨 나노)

커패시터 케이스에는 전압과 용량 등 스펙과 동작 환경, 인증 번호 및 제조사 등의 마크가 식별할 수 있게 인쇄되어야 한다. 마크는 패드 인쇄기를 이용하여 잉크로 인쇄하는 방법을 사용하는데 패드 인쇄기의 특징상 인쇄 누락이 되거나, 잉크가 번지는 등 인쇄 품질의 문제가 자주 발생하는 단점이 있다. 인쇄 품질 불량을 방지하려면 작업자가 신경 써서 품질 관리해야 하는데, 인쇄 크기도 작고 인쇄 설비의 높이가 낮아서 작업자가 마크 인쇄 품질을 관리하는 동안 피로가 빨리 쌓이고 집중력이 저하되어 불량품이 자주 발생하는 문제점이 있다. 작업자가 인쇄 품질을 확인하기 쉽고 허리를 굽히는 등의 무리한 움직임을 하지 않고도 인쇄 품질 유지가 가능하도록 카메라와 디스플레이 장치로 마크 확대기를 제작하여 현장에 적용하였다.

패드 인쇄기용 마크 확대기의 구성은 기본적인 부품과 간단한 소프트웨어를 이용하여 제작하였다. 커패시터의 인쇄 상태를 촬영하기 위한 USB 카메라 2대, 영상을 처리해서 화면에 보여주는 소프트웨어가 설치된 PC 1대, 그리고 영상을 보이기 위한 디스플레이는 40인치 풀HD 해상도 LCD 티비로 제작하였다.

카메라를 2대 사용한 이유는 카메라 1대로 케이스 여러개를 촬영하면 촬영 영역이 너무 넓어져서 마크가 작게 보이므로 카메라를 2대 사용하여 촬영영역을 나누어서 마크가 크고 잘보이도록 설계하였다. 2대의 카메라에서 촬영된 영상을 한 화면으로 표시하기 위해 소프트웨어를 개발하였는데 영상을 처리용으로 OpenCV라는 영상처리 라이브러리를 사용하여 구현하였다. 처음 제작한 버전은 nVidia사의 Jetson Nano라는 제품

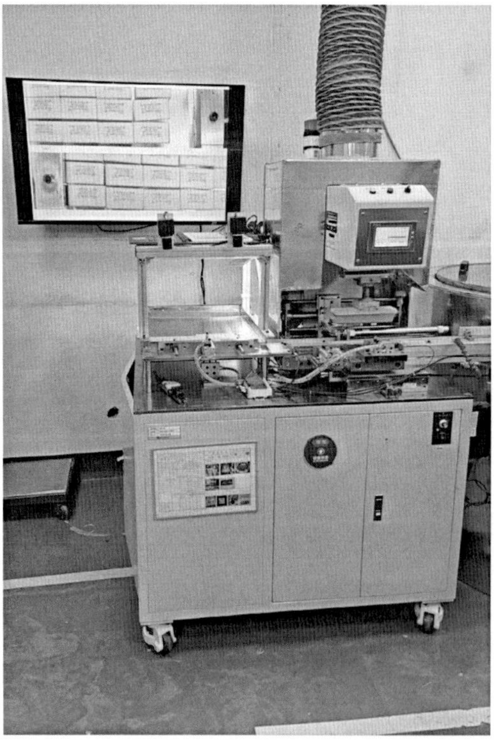

그림 5.52 패드 인쇄기와 마크 인쇄기

에서 파이썬으로 동작하도록 제작 하였지만, 작업자가 Linux 환경을 불편하게 생각하여 PC 윈도에서 동작하도록 C# 으로 소프트웨어를 다시 개발하여 사용하게 하였다. C#으로 제작한 소프트웨어도 역시 OpenCV 라이브러리를 사용하였다.

OpenCV(Open Computer Vision) 라이브러리는 이미지와 영상을 처리하여 크기, 색을 변경하는 단순한 작업에서부터 글자를 인식하거나, 인공지능을 이용하여 사람이나 물건을 인식하는 기능을 지원해주는 소프트웨어 도구이다. 인텔은 SIMD(Single Instruction Multiple Data)라는 기술을 적용한 CPU를 1996년 개발하였고, 이 새로운 기술이 도입된 CPU의 성능을 효과적으로 보여 줄 수 있는 소프트웨어 도구를 개발하여 무료로 배포하였는데, 이 때 배포된 대표적인 소프트웨어 도구가 OpenCV로 1999년에 처음으로 배포되었다. 당시에는 실시간으로 영상처리를 하기 위해서는 고가의 전용 하드웨어를 사용하여야 했는데, 이 SIMD 기술과 OpenCV를 이용하면 일반 컴퓨터에서도 빠르게 영상처리를 할 수 있어서 OpenCV 발표 이후로는 컴퓨터 영상처리 분야에는 OpenCV를 사용하는 것이 일반적이 되었다.

초기에 확대기를 제작할 때는 Jetson Nano라는 SBC(Single Board Computer)를 사용하였다. SBC라는 것은 PCB 하나에 모든 컴퓨터의 기능이 들어있는 제품을 말하며 앞에서 설명한 라즈베리 파이도 SBC의 일종이다. Jetson Nano는 독보적인 그래픽 카드 업체인 nVidia사에서 2019년 개발한 SBC로 이 제품의 특징은 nVidia가 자체 개발한

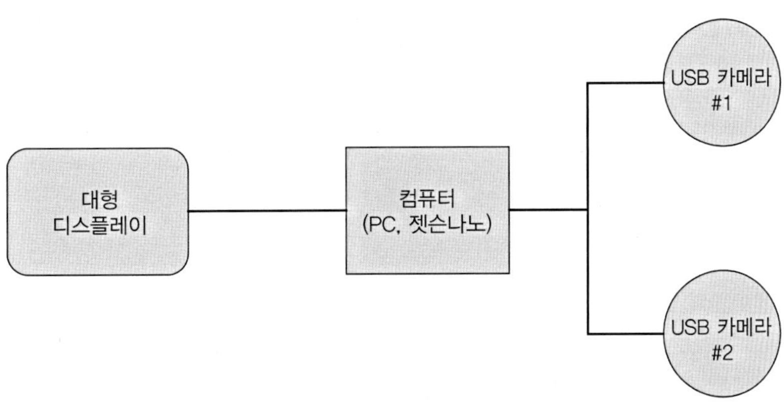

그림 5.53 마크 확대기 내부 접속도

Tegra라고 하는 ARM 기반 프로세서로 제작되었으며, nVidia의 강점인 GPU(Graphics Processing Unit)를 포함하고 있고, GPU를 활용하기 위한 CUDA(Compute Unified Device Architecture) 가속을 지원하여 영상처리나 인공지능(AI)과 같이 대량 연산이 필요한 분야에서 좋은 성능을 낼 수 있다.

출처: nVidia 홈페이지

그림 5.54 nVIdia사의 Jetson Nano 컴퓨터

Jetson Nano는 운영체제로 Ubuntu라는 Linux OS를 사용하고, 영상처리를 전문적으로 하는 소프트웨어 개발 지원 키트로 OpenCV와 파이썬 언어가 OS와 함께 제공된다. 확대기에서는 2대의 USB 카메라로 촬영된 영상을 최적 형태로 디스플레이 화면에 표시하도록 하여야 하는데 이 기능은 OpenCV와 파이썬 언어를 사용해서 구현하였다. 같은 SBC인 라즈베리 파이와 Jetson Nano를 비교하면 Jetson Nano가 카메라 2대에서 입력되는 영상처리를 하는데 필요한 연산 성능이 우수한 반면, 라즈베리 파이는 USB의 데이터 전송 속도가 느려서 영상이 끊기는 현상이 발생하는 단점이 있어서 영상처리 용도에는 Jetson Nano가 적합하였다.

확대기를 현장에서 적용한 후 작업자의 업무 만족도와 생산성이 높아지고, 불량 발생은 현저하게 줄어들었다. Linux 환경으로 제작된 애플리케이션 사용을 불편해하여 작

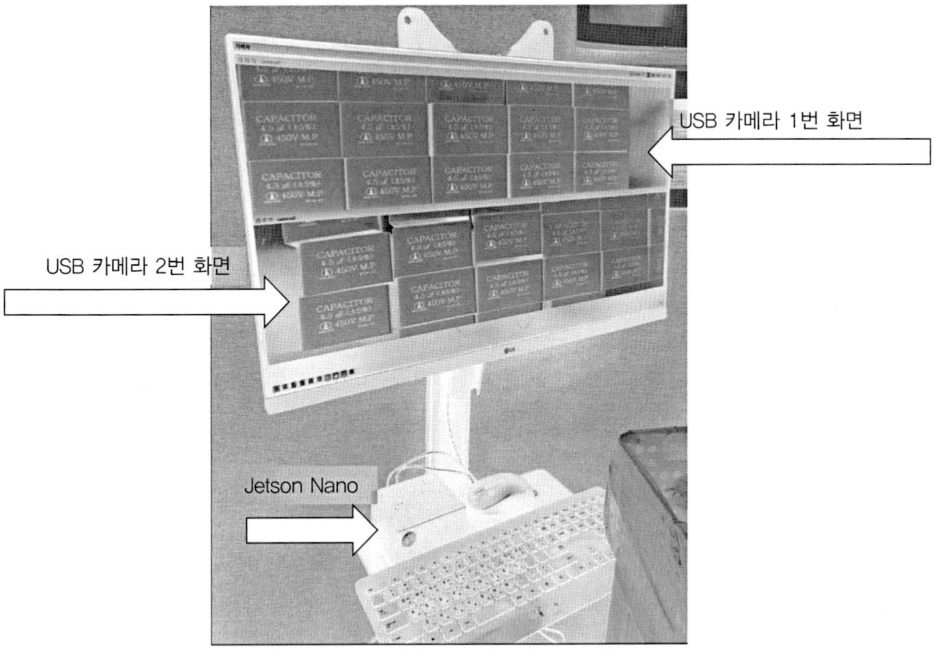

그림 5.55 Jetson nano로 구현한 확대기 화면

업자에게 익숙한 윈도 환경으로 변경하여 사용한 이후로는 다른 불만족 없이 잘 활용하고 있다. 특히 마크 인쇄 작업을 할 때 작업자는 마크 품질, 보울 피더, 컨베이어 등 여러 가지 요소를 계속 확인해야 했지만, 대형 화면에 인쇄 상태가 표시되어 마크 품질을 확인하는 작업이 쉬워져서 확대기가 설치되기 전에는 기피하는 작업이었던 마크 인쇄 작업이었지만, 확대기 설치 후에는 선호하는 작업이 되었다.

5.10 용접 압력 관리기(라즈베리 파이)

필름 커패시터 생산할 때 리드 와이어를 커패시터 소자에 용접하는 용접 공정에서 용접 설비 압력이 규정과 다를 경우 불량이 발생할 수 있다. 소자의 특성에 따라서 용접 압력이 2가지로 정해져 있는데, 용접 압력을 설정하는 과정에서 작업자 실수가 발생하기 쉬운 문제점이 있어서 해결이 필요하였다. 공정 표준에 확인 프로세스를 추가하여 실수를 방지하고자 하였지만, 압력 확인 공정만으로는 한계가 있어 DB와 연동하여 전산으로 처리하도록 설비를 제작하였다.

설비는 작업자가 현재 작업하는 로트의 공정관리표 바코드를 스캔하면 DB 서버에서 데이터를 얻어와서 현재 에어 실린더에 공급하는 압축 공기 압력과 비교하여 압력 설정이 잘못되었을 때는 버저가 강한 알람을 내서 정확한 용접 압력으로 작업하도록 관리하는 기능을 가진다.

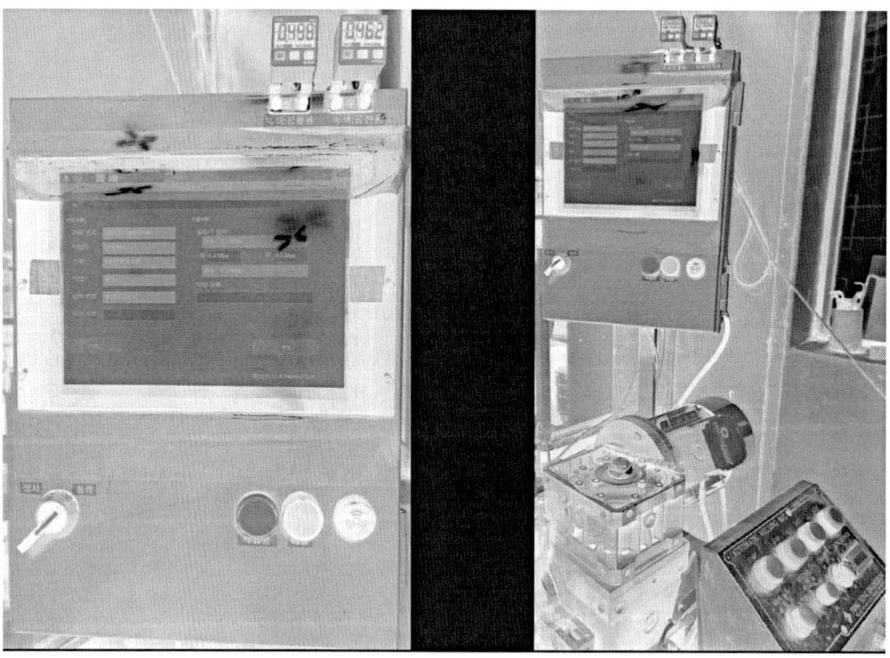

용접압력 관리기 형태 용접압력 관리기 설치 결과

그림 5.56 용접 압력 관리기

용접 압력 관리설비는 바코드 리더로 공정관리표의 관리번호 바코드를 스캔하면 라즈베리 파이에 설치된 소프트웨어가 DB 서버에서 해당 생산 로트의 작업 표준을 받아오고, 압력센서로 용접기에 공급되는 압축 공기 압력 측정값과 비교하여 현재 정확한 압

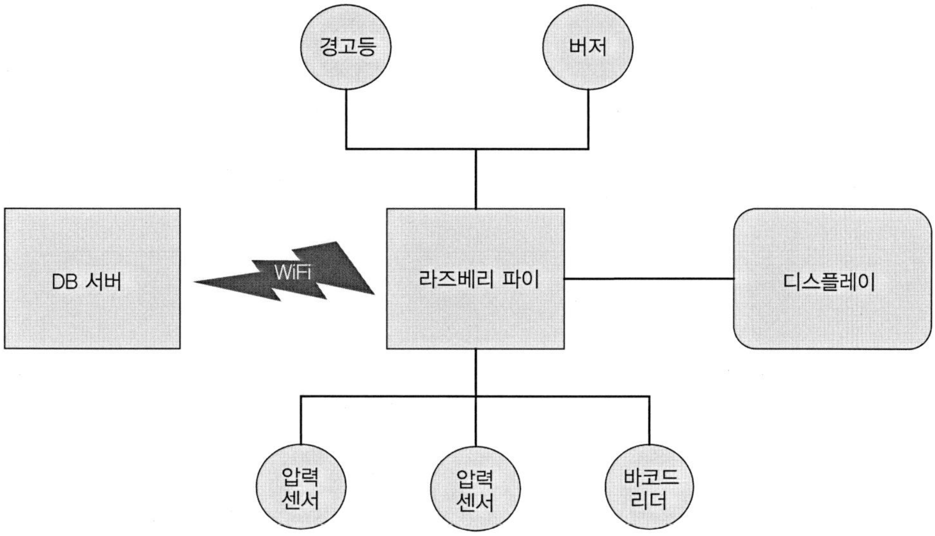

그림 5.57 용접 압력 관리기 내부 접속도

력으로 작업하는 지를 확인하여 작업자 실수를 사전에 방지할 수 있다.

용접 압력 관리설비는 DB 서버와 연결 방식은 와이파이로 연결하고, 용접 압력을 측정하는 압력센서는 좌우측 레귤레이터(압력 조절기) 별로 각각 설치되어 2개가 연결되어 있다. 압력센서는 아날로그 전압 신호로 현재 압력을 출력하는데 라즈베리 파이에는 ADC(Analog to Digital Converter)가 없어서 ADC 보드를 추가하여 압력센서의 측정값을 입력 받게 하였다. 라즈베리파이용 ADC 실드는 기성품과 TI사의 ADC1256 칩을 사용하여 자작 ADC를 만들어서 적용하였으나, 안정적인 동작이 되지 않아서 최종적으로는 아두이노가 ADC로 값을 얻고 시리얼 통신으로 라즈베리 파이에 값을 전달하는 방식이 가장 안정적이고 정확했다.

압력센서는 공기, 액체 등의 유체의 압력을 측정하여 지정한 범위 내인지를 판단하여 On 또는 Off 신호를 내거나, 측정된 압력을 아날로그 형태로 출력하는 기능이 있는 부품이다. 저자는 이 센서를 제품 생산 공정에 지정된 압력인지를 확인하는 용도로 적용하였으나, 다른 용도로는 공기압을 사용하는 설비에서 공기압이 제대로 공급된 이후에 설비가 동작하게 관리하는 일종의 안전장치로 사용하기도 한다. 즉, 압력센서가 적

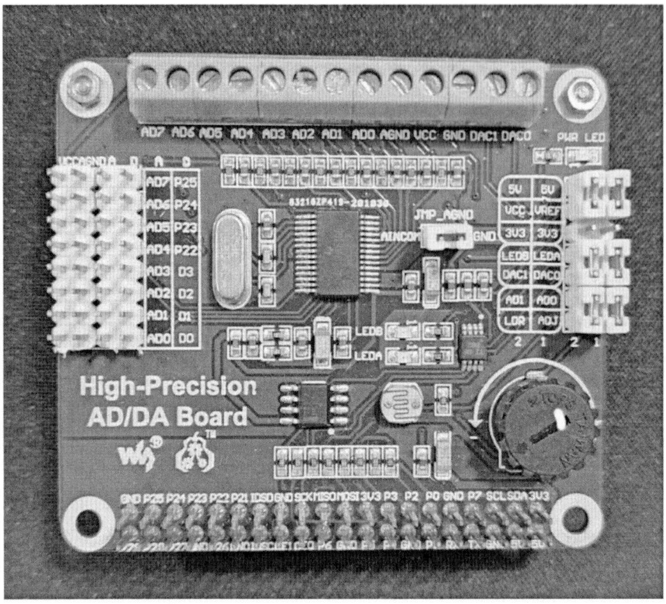

그림 5.58 라즈베리 파이용 ADC/DAC 쉴드

정한 공기압을 확인하여야 PLC에 신호를 보내서 생산 작업을 시작하게 하는 인터록(Interlock)의 역할로 사용하기도 한다.

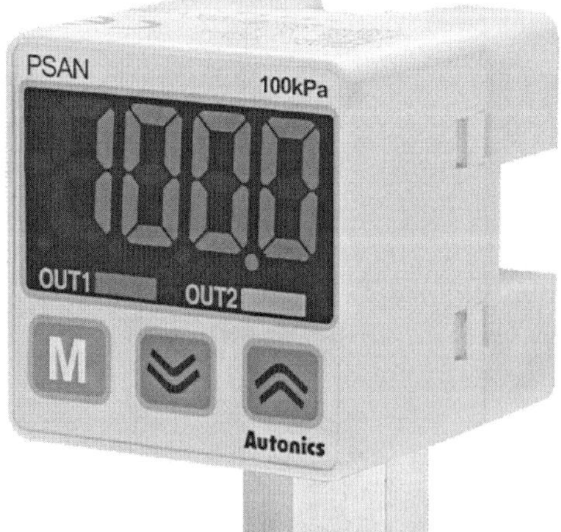

출처: 오토닉스 홈페이지

그림 5.59 압력센서

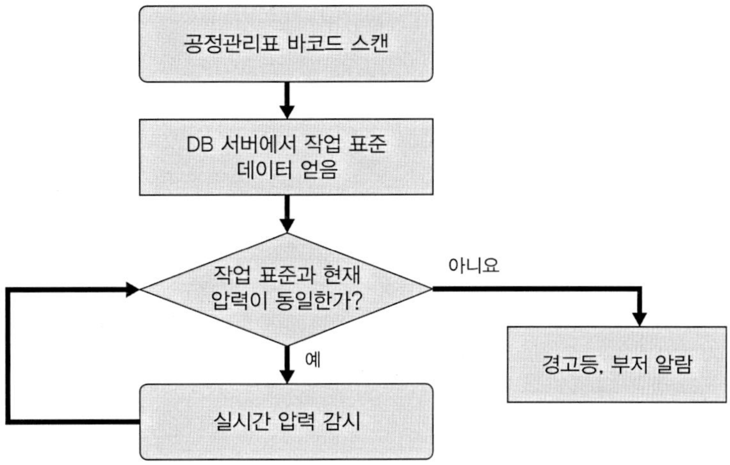

그림 5.60 용접 압력 관리기 소프트웨어 흐름도

바코드 리더는 USB로 라즈베리 파이 USB 포트에 연결되고, 경고등과 버저는 라즈베리 파이의 GPIO(General Purpose Input Output)를 이용하여 제어한다. 라즈베리 파이 GPIO에서 제어할 수 있는 전압은 3 VDC라서 경고등과 버저가 3 VDC 보다 높은 전압으로 동작할 때는 3 V로 동작하는 릴레이를 이용하여서 제어하도록 한다. 저자가 제작한 용접 압력 관리기는 경고등과 버저가 24 VDC로 동작하는 제품이었기 때문에 릴레이를 이용해서 동작을 제어하였다.

이 모든 동작을 수행하도록 파이썬으로 구현한 애플리케이션을 이용하였는데, 먼저 아날로그 DC 전압으로 입력되는 전압 데이터를 다시 압력으로 변환하고 DB 서버에 저장된 작업 표준과 비교하여 일치하지 않을 때 경고등과 버저 알람 등의 동작을 수행하도록 제작되었다. 소프트웨어 UI(User Interface)는 Qt 라이브러리를 사용하여 구성하였고, 공정관리번호를 스캔하여 공정 기준 압력 정보를 얻어 올 뿐만 아니라, 작업자와 생산 설비 정보를 DB 서버에 입력하는 기능도 함께 구현되었다.

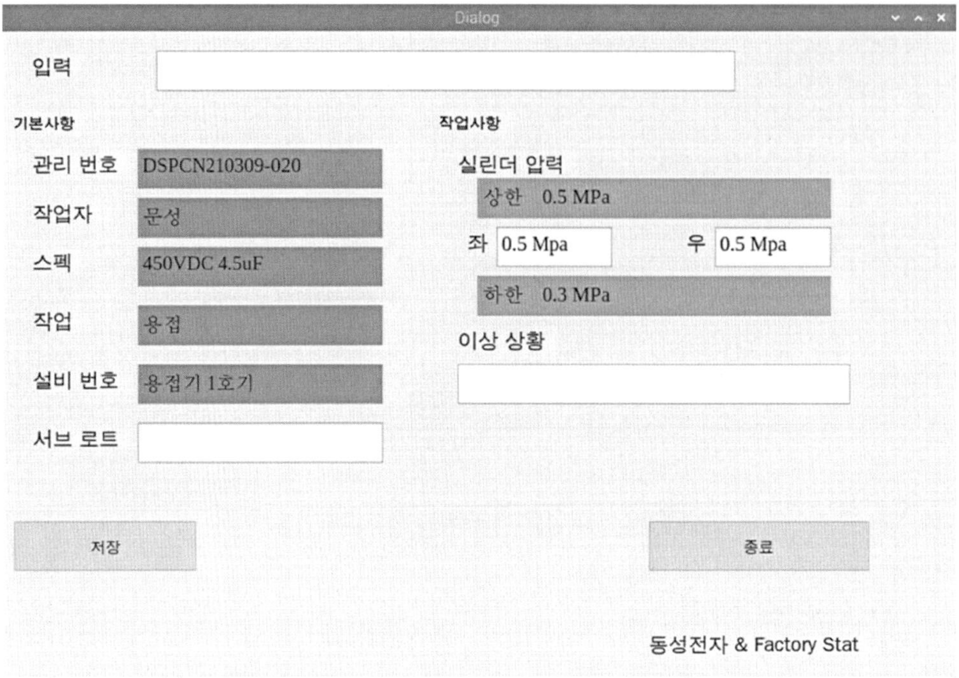

그림 5.61 용접 압력 관리기 소프트웨어 구현

Qt(큐트/큐티)는 OS에 관계없이 GUI(Graphic User Interface: 그래픽 사용자 인터페이스)를 지원해 주는 소프트웨어 플랫폼이다. 1990년 Haavard Nord와 Eirik Chambe-Eng 두 사람이 초음파 영상 데이터베이스를 MS윈도, UNIX, Mac OS에서 이용할 수 있는 애플리케이션을 개발하면서 Qt의 개발이 시작되었다. 1995년에 공식적인 Qt 버전 0.9가 배포되었다. 오픈 소스로 무료로 사용할 수 있는 이 GUI 라이브러리는 지속적으로 개선되고 개발 문서가 늘어나고, 사용자가 늘어나면서 대표적인 GUI 라이브러리가 되었다. 2008년에는 노키아에 인수 되었으나, 2011년과 2012년에 다시 매각되었다. 최근에는 Qt 외에도 Tcl/Tk, Gtk, Wx 등의 강력한 경쟁 제품들도 많아서 GUI 라이브러리를 선택하여 사용할 수 있다.

Qt는 본래 C++용으로만 사용되었으나, 현재는 파이썬, PHP 등에서도 사용할 수 있게 되었으며 저자도 파이썬으로 Qt 애플리케이션을 개발하였다.

5.11 전수검사 수집용 하드웨어

소프트웨어 설명에서 전수검사 데이터 수집 애플리케이션 설명하였다. 전수검사 데이터는 소프트웨어와 하드웨어 결합에도 주의를 많이 기울여야 한다. 전수검사 설비가 설계 및 제작될 때부터 전수검사 데이터 수집을 고려했으면 좋겠지만, 현재 사용하는 전수 검사 설비는 데이터 수집을 고려하지 않고 제작된 설비이기 때문에 기존 설비를 개조하여 데이터를 수집해야 한다. 저자의 회사에서는 자동 검사 설비에서 특성을 측정하는 LCR 미터(Inductance Capacitance Resistance Meter, 유도계수, 정전용량, 저항 계측기)를 노트북 PC와 RS-232C 통신으로 연결하여 검사 결과를 수집하였고, 바코드

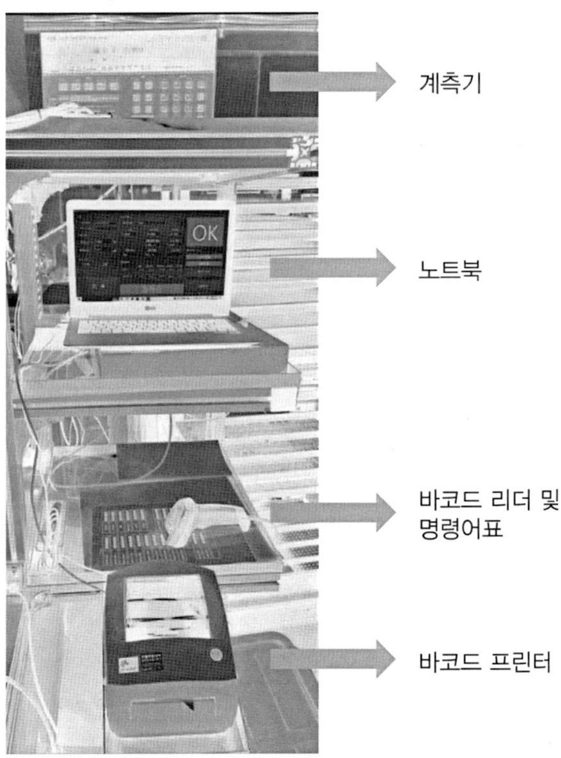

그림 5.62 전수검사 데이터 수집 하드웨어

스캐너와 바코드 프린터는 USB로 PC와 연결하였다. 소프트웨어는 윈도 환경에서 동작하기 때문에 마이크로소프트 C# 언어를 사용하여 제작하였다.

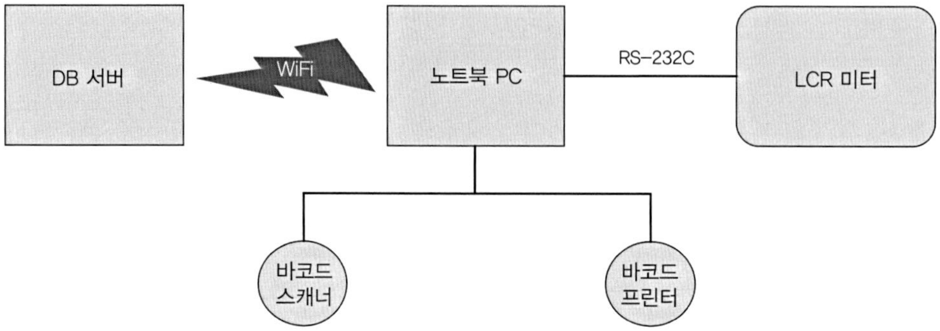

그림 5.63 전수검사 데이터 수집 하드웨어 접속도

저자의 회사에서 생산하는 커패시터의 품질 검사는 정전용량과 손실 값으로 측정하는데, 반드시 전수검사를 한 후에 제품을 출고하기 때문에 이 전수검사 데이터를 실시간 수집하고 분석하여 검사하고 있는 로트가 특이성이 있는지, 품질 문제는 발생하지 않는지를 확인할 수 있다. 정전용량과 손실값을 측정하는 계측설비인 LCR 미터에서 계측 결과를 받아서 DB 서버에 저장하고, 필요할 때 DB 서버에 저장된 데이터를 분석하여 제품 품질 상태를 확인한다.

커패시터 특성을 측정할 때는 LCR 미터를 사용한다. LCR 미터는 필수 수동소자 3종류인 인덕터, 커패시터, 저항의 특성을 측정하는 계측기이다. 전수검사 설비에 사용한 LCR 미터는 국내 기업인 정광사에서 제작한 제품을 사용하는데, 정광사의 계측기는 측정 속도가 빨라서 HP 사의 제품 등에 비해 검사 효율성이 높은 장점이 있다. 이 제품은 통신 모듈 업그레이드하면 RS-232C 포트를 통해서 측정 데이터를 전송하는 기능을 추가할 수 있고 이 기능을 이용하여 전수검사 데이터 수집이 가능하다. 다만, 통신 기능으로 전송되는 데이터 구성은 편집할 수 없고 미리 정해진 내용을 모두 전송하고 있어서 필요한 데이터만 추출하고 변환하는 파싱 과정을 구현하여야 한다.

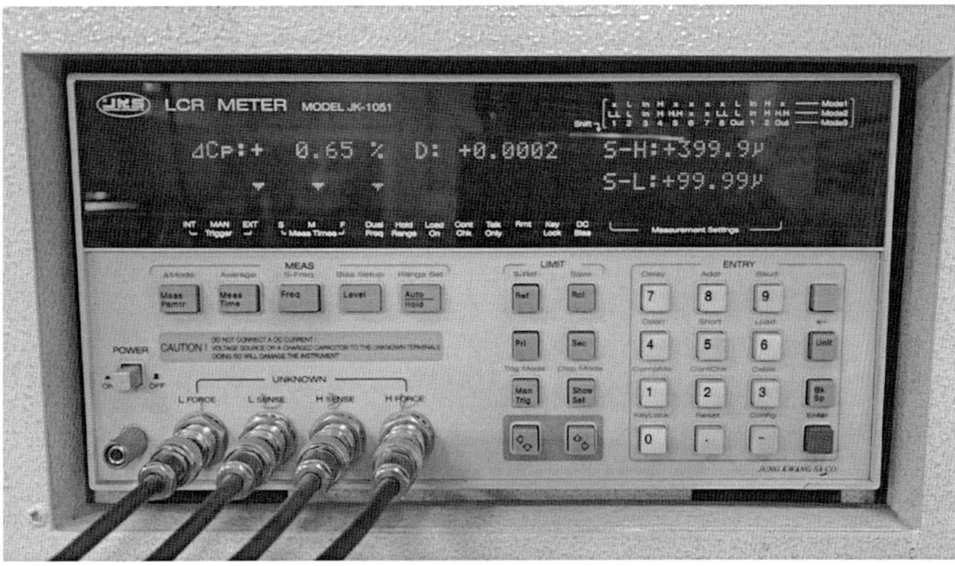

그림 5.64 정광사 LCR 미터

최근 출시되는 노트북 PC와 데스크탑 PC에는 RS 232C 포트가 포함되어 있지 않다. 데스크 탑 PC용 메인보드에서 RS-232C를 지원은 하지만, 물리 포트를 포함하지 않고 출시되는 경우가 많아서 따로 구매해야 하는 경우가 대부분이다. RS-232C 포트가 내장된 PC는 보통 산업용 PC로 특수 제작된 제품이라서 가격이 높은 편이다. 서사는 LCR 미터에서 전송되는 데이터를 수집하는 목적으로 시스템 베이스 사의 RS-232C를 USB로 변환하는 제품을 사용하였다. 시스템 베이스는 1987년에 설립되어서 오랜 기간 통신 관련 산업용 하드웨어를 개발 생산해온 국내 회사로 일반 컴퓨터 주변기기 제조회사 제품보다 안정성과 품질이 우수한 제품을 생산하는 회사이다. 전수검사 자료수집 설비에 적용하는 RS-232C 포트는 안정성과 내구성이 중요하고, USB 포트와 RS-232C 포트에서 접촉 불량이 발생하지 않도록 체결을 단단히 할 수 있는 기능이 있어야 한다. 커패시터 검사 공정은 고전압을 사용하므로 혹시라도 시험에 사용하는 고전압이 유입되더라도 노트북PC를 손상하지 않도록 보호하는 기능 등이 필요한데 이러한 기능을 모두 갖춘 시스템 베이스 제품이 검사 설비에 적용하기 적합한 제품이었다. 실제로 고전압으로 인해 LCR 미터 입력단이 훼손되고, 통신포트로 고전압이 통과하여 시스템 베이스 제품까지 손상되었지만, 중요한 노트북 PC는 보호되어 RS-232C 하

그림 5.65 시스템 베이스 1채널 RS-232C 하드웨어

드웨어만 단순 교체 후에 작업을 계속할 수 있었다.

바코드 리더는 앞에서 설명한 제브라(Zebra) 사의 DS2208 제품을 사용하고, 전수검사 소프트웨어 조작을 위한 명령어는 바코드로 제작하여서 작업자가 키보드나 마우스를 조작할 필요 없이 바코드를 스캔하는 것만으로 필요한 동작을 지정할 수 있도록 하였다.

전수검사를 끝낸 후에 제품은 바로 출고용 포장 박스에 포장하여서 고객사로 출고하기 전까지 완제품 창고에서 대기한다. 창고에 입출고할 때는 관리를 위해서 포장 박스마다 QR 코드가 프린트된 스티커를 부착하여 관리한다. 바코드 프린터는 Zebra 사의 GC420D 프린터를 사용하였다. 이 기종은 잉크 리본으로 인쇄하는 방식과 감열지에 열을 가하여 프린트하는 방식 등 두 가지 방식으로 바코드를 프린트할 수 있으며, 인쇄속도와 해상도가 우수하고 저렴한 가격과 우수한 내구성이 특징이다. 또한, 프린터 전용 언어인 ZPL(Zebra Programing Language)와 EPL(Eltron Programing Language)를 모두 지원하여서 간단한 코드로 QR 코드가 포함된 바코드 스티커를 인쇄할 수 있어서 채택하였다.

QR 코드를 출력할 때 EPL또는 ZPL을 이용해서 QR 코드를 생성하는 코드와 QR 코드 생성 결과는 그림 5.67과 같다.

출처: Zebra 홈페이지

그림 5.66 Zebra GC420D 프린터

^XA는 코드를 시작하는 명령이고, ^FO는 위치를 지정하는 명령, ^BQN은 QR코드를 생성하는 명령, ^FDMM,A은 QR코드로 만들고자 하는 문자열 내용을 시작하는 명령어, ^FS는 문자열 내용이 끝났음을 나타내는 명령어로 이 명령 사이에 있는 [AC-42]가 인쇄하고자 하는 내용이다. ^XZ는 코드의 마지막을 나타내는 명령이다. QR코드를 읽어보면 AC-42가 기록되어 있다.

ZPL II CODE

```
^XA
^FO100,100
^BQN,2,10
^FDMM,AAC-42^FS
^XZ
```

QR CODE BAR CODE

출처: Zebra ZPL 매뉴얼

그림 5.67 ZPL 언어로 QR 코드를 만든 결과

프린트된 바코드 스티커를 제품 포장 박스에 부착하여 입출고를 관리하고, 제품을 전수 검사하여 얻은 특성 데이터를 이용하여 포장 박스별로 품질 관리할 수 있는 시스템을 현장에 적용하는 것이 가능하게 되었고, 제품 입출고 및 품질 관리가 가능하였다.

5.12 공정관리표 작성 하드웨어

생산공정관리표 발행을 전산화 하여 DB 서버로 관리하기 위한 하드웨어 세트가 필요하다. 공정관리표 발행을 위해 데이터를 입력하고, 실물로 프린트 하기위한 하드웨어로 프린터, 태블릿PC, 바코드 리더를 조합하여 구성하였다.

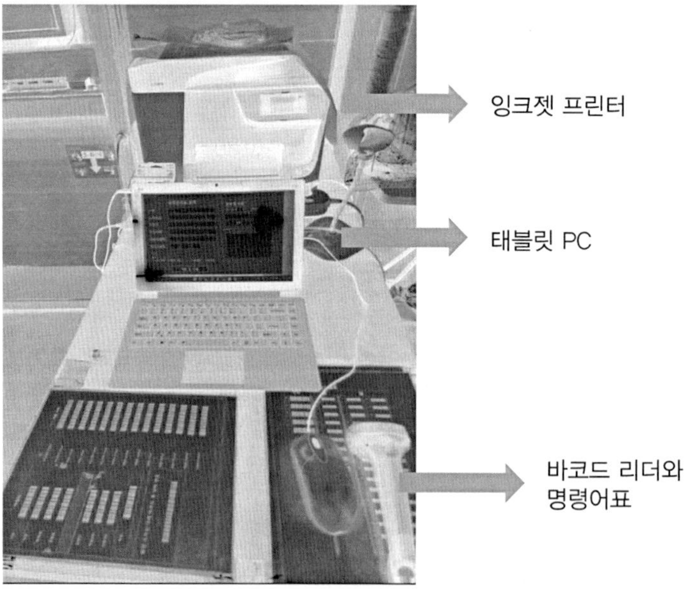

그림 5.68 공정관리표 작성 하드웨어

하드웨어 구성의 중심은 태블릿 PC를 중심으로 구성된다. 태블릿 PC를 적용한 이유는 태블릿 PC에는 마이크로소프트 윈도가 무료 설치되어 일반 노트북보다 저렴하게 구매할 수 있기 때문이고, 작업지시서가 엑셀 파일로 제작되어 윈도우 환경이 필요하였다. 잉크젯 프린터는 양면인쇄가 가능한 삼성 잉크젯 프린터를 적용하였다. 사용 초기에는 레이저 프린터를 사용하였으나, 잉크젯 프린터의 소모품 비용이 매우 저렴하고, 매일 공정관리표를 프린트하므로 잉크젯 프린터의 최대 단점인 노즐 막힘 등의 문제도 없고, 출력 품질도 좋으며, 잉크 변색 등의 문제도 최신 잉크젯 프린터에는 발생하지 않기 때문에 생산 현장에서 사용하기 적합하다. 최근에는 무한잉크 기능을 가진 잉크젯 프린터가 정식으로 출시되어 더욱 소모품 비용을 줄일 수 있게 되었다. 바코드 리더는 이전 사례와 같이 Zebra 사의 DS2208 제품을 사용하였다.

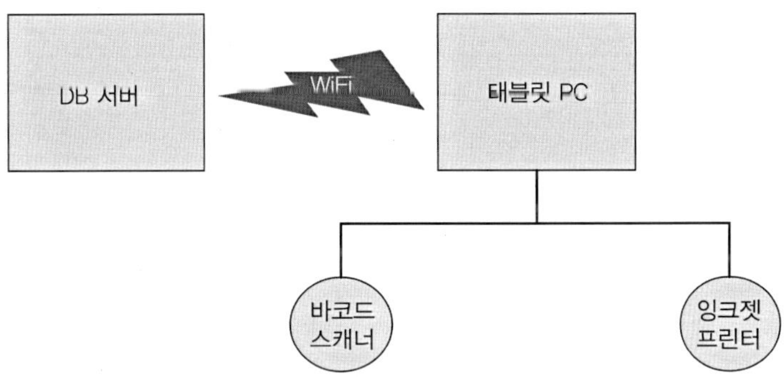

그림 5.69 공정관리표 작성 하드웨어 접속도

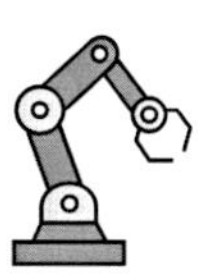

5.13 에폭시 주입기

커패시터 생산 공정은 소자에 리드 와이어를 용접하여 PBT 케이스에 삽입하고 에폭시 레진으로 절연 및 밀봉하는 과정을 거친다. 에폭시 레진을 주입하는 자동 설비를 추가로 제작하여 작업 효율성을 증가시켰다.

에폭시 주입기의 기계적 구조는 볼 스크류를 이용한 리니어 액추에이터 2개를 결합하여 2차원으로 이동할 수 있게 하였고, 정해진 위치로 제어하는 기능은 직교 로봇 컨트롤러를 이용하였다. PLC는 On/Off 형태인 출력포트를 이진수 출력으로 이용하여 직교 로봇 컨트롤러에 저장 된 위치 번호를 지정하는데 사용하였다. 제품 스펙 설정이나

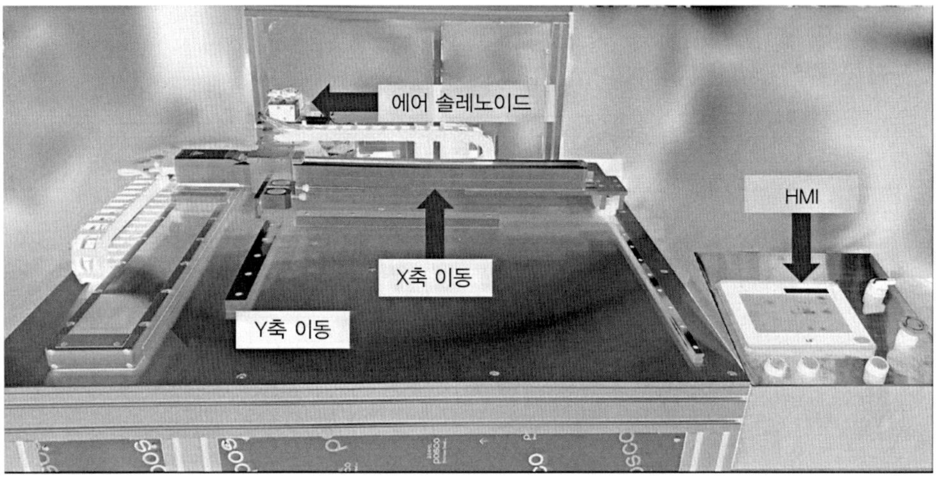

그림 5.70 에폭시 주입기

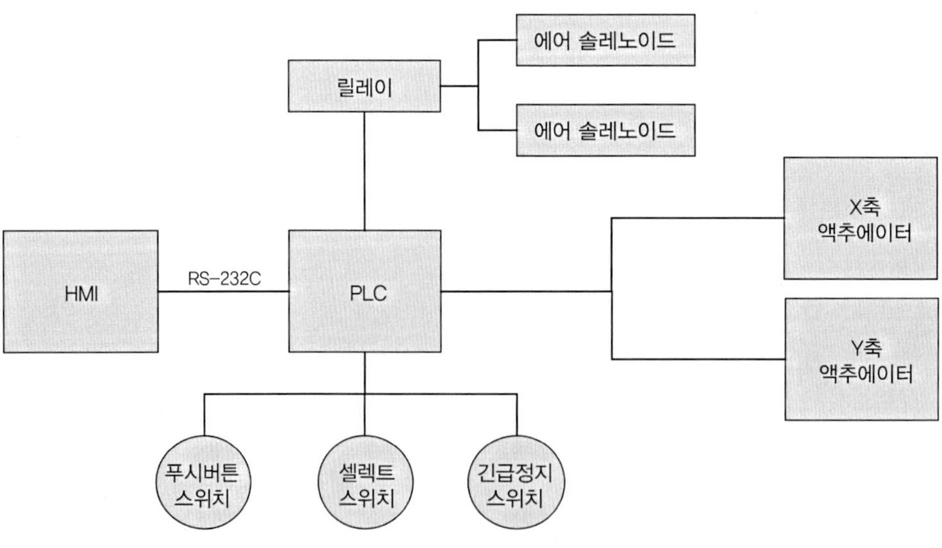

그림 5.71 에폭시 주입기 내부 접속도

동작을 선택할 때는 HMI를 사용하여 작업자가 손쉽게 동작 시간을 설정하거나, 작업 스펙 변경을 할 수 있게 제작하였다.

에폭시 주입기를 제어하는 중심인 PLC는 LS일렉트릭의 XBC-DN32H 단자대 타입(일체형) PLC를 사용하였다. 단자대 타입 PLC는 일체형으로 구성되어 있어서 편리하게 설치 및 결선할 수 있는 장점이 있다. 단자대 타입 PLC는 아날로그 입출력 기능, 고속 인코더 역할을 하는 카운터와 위치 결정 기능이 모두 포함되어 있어서 스탭모터나 서보모터를 직접 위치 제어하는 기능이 PLC 1대에 모두 포함되어 사용 용도가 폭넓은 것이 특징이다.

단자대형 PLC보다 고급형으로 기능이 모듈별로 나누어져 있는 모듈형 PLC는 단자대형 PLC보다 성능이 우수하고, 기능 이상이 생겼을 때는 모듈만 교체하면 되어서 PLC 유지 보수가 유리한 장점이 있으나, 단가가 높고, 추가 단자대를 설치해야 하는 등의 단점도 있다. 이 설비에는 직교 좌표 로봇 컨트롤러를 따로 사용할 계획이어서 기본기능으로 구성된 단자대 타입을 사용하였다.

단자대형 PLC 기본형에 XBE-TN32A Tr 출력 단자 모듈을 추가하여 설비를 제작하였다. 단자대형(일체형) PLC도 분리형 PLC와 같이 모듈을 추가하여서 기능을 확장할 수 있는데 에폭시 주입 설비에서는 출력포트 32점 모듈을 추가하여 사용하였다. 추가 모듈을 설치한 이유는 직교 로봇 컨트롤러(리니어 액추에이터 컨트롤러) 동작 방식이

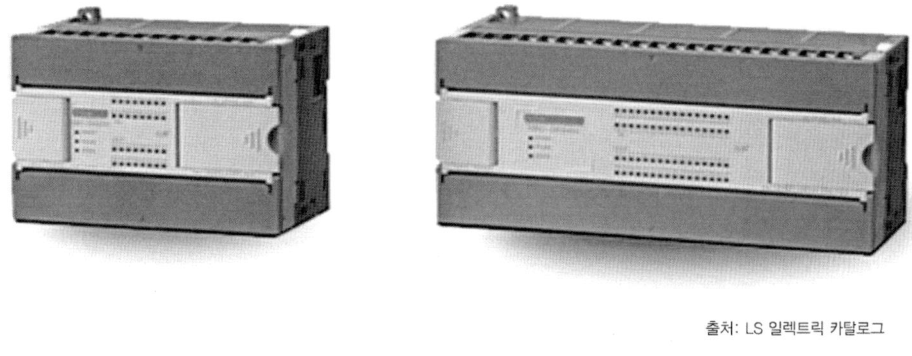

출처: LS 일렉트릭 카탈로그

그림 5.72 LS 일렉트릭 단자대형 PLC

PLC의 On/Off 출력으로 이진수를 만들어 이동을 원하는 위치를 지정하는 방식이어서 기본 모듈의 출력 단자 수로는 출력 단자가 부족했기 때문이다. 추가 출력 모듈은 공간을 적게 사용하기 위해서 콘넥터로 되어 있어 출력용 단자대를 따로 구매하여 사용하여야 한다.

XBE-TN32A
Tr 출력모듈
(싱크타입)

회로구성

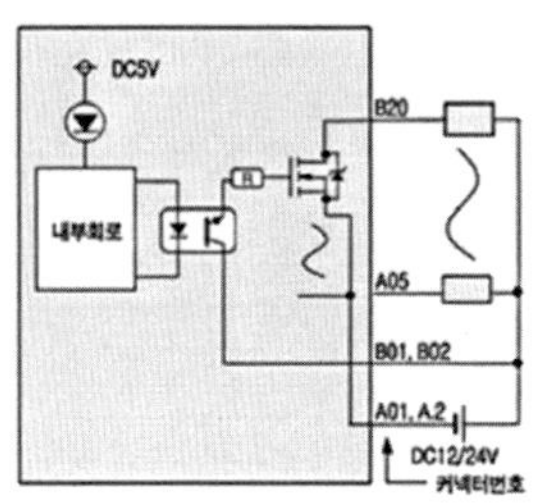

NO.	접점	NO.	접점
B20	00	A20	10
B19	01	A19	11
B18	02	A18	12
B17	03	A17	13
B16	04	A16	14
B15	05	A15	15
B14	06	A14	16
B13	07	A13	17
B12	08	A12	18
B11	09	A11	19
B10	0A	A10	1A
B09	0B	A09	1B
B08	0C	A08	1C
B07	0D	A07	1D
B06	0E	A06	1E
B05	0F	A05	1F
B04	NC	A04	NC
B03	NC	A03	NC
B02	DC12/24V	A02	COM
B01		A01	

형태

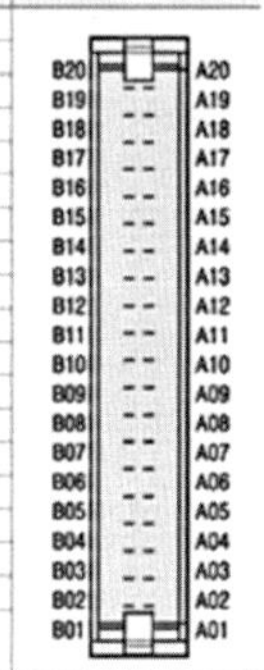

출처: LS 일렉트릭 카탈로그

그림 5.73 출력 32점 확장 모듈과 회로 및 핀배열

에폭시 주입 설비와 같이 입출력 포트 모듈을 추가로 설치하였을 때는 단자대를 추가로 연결하여 사용해야 한다. 저자는 삼원액트의 제품을 사용하였는데, 단자대가 설치되는 위치나, COM 단자, VCC 단자 등의 배치에 따라서 편리성이 차이가 나며, 입출력 모듈과 연결하는 케이블의 형태와 길이에 따라서 적절한 모델을 선택하여 사용하면 좀 더 편리하게 배선 작업을 마칠 수가 있어서 적합한 모델을 선택하는 것이 중요하다.

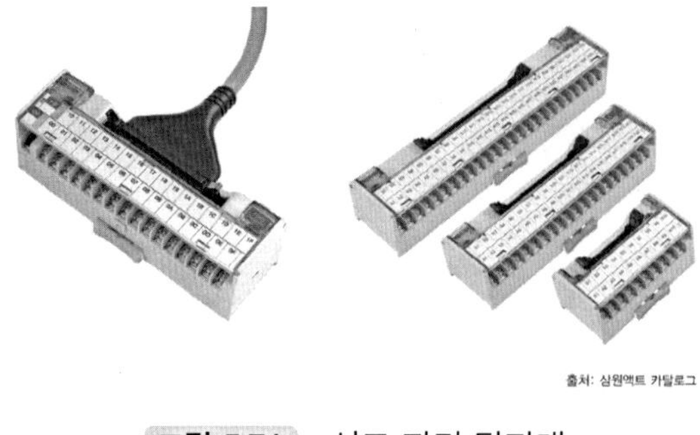

출처: 삼원액트 카탈로그

그림 5.74 서드 파티 단자대

LS일렉트릭 PLC 프로그래밍은 XG5000이라는 자체 소프트웨어를 사용하는데, LS일렉트릭 홈페이지에서 프로그램과 매뉴얼을 내려받을 수 있고, PLC 카페 등에는 사용법과 프로그래밍 방법이 활발하게 공유되며, 국내 사용자가 많아서 실제 개발 시에 겪는 어려움이 적은 편이다. 개발은 래더(LD: Ladder Diagram)과 명령어 리스트(IL: Instruction List/니모닉) 및 여러가지 언어로 PLC 프로그램을 개발할 수 있다.

LD(래더 다이어그램)은 사다리처럼 생긴 그래프 형태를 이용해서 PLC 프로그램을 만드는 방식으로 좌측은 입력 신호를 표시하고, 오른쪽은 출력 신호를 나타낸다. 중간 부분에서는 논리 연산(다른 입력과 AND-OR 연산 등)을 하거나, 숫자 연산 기능을 포함할 수 있다. LD 방식의 장점은 그래프 형태로 프로그래밍을 할 수 있어서 입력과 출

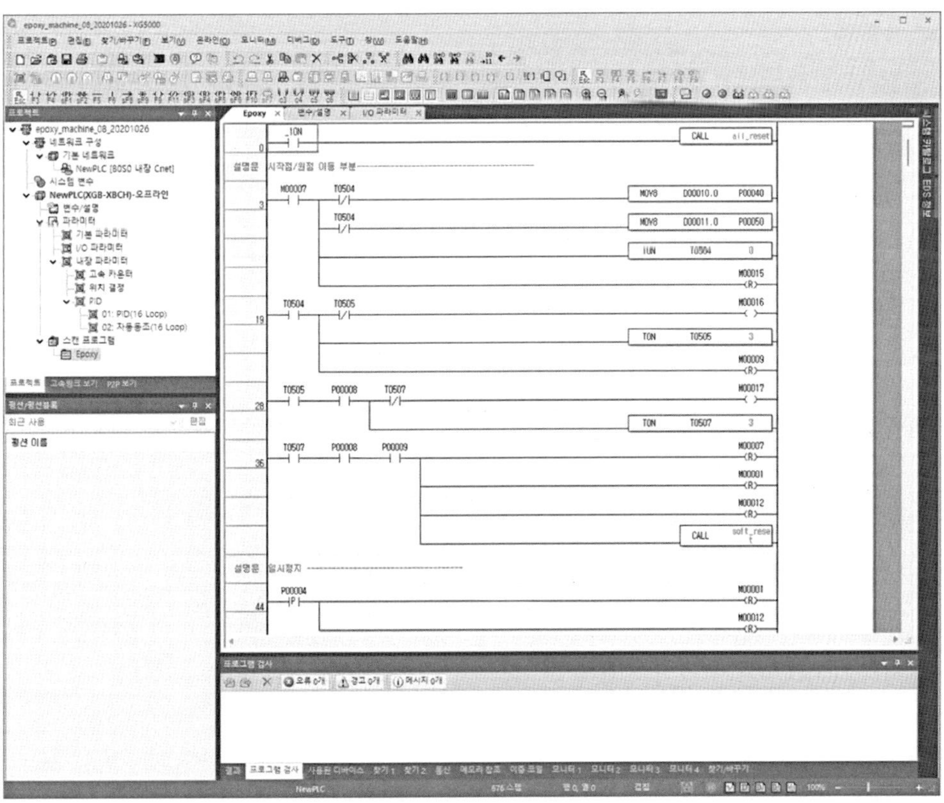

출처: LS 일렉트릭 소프트웨어

그림 5.75 XG5000 소프트웨어와 에폭시 주입기 프로그램(LD)

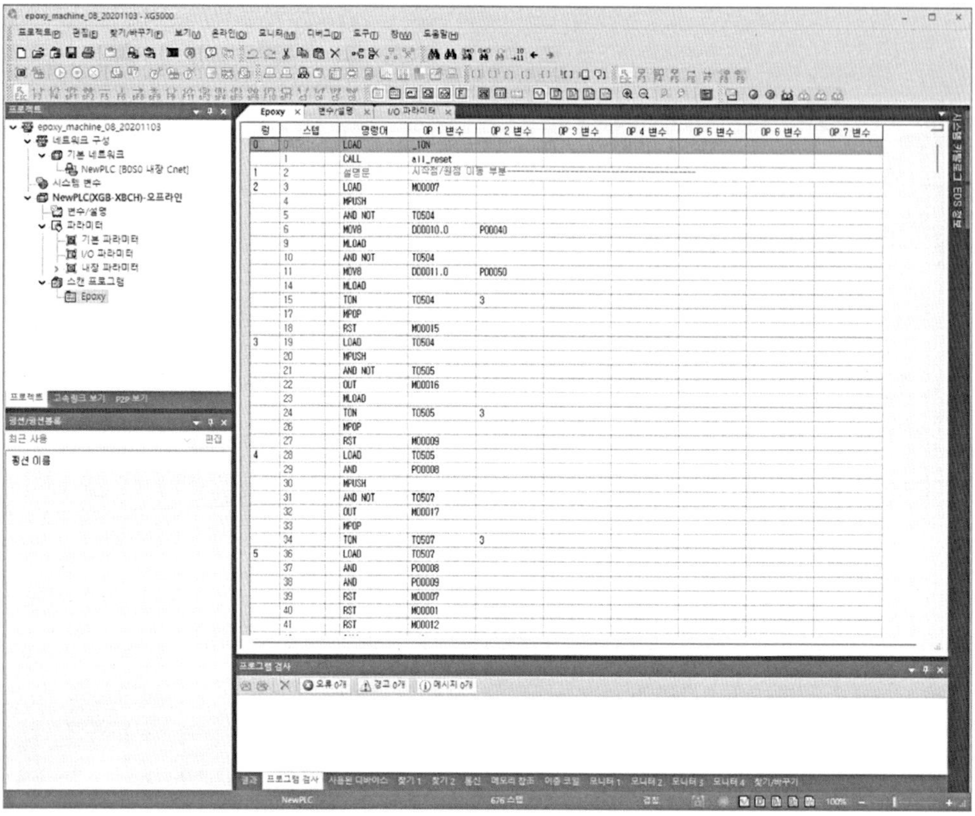

출처: LS 일렉트릭 소프트웨어

그림 5.76 XG5000 소프트웨어와 에폭시 주입기 프로그램(IL)

력의 연결 관계를 이해하기 쉽고, 초보자도 사용하기 편리하다는 장점을 가지고 있다.

IL(명령어 리스트, 니모닉)방식은 어셈블리 언어와 비슷한 명령어와 데이터를 결합하여 프로그래밍하는 방식으로 전통적인 프로그램 방식이다. 래더 다이어 그램 방식은 시각적으로 표현되어 있어서 연결관계를 보기에는 쉽지만, 동작을 순서대로 보기에는 효율적이지 못한 면이 있어서 명령어 리스트 방식을 선호하는 경우도 있다.

LD방식과 IL방식은 PLC에 관한 국제 표준인 IEC 61131-3에서 제시하는 PLC 프로그래밍 방식 5개 중에 포함된다. IEC 61131-3에서 정한 PLC 프로그래밍 방식은 아래 표와 같으며 각각 방식의 특징을 정리하였다.

표 5.3 PLC 언어의 특징

언어	특징
LD(래더 다이어그램)	• 시퀀스 회로의 사용하던 릴레이 연결도를 발전시킨 형태 • 연결 상태를 알아보기 쉽지만, 순차적인 동작을 할 때 동작 순서의 오류가 발생하기 쉬운 단점
FBD(펑션 블록 다이어그램)	• PLC에 필요한 기능 입출력이 표시된 사각형의 블록으로 표현하여 도면형태로 프로그램 할 수 있는 언어 • 세밀한 내용을 표현하기 어렵고, 신호의 흐름을 명확하게 알아보기 힘든 단점
ST(구조화 텍스트)	• 고수준의 문자 기반 프로그래밍 언어로 파스칼 언어와 유사하며 PLC의 동작을 이해하기 편리하고, 에러를 찾기 용이하여 대형 프로젝트에 적합 • 객체화를 하거나 정보를 숨기기에는 적합하지 않으며 언어를 배우는데 상대적으로 시간이 많이 걸리는 단점
IL(명령어 리스트)	• 어셈블리 언어와 비슷한 명령어와 데이터의 조합으로 프로그래밍을 하는 방식 • 메모리를 적게 소모하고 빠른 동작 속도가 장점이지만, 내용을 이해하기 어렵고, 언어를 배우기가 어려운 단점
SFC(시퀀스 펑션 차트)	• 순서도와 유사한 형태로 펑션을 배치하여 동작 순서를 쉽게 이해할 수 있도록 만들어진 언어 • 순차적인 동작에 적합한 언어로 병렬 처리등에는 불합리하고, 메모리 사용량이 많은 것이 단점

커패시터에 에폭시 레진을 주입할 때 작업 대상은 그림 5.78과 같이 작업 판에 정렬된 상태로 작업을 하게 된다. 제품이 바둑판처럼 정렬되어 에폭시 레진 주입을 위해서는 2차원 평면에서 먼저 X축으로 이동하고 X축을 모두 주입하면 Y축으로 이동하고 다시 X축으로 이동할 때는 이전 이동 방향의 역방향으로 이동하면서 차례로 주입하는 방식으로 작업을 진행한다. 1개 스펙을 작업하는 정렬판에 커패시터가 15 * 7 = 105개가 있는 경우에, 에폭시를 주입하는 위치를 지정하는 방법은 X축 컨트롤러에 15개 위치, Y축 컨트롤러에는 7개 위치를 저장하여 이를 조합하면 105개 제품에 에폭시 주입작업을 할 수 있다. 1개 스펙에 7개 또는 15개의 위치만 사용하므로 직교 로봇 컨트롤러의 한정된 위치 메모리를 효율적으로 사용하는 것이 가능하다.

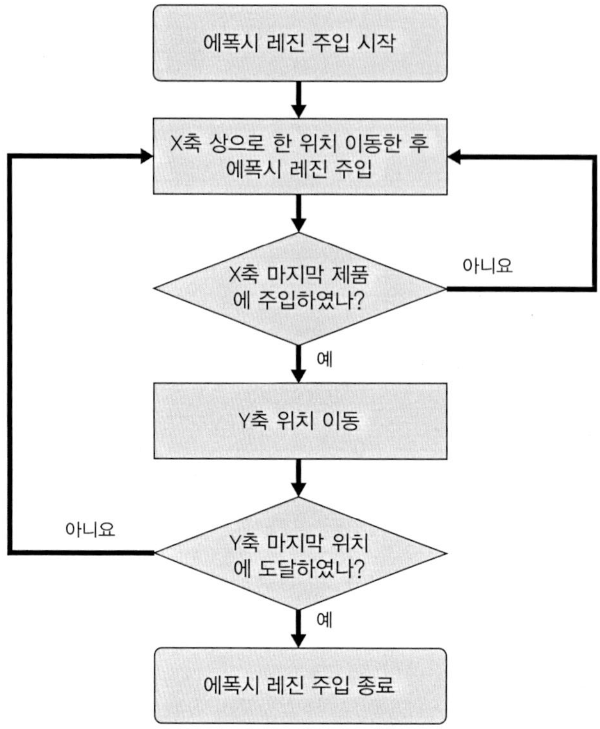

그림 5.77 에폭시 주입기 동작 순서도

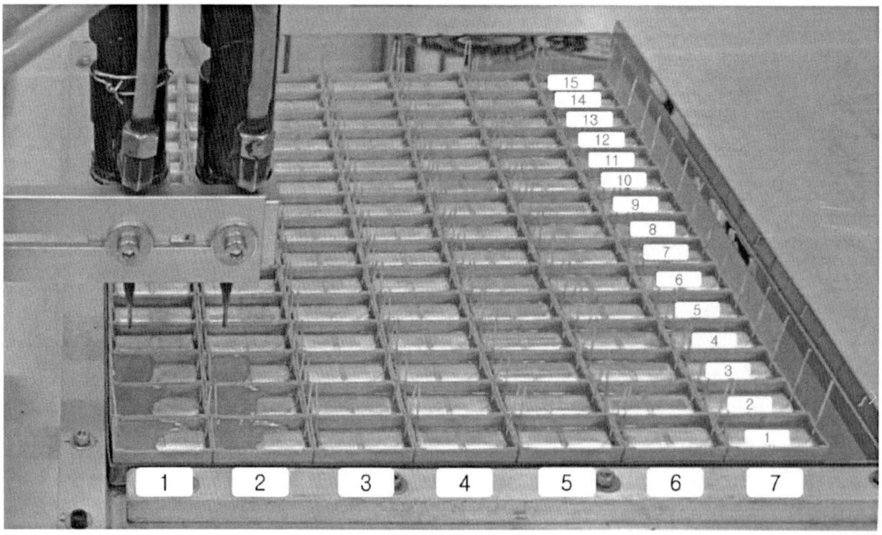

그림 5.78 에폭시 주입기 동작 모습과 주입 위치

에폭시 주입 설비는 리니어 액추에이터를 2개 사용하는 직교 로봇으로 구성하였다. 리니어 액추에이터는 볼 스크류와 모터를 사용하여서 모터의 회전을 직선 움직임으로 바꾸어 이동시키는 장치이다. 리니어 액추에이터 1대는 1개 축을 따라서 이동하므로 리니어 액추에이터 2개를 직각으로 결합하면 2차원 직교 로봇을 만들 수 있다. 에폭시 주입 설비에서는 2종류의 IAI사의 리니어 액추에이터를 사용하였다. IAI사의 제품은 볼스크류, 모터, 컨트롤러를 한 세트로 만든 제품으로 각각의 부품을 구매하는 것보다 편리하고 가격도 크게 비싸지 않아서 사용하였다.

먼저 Y축 이동에 사용한 제품은 IAI사의 RCP6(S)-WSA12C이다. RCP6은 리니어 액추에이터 시리즈 명이고, WSA는 액추에이터의 가로 폭이 넓어서 무게중심이 멀리 떨어져 있어도 수평 유지가 쉬운 모델을 표시한다. 폭이 넓은 만큼 테이블을 LM 가이드 2개와 볼 스크류로 총 세 군데에서 고정하고 있어서 테이블의 수평을 유지하는 능력이 매우 우수하다. 이 때문에 에폭시 주입 파트의 무게 중심이 액추에이터 테이블에서 멀리 떨어져 있어도 기울어짐이 작게 나타난다. 12C에서 12는 리드(lead)를 나타내는 것으로 스크류가 1회전 하면 테이블이 12 mm 이동한다. 리드는 직선운동 속도 및 정확도와 관계 있으며, 리니어 액추에이터의 가반 질량(리니어 액추에이터로 움직이는 최대 무게)과도 관계가 있다. 리드가 크면 움직이는 속도가 빠르지만, 정밀한 위치제어가 어렵고, 가반 질량이 적어지게 된다. 반대로 리드가 작아지면 정밀한 위치제어가 가능하고, 가반 질량도 커지는 장점이 있지만, 이동 속도가 느려지는 단점을 가지게 되어서 목적에 적합한 리드를 선정하는 것이 중요하다. Y축에는 X축 리니어 액추에이터와 X축 위에 설치되는 에폭시 주입 밸브 등 무게가 무거워서 가반 질량이 크고, 이동 속도가 중간 정도인 모델로 결정하였다.

X축용 리니어 액추에이터는 RCP6(S)-SA6C 기종을 선정하였는데, X축 이동은 Y축에 비해서 정밀하게 이동하면서 1회 이동 거리가 멀지 않기 때문에 리드를 6 mm로 선정하였다. 또한 X축 리니어 액추에이터 테이블에 설치되는 에폭시 주입 밸브 등 기구물은 짧게 돌출되어 무게 중심을 테이블에 근접하도록 설계하였기 때문에 넓은 액추에이터 폭을 가질 필요가 없어 표준형태로 선택하였다.

RCP6(S)-WSA12C

±10μm | ±5μm OPTION설정 | 간이방진 사양 | BATTERY LESS ABS | MOTOR UNIT 형 | MOTOR STRAIGHT | 본체 폭 120 mm | 24v PULSE MOTOR

■형식항목 □ - WSA12C - WA - 42P - □ - □ - □ - □ - □

SERIES	TYPE	ENCODER 종류	MOTOR 종류	LEAD	STROKE	대응 CONTROLLER I/O TYPE	CABLE 길이	OPTION
RCP6:CONTROLLER 별도 RCP6S:CONTROLLER 내장	WSA12C	WA: BATTERYLESS ABS	42P :PULSE MOTOR 42□SIZE	20 : 20mm 12 :12mm 6 : 6mm 3 : 3mm	50:50mm ≀ 800:800mm (50mm마다)	[RCP6] P3 : PCON MCON MSEL [RCP6S] SE : SIO TYPE	N : 없음 P : 1m S : 3m M: 5m X□□: 길이지정 R□□: ROBOT CABLE	상세는 아래참조

※Controller는 부속되지 않습니다.
※형식항목의 내용은 10Page를 참조해 주세요

CE RoHS 수평 수직 가로세움 천장설치

※수직 · 가로세움 · 천장설치의 경우는 기종에 따라 제약이 있습니다.

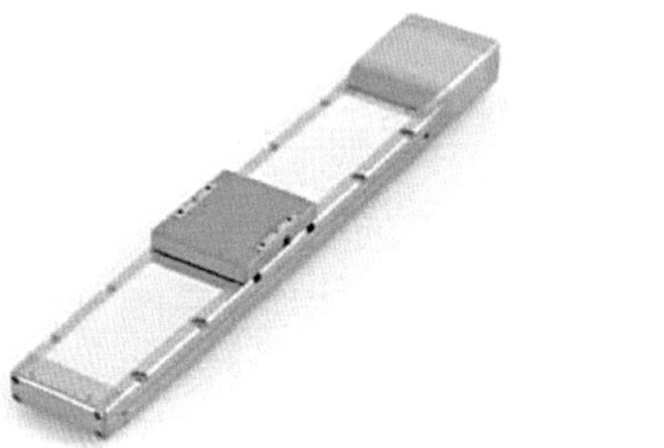

POINT 선정 시 주의

(1)가감속도의 상한은 수평 1G, 수직 0.5G입니다.
(2)Actuator Spec의 가반질량은 최대치를 표시하고 있으며 가속도나 속도에 따라 가반질량은 변화합니다. 상세는 115Page의 선정 기준(RCP6-속도 가감속도별 가반질량표)를 참조해 주세요.
(3) 밀어넣기 동작을 하는 경우는 113Page의 [밀어넣기 힘과 전류 제한치의 상관도]에서 각 기종의 밀어넣기 힘을 확인 해 주세요.
(4) RCP6S (Controller 내장)의 Lead 3/6은 사용 주의온도에 따라 Duty의 제한이 필요합니다. 상세는 130Page를 참조해 주세요.

■속도와 가반질량의 상관도
고출력 유효 PCON • MCON • MSEL 접속

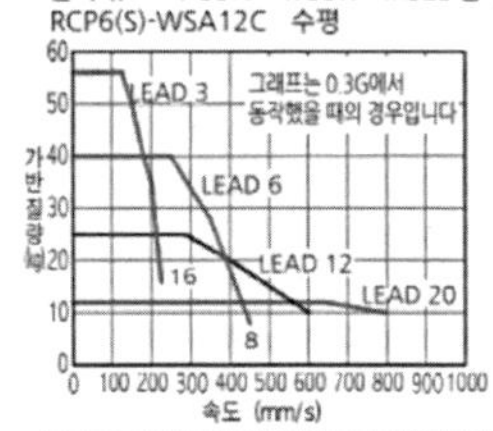

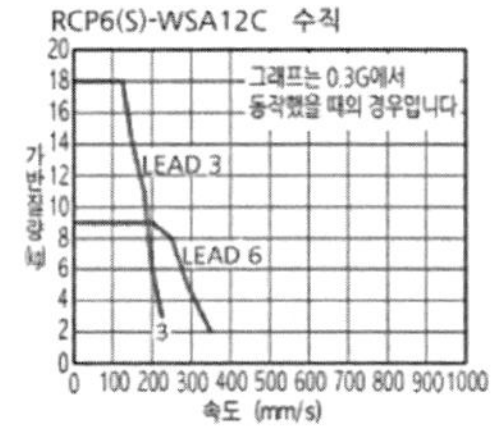

ACTUATOR SPEC

■LEAD와 가반질량

형식	LEAD (mm)	접속 CONTROLLER	최대 가반질량 수평(kg)	최대 가반질량 수직(kg)	STROKE (mm)
RCP6(S)-WSA12C-WA-42P-20-①-②-③-④	20	고출력 유효	12	–	50~800 (50mm마다)
RCP6(S)-WSA12C-WA-42P-12-①-②-③-④	12	고출력 유효	25	–	
RCP6(S)-WSA12C-WA-42P-6-①-②-③-④	6	고출력 유효	40	9	
RCP6(S)-WSA12C-WA-42P-3-①-②-③-④	3	고출력 유효	60	18	

기호설명 ①STROKE ②대응 CONTROLLER/ I/O TYPE ③CABLE길이 ④OPTION

■STROKE와 최고속도 (단위는 mm/s)

LEAD (mm)	접속 CONTROLLER	50~350 (50mm 毎)	400 (mm)	450 (mm)	500 (mm)	550 (mm)	600 (mm)	650 (mm)	700 (mm)	750 (mm)	800 (mm)
20	고출력 유효	800						740	650	580	520
12	고출력 유효	600				535	465	405	355	315	285
6	고출력 유효	450 <400>	435 <400>	365	310	265	230	200	175	155	140
3	고출력 유효	225	215	180	150	130	115	100	85	75	70

< > 안은 수직사용의 경우입니다.

출처: IAI 카탈로그

그림 5.79 Y축 리니어 액추에이터

리니어 액추에이터 컨트롤러를 X축, Y축에 각각 하나씩 설치하여 직교 로봇 컨트롤러 역할을 하도록 구성하였다. 리니어 액추에이터 컨트롤러는 위치를 제어하는 역할을 하는데 같은 IAI사 제품인 PCON-CB 시리즈를 적용하였다. 이 컨트롤러의 특징은 컨트롤러 내부에 위치를 저장해 놓은 후에 PLC에서 출력신호로 원하는 위치 저장 번호

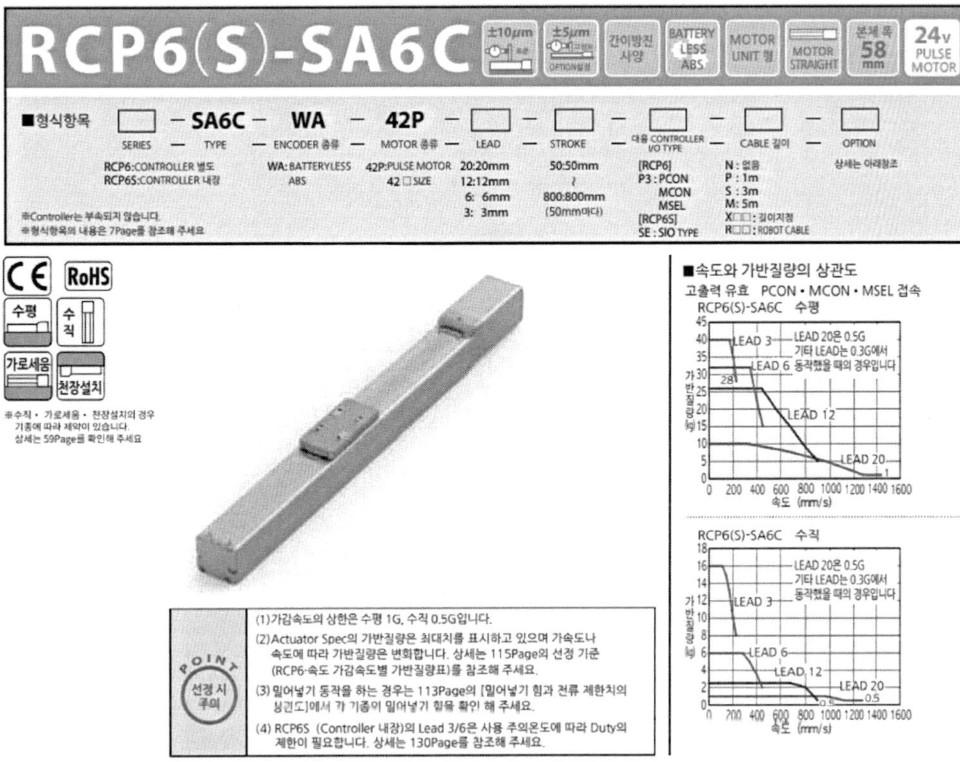

ACTUATOR SPEC

■LEAD와 가반질량

형식	LEAD (mm)	접속 CONTROLLER	최대 가반질량 수평(kg)	최대 가반질량 수직(kg)	STROKE (mm)
RCP6(S)-SA6C-WA-42P-20-①-②-③-④	20	고출력 유효	15	1	50~800 (50mm 마다)
RCP6(S)-SA6C-WA-42P-12-①-②-③-④	12	고출력 유효	28	2.5	
RCP6(S)-SA6C-WA-42P-6-①-②-③-④	6	고출력 유효	32	6	
RCP6(S)-SA6C-WA-42P-3-①-②-③-④	3	고출력 유효	40	16	

기호설명 ①STROKE ②대응 CONTROLLER/ I/O TYPE ③CABLE길이 ④OPTION

■STROKE와 최고속도 (단위는 mm/s)

LEAD (mm)	접속 CONTROLLER	50~400 (50mm마다)	450 (mm)	500 (mm)	550 (mm)	600 (mm)	650 (mm)	700 (mm)	750 (mm)	800 (mm)
20	고출력 유효	1440 <1280>		1335 <1280>	1130	970	840	735	650	575
12	고출력 유효	900	885	735	620	535	460	405	355	315
6	고출력 유효	450	435	365	305	265	230	200	175	155
3	고출력 유효	225	215	180	150	130	115	100	85	75

< > 안은 수직사용의 경우입니다.

출처: IAI 카탈로그

그림 5.80 X축 리니어 액추에이터

를 컨트롤러에 입력하여 정해진 위치로 이동시킬 수 있는 기능이 있다. 이렇게 원하는 위치로 액추에이터 테이블을 이동하는 기능을 위치 결정 기능이라고 하는데, 이 컨트롤러처럼 지정된 번호를 입력하여 사전에 정해진 위치로 이동하는 방법도 있고, PLC에서 직접 모터를 제어하는 신호를 모터 컨트롤러에 보내서 원하는 위치로 이동하는

종별	Parameter No.25 설정치	Mode	개요
PIO Pattern 0	0 (출하시)	위치결정 Mode (표준 Type)	• 위치결정점수 : 64점 • Position No.지령 : Binary Code • Zone 신호출력 ※1: 1점(주2) • Position Zone 신호출력※2 : 1점(주2)
PIO Pattern 1	1	교시 Mode (교시 Type)	• 위치결정점수 : 64점 • Position No.지령 : Binary Code • Position Zone 신호출력※2 : 1점(주2) • PIO 신호에 의해 JOG(치수이동)운전가능 • PIO 신호에 의해 Position Table에 현재위치 Data 쓰기 가능
PIO Pattern 2	2	256점 Mode (위치결정 점수 256점 Type)	• 위치결정점수 : 256점 • Position No.지령 : Binary Code • Position Zone 신호출력※2 : 1점(주2)
PIO Pattern 3	3	512점 Mode (위치결정 점수 512점 Type)	• 위치결정점수 : 512점 • Position No.지령 : Binary Code • Zone신호 출력없음

출처: IAI 카탈로그

그림 5.81 리니어 액추에이터 컨트롤러

펄스열 제어 방식도 있는데, 설비의 목적, 성능, 예산에 따라서 적절한 방식을 선택하여 사용하면 된다. 에폭시 주입기 개발 당시에는 PLC의 위치 결정 기능을 사용하는 것보다 위치 결정 기능을 포함한 컨트롤러를 사용하는 것이 편리했기 때문에 때문에 이 모델을 사용하였다. PCON-CB 컨트롤러는 전용 소프트웨어를 사용하여 최대 512점(point)의 위치를 미리 지정해 놓을 수 있고, 위치 결정에 필요한 원점 확인 등의 기본 기능이 컨트롤러에 내장되어 있어 PLC 프로그램도 간단해지는 장점이 있다.

PLC에서 컨트롤러에 저장된 위치를 입력하는 방법은 컨트롤러의 입력 포트 중 9개 포트를 이용하여 2진수로 위치 번호를 입력할 수 있다. 그림 5.82에서 PIO 기능 패턴 3을 보면 저장 위치 512점(Point)을 제어하기 위해서 입력 포트 5A~13A까지 9개를 이용하여서 위치를 지정한다. 5A 포트는 2의 0승(2^0)으로 1을 나타내고, 6A포트는 2의 1승(2^1)으로 2, 7A는 2의 2승(2^2)으로 4를 나타내는 방식으로 마지막 13A는 2의 8승(2^8)인 256을 나타내어 모든 입력을 다 활용하면 512개의 위치를 지정하여 이용할 수 있다. 저자는 PIO를 이용하여 위치를 지정하는 방식을 사용하였으나, 목적에 따라서는 CC-Link와 같은 필드 버스나 RS-232C나 RS-485 같은 시리얼 통신 또는, 이더넷으로도 이용할

PIN 번호	구분	PIO 기능	Parameter No.25 'PIO Pattern 선택			
			0	1	2	3
			위치결정Mode	교시Mode	256점 Mode	512점 Mode
	입력	위치결정점수	64점	64점	256점	512점
		원점복귀신호	○	○	○	○
		JOG 신호	×	○	×	×
		교시신호 (현재위치쓰기)	×	○	×	×
		Brake 해제	○	×	○	○
	출력	이동 중 신호	○	○	×	×
		Zone 신호	○	△(주1)	△(주1)	×
		Position Zone 신호	○	○	○	×
1A	24V	P24				
2A	24V	P24				
3A	-	-				
4A	-	-				
5A	입력	IN0	PC1	PC1	PC1	PC1
6A		IN1	PC2	PC2	PC2	PC2
7A		IN2	PC4	PC4	PC4	PC4
8A		IN3	PC8	PC8	PC8	PC8
9A		IN4	PC16	PC16	PC16	PC16
10A		IN5	PC32	PC32	PC32	PC32
11A		IN6	-	MODE	PC64	PC64
12A		IN7	-	JISL	PC128	PC128
13A		IN8	-	JOG+	-	PC256
14A		IN9	BKRL	JOG-	BKRL	BKRL

출처: IAI 매뉴얼

그림 5.82 PCON-CB의 위치 번호 지정 방법

수도 있다.

HMI는 LS일렉트릭의 eXP40-TTA 제품을 사용하여 구현하였다 7인치 저항막 터치 스크린 기능을 가진 HMI 제품은 RS-232C로 PLC와 연결하여 사용한다. HMI를 적용한 이유는 제품 스펙을 선택하고 에폭시 주입량, 이동 간 휴지 시간 등 작업자 조정이 필요한데 디스플레이를 터치로 조작하는 것이 효과적이어서 HMI를 적용하였다. LS일렉트릭 HMI 제품은 XP-Builder라는 소프트웨어를 이용해서 프로그래밍 할 수 있으며 국산 제품인 만큼 사용자가 많고 인터넷에 많은 정보가 공유되고 있어서 개발 작업이 쉽다는 장점이 있다.

기계 부품(기구부)을 설계하기 위해서는 AutoDesk사의 AutoCAD LT를 사용하였다. 본래는 프랑스의 다쏘 시스템의 무료 캐드 소프트웨어인 드래프트 사이트(Draft Sight)를 사용해서 기계 부품을 설계하였으나, 다수의 부품 가공 업체가 사용하는 소프트웨어인 AutoCAD 파일로 변환하였을 때 자잘한 오류가 있는 문제가 있었다.

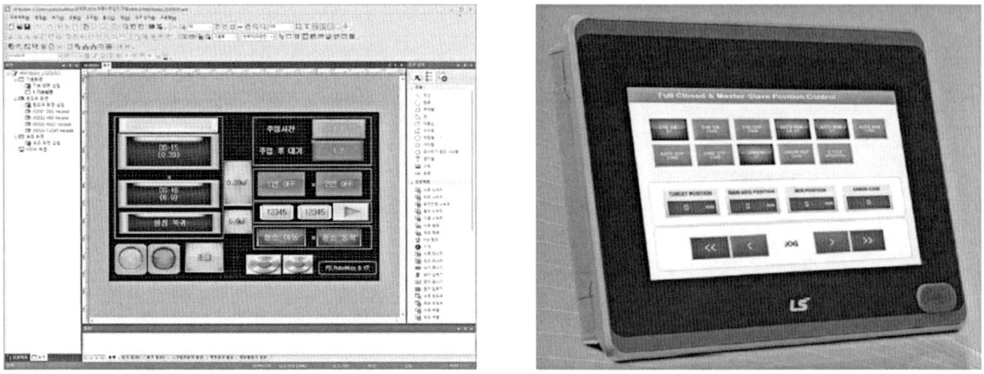

출처: LS 일렉트릭 카탈로그

그림 5.83 XP-Builder와 eXP 시리즈 HMI

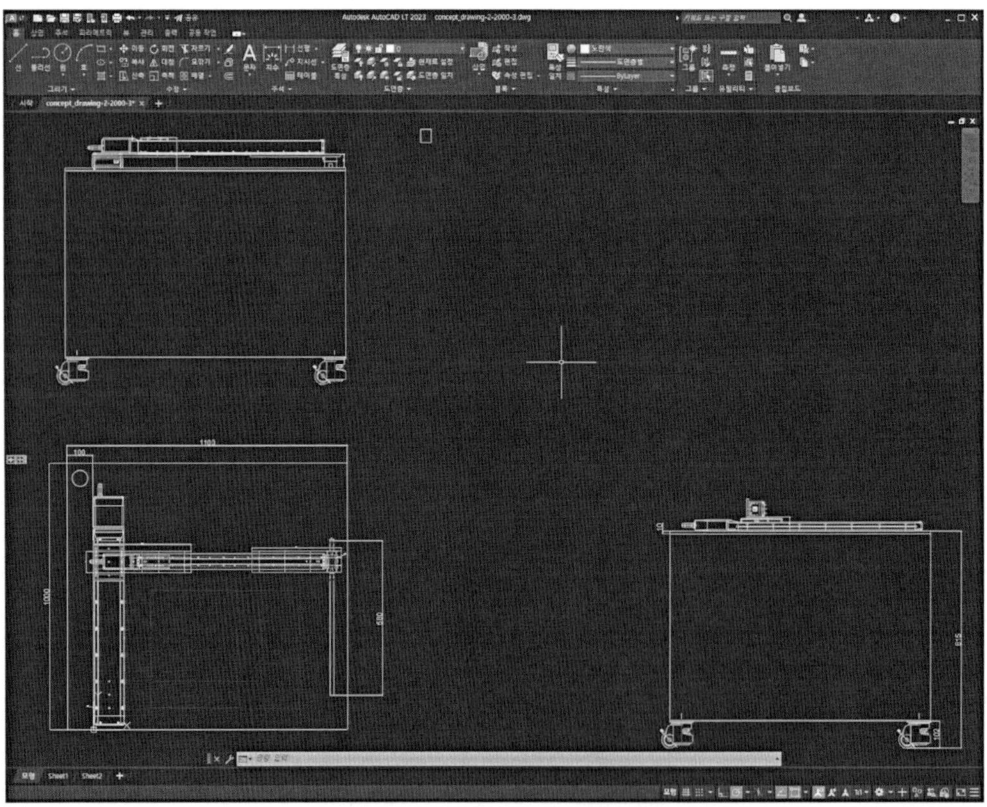

그림 5.84 AutoCADLT 동작 화면

다쏘 시스템의 드래프트 사이트 소프트웨어가 유료로 변경되면서 AutoDesk사의 2D 전용 CAD 소프트웨어인 AutoCAD LT로 변경하게 되었다. 사용료는 AutoCAD LT가 드래프트 사이트 캐드에 비해서 비싸지만, 파일 변환시 발생하는 오류가 없어서 구매를 결정하였다.

그러나, 부품 가공 업체가 사용하는 AutoCAD가 버전이 매우 낮은 경우가 많아서 최신 AutoCAD LT로 작업하여도 구버전 파일로 저장해야 하는 불편함은 여전하고 구버전 파일로 저장하였다고 해도 가끔 오류가 있는 것도 여전하다.

그림 5.85와 5.86은 AutoCAD LT에서 설계한 도면을 나타내고 있다, 도면을 그려서 부품을 설계하는 것에 부담을 느낄 수도 있지만, 도면을 그리는 전문적인 지식이 없거나, 도면의 내용이 좀 부족하여도 부품 가공 업체는 경험이 많기 때문에 초보 설계자의 도면에서도 좋은 품질로 가공된 부품을 얻을 수 있다.

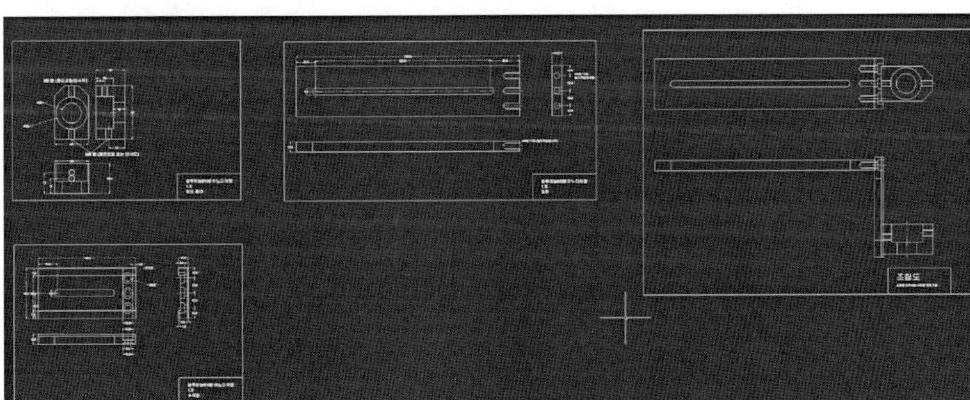

그림 5.85 에폭시 주입기 기구부 설계

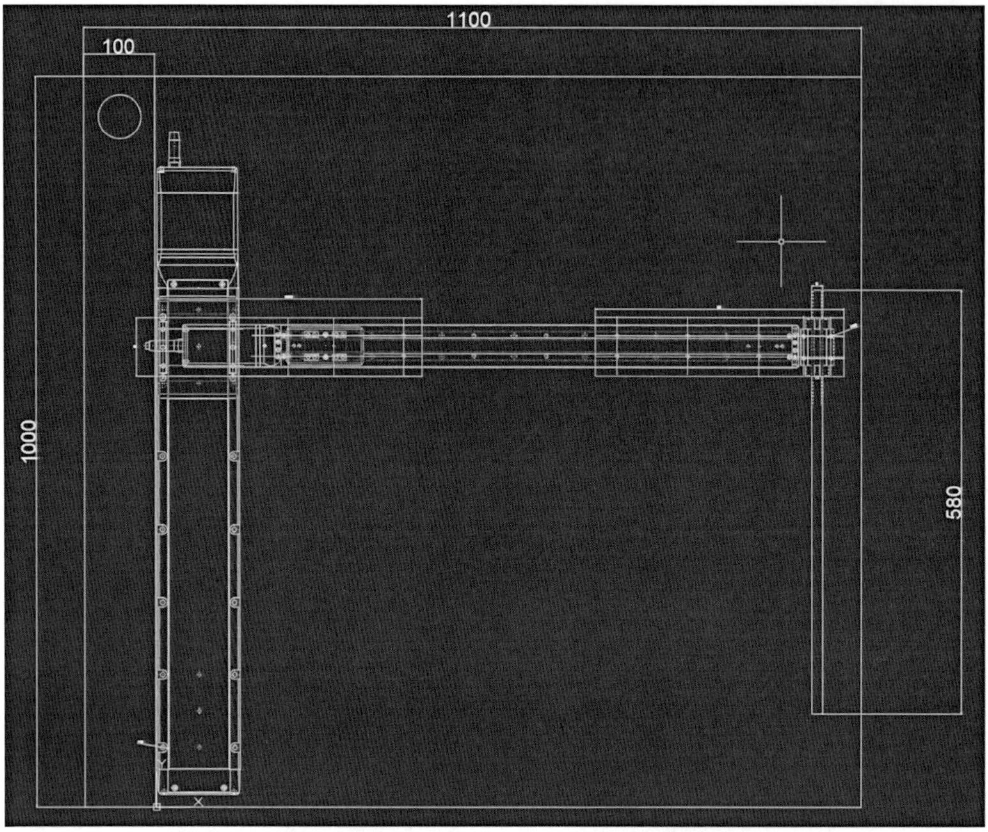

그림 5.86 에폭시 주입기 기구부 조립도

에폭시 주입기는 기존에 사용하던 1대가 있었으나, 새로운 스펙을 생산하게 되면서 새로운 스펙에 집중한 설비를 추가 제작한 것으로 신규 설비가 적용되면서 생산성이 향상되었다. 특히, 기존 설비 사용 중 아쉬웠던 기능을 보완하여 구현하여서 작업자의 작업 편이성이 좋아지고, 작업자의 만족도와 생산성이 동시에 높아지면서 가장 큰 효과를 본 자동화 설비 제작 사례가 되었다.

연습 문제

1. 다음 중 인버터 설명으로 옳지 않은 것을 고르시오.

① 1,2차 권선 수로 AC 전압을 변경한다.

② AC 전원의 주파수 변경 가능

③ 모터 적용시 에너지 효율성 확보 가능

④ DC 전압을 AC로 변환한다.

⑤ 단상 AC 전원을 3상 AC 전원으로 변경할 수 있다

2. 단자대형 PLC의 장점이 아닌 것을 고르시오.

① 설치가 쉽다.

② 모듈형에 비해 성능이 우수하다.

③ 기본 기능이 많아 학습용도에 적합하다.

④ 모듈형에 비해 저렴하다.

⑤ 단자대가 포함되어 있다.

3. HMI의 특징이 아닌 것을 고르시오.

① 설정값 확인 및 입력이 편리하다.

② 통신을 통해 PLC와 연결한다

③ 터치 스크린 기능이 있다.

④ HMI 전용 소프트웨어로 제작한다.

⑤ HMI를 사용하면 프로그래밍이 간단해진다.

4. 다음 중 로터리 액추에이터의 특징이 아닌 것을 고르시오

① 움직임 각도를 자유롭게 변경 가능

② 스태핑 모터나 서보 모터로 동작한다.

③ 중공 방식의 경우 배선, 에어 호스 등을 회전축에 설치 가능하다.

④ 가반 중량에 대한 내구성이 높다.

⑤ 정해진 각도로만 동작 가능하다.

5. 리니어 액추에이터의 특징이 아닌 것을 고르시오.

① 직선 이동을 위해서 볼 스크류 방식만 사용한다.

② LM 가이드로 직선운동을 보조한다.

③ 볼 스크류 방식은 리드에 따라서 동작 속도와 허용 하중이 결정된다.

④ 위치결정 동작은 컨트롤러나 PLC의 펄스 제어 기능을 사용한다.

⑤ 설치 방향, 기구물 구조 등 목적에 따라 적합한 특성의 제품을 선택해야 한다.

연습 문제 해설

1. 답 ①

1, 2차 권선 수로 AC 전압을 변경하는 것은 단순 트랜스(TransformerL 트랜스포머)이다. AC 전원의 주파수 변경 가능, 모터 적용시 에너지 효율성 확보, DC 전압을 AC로 변환, 단상 AC 전원을 3상 AC 전원으로 변경 가능 등은 인버터의 특징이다.

2. 답 ②

단자대형 PLC는 설치가 쉽고, 기본 기능이 많아 학습용도에 적합하고, 모듈형에 비해 저렴하며, 이름 그대로 단자대가 포함되어 있는 것이 장점이지만 모듈형 보다는 성능이 낮은 편이다.

3. 답 ⑤

HMI는 설정값 확인 및 입력이 편리하고, 통신을 통해 PLC와 연결하며, 터치 스크린 기능이 있고, HMI 전용 소프트웨어로 제작해야 하지만 HMI를 사용하려면 HMI용 프로그램도 제작 해야 해서 복잡성이 높아진다.

4. 답 ⑤

로터리 액추에이터는 움직임 각도를 자유롭게 변경 가능하고, 스태핑 모터나 서보 모터로 동작하며, 가반 중량에 대한 내구성이 높고, 중공 방식의 경우 배선, 에어 호스 등을 회전축에 설치 가능한 장점이 있다. 정해진 각도로만 동작하는 것은 드라이브 인덱스의 특징이다.

5. 답 ①

리니어 액추에이터 내부에는 LM 가이드가 직선 운동을 보조하고, 리드에 따라서 동작 속도와 허용 하중이 결정 되며, 전용 컨트롤러나 PLC의 펄스 제어 기능으로 위치 결정이 가능하며, 설치 방향이나 기구물 구조 등 목적에 따라 적합한 특성의 제품을 선택해야 한다. 구동방식은 볼스크류 방식 외에도 벨트 방식도 많이 사용한다.

6

참고 자료

6.1 소프트웨어 관련 정보

소프트웨어와 애플리케이션을 제작하기 위해서 사용하는 SQL, 파이썬, C# 등은 대부분 인터넷을 통해서 정보를 얻을 수 있다. Google이나 네이버에서 검색하여도 되고, 최근에는 chatGPT나 마이크로소프트의 Bing 검색을 통해 코드 제작을 AI에게 맞기는 것도 가능하게 되어서 편리하게 사용할 수 있다. 영어로 검색하고 문서를 이해할 수 있다면 stack overflow에서 가장 많은 정보를 얻을 수 있다. 전세계의 많은 프로그래머가 stack overflow에서 정보를 공유하고 있어서, 개발 중에 만나게 되는 대부분 문제에 대해서 답을 찾을 수 있는 장점이 있다. 영어에 익숙하지 않아도 파파고나 DeepL의 번역 성능이 좋기 때문에 적극 활용하면 영어의 제약 없이 지식을 얻을 수 있다.

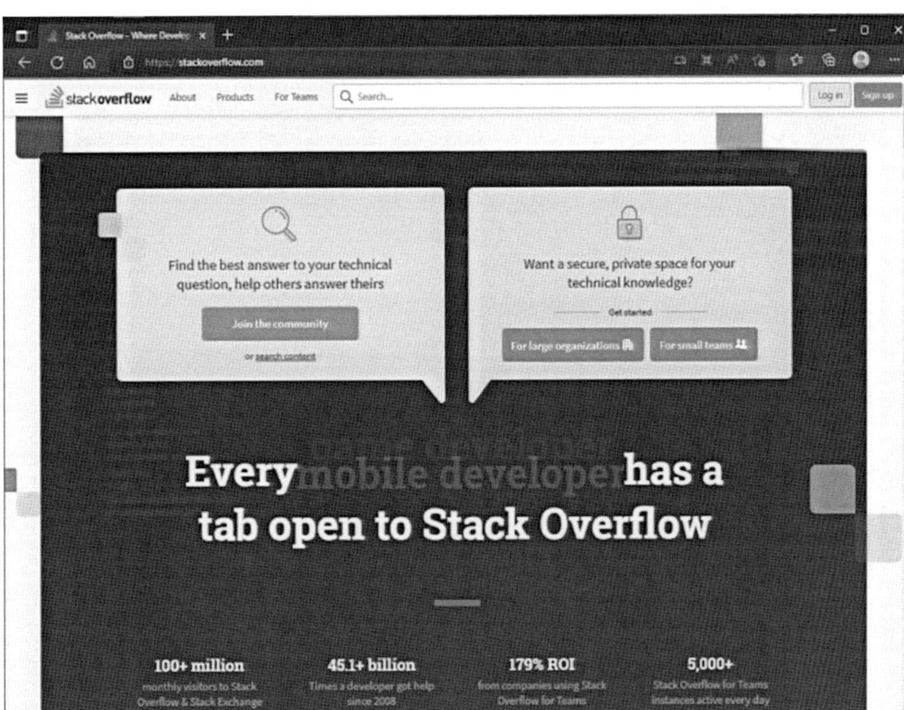

그림 6.1 stack overflow 웹페이지

최근 소프트웨어 관련하여서는 체계적으로 학습할 수 있는 책도 유용하지만, 블로그나, 카페 등에 공유되는 정보도 쉽게 검색이 가능해서 편리한 점이 있다. 또한 wikidocs.net과 같은 사이트에서는 무료로 볼 수 있는 서적도 많이 공유되고 있어서 적절한 책을 골라서 공부할 수 있다. wikidocs는 전자책을 출판할 수 있는 플랫폼으로 유료로 판매되는 책뿐만 아니라 무료로 공개되는 책도 상세한 내용을 체계적으로 설명하여 학습할 때 참고로 하기에 좋다.

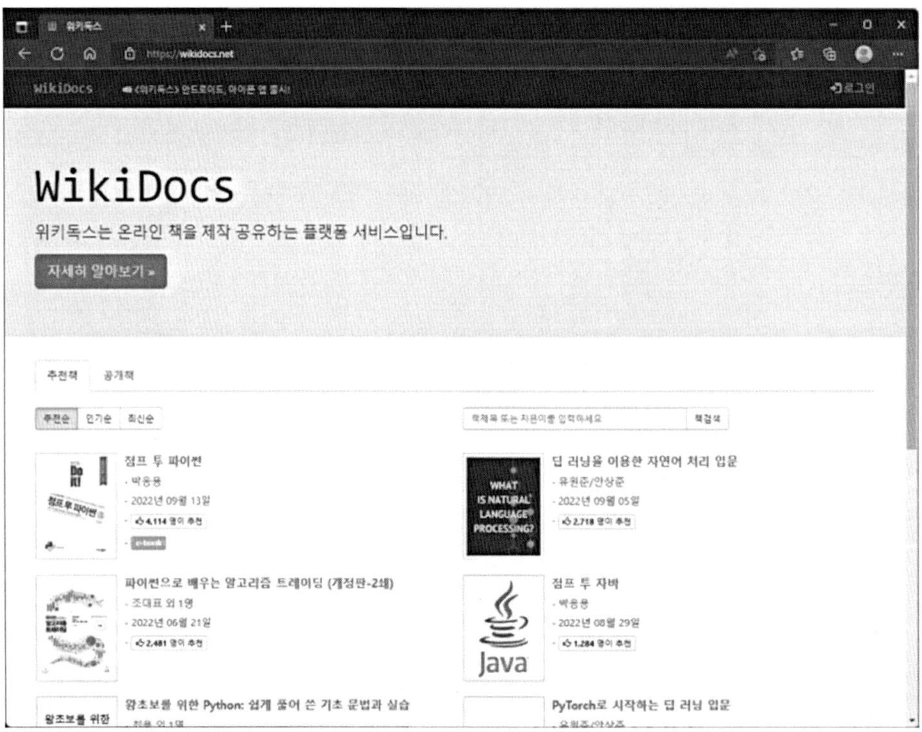

그림 6.2 온라인 전자출판 Wikidocs

6.2 하드웨어 정보

자동화 설비를 제작하거나, 기존 설비를 자동화하여 스마트 팩토리 기능을 추가하기 위해서 하드웨어와 부품에 대한 정보가 필요할 때가 있다. 하드웨어에 대한 정보는 인터넷 카페 등에서 확인할 수 있는데 대표적으로 네이버에 [메카피아] 카페가 있으며, 기계 부품에 대한 정보, 설계 방법, CAD(Computer Aided Design : 컴퓨터 도면 설계) 소프트웨어 정보 등에 대한 정보를 얻을 수 있다. 그 외에도 여러 하드웨어 관련 카페가 있어서 필요한 정보는 카페를 통해서 얻을 수 있다. 원하는 내용을 100% 정확하게 얻기는 어렵고, 답변자 중에는 매뉴얼을 참고하라는 식의 답변도 있지만, 차근차근 검색해 보면 도움이 되는 지식이나, 새로운 아이디어도 많이 얻을 수 있기 때문에 자주 활용하는 것이 좋다.

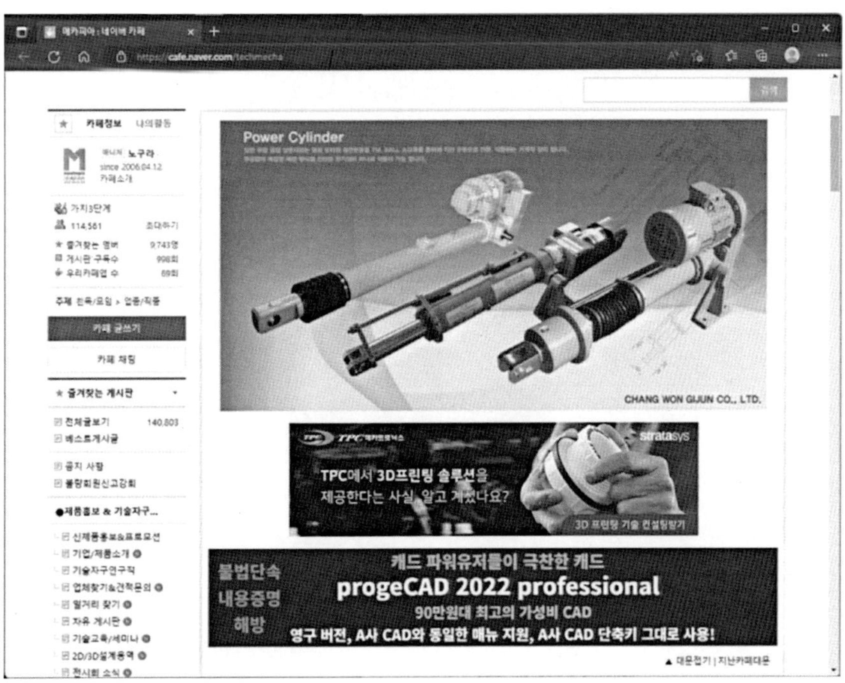

그림 6.3 네이버 카페 메카피아

자동화 설비에 사용할 부품을 구매할 때는 공구 상가에 가서 구매하는 방법도 있지만, 인터넷 쇼핑몰에서 구매하는 방법도 있는데 전문적으로 판매하는 2개 쇼핑몰을 이용하면 편리하다. 공구 상가에 가서 부품을 찾아보거나, 구매할 때는 경험이 많은 판매자의 도움을 얻을 수 있는 장점이 있고, 부품 판매점이 많아서 새로운 부품에 대한 정보와 대체 부품을 구하기 쉽다는 장점이 있다. 하지만, 실제 공구 상가에 방문하는 것은 시간을 들여야 해서 인터넷으로 검색하고 주문하는 것도 효율적인 방법이다.

나비엠알오(www.navimro.com)는 기업 MRO(Maintenance, Repair, Operation: 유지, 보수, 관리)를 전문적으로 하는 쇼핑몰로 하드웨어 부품 종목도 많고, 종목별 스펙도 충실하게 보유하고 있으면서도 판매 단가가 낮은 편이라서 필요한 하드웨어 부품을 정확하게 알고 있다면 편리하게 인터넷으로 구매할 수 있다. 하드웨어 부품은 현장에서 사용하는 단어와 표준 명칭이 다르거나, 공구 상가에 직접 가더라도 어떤 전문점에 가야 할지를 몰라서 시간 낭비하는 경우가 있는데 나비엠알오에서는 현장 용어나 표준 명칭 모두 검색이 가능해서 편리한 점도 장점이다.

그림 6.4 나비 엠알오 페이지

기계 및 전자 부품에 대해서 판매하는 인터넷 쇼핑몰로는 한국미스미(kr.misumi-ec.com)가 있다. 일본 회사로 전세계에서 공장자동화 및 MRO 관련 쇼핑몰을 운영하고 있으며 국내 판매용 페이지가 있다. 한국미스미의 판매 가격은 나비엠알오나 기타 인터넷 쇼핑몰 보다는 약간 비싸지만, 쉽게 구하기 어려운 부품도 판매하고, 고객의 요청에 따라 표준 부품을 가공 판매하는 서비스도 있다. 미스미 자체 브랜드 중 경제형 부품은 품질과 가격면에서 충분히 경쟁력이 있으며, 대부분의 부품에 대한 CAD 파일을 제공하여 설계할 때 제조사 홈페이지를 방문하지 않아도 되는 특징이 있다. 그외에도 간단한 기술자료와 샘플 설계도(InCAD Library)를 제공하고 있어서 자동화 설비 제작하려고 할 때 기본적인 설계 도면과 부품 리스트를 얻을 수 있는 것이 장점이다. 그리고 가장 특별한 서비스는 도면을 온라인으로 등록하면 부품을 가공해 주는 서비스이다. 설비를 제작할 때 필요한 부품을 설계하여 온라인으로 CAD 도면을 전송하고 견적서를 받아서 제작된 부품을 택배로 받을 수 있어서 설비 제작 시에 부품 제작에 필요한 시간을 절약할 수 있다. 본래는 2차원 도면만 가능하였으나, 최근에는 3D 도면을 업로드 하면 5분내에 견적서를 받을 수 있는 서비스가 제공되어 편리하게 사용할 수 있게 되었다.

그림 6.5 한국 미스미 홈페이지

그림 6.6 설계 참고자료

그림 6.7 한국 미스미 도면가공 센터

그림 6.8 한국미스미 InCad Library에서 제공하는 설계도

전자 부품을 구매할 때에는 디바이스 마트(www.devicemart.co.kr)도 유용하게 이용할 수 있다. 특히 라즈베리 파이, 아두이노 등과 같이 사용할 수 있는 부품을 가장 많이 갖추고 있고, 최신 출시 부품 등도 많이 제공되고 있어서 유용한 쇼핑몰이다.

그림 6.9

6.3 PLC 및 시퀀스 제어 등의 정보

PLC 관련 정보가 가장 많이 모여 있는 곳은 네이버의 [컴퓨터 일반과 PLC] 카페이다. 이 카페는 사용자도 많을 뿐 아니라 국내에서 접할 수 있는 거의 모든 PLC에 대한 정보와 사용자가 모여 있어 쉽게 도움을 받을 수 있으며, 카페에 질문을 올렸을 때 응답도 잘 해주는 편이어서 PLC 관련 작업을 할 때는 필수로 가입해야 하는 카페이다.

그림 6.10 컴퓨터 일반과 PLC 카페

시퀀스 회로와 부품사용에 대한 정보를 얻기 위한 카페로는 네이버 [계장공들의 모임] 카페가 있다. 이 카페 내부에서는 계장 기술을 익힐 수 있는 교육 과정을 운영하기도 하고, 부품이나 시퀀스 회로 설계 등의 정보도 얻을 수 있어서 자동화 설비를 설계하거나 제작할 때 도움을 받을 수 있다.

그림 6.11

7

캡스톤 프로젝트

7.1 캡스톤 프로젝트

캡스톤 프로젝트(Capstone Project)는 학습을 마치고 배운 내용을 종합적으로 활용하는 프로젝트를 진행하여 학습 결과를 실제로 구현해 보는 것을 말한다. 이 책에서 언급한 내용을 바탕으로 실제로 현장에 적용할 수 있는 프로젝트 중 상대적으로 쉽게 도전할 수 있는 내용으로 캡스톤 프로젝트를 제시하였다. 이 장에서는 캡스톤 프로젝트를 제시할 뿐 아니라 기본적인 지식을 설명하여 프로젝트를 시작할 수 있는 아이디어를 제공하였으나, 책의 설명에 얽매이지 않고 독창적인 접근방법이나 기술을 적용하여 프로젝트를 수행하여도 무관하며 실력을 쌓는 데는 각자의 창의적인 방법을 활용하는 것이 더 유용하다. 제시된 문제를 해결하기 위해서 본인의 창의력을 더하고 관련 기술을 습득하여 자신의 자산으로 만드는 것이 캡스톤 프로젝트의 진정한 효과라고 생각한다. 아울러 프로젝트를 더 확장하여 도전하는 것도 실력을 키우는데 큰 도움이 된다.

7.2 공장 실사 지적사항 해결

7.2.1 프로젝트 배경

대기업에 부품을 납품하는 A사는 최근 대기업 QC팀의 공장 실사를 받았다. 자주 받았던 공장 실사였기 때문에 큰 문제점은 없었지만, 원부자재 창고에서 2가지 지적사항이 나왔고 빨리 보완하여 보고서를 제출하여야 한다.

지적사항은 온도변화에 민감한 원자재를 보관하는 창고의 실내 온도 기록을 수기로 하고 있으나 휴일 등에 온도관리가 잘 되는지 확인하기 위해 자동으로 온도를 기록하고 전산으로 관리하라는 지적이 있었다. 두 번째 지적은 선입선출에 관한 문제로 원자재 창고를 관리하던 직원이 퇴직하였으나, 후임자를 구하기 어려워 인수인계가 잘 안 되어서 발생한 원자재 선입선출 문제가 발견되어 지적되었다. 지적사항 두 가지를 해결하기 위해서 DB 서버를 이용하여 스마트 팩토리 기능을 구현하여 대응하고자 한다.

7.2.2 프로젝트 개념 설계

두 가지 요구사항에 대처하는 방법으로 DB 서버를 이용하여 데이터를 관리하여 지적사항을 해결하도록 한다. 온도 센서에서 온도 정보를 수집하고, DB 서버에 일정한 간격으로 온도를 저장하여 원자재 창고의 온도관리 수준을 확인할 수 있도록 한다. 선입선출 관리는 창고에 입고하는 원자재를 DB 서버에 등록하고 출고 시에 DB 서버에 등록된 내역과 비교하여 선입선출을 지키지 않고 출고될 때 알람을 동작시켜 제조 일자가 오래된 원자재가 먼저 출고되도록 관리한다.

7.2.3 필요 기술과 기능

기본적으로 필요한 기술과 기능을 아래의 표에 정리하였다.

표 7.1 창고 온도 기록에 필요한 기능

항목	분류	특징
DB 서버	하드웨어	DB 서버는 데이터를 수집하여 효율적으로 관리하고 장시간 안정적으로 동작하여야 한다.
DB 서버 테이블	소프트웨어	DB 테이블을 창고 관리에 효율적으로 구성하여야 한다. DB 테이블에 저장하는 항목을 설계하고, 검색을 빠르고 정확하게 할 수 있도록 인덱스 설정 등도 필요하다.
온도계	하드웨어	실내 온도를 측정하여 데이터 형태로 표현할 수 있어야 한다. 아날로그 방식으로 전류/전압 출력을 할 수도 있고, RS-232C 통신으로 디지털 출력이 가능한 방식도 있다.

표 7.1 창고 온도 기록에 필요한 기능(계속)

항목	분류	특징
입출력 컴퓨터/장치	하드웨어	온도계의 실내 온도 출력을 받아서 DB 서버에 전송할 수 있어야 한다. 필요한 경우 고온/저온 상태에 알람 기능이 필요하다. 설계 방식에 따라 PC나 라즈베리 파이를 사용할 수도 있고, 아두이노나 저렴한 ESP8266 칩셋을 단독으로 사용할 수 있다.
입출력 소프트웨어	소프트웨어	입출력 컴퓨터/장치가 온도 입력을 받아 DB 서버에 저장할 수 있도록 소프트웨어를 개발해야 한다. C/C++, C#, Python 등을 활용할 수 있다. 온도 변화를 쉽게 확인하는 방법으로 HTML 웹페이지, 어플리케이션, 엑셀 등 적절한 방법으로 제공해야 한다.

표 7.2 선입선출 관리에 필요한 기능

항목	분류	특징
DB 서버	하드웨어	DB 서버는 데이터를 수집하여 효율적으로 관리하고 장시간 안정적으로 동작하여야 한다.
DB 서버 테이블	소프트웨어	DB 테이블을 창고 관리에 효율적으로 구성하여야 한다. DB 테이블에 저장하는 항목을 설계하고, 검색을 빠르고 정확하게 할 수 있도록 인덱스 설정 등도 필요하다.
바코드 입출력	하드웨어	바코드 프린터와 바코드 리더를 활용하는 것은 창고 입출고 내역을 관리하는데 매우 효율적인 방법이다. 하드웨어가 성숙하여서 내구성과 안정성이 확보되어 현장에서 사용하기 적합하다.
입출력 컴퓨터	하드웨어	작업자가 작업하는 동안 바코드 리더, 바코드 프린터, 알람 등을 관리하고 DB 서버와 연동해서 동작한다. 안정성과 내구성 및 사용 편의성을 고려하여 결정한다.
입출력 소프트웨어	소프트웨어	바코드 리더에 입력된 창고 입출고 활동을 DB 서버에 전송하고, 창고 재고를 파악하여 선입선출을 유지하도록 소프트웨어가 지원해야 한다. 또한 현재 재고 상황을 파악할 수 있도록 하면 더 좋다.

7.2.4 프로젝트 산출물 관련

1) 온도기록

일정한 시간 간격으로 온도 데이터를 DB 서버에 저장하고, 온도변화를 쉽게 알 수 있도록 표출하는 시스템을 제작한다. 온도에 문제가 발생할 때 자동으로 책임자에게 알려주는 기능을 포함하면 완성도가 높아진다.

2) 선입선출

창고에 입출고하는 원자재를 기록하고, 선입선출을 지키도록 지원한다. 입출고 기록은 최대한 쉽게 하여 작업자에게 추가적인 부담이 없도록 한다. 현재 창고에 보관 중인 재고를 쉽게 확인하는 기능까지 포함하면 완성도가 높아질 수 있다.

7.3 공장 2군데의 생산 추적

7.3.1 프로젝트 배경

수도권에서 전기 관련 설비를 제작하는 B사는 제2공장을 남부 지방에 설립하였다. 수도권 본사에서 채용한 직원들은 제2공장에 배속되거나 출장 가는 것을 꺼리는 분위기가 있었고, 제2공장이 위치한 지역에서는 충분한 경력을 가진 직원을 채용하는 것이 어려운 상황에서 일단 제품 생산을 개시하였다. 제2 공장은 제품 생산 능력 확보를 우선하고, 관리 업무는 본사에서 처리하는 방식으로 시작하여 신입 직원을 채용하고 교육하여 수년 후에는 제2 공장이 독립적으로 운영하려는 계획이었다.

생산을 시작하고 얼마 되지 않아서 제2 공장에서는 원자재 부족, 납기 일자 지연, 생산 수량 오차 등의 문제가 계속 발생하였으며, 제2공장의 문제를 해결하기 위해서 본사의 업무에 차질이 생기는 상황까지 발생하였다.

이를 해결하기 위해서 생산공정 내 제품의 흐름과 원자재 소요량을 전산으로 기록 및 추적할 수 있도록 하여 본사에서 제2 공장의 생산 상황을 정확하게 확인/계획/실행할 수 있는 시스템을 확보하고자 한다.

7.3.2 프로젝트 개념 설계

원격지에 있는 제2공장의 생산 상황을 추적하기 위해서 DB 서버를 이용하여 현재 생산정보를 취합하고, 바코드를 이용하여 DB 서버에 데이터를 입력하는 방식을 사용한다. 생산하는 설비 제품은 단가가 높고, 생산량이 적은 품목이어서 생산 초기 단계에 바코드 스티커를 발급하고, 생산 공정 단계마다 바코드를 스캔하여 생산 공정 내에서 생산중인 제품의 수량을 파악하고 다음 생산 단계 초기에 바코드를 스캔하면 각 생산 공정에 흐르고 있는 제품의 수량을 파악하는데 유리하다.

간단한 예를 들면 설비의 뼈대인 프레임 조립 단계에서 설비의 프레임에 바코드를 부착하여 스캔하고, 조립된 프레임이 다음 단계인 판넬 조립 단계에 이동했을 때 바코드를 스캔하면 조립 전 프레임 수에서 판넬 조립 단계에 스캔 된 수량을 빼면 프레임 조립 중인 수량을 확인할 수 있다. 바코드 발급, 스캔 시스템과 DB 서버를 이용하여 이를 실제로 구현하는 프로젝트를 수행한다.

7.3.3 필요 기술과 기능

표 7.3 생산 공정 추적에 필요한 기능

항목	분류	특징
DB 서버	하드웨어	DB 서버는 데이터를 수집하여 효율적으로 관리하고 장시간 안정적으로 동작하여야 한다.
DB 서버 테이블	소프트웨어	DB 테이블은 공정에 흐르고 있는 설비 수량을 정확하게 파악할 수 있도록 구성한다. DB 테이블에 저장하는 항목을 설계하고, 검색을 빠르고 정확하게 할 수 있도록 인덱스 설정 등도 필요하다.

표 7.3 생산 공정 추적에 필요한 기능(계속)

항목	분류	특징
바코드 프린터	하드웨어	바코드나 QR코드를 스티커 등에 인쇄할 수 있는 프린터를 이용하여 개별 설비의 생산진행 상황을 추적할 수 있도록 한다.
바코드 출력	소프트웨어	제작하는 설비에 부착할 바코드를 생성한다. 작업 지시서에 따라 DB 서버는 스펙과 제조 방법 등의 기본 정보를 바코드에 포함하고, DB 서버 저장하여 생산 공정내 추적이 쉽게 한다.
바코드 스캔 장치	하드웨어	바코드 스캐너는 데이터를 문자형태로 전송하므로 문자열을 처리하여 DB 서버와 연동하여 동작하면 된다. 설계 방식에 따라 PC나 라즈베리 파이를 사용할 수도 있고, 아두이노나 저렴한 ESP8266 칩셋을 단독으로 사용할 수 있다. 공정마다 설치해야 하므로 단가도 고려해야 한다.
입출력 소프트웨어	소프트웨어	바코드 스캔 하드웨어로 입출력되는 데이터를 소프트웨어로 처리한다. 개발하는 언어는 사용환경과 개발 방식에 따라서 결정하여 개발한다.
인터넷 연결	하드웨어	공장 1개 내에서는 내부 통신망으로 모두 처리할 수 있지만, 공장이 물리적으로 떨어져 있는 경우에는 인터넷을 통해 연결하여야 한다. DB 서버 등이 인터넷에 연결되는 경우에는 보안에 주의해야 한다.

7.3.4 프로젝트 산출물 관련

제품생산을 첫 단계에서 바코드를 프린트하여 부착하여 공정 내 흐름을 추적할 수 있다. 각 공정에서는 제품이 들어올 때 스캔하여 현재 공정 내에 있는 제품의 수량을 DB 서버에 저장한다. 관리 도구에서는 물리적으로 떨어진 2개의 공장의 현재 공정에 있는 제품의 수량과 특성 등을 쉽게 확인할 수 있도록 도구를 제공한다. 인터넷을 사용하여 데이터를 주고받으며, 보안에 주의하여 해킹 등의 위험에 대비한다.

7.4 제품 제작시 부품 혼입 방지

7.4.1 프로젝트 배경

전기 설비를 제조하는 C사는 근무 인력을 충분하게 구할 수 없는 상황으로 2개 생산라인에서 5종류의 제품을 생산하고 생산 종류마다 하위 스펙이 각각 5~7종류가 있어서 생산하고 있는 제품의 총 종류가 33개에 달한다. 제품의 큰 분류는 2개 생산라인으로 나누어 지정하여 큰 문제가 없지만, 일부 부품과 펌웨어가 다르게 적용되는 하위 스펙 생산라인에서는 부품이 잘 못 설치되는 경우가 자주 발생한다. 최근에는 해외에 설치한 설비 중 일부가 잘못된 스펙이 설치되어 준공검사를 통과하지 못하였을 뿐 아니라 지체상금을 물지 않기 위해 엔지니어와 부품을 해외 현장으로 보내 교체 설치하여 큰 손해를 보았다. 생산하는 현장에서 부품이 정확하게 설치되도록 지원하는 시스템을 확보하여 손실 발생을 방지하도록 한다.

7.4.2 프로젝트 개념 설계

부품 혼입을 방지하기 위해서는 DB 서버를 활용하여 작업지시서, 자재명세서(BOM: Bill of Material) 데이터를 참조하여 정확한 부품이 설치되는지 확인하는 방식으로 구현한다. 하드웨어는 바코드 프린터, 바코드 리더, 입출력 설비, 버저, 경고등, 안전 라이트 커튼, 전자석 도어락 등을 이용하여 작업자가 올바른 부품으로 작업하도록 유도한다.

이 방식을 적용하기 위해서는 BOM 데이터와 작업지시서 데이터를 갖추어야 한다. 이렇게 부품이 혼용되지 않도록 관리하는 시스템을 만들 때 BOM이 아주 높은 수준으로 구현될 필요는 없다. 설비 모델에 따라서 사용하는 부품의 리스트, 관리 코드 정도만 보유하고 있어도 구현할 수 있으며 추가 기능 확장이 가능하도록 고려하면 된다. 작업지시서 관리를 적정한 수준으로 구현하여 현장에 적용하는 것부터 시작하면 된다. 이 시스템에서는 작업지시서에 기재된 모델에 따라서 사용해야 하는 부품을 결정하고, 부품 보관대에서 잘못된 부품을 꺼내려고 할 때 알람이 울려서 올바른 부품을 사용할 수 있도록 유도하면 된다. 부품 보관대에는 안전 라이트 커튼 등을 설치하면, 작업자가 어떤 부품을 꺼내는지를 확인 할 수 있다. 부품 보관대에 표시 등을 설치하여 설치해야 하는 부품을 자동으로 표시해주는 것도 방법이다.

7.4.3 필요 기술과 기능

표 7.4 부품 혼입 방지에 필요한 기능

항목	분류	특징
DB 서버	하드웨어	DB 서버는 데이터를 수집하여 효율적으로 관리하고 장시간 안정적으로 동작하여야 한다.
DB 서버 테이블	소프트웨어	DB 테이블은 공정에 흐르고 있는 제조중인 설비 모델을 정확하게 파악할 수 있도록 구성한다. DB 테이블에 저장하는 항목을 설계하고, 검색이 빠르고 정확하게 되도록 인덱스 설정 등도 필요하다.
바코드 프린터	하드웨어	바코드나 QR코드를 작업지시서나 스티커 등에 인쇄할 수 있는 프린터로 출력한다.
바코드 출력	소프트웨어	제작하는 설비에 부착할 바코드를 생성한다. 작업 지시서 관리번호 및 추가 정보를 바코드 또는 QR코드에 담아 출력한다.
바코드 스캔 장치	하드웨어	바코드 스캐너는 데이터를 문자형태로 전송하므로 문자열을 처리하여 DB 서버와 연동하여 동작하면 된다. 부품관리에 필요한 입출력이 많으므로 시리얼 통신/이더넷/USB 등을 이용하는 입출력 모듈을 추가하여 사용한다.
부품 관리 소프트웨어	소프트웨어	바코드 스캔 하드웨어로 입출력되는 데이터를 소프트웨어로 처리한다. 바코드 정보로 DB 서버에 작업지시서 정보와 설비 모델에 따른 부품 정보를 얻어와서 정확한 부품만 사용할 수 있도록 한다.
부품 관리	하드웨어	작은 크기의 부품 함은 전자석 도어락을 이용해서 적합한 부품 함만 열리게 할 수있고, LED 등으로 정확한 부품 보관 위치를 표시할 수 있다. 크기가 크거나 무거운 부품은 보관 장소에 안전 라이트 커튼을 설치하여 잘못된 부품을 보관 장소에서 꺼낼 때 버저 소리와 경광등을 동작시키는 등의 방법을 적용할 수 있다.

7.4.4 프로젝트 산출물 관련

작업지시서와 BOM 데이터를 포함하는 테이블이 DB 서버에 만들어져 있고, 테이블의 정보를 추가하거나 활용하는 것을 자유롭게 할 수 있다. 공정에 흐르는 설비에는 바코드를 부착하여 설비별로 추적하고 설비 제작에 필요한 부품은 작업지시서와 BOM에서 얻어 올 수 있다. 정확한 부품을 조립하기 위해서 부품이 보관된 부품함, 부품 선반, 보관 장소 등에 올바른 부품을 안내하는 장치와 잘 못 된 부품을 이용하려고 할 때 버저, 경광등 등의 방법으로 작업자에게 경고하는 시스템을 확보한다.

7.5 생산 일정 결정 알고리즘

7.5.1 프로젝트 배경

전자 부품을 생산하는 D사는 최근 고객사의 납품 일정이 변경되면서 일주일간 생산 일정을 새로 잡아야 하는 상황이 되었다. 총 4개 스펙을 생산하는데 각 스펙별로 2시간만 생산하면 최소 생산량을 맞출 수 있기 때문에, 그외 시간을 효율적으로 활용하여 최대 수익을 낼 수 있는 생산 일정을 수립하여야 한다.

표 7.5 D사 생산 스펙의 특징

	생산시간 (초/@보틀넥)	판매 가격 (원)	불량률(%)	
			평균	표준편차
스펙 A	7	640	1	0.5
스펙 B	6	550	2	0.2
스펙 C	5	450	2	0.7
스펙 D	8	733	3	0.5
스펙 교체 시간		30분		
생산 시간(근무 시간)		1일 8시간 * 주 5일		

단순하게 생각하면 생산 시간이 가장 짧은 C를 많이 생산하면 생산량이 가장 많아진다. A,B,D를 최소 생산 시간인 2시간씩 생산하고 나머지 시간은 모두 C를 생산하여 최대한 많은 제품을 생산하면 최대 물량 생산이 가능하다.

하지만, 각 스펙별 판매 가격 차이가 있으므로 판매 가격을 기준으로 생산 계획을 생각해 볼 수 있다. 판매 가격을 생산 시간으로 나누면 초당 판매 가격이 계산되므로 초당 판매 가격 비율이 가장 높은 B스펙을 주로 생산하면 수입이 가장 늘어난다.

마지막으로 고려해야 할 것은 불량률이다. 생산량이 가장 많거나 시간당 수입이 높아도 불량이 많이 발생하여 판매할 수 없는 불량품이 많이 생산된다면 생산 계획을 수정하여야 한다. D사의 제품생산 특징을 바탕으로 최대 수입을 올릴 수 있는 생산 계획 수립이 가능한 솔루션을 확보한다.

7.5.2 프로젝트 개념 설계

제품 1개당 생산 시간이나, 제품당 단가를 기반으로 계산하는 것은 단순한 연산으로도 가능하다. 어려운 부분은 불량률에 따른 수입 금액을 예상해서 생산 계획을 세우는 것이다. 스마트 팩토리 기능으로 평균 불량률과 불량률의 표준편차 데이터를 가지고 있으면 평균 불량률로 계산하여 결정하는 것이 가능하고, 평균 불량률을 바탕으로 생산 계획을 세워서 가장 수익성이 높은 생산 계획을 세울 수 있다.

하지만, 평균과 표준편차를 이용해서 생산 계획을 세운 경우 계획과 실제 생산 결과의 차이가 크게 발생 하는 경우도 있다. 이는 평균과 표준편차라는 대푯값을 이용하는 통계적 분석에 기반하면 발생할 수밖에 없는 문제로 이를 보완하는 방법은 원하는 결과가 나올 확률이 얼마나 될지를 계산하고 비교하여 생산 계획을 수립하면 생산 계획과 실제 생산 결과에 근접하게 할 수 있다.

확률과 통계에 대한 이해가 깊다면 수식으로만 계산할 수 있지만, 모든 사람이 확률과 통계를 잘 아는 것은 아니므로 좀 더 단순한 방법을 이용해서 계획에 활용할 수 있다. 몬테카를로 시뮬레이션 또는 몬테카를로 방식(Monte Carlo Method/Monte Cralo

Simulation)이라는 방식이 있는데 무작위 난수를 대량 생성하여 수식에 넣어서 해를 구하는 방식이다. 예를 들면 A제품의 판매 수입은 아래 수식과 같다. 첫째 괄호는 생산 작업 시간 동안 생산한 수량을 계산하고, 두 번째 괄호는 불량 수량을 빼는 부분이다. 마지막으로 A제품 단가를 곱하여 수입을 계산한다.

$$A\text{제품 수입} = \left(\frac{A\text{제품 총작업시간}}{A\text{제품 단품 생산 시간}} \right) \times (1 - A\text{제품불량률}) \times A\text{제품판매단가}$$

$$1{,}629{,}257 = \left(\frac{3600 \times 5}{7} \right) \times (1 - 0.01) \times 640$$

A제품을 5시간 생산했을 때 수입은 162만 9천원 정도 된다. 이렇게 4개 스펙을 계산하여 합하면 일주일 80시간 생산하였을 때 총수입을 계산할 수 있다. 이 방식은 평균 불량률을 이용하여서 실제 생산 결과와 큰 차이는 나지 않을 것이지만, 원하는 수입 이상을 생산할 확률을 계산하기 위해서 몬테카를로 방식을 사용할 수 있다.

표 7.5를 보면 제품 A는 불량률이 평균 1%에 표준편차가 0.5%이기 때문에 정규분포 형태로 불량률 난수 1,000개 혹은 그 이상을 계산하여서 A제품 수입이 160만원 이상 되는 경우를 전체 난수 발생 수량으로 나누어 계산하면 160만원 이상 수입을 올릴 수 있는 확률을 계산할 수 있고, 다른 스펙의 수입을 계산하여서 수입과 확률이 가장 높은 생산계획을 결정할 수 있다.

7.5.3 필요 기술과 기능

표 7.6 생산일정 결정 시스템

항목	분류	특징
DB 서버	하드웨어	DB 서버는 자료를 수집하여 효율적으로 관리하고 장시간 안정적으로 동작하여야 한다.
DB 서버 테이블	소프트웨어	DB 테이블은 생산 능력을 정확하게 확인하기 위해서 사용한다. 각 제품의 생산 속도, 불량률, 생산 보틀넥 공정을 파악하고 생산 계획에 반영한다.

표 7.6 부품 혼입 방지에 필요한 기능(계속)

항목	분류	특징
생산 계획 소프트웨어	소프트웨어	가장 효율적으로 생산 계획을 세우기 위해서 확률 계산을 하여야 한다. 난수를 발생할 때는 실제 제품별 특성에 따라 정규분포로 난수를 발생하고, 생산량과 예상 수입을 계산할 수 있어야 한다. 생산량, 예상 수입 등의 결과를 내림차순이나 오름차순으로 정렬하여 확률을 계산할 수 있어야 한다.
생산 계획 하드웨어	하드웨어	일반적인 컴퓨터의 계산능력이 좋아서 하드웨어 선택은 자유롭다. 저자가 작성한 C# 소프트웨어는 10세대 i5 데스크탑에서 4개 제품에 대해서 각각 100,000회의 난수 계산하고 내림차순으로 정렬하는 데 1초가 안 걸릴 정도로 현재 컴퓨터의 성능에 대해 우려는 하지 않아도 된다.

7.5.4 프로젝트 산출물 관련

생산 계획을 수립할 때 제품생산량과 관련된 예측을 확률적으로 할 수 있는 솔루션을 확보한다. 정해진 기간동안 생산하는 생산 계획 뿐만 아니라, 원자재의 효율적인 배분을 위한 생산 계획을 수립하는 등 용도 확장이 가능할 수 있도록 설계한다.

> 2021년 말에서 2022년 초까지는 전세계적으로 경기 활성화와 생산 공장 화재, 한파 피해 등으로 인해 원자재 단가가 2~3주에 한번씩 인상 되던 시기가 있었다.
>
> 이런 시장 환경에서는 재고로 보유한 원자재 사용 계획을 수익이 최대로 발생하도록 생산 계획을 세워야만 단가 상승 시기에 수익을 최대한으로 할 수 있다.
>
> 앞에서 제작한 소프트웨어는 생산 시간으로 계산하였고, 원자재 활용 측면에서는 무게, 길이 등 사용량으로 계산하여 생산 계획을 수립한다.

8

프로그래밍 언어 비교

8.1
프로그래밍 언어와 애플리케이션 개발

저자는 애플리케이션을 개발하면서 3가지 언어를 사용하였는데, 파이썬, Go, C#언어를 사용하였다. 각각의 언어마다 특징이 있어서 사용하려는 상황에 적합한 언어와 익숙한 언어로 개발하는 것이 효율적이다. 이 장에서는 저자가 애플리케이션에 사용하였던 언어 중 파이썬과 Go언어로 DB 서버와 통신하여 쿼리를 얻어오는 방법을 설명한다. 파이썬, Go 언어는 사용자도 많고 자료도 많이 있어서 정보를 얻기 쉬운 편이고, OS와 관계없이 실행할 수 있는 장점이 있어서 선택하였으나, DB 서버와 연결하여 사용하는 부분에 대해서는 정보가 많지 않아서 각 언어별 기본적인 사용법을 정리하였다.

소프트웨어 개발 경험이 있는 경우에는 본래 사용하던 언어가 아니어도 논리적인 흐름을 이해할 수 있어서 언어의 특징만 이해하면 새로운 언어로 애플리케이션을 작성하는 것이 어려운 일은 아니지만, 소프트웨어 개발 경험이 없는 경우에는 앞에서 제시한 동작 흐름도와 같이 애플리케이션이 어떤 순서로 작업을 할 것인지 미리 정하고 개발을 시작하는 것이 효율적이다.

이 장에서 설명하려는 내용은 표 8.1과 같으며, 각각의 기능을 파이썬, Go로 구현하고 특징을 설명하고자 한다.

표 8.1 언어별 DB 사용방법 설명

작업	상세 내용
DB 접속	DB에 접속하는 방법에 대한 설명
DB에 쿼리하여 단일 결과 얻기	DB에 쿼리한 결과가 1개인 쿼리 결과 처리
DB에 쿼리하여 복수 결과 얻기	DB에 쿼리한 결과가 2개 이상인 결과 처리
DB에 새로운 데이터를 입력	DB에 새로운 데이터를 입력하는 방법 설명

이 책에서 사용하는 개발 환경은 마이크로소프트 Visual Studio Code를 기준으로 한다. 파이썬을 개발할 때는 Python Idle, Jupyter, PyCharm, Visual Studio Code, Atom 등이 사용되고 있는데 Python Idle은 파이썬을 설치하면 기본으로 포함되는 개발환경이다. Jupyter의 경우에는 편집기 기능을 충실하게 가지고 있는 개발환경이다.

Visual Studio Code는 디버깅 기능을 지원해 주어서 버그 찾아서 수정하는데 편리하고 개발에 적용할 수 있는 언어가 많아서 사용자가 꾸준하게 늘고 있다. 디버깅 외의 장점은 여러 가지 언어를 동일한 환경에서 동일한 사용법을 사용하여 개발할 수 있다는 것이다. Atom 편집기는 텍스트 에디터 기능에 언어별 플러그인을 적용하여 사용할 수 있는 장점이 있지만 2022년 12월 현재 개발 중단을 결정한 상태이다.

프로그래밍 언어로 애플리케이션을 개발하는 과정에서 잘못된 동작을 하는 경우가 많다. 이때 어떤 부분에서 문제가 생겼는지를 확인하기 위해서는 코드를 한줄 한줄 실행하면서 문제를 찾아내야 하는데 이 과정을 디버깅이라고 하고, Visual Studio Code는 이 디버깅 기능이 편리하다.

디버깅 기능을 지원하고, 사용법이 편리한 개발환경에서 작업하는 것이 효율성을 높일 수 있는데 Visual Studio Code의 디버깅 기능이 가장 우수하여 개발이 편리하고, 파이썬과 Go 언어를 모두 지원하는 특징이 있다. C#언어의 경우에는 Visual Studio를 이용하여서 개발하는데 GUI 애플리케이션을 개발하지 않을 때는 Visual Studio Code로도 충분히 개발할 수 있어서 개발환경 하나로 3개 언어 개발을 할 수 있는 것도 Visual Studio Code의 장점이다.

표 8.2 개발환경 비교

개발 환경	특징
Visual Studio Code	• 디버깅 기능 보유 • 많은 언어 지원 • 가벼운 소프트웨어 • 무료 소프트웨어
Jupyter	• 무료 소프트웨어 • 파이썬, 줄리아, R 언어에 특화 • 다양한 단축키로 효율적인 사용 • 파이썬 프로그램을 나누어서 실행 가능
PyCharm	• 파이썬 개발에 특화 • 무거운 소프트웨어 • 무료 소프트웨어 • 코드별 파이썬 버전 선택 가능 • PIP보다 편리한 패키지 관리 도구

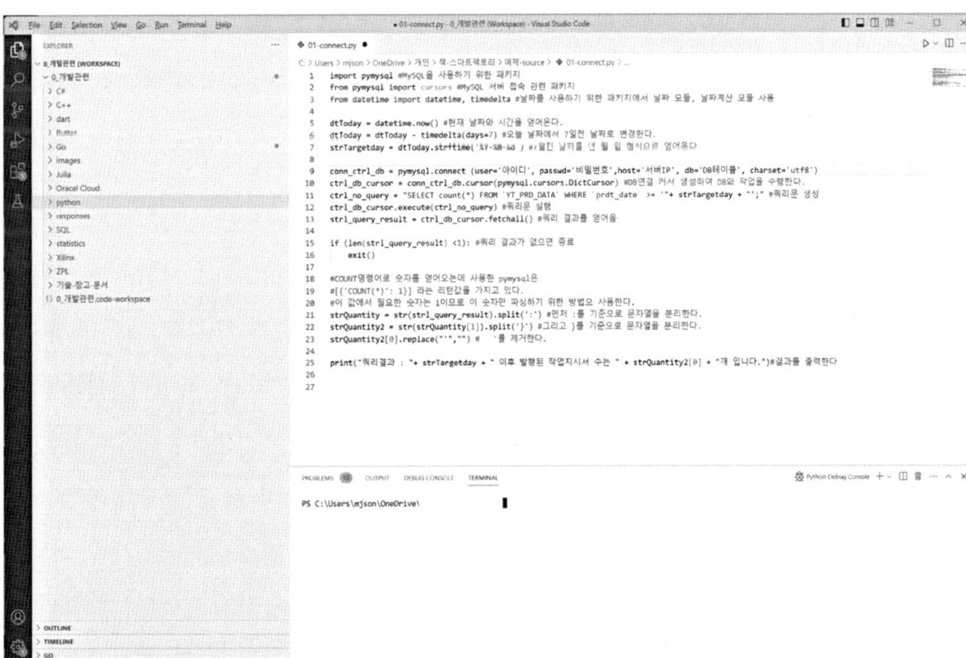

그림 8.1 Visual Studio Code 실행화면

8.2 파이썬에서 DB 서버 활용

파이썬은 패키지(package)라는 개념으로 복잡한 기능을 활용할 수 있으며 특히 파이썬은 오픈소스 개념으로 많은 사람이 자신이 제작한 패키지를 공개하고 있어서 이런 패키지를 이용하면 원하는 기능을 매우 빠르게 구현할 수 있다. 또한 이 패키지를 컴퓨터에 설치하는 방법도 사용하려는 패키지의 이름만 알면 PIP라는 소프트웨어를 통해서 자동으로 최신 버전의 패키지를 설치할 수 있다.

PIP(Package Manager)는 파이썬에 패키지를 설치하거나, 제거할 때 사용하는 소프트웨어이다. 패키지 및 파이썬용 소프트웨어를 설치하거나 제거할 때 pip를 사용하면 패키지가 보유한 다른 패키지 의존성의 문제를 해결할 수 있어서 파이썬 재단은 pip 사용을 권장하고 있다. pip를 이용하여서 패키지를 설치할 때는 인터넷을 이용하여서 패키지 저장소에서 지정한 패키지를 내려받아 설치하며, 이 과정에서 추가로 패키지가 필요할 때는 필요한 패키지를 자동으로 설치하여 동작하는 데 문제가 없도록 처리해 준다.

pip가 파이썬의 장점인 이유는 애플리케이션이나 패키지를 제작할 때 모든 작업을 기초부터 하나하나 만드는 것은 일반적이지 않고, 사용하기 편리하게 만들어 놓은 패키지를 이용해서 더 고차원적이거나 더 복잡한 작업을 수행하도록 자신의 애플리케이션이나 패키지를 만드는 것이 시간과 노력을 줄이는 일반적인 제작방식이다. 여러 개의 패키지를 이용하여 제작된 애플리케이션이나 패키지를 사용하려면 이 패키지가 이용한 다른 패키지를 모두 설치해 주어야 하는데 수동으로 이 설치 작업을 수행하면 시간이 많이 소요될 뿐만 아니라 실수로 설치가 누락되어 에러가 발생하는 등 개발 작업을 하는 데 불편함이 발생한다. 반면에 pip는 자동으로 필요한 패키지를 설치해 주기 때문에 사용자는 큰 신경 쓰지 않아도 패키지가 정확하게 동작하므로 개발 편이성이 증가한다.

> 사용법 : pip install 패키지 이름
> → pip install pymysql
> pip로 pymysql을 설치하여 Mysql DB서버를 사용할 수 있게 한다.

그림 8.2 pip 사용 방법

```
문제 4  출력  디버그 콘솔  터미널                    Python Debug Console + ∨ ◫ 🗑 ^ ×

Windows PowerShell
Copyright (C) Microsoft Corporation. All rights reserved.

새로운 기능 및 개선 사항에 대 한 최신 PowerShell을 설치 하세요! https://aka.ms/PSWindows

PS C:\Users\mjson\OneDrive\윤테크\0_개발관련> pip install pymysql
Collecting pymysql
  Using cached PyMySQL-1.0.2-py3-none-any.whl (43 kB)
Installing collected packages: pymysql
Successfully installed pymysql-1.0.2
```

그림 8.3 Visual Studio Code에서 pymysql을 설치한 결과 화면

DB서버에서 데이터를 받아오는 소스는 아래 그림 8.4와 같다.

```
1   import pymysql #MySQL을 사용하기 위한 패키지
2   from pymysql import cursors #MySQL 서버 접속 관련 패키지
3   from datetime import datetime, timedelta #날짜를 사용하기 위한 패키지에서 날짜 모듈, 날짜계산 모듈 사용
4
5   dtToday = datetime.now() #현재 날짜와 시간을 얻어온다.
6   dtToday = dtToday - timedelta(days=7) #오늘 날짜에서 7일전 날짜로 변경한다.
7   strTargetday = dtToday.strftime('%Y-%m-%d') #7일전 날짜를 년-월-일 형식으로 얻어온다.
8
9   conn_ctrl_db = pymysql.connect (user='사용자ID', passwd='비밀번호',host='127.0.0.1', db='DB이름', charset='utf8') #DB연결 생성
10  ctrl_db_cursor = conn_ctrl_db.cursor(pymysql.cursors.DictCursor) #DB연결 커서 생성하여 DB와 작업을 수행한다.
11  ctrl_no_query = "SELECT count(*) FROM `YT_PRD_DATA` WHERE `prdt_date` >= '"+ strTargetday + "';" #쿼리문 생성
12  ctrl_db_cursor.execute(ctrl_no_query) #쿼리문 실행
13  strl_query_result = ctrl_db_cursor.fetchall() #쿼리 결과를 얻어옴
14
15  if (len(strl_query_result) <1): #쿼리 결과가 없으면 종료
16      exit()
17
18  #COUNT명령어로 숫자를 얻어오는데 사용한 pymysql은
19  #[{'COUNT(*)': 1}] 라는 리턴값을 가지고 있다.
20  #이 값에서 필요한 숫자는 1이므로 이 숫자만 파싱하기 위한 방법으 사용한다.
21  strQuantity = str(strl_query_result).split(':') #먼저 :를 기준으로 문자열을 분리한다.
22  strQuantity2 = str(strQuantity[1]).split('}') #그리고 }를 기준으로 문자열을 분리한다.
23  strQuantity2[0].replace("'","") #   '를 제거한다.
24
25  print("쿼리결과 : "+ strTargetday + " 이후 발행된 작업지시서 수는 " + strQuantity2[0] + "개 입니다.")#결과를 출력한다
26
```

그림 8.4 파이썬 코드 : DB 서버 접속과 쿼리 결과 얻기

1번 라인에서는 MySQL DB 서버에 접속하는데 필요한 pymysql 패키지를 사용 설정한다. 2번 라인은 pymysql 패키지에서 cursor 모듈을 직접 사용하게 설정한다. Cursor 모

듈은 DB 서버와 상호작용을 하는 모듈로 쿼리를 하기 위해 필요하다. from * import * 형식으로 사용설정을 하면 코딩할 때 cursor를 직접 사용할 수 있다. 1번 라인만 설정하였을 때 cursor를 사용하려면 pymysql.cursor 로 상위 패키지까지 입력해야 하므로 자주 사용하는 모듈은 from pymysql import cursor 형식으로 cursor기능만 사용할 수 있다.

3번 라인은 날짜 관련 패키지에서 날짜 형식과 날짜를 계산하기 위한 모듈을 사용하도록 설정한다. 5번 라인은 3번 라인에서 설정한 날짜 모듈을 이용하여 현재 날짜와 시간을 얻어온다. 6번 라인에서 7일전 날짜를 timedelta 함수를 사용하여 계산한다. 오늘부터 7일 전을 계산하거나 오늘부터 25일 후를 계산하기 위해서 직접 코딩하면 생각보다 귀찮은 작업이라서 이미 만들어진 패키지를 활용하면 효율적이다. 7번 라인은 시간과 날짜 형식으로 되어 있는 datetime 데이터 형식을 2022-12-31 형식으로 날짜만 string(문자열) 형식으로 변환한다. %Y는 4자리 연도, %m은 월, %d는 일을 나타낸다.

9번 라인에서는 DB 서버에 접속하는 connector를 생성한다. DB 서버에 로그인하여 작업 수행을 하므로 ID, 비밀번호, IP 주소, 사용하는 DB 이름, 문자 세트를 설정한다. DB 서버에는 DB가 여러 개 존재하므로 적합한 DB를 설정하여야 한다. 10번 라인은 DB 서버에 연결된 connector를 사용하는 cursor를 생성하여 DB서버와 상호작용을 하도록 준비한다.

11번 라인은 SQL 쿼리문으로 내용은 YT_PRD_DATA 라는 테이블에서 strTargetDay 날짜 이후 데이터수량을 얻어오는 내용이다. SQL로 데이터를 얻어오는 쿼리는 select로 시작하고, count는 개수를 세는 함수이다. FROM 명령어는 사용하려는 테이블을 지정할 때 사용하고, WHERE 명령어는 특정한 조건을 설정할 때 사용한다. 공정관리표(작업지시서)의 테이블 구조는 표 3.6을 참고한다. 이 쿼리에서는 WHERE 뒤에 prdt_data라는 날짜와 시간이 들어 있는 필드에 있는 데이터 중 7일 전 이후로 기간을 정하는 내용이다.

12번 라인은 쿼리문을 DB 서버에 보내서 실행하고, 13번 라인은 DB 서버가 동작한 결과를 얻어오는 동작이다. 15번, 16번 라인은 DB 서버에서 결과가 전달되지 않을 때에는 애플리케이션을 종료하는 부분으로 만약 DB 서버에서 데이터가 오지 않았는데 아래쪽에서 데이터를 읽으려고 하면 에러가 발생하기 때문에 이런 문제를 방지하기 위한 부분이다.

21번에서 23번라인은 DB 서버가 보내준 결과에서 필요한 데이터를 추출하는 파싱(parsing) 작업이다. pymysql 패키지는 DB 서버의 결과를 자세하게 표시하는 특징을 가지고 있다. 예를 들어서 count 함수를 사용해서 수량을 얻어오면 pymysql에서 볼 수 있는 결과는 [{'COUNT(*)': 13}]로 되어 있어서 이 데이터가 어떤 쿼리의 결과인지까지 전달한다. 실제로 사용할 때는 결과 숫자만 필요한 경우가 대부분으로 문자열에서 필요한 숫자만 얻어내기 위해 먼저 문자열 함수 중 split라는 함수를 사용하여 문자열을 :(콜론)을 중심으로 앞과 뒤로 분리하여 strQuantity[0]에는 "[{'count(*)'"라는 문자열이 들어가고 strQuantity[1]에는 ' 13}]'라는 문자열로 나누어진다. strQuantity[1]에서 숫자 13만 얻기 위해서 다시 23번 라인에서 split 명령어로 }를 중심으로 문자열을 나누면 strQuantity2[0]에는 ' 13'이 strQuantity2[1]에는 ']'이 나누어져 들어간다. 24번 라인은 replace 명령어를 이용하여서 홑따옴표(')를 없애면 ' 13'만 남게 되어서 원하는 숫자만 이용할 수 있다.

마지막으로 26번 라인에서 print 함수를 이용하여서 화면에 표시하면 아래 그림 8.5와 같은 결과를 얻을 수 있다.

```
쿼리결과 : 2022-12-02 이후 발행된 작업지시서 수는  13개 입니다.
```

그림 8.5 파이썬 애플리케이션 실행 결과

파이썬 환경에서 DB 서버에 접속하고, 원하는 데이터를 얻기 위해서 쿼리문을 실행하고 그 결과를 얻어오는 과정을 설명하였다. pymysql 패키지의 기능을 이용하면 간단한 명령어로 원하는 결과를 얻을 수 있어서 빠르게 원하는 애플리케이션을 제작할 수 있다.

파이썬 환경에서 DB 서버에 접속하여 데이터를 여러개 얻어서 활용하는 방법을 살펴보자. 여러개의 데이터를 사용하는데 핵심이 되는 패키지는 pandas 패키지이다. pandas 패키지는 파이썬에서 데이터를 효율적으로 활용하기 위한 패키지로 통계용 언어인 R에서 사용하는 데이터 구조를 파이썬에서도 사용할 수 있도록 만들어졌으며, pandas라는 이름은 시계열 분석과 횡단면 분석을 수행하는 패널 분석(Panel Data) 방법에서 글자를 따서 만들었다. 다수의 행렬로 구성 된 데이터를 처리할 때 편리하게 사용할 수 있어서 효율적으로 애플리케이션 개발이 가능하다.

```
pandas 설치 방법 : pip install pandas
```

그림 8.6 pandas 설치 방법

pandas 패키지를 설치할 때도 pip를 이용한다. import하는 이름과 pip로 설치하는 패키지 이름은 대부분 같으므로 패키지 이름을 알면 pip로 설치할 수 있다.

```
1   import pymysql #MySQL을 사용하기 위한 패키지
2   from pymysql import cursors #MySQL 서버 접속 관련 패키지
3   from datetime import datetime, timedelta #날짜를 사용하기 위한 패키지에서 날짜 모듈, 날짜계산 모듈 사용
4   import pandas as pd #데이터 관리 위한 판다스 패키지
5
6   dtToday = datetime.now() #현재 날짜와 시간을 얻어온다.
7   dtToday = dtToday - timedelta(days=7) #오늘 날짜에서 7일전 날짜로 변경한다.
8   strTargetday = dtToday.strftime('%Y-%m-%d') #7일전 날짜를 년-월-일 형식으로 얻어온다.
9
10  conn_ctrl_db = pymysql.connect (user='사용자ID', passwd='비밀번호',host='127.0.0.1', db='DB이름', charset='utf8') #DB연결 생성
11
12  #쿼리문은 오늘부터 7일전 부터 생성된 데이터를 조회하여 생산 날짜, 생산 스펙, 생산 수량을 조회한다.
13  ctrl_no_query = "SELECT prdt_date, prdt_spec, prdt_quantity FROM `YT_PRD_DATA` WHERE `prdt_date` >= '"+ strTargetday + "';"
14
15  pd_result = pd.read_sql(ctrl_no_query, conn_ctrl_db) #판다스를 이용하여 DB서버에서 쿼리 데이터를 얻는다
16  pd_result = pd_result.dropna() #데이터가 없는 행을 제거한다.
17  reult_count = pd_result.shape[0] #쿼리결과 데이터 행의 수를 얻는다.
18
19  for i in range(0, reult_count): #for 문을 pandas의 행의 수만큼 반복한다.
20      pd.to_datetime(pd_result.iloc[i][0],unit='s') #pandas의 timestamp를 datetime으로 변경하여 생산 날짜를 얻는다
21      strDate = pd_result.iloc[i][0].strftime('%Y-%m-%d')#생산 날짜를 일-월-년 형식의 문자열로 변경한다.
22      print("쿼리결과 날짜: "+ strDate +" 모델스펙: " + str(pd_result.iloc[i][1])+" 수량: " + str(pd_result.iloc[i][2])) #쿼리결과를 출력한다.
23
```

그림 8.7 파이썬 코드 : 다중 데이터 사용 예제

1, 2, 3번 라인은 앞에서 설명한 내용과 같다. 4번 라인에서는 pandas를 사용하기 위해서 import를 할 때 as 명령어를 이용해서 pd라는 별칭으로 사용하도록 설정한다. 이렇게 사용하는 이유는 pandas라는 이름을 모두 입력하는 것보다 짧게 pd라는 별칭으로

사용하는 것이 편리하기 때문이다. 6, 7, 8번 라인도 앞에서 설명과 같이 오늘 날짜를 구하고 7일 전 날짜를 구한다. 10 라인도 앞의 설명과 같이 DB 서버 연결을 생성한다.

13번 라인의 쿼리문은 where 명령어로 prdt_date 데이터에서 7일 전 날짜와 비교하여 7일 전 날짜 이후의 데이터를 추출하도록 한다. select 명령어 뒤의 prdt_date, prdt_spec, prdt_quantity는 where로 3가지 항목만 테이블에서 추출하여 사용한다는 의미이다.

15번 라인은 pandas의 DB 서버 관리 기능을 이용해서 쿼리문을 실행하였다. 16번 라인은 혹시라도 데이터가 채워지지 않았을 때 제거하는 명령어를 실행하여 채워지지 않은 데이터(null 데이터)에 강제로 접근하여 발생하는 문제를 방지한다. 17번 라인은 pandas의 기능을 이용하여 DB 서버에서 얻어온 데이터가 몇 개인지를 확인한다. 19번 라인에서 for 문을 사용하여 DB 서버에서 받아온 데이터 수량만큼 동작을 반복하도록 하여, in range 명령어로 0부터 17번 라인에서 얻어온 데이터 수량만큼 반복하도록 한다. 20번 라인은 pandas에서 사용하는 시간 형식인 timestamp를 일반적으로 사용하는 datetime 형식으로 변환하기 위한 명령어를 사용하였다. 21번 라인에서는 20번 라인에서 변경한 datetime 형식에서 년-월-일 형식으로 날짜만 추출하였고, 마지막 22번 라인에서는 DB 서버에서 받아온 데이터를 출력하였다. 실행 결과는 아래 그림 8.8과 같다.

```
쿼리결과 날짜: 2022-12-06 모델스펙: 275VAC 3.3uF 수량: 2600
쿼리결과 날짜: 2022-12-07 모델스펙: 275VAC 2.2uF 수량: 2800
쿼리결과 날짜: 2022-12-07 모델스펙: 275VAC 2.2uF 수량: 3000
쿼리결과 날짜: 2022-12-07 모델스펙: 275VAC 2.2uF 수량: 3000
쿼리결과 날짜: 2022-12-07 모델스펙: 275VAC 2.2uF 수량: 3000
쿼리결과 날짜: 2022-12-08 모델스펙: 275VAC 2.2uF 수량: 1500
쿼리결과 날짜: 2022-12-08 모델스펙: 275VAC 2.2uF 수량: 1490
쿼리결과 날짜: 2022-12-09 모델스펙: 220VAC 7.0uF 수량: 2400
쿼리결과 날짜: 2022-12-09 모델스펙: 220VAC 7.0uF 수량: 2400
쿼리결과 날짜: 2022-12-09 모델스펙: 220VAC 7.0uF 수량: 2400
쿼리결과 날짜: 2022-12-09 모델스펙: 220VAC 7.0uF 수량: 2400
```

그림 8.8 실행 결과

파이썬을 이용하여 DB 서버에 데이터를 저장하는 방법을 알아보자. 전체적인 사용 방법은 쿼리를 통해 데이터를 얻어오는 방법과 큰 차이가 없다. 쿼리문을 데이터 입력

```
1  import pymysql #MySQL을 사용하기 위한 패키지
2  from pymysql import cursors #MySQL 서버 접속 관련 패키지
3  from datetime import datetime, timedelta #날짜를 사용하기 위한 패키지에서 날짜 모듈, 날짜계산 모듈 사용
4
5  dtToday = datetime.now() #현재 날짜와 시간을 얻어온다.
6
7  conn_ctrl_db = pymysql.connect (user='사용자ID', passwd='비밀번호',host='127.0.0.1', db='DB이름', charset='utf8') #DB연결 생성
8  ctrl_db_cursor = conn_ctrl_db.cursor(pymysql.cursors.DictCursor) #DB연결 커서 생성하여 DB와 작업을 수행한다.
9
10 str_Insert_Query = "INSERT INTO `YT_PRD_DATA` (prdt_date, prdt_spec, prdt_quantity) VALUES(%s, %s, %s);"#입력 쿼리문
11 str_Insert_Val = dtToday.strftime('%Y-%m-%d'), "1VDC 1uF", "1001" #쿼리문에 입력할 값
12
13 ctrl_db_cursor.execute(str_Insert_Query,str_Insert_Val)#쿼리문 실행
14 result = ctrl_db_cursor.fetchall()#쿼리문 실행 결과를 result 변수에 저장
15 conn_ctrl_db.commit() #DB에 반영
16
```

그림 8.9 파이썬 코드 : DB서버에 데이터를 입력

하는 쿼리문을 사용하는 것으로 데이터를 DB 서버에 입력하는 것이 가능하다.

1~10번 라인까지는 앞에서 설명한 내용과 다르지 않다. 10번 라인에서는 INSERT 명령어가 DB 서버에 데이터를 입력하는 쿼리문이다. INSERT 명령이 데이터를 입력하는 명령어이고, INTO 다음에 테이블 명을 적어서 데이터를 입력하려는 테이블을 지정한다. 괄호 안에는 입력하려는 컬럼 명을 명시하고, VALUE 괄호에는 입력하고자 하는 값을 넣어주면 DB 서버에 데이터를 저장하게 된다. 하지만, VALUE 부분에 데이터를 바로 넣게 되면 쿼리문이 길어지게 되어서 정확한 쿼리문을 작성하였는지 확인이 어렵다. 괄호 안에 %s 표시는 나중에 이 위치에 문자열값(string)을 넣는다는 표시로 13번 라인에서 execute 명령에 쿼리문과 입력 값을 동시에 입력하면 자동으로 완성된 쿼리문을 DB 서버에 전달한다. 11번 라인은 쿼리문에 들어갈 값을 문자열 어레이로 만들어서 보관한다. 3개 컬럼이 지정되어 있으므로 값도 3개가 되어야 한다. 또한 dtToday는 datetime 형식이므로 문자열 형식으로 바꾸어 주기 위해서 strftime이라는 함수를 사용하였다. 14번 라인은 실행한 쿼리문의 실행 결과를 result 변수에 문자열 값으로 받는다. 15번 라인은 DB 서버에 Insert 쿼리를 모두 끝냈음을 알려주어서 DB 서버가 데이터를 업데이트하도록 한다.

8.3 Go 언어에서 DB 서버 활용

구글에서 만든 컴파일 언어인 Go(Go lang)는 무료로 사용할 수 있고, 명령어가 단순하여 배우기 쉽고, 병렬처리에 강하며, OS에 상관없이 컴파일하여 사용할 수 있어서 사용자가 늘어나고 있는 언어이다. Go 언어도 파이썬과 같이 패키지를 이용하여 편리하게 애플리케이션을 제작할 수 있는 특징이 있으며, Github에 등록된 패키지까지 바로 사용할 수 있어서 컴파일하는 시점에서 최신 버전을 사용할 수 있는 장점이 있다. 파이썬은 pip를 사용해서 패키지를 설치해야 하는 방식이어서 파이썬을 다시 설치하거나, 다른 컴퓨터에서 작업을 하려면 필요한 패키지를 다시 설치해야 하는 불편함이 있다. Go 언어는 모듈(Module)이라는 방식을 사용하는데 mod라는 파일을 만들어서 필요한 패키지 정보를 정리해서 가지고 있는 방식이다. 이 mod 정보가 있으면 Go를 새로 설치하거나, 다른 컴퓨터에서 사용할 때도 필요한 패키지를 자동으로 내려받아서 컴파일해 주기 때문에 파이썬처럼 패키지를 일일이 설치해 줄 필요가 없어서 편리하다.

```
모듈 정보 생성 : go mod init 모듈
모듈 외부 패키지 연결: go mod tidy
```

그림 8.10 go 모듈 사용법

Go로 애플리케이션은 작성한 후에 go mod ****.go을 하면 Go로 작성된 소프트웨어를 사용할 수 있도록 준비하면서 go.mod가 만들어진다. 이후에 go mod tidy를 실행하면 Go 파일에서 사용한 외부 패키지를 내려받고, 외부 패키지의 리스트를 go.sum 파일에 정리해 주어서 Go를 새로 설치하거나 다른 컴퓨터에서도 편리하게 컴파일하여 사용할 수 있다.

```
코드 실행: go run 모듈
실행 파일 생성: go build 모듈
```

그림 8.11 go 실행과 컴파일하는 방법

Go 애플리케이션은 실행할 때와 실행 파일을 생성할 때 다른 방식을 사용한다. Go run을 사용하면 현재 작업 중인 go 코드를 바로 실행할 수 있다. 이 방식은 작성한 코드가 원하는 대로 작동하는지를 확인할 때 사용할 수 있다. Go build는 실행 파일을 만드는 명령으로 개발이 모두 끝난 후에 실행 파일을 배포하려고 할 때는 go build를 사용하여 실행 파일을 만들 수 있다. 이외에도 install 등의 기능이 있으나 주로 사용하는 것은 run, build 두 가지다.

첫 번째 소스는 DB 서버에 연결하고 7일 전부터 발행된 작업지시서의 수량을 얻어오는 코드이다.

```go
package main

import (
    "database/sql"
    "fmt"
    "log"
    "strconv"
    "time"

    _ "github.com/go-sql-driver/mysql" //mysql  드라이버
)

func main() {

    targetDate := time.Now().AddDate(0, 0, -7).Format("2006-01-02") //오늘 날짜에서 7일을 뺀다.

    var strConnectionDB string = "사용자ID:비밀번호@tcp(127.0.0.1)/DB이름" //아이피와 db 이름

    db, err := sql.Open("mysql", strConnectionDB) //앞에서 설정한 내용으로 DB서버에 접속
    if err != nil {                               //DB서버 연결 실패하면
        log.Fatal(err) //log 파일에 에러 메시지를 기록하고 프로그램 종료
    }
    defer db.Close() //db.Close() 함수를 defer로 등록

    var strQuery string = "SELECT count(*) FROM `YT_PRD_DATA` WHERE `prdt_date` >= '" + targetDate + "';"
    rows, err := db.Query(strQuery)
    if err != nil {
        log.Fatal(err)
    }
    defer rows.Close()

    var iReturnCount int //DB서버에서 7일전 부터 발행된 작업지시서 수량 저장 변수
    for rows.Next() {
        err := rows.Scan(&iReturnCount)
        if err != nil {
            log.Fatal(err)
        }
    }

    fmt.Println("쿼리결과 : " + targetDate + " 이후 발행된 작업지시서 수는 " + strconv.Itoa(iReturnCount) + "개 입니다.")

}
```

그림 8.12 Go 코드 : DB 서버 접속과 쿼리 결과 얻기

동일한 작업을 하는데 파이썬 코드보다 Go 코드가 좀 더 길기는 하지만, Go에서는 필요한 패키지를 포함하는데 더 상세히 명기하는 특징 때문에 코드가 좀 더 길어지는 특징이 있다. 1번 라인에서는 main을 정의하는데, Go 언어는 반드시 main 패키지가 있어야 실행할 수 있어서 패키지를 main으로 선언하는 것부터 시작한다. 3~11번 라인은 필요한 패키지를 포함하는 내용이다. Go 언어에 기본으로 포함된 패키지를 먼저 설명하면 database/sql은 sql을 사용하기 위한 패키지, fmt는 기본 함수가 포함된 패키지, log는 애플리케이션 실행중 에러가 발생할 때 기록하기 위한 패키지, strconv는 문자열로 변환하는 패키지, time은 날짜 관련 작업을 위한 패키지이다. 마지막으로 mysql 패키지는 mysql을 편리하게 사용하게 지원하는 외부 패키지로 github에 있는 패키지를 다운받아서 사용할 수 있어서 최신 패키지를 사용할 수 있다는 장점이 있다. 13번 라인은 main 함수를 정의하는 것으로 main 패키지에는 main 함수가 반드시 있어야 한다. 42번 라인은 main 함수가 끝났음을 표시하는 라인이다. 15번 라인은 time.now( ) 함수로 오늘 날짜와 시간을 얻은 후에 AddDate(연, 월, 일) 함수로 7일 전(일 위치에 −7) 날짜로 변경해주었다. Format("2006-01-02") 형식은 날짜만 얻기 위해 설정해 주었다. 17번 라인은 문자열로 DB 서버에 접속하기 위한 정보를 변수에 지정하였다. Go 언어에서는 변수를 지정할 때 var로 시작한다. 19번 라인에서는 DB 서버에 연결하여 db라는 연결을 얻고, 에러가 발생하면 err 변수에 에러내용이 들어온다. 20~23번 라인은 DB 서버 연결에서 에러가 발생했을 경우 log 파일에 에러 내용을 저장하도록 한다. 23번 라인에서 defer로 DB 서버 연결을 닫는 함수를 등록하였는데 main 함수가 끝날 때 DB 서버와 연결을 닫아 주도록 한다. 이렇게 defer를 이용하면 에러가 발생하더라도 DB 연결은 반드시 닫아 주게 된다. 25번 라인는 파이썬 예제와 같이 DB 서버에서 7일전부터 발행된 작업지시서의 수량을 얻어오는 쿼리를 설정하였다. 26번 라인은 쿼리를 DB 서버에 전송하여 결과 값은 row에 받고 에러 값은 err에 받았다. 27~30번 라인은 쿼리문으로 쿼리를 해서 에러가 발생하면 처리하는 부분이다. 32번 라인에서는 쿼리 결과의 수량을 저장할 변수를 정의한다. 33번 라인은 row에 담긴 데이터를 순서대로 확인하기 위해 for문을 사용하였다 34번 라인은 쿼리문의 결과인 row의 값을 32번 라인에 정의한 변수에 담는다. 에러가 발생하면 35~37번 라인에서 처리하고, 38번 라인에서 for 문이 끝난다. 40번 라인에서는 쿼리 결과를 표시한다.

```
1   package main
2
3   import (
4       "database/sql"
5       "fmt"
6       "log"
7       "strconv"
8       "time"
9
10      _ "github.com/go-sql-driver/mysql" //mysql  드라이버
11  )
12
13  func main() {
14
15      targetDate := time.Now().AddDate(0, 0, -7).Format("2006-01-02") //오늘 날짜에서 7일을 뺀다.
16
17      var strConnectionDB string = "사용자ID:비밀번호@tcp(127.0.0.1)/DB이름" //아이피와 db 이름
18
19      db, err := sql.Open("mysql", strConnectionDB) //앞에서 설정한 내용으로 DB서버에 접속
20      if err != nil {                               //DB서버 연결 실패하면
21          log.Fatal(err) //log 파일에 에러 메시지를 기록하고 프로그램 종료
22      }
23      defer db.Close() //db.Close() 함수를 defer로 등록
24
25      var strQuery string = "SELECT prdt_date, prdt_spec, prdt_quantity FROM `YT_PRD_DATA` WHERE `prdt_date` >= '" + targetDate + "';"
26      rows, err := db.Query(strQuery)
27      if err != nil {
28          log.Fatal(err)
29      }
30      defer rows.Close()
31
32      var strDate string //날짜 저장 변수
33      var strSpec string //스펙명 저장 변수
34      var iQuantity int  //수량 저장 변수
35
36      for rows.Next() {
37          err := rows.Scan(&strDate, &strSpec, &iQuantity) //DB에서 가져온 데이터를 변수에 저장
38          if err != nil {
39              log.Fatal(err)
40          }
41
42          fmt.Println("쿼리결과 : 날짜: " + strDate[0:10] + " 모델 스펙: " + strSpec + " 수량: " + strconv.Itoa(iQuantity) + "개 입니다.")
43      }
44
45  }
46
```

그림 8.13 Go 코드 : 다중 데이터 사용 예제

1~23번 라인까지는 앞에서 설명한 내용과 같다. 25번 라인에서는 쿼리문이 다중 데이터를 받을 수 있는 쿼리문으로 파이썬에서 설명한 내용과 동일하다. 25~30번 라인은 앞에서 설명한 내용과 동일하다. 32~34번 라인은 쿼리문으로 받는 데이터를 담을 변수를 정의하였다. 날짜와 스펙은 문자열로 변수를 설정하였고, 수량은 정수로 설정하였다. 36~40번 라인은 앞에서 설명한 내용과 같다. 42번 라인에서 쿼리문에서 얻어온 데이터를 출력하였다. Go 언어에서는 문자열을 결합할 때 +를 사용하여 문자열을 결합할 수 있으며, 정수형 데이터인 수량은 문자열과 관련된 변환을 하는 패키지인 strconv의 Itoa 함수로 정수를 문자열로 변환하여 출력한다.

```
쿼리결과 : 날짜: 2022-12-05 모델 스펙: 275VAC 3.3uF 수량: 3000개 입니다.
쿼리결과 : 날짜: 2022-12-05 모델 스펙: 275VAC 3.3uF 수량: 3000개 입니다.
쿼리결과 : 날짜: 2022-12-05 모델 스펙: 275VAC 3.3uF 수량: 3000개 입니다.
쿼리결과 : 날짜: 2022-12-06 모델 스펙: 275VAC 3.3uF 수량: 2000개 입니다.
쿼리결과 : 날짜: 2022-12-06 모델 스펙: 275VAC 3.3uF 수량: 2600개 입니다.
쿼리결과 : 날짜: 2022-12-07 모델 스펙: 275VAC 2.2uF 수량: 2800개 입니다.
쿼리결과 : 날짜: 2022-12-07 모델 스펙: 275VAC 2.2uF 수량: 3000개 입니다.
쿼리결과 : 날짜: 2022-12-07 모델 스펙: 275VAC 2.2uF 수량: 3000개 입니다.
쿼리결과 : 날짜: 2022-12-07 모델 스펙: 275VAC 2.2uF 수량: 3000개 입니다.
쿼리결과 : 날짜: 2022-12-08 모델 스펙: 275VAC 2.2uF 수량: 1500개 입니다.
쿼리결과 : 날짜: 2022-12-08 모델 스펙: 275VAC 2.2uF 수량: 1490개 입니다.
쿼리결과 : 날짜: 2022-12-09 모델 스펙: 220VAC 7.0uF 수량: 2400개 입니다.
쿼리결과 : 날짜: 2022-12-09 모델 스펙: 220VAC 7.0uF 수량: 2400개 입니다.
쿼리결과 : 날짜: 2022-12-09 모델 스펙: 220VAC 7.0uF 수량: 2400개 입니다.
쿼리결과 : 날짜: 2022-12-09 모델 스펙: 220VAC 7.0uF 수량: 2400개 입니다.
쿼리결과 : 날짜: 2022-12-09 모델 스펙: 220VAC 7.0uF 수량: 3200개 입니다.
```

그림 8.14 다중 데이터 출력 결과

그림 8.14는 쿼리에 대한 응답을 출력한 결과를 표시하였다.

```go
package main

import (
    "database/sql"
    "log"
    "time"

    _ "github.com/go-sql-driver/mysql" //mysql  드라이버
)

func main() {

    todayDate := time.Now().Format("2006-01-02") //오늘 날짜를 얻는다

    var strConnectionDB string = "사용자ID:비밀번호@tcp(127.0.0.1)/DB이름" //아이피와 db 이름

    db, err := sql.Open("mysql", strConnectionDB) //앞에서 설정한 내용으로 DB서버에 접속
    if err != nil {                                //DB서버 연결 실패하면
        log.Fatal(err) //log 파일에 에러 메시지를 기록하고 프로그램 종료
    }
    defer db.Close() //db.Close() 함수를 defer로 등록

    var strQuery string = "INSERT INTO `YT_PRD_DATA` (prdt_date, prdt_spec, prdt_quantity) VALUES('" +
        todayDate + "', " + "'1VDC 1uF'" + ", " + "'1001'" + ");" //insert 쿼리문

    db.Exec(strQuery) //쿼리문 실행
    if err != nil {   //에러가 있으면
        log.Fatal(err) //로그에 저장
    }

    defer db.Close() //db.Close() 함수를 defer로 등록하여 함수가 끝나는 것을 기다림
}
```

그림 8.15 Go 코드 : DB서버에 데이터를 입력

Go 언어에서 DB 서버에 Insert를 하는 작업을 설명한다. 23번 라인은 파이썬 코드와는 다른 형태를 가지고 있는데, 우선 파이썬에서는 VALUES 안의 값을 %S를 사용하여 나중에 채워 넣었는데 Go 코드에서는 + 연산자로 문자열을 합하는 방식을 사용하였다. 이렇게 사용하여도 차이는 없으며, 코딩 스타일에 따라서 선택하여 사용하면 가능하다. 그리고 쿼리 코드가 길어지기 때문에 한 화면에 볼 수 없어서 쿼리문을 2라인으로 나누었다. 앞줄에서 + 기호를 남겨 놓으면 다음 라인의 내용을 붙여서 처리하게 되어 있어서 문제없이 사용할 수 있다. 26번 라인을 보면 앞선 예제에서는 db.Query( )를 사용하여 DB 서버에 쿼리문을 전달하였으나, 이번 예제에서는 db.Exec( )로 다른 함수를 사용하였다. 앞에서 사용한 db.Query( )는 DB서버가 보내주는 답이 있는 쿼리문에 사용하는 용도이고, db.Exec( )는 DB 서버에서 답을 받을 필요가 없을 때 사용한다. INSERT를 빠르게 할 때 db.Query( ) 방식을 사용하면 일정 횟수 후에 멈추는 문제가 발생하는데 이는 db.Query( ) 방법은 DB 서버의 최대 연결 제한을 초과하기 때문이다. 반면에 db.Exec( )를 빠르게 데이터를 계속 INSERT하여도 최대 연결 제한 문제는 발생하지 않는다. 나머지 부분은 앞선 예제와 큰차이 없다.

찾아보기